죽창수필

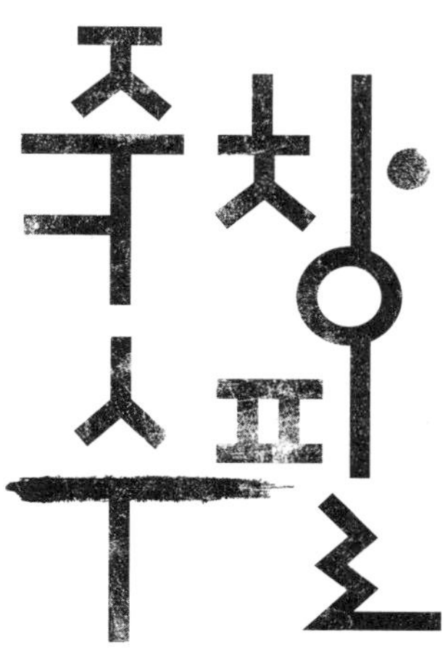

요즈음, 당신의 마음뜨락은 어떠한가?

운서주굉 지음
연관 옮김

불광출판사

연지 대사 주굉 스님의 일생
감산 덕청

애욕의 바다가 넘쳐흐르고 삼독이 세차게 불타거늘, 누가 능히 사나운 물결을 막고 뜨거운 불꽃을 맑게 하겠으며, 응신(應身) 보살이 아니면 또한 어떻게 능히 미혹을 깨워 긴 밤을 밝게 하리오. 후오백년(後五百年)에 다다라 더욱 그런 사람을 얻기 어렵나니, 운서(雲棲) 대사에게서 깊이 감동하노라.

스님의 이름은 주굉(袾宏), 자는 불혜(佛慧), 별호는 연지(蓮池)니 돌아갈 곳을 뜻한 것이다. 속성은 심(沈) 씨니 고항(古杭) 인화현(仁和縣) 사람이다. 대대로 명문거족이니 아버지 이름은 덕감(德鑑), 호는 명제선생(明齋先生)이요, 어머니는 주(周) 씨였다.

스님은 태어날 때부터 빼어나고 남달라서 세상일에 담박하였다. 나이 열일곱에 읍상[邑庠: 명청(明靑) 시대에 현(縣)에서 설치한 학교]에 임명되어 시험을 보면 여러 생원 가운데 누차 우두머리가 되니, 학문과 덕행으로 한동안 존중을 받았으나 과거 시험에는 오히려 나아가지 않았다. 스님의 뜻이 출가에 있었기 때문이다.

항상 '생사사대(生死事大)' 넉 자를 책상 앞에 써놓았다. 당시 교제하는 자들이 날마다 육예(六藝)를 강론하는 데 매진했으나 스님은 반드시 불리(佛理)로 돌아갔으니, 업이 이미 정토에 마음을 깃들였던 탓이다.

집에서는 살생을 삼가 제사 때는 반드시 나물을 썼고, 평소에 긴 한숨을 쉬며 "사람 목숨은 문틈을 지나가는 준마와 같으니, 뜬구름 같은 인생이 얼마나 되는가? 나는 서른에 과거에 합격하지 않으면 정말 영영 세상을 피해 은둔하리라. 어찌 종신토록 좀스럽게 굴랴." 하였다.

전처 장(張) 씨가 아들 하나를 낳았으나 죽었고, 얼마 후에 부인도 죽었다. 스님은 처를 얻지 않으려 했으나 어머니가 억지로 탕(湯) 씨와의 혼담을 상의하였다. 탕 씨는 가난하기도 하고 채식주의자였다. 이웃에 사는 부자가 스님을 얻어 사위로 삼고자 하여 은밀히 매파를 넣었으나, 스님은 이를 마다하고 결국 탕 씨를 받아들였다. 그러나 부부 예를 이루지 않으리라고 생각하였다.

나이 스물일곱에 아버지가, 서른한 살에 어머니가 돌아가시자 눈물을 흘리며 "어버이 은혜는 망극하시다. 내가 그 은혜에 보답할 길은 이것밖에 없다." 하시고는, 출가할 결심을 하였다. 가정(嘉靖) 을축(1565) 그믐날, 스님은 탕 씨와 차를 마시기 위해 찻상에 마주 앉았다가 찻잔을 던져 깨버리고는 웃으며, "흩어지지 않는 인연은 없소." 하였다.

다음 해 병인에 스님은 탕 씨와 이별하며 "은혜와 사랑도 변하고 태어나고 죽는 것은 대신해 줄 사람이 없소. 나는 가려오. 그대는 스스로 생각대로 하오." 하였다. 탕 씨도 미소 지으며 "군께서 먼저 가셔요. 나는 천천히 가리다." 하였다.

스님은 글 한 수를 짓고는, 서산(西山) 무문동(無門洞) 성천 리(性天理) 화상에게서 머리를 깎고, 소경사(昭慶寺) 계단에 나아가 무진 옥 (無塵玉) 율사에게 구족계를 받았다.

얼마 후에 표주박 하나 지팡이 하나로 제방을 널리 행각하며 두루 선지식을 찾아뵈어, 북으로는 오대산을 참배하고 문수보살의 방광을 만났고, 복우사(伏牛寺)에서는 대중을 따라 정진하기도 하였다. 경사(京師)에 들어가서 변융(徧融) · 소암(笑巖) 두 분 노화상을 뵙고 그분들에게서 모두 일깨움이 있었고, 동창(東昌)을 지나가다 홀연히 깨닫고는 이렇게 게(偈)를 지었다.

이십 년 전 일이 의심스럽다 하여
삼십 리 밖에선들 무슨 기특한 일 만나랴.
선과 악이 모두 꿈인 걸
마와 부처 공연히 옳다 그르다 다투네.
二十年前事可疑
三十里外遇何奇
焚香擲戟渾如夢
魔佛空爭是與非

스님은 어머니의 복[服: 상중(喪中)에 있음]이 아직 끝나지 않았다 하여 목주(木主: 나무로 만든 신위)를 가슴에 품고 행각하였고, 밥을 먹을 때는 반드시 공양을 올렸으며, 거주할 때는 반드시 제사를 받들었으니, 그 슬퍼하고 사모하는 마음이 이와 같았다.

금릉 와관사(瓦官寺)에서는 병이 들어 거의 죽을 지경이 되었다. 그때 대중이 다비에 붙이려 하니, 스님은 미소 지으며 "나는 숨 한번이 아직 남았네." 하고는 병상에서 돌아왔다.

월(越) 지방은 수선(修禪) 기간이 길었다. 스님은 대중 다섯 명과 한 방에서 지냈으나 마칠 때까지 옆자리 스님 성명도 몰랐다.

융경(隆慶) 신미(1571)에 스님은 범촌(梵村)에서 걸식하다 운서산의 산수가 그윽하고 고요한 것을 보고, 이곳에서 생을 마칠 생각을 하였다. 이곳은 옛날 복호(伏虎) 선사의 도량으로서, 양국주(楊國柱) · 진여옥(陳如玉) 등이 띠를 엮어 지붕을 얹고 세 개의 기둥을 세워 기거하게 한 곳이다.

스님은 차가운 바위 속에서 홀로 지내며 이레 동안 양식이 떨어진 적이 있으나 벽에 기대 단정하게 앉아 있을 뿐이었다. 마을에는 호랑이가 많아 산 주위 40리에서 해마다 수십 명 이상 호환을 당하니, 주민들이 매우 두려워하였다. 스님은 그들의 간절한 마음을 불쌍히 여겨 경을 읽고 시식하니 호환이 마침내 없어졌다. 어느 해는 가뭄이 들어 촌민이 스님께 비가 오기를 빌어줄 것을 바라니, 스님이 웃으며 "나는 단지 염불할 줄만 알지 다른 수단은 모르오." 하였다. 대중이 거듭 청하니 스님은 부득이 산에서 내려와 목탁을 치고 논밭을 돌며 염불하니, 농사 짓기에 충분한 비가 내렸다.

동민들은 스님의 이러한 법행(法行)에 감화하여 서로 길게 늘어서서 재목을 나르고, 삽과 괭이를 메고 다투어 땅을 고르다가, 땅속에서 비석 하나를 파내 이를 가리키며 "이것은 운서사의 예전 물건이다. 스님은 우리 마을의 복전이시다. 우리가 이곳을 새로 세운다면 영원히 우리에게 복이 될 것이다." 하고는, 얼마 후에 난야를 이루었다.

그러나 밖에는 산문이 없고 가운데는 본당이 없이, 오직 선당(禪堂)에 스님들이 거처하고 법당에는 경전과 불상만을 봉안하고 나머지는 비바람을 막을 뿐이었다. 이로부터 스님의 도행이 크게 떨쳐 천하 납자들이 구름처럼 모이니, 마침내 총림이 이루어졌다.

스님은 말법에 교망(教網)이 찢어지고 선도(禪道)가 밝지 않으며 중생의 업장이 깊고 번뇌가 무거운 것을 슬퍼하여, "제호를 더러운 그릇에 담는 것을 내가 참으로 두려워하는 바이다. 부처님이 삼학(三學)을 시설하여 뭇 중생을 교화하신 데는 계율이 근본이 되니, 근본이 서지 않으면 정(定)과 혜(慧)가 어디에 의지하겠는가? 자신이 깊이 생각하고 실천하며 다른 이를 인도하는 데는 반드시 근본이 튼튼해야 한다. 국가에서 남북에 계단(戒壇)을 정하긴 했으나 오랫동안 금하여 실행하지 않았다. 내가 쇠퇴한 법의 그물을 다시 펴고자 하나 어찌 감히 법령을 어기는 것이겠는가?" 하고, 대중에게 반 달마다 『망계계경』과 비구의 여러 가지 계품을 외우게 하니, 이로 말미암아 멀고 가까운 곳이 모두 귀의하였다.

스님은 율제(律制)를 잘 정돈하는 것으로 제일가는 수행으로 삼아, 『사미요략(沙彌要略)』, 『구계편몽(具戒便蒙)』, 『범망경소발은(梵網經疏發隱)』 등을 지어 이를 발명하였다.

처음에 스님이 길을 떠나 사방을 행각할 때 염불을 참구하여 힘을 얻었더니, 이로 인하여 '정토'라는 한 문을 열어 세 가지 근기를 널리 제도할 것을 힘써 주장하였다. 그리하여 『미타경소초』 10만여 언을 저술하여 사(事)와 리(理)를 융회하고 유심(唯心)으로 주된 뜻으로 삼았다.

또한, 예전에 『고봉어록』을 보고 "이 일을 참구한 이후로 가장 날래고 예리한 것은 이 스님의 정련된 강철로 주조한 것보다 나은 것이 없다." 하고는, 이를 가슴에 품고 행각하였다. 그리고 스님의 뜻은 광산(匡山: 정토종 제1세인 혜원 법사)과 영명(永明: 연수 선사)을 아울러 하나로 하였다. 또한 고덕(古德)의 기연(機緣) 중에서 힘써 정진한 어록들을 기록하여 엮어 이를 『선관책진』이라 하고 판에 새겨 참구의 비결을 보였으니, 아마도 선정쌍수(禪定雙修)는 일심에서 벗어나지 않음을 보였던 것이리라. 이로써 스님의 교화 방편이 미묘한 줄 알 수 있겠다.

범촌에는 예전부터 주교(朱橋)라는 다리가 있었는데, 누차 조수에 부딪혀 길가는 사람들이 물을 건너기 무척 힘들었다. 태수 여양추(余良樞)공이 스님에게 이 다리를 새로 짓는 데 앞장서 주실 것을 청하니, 스님이 "나는 이렇게 하고 싶습니다. 가난하거나 부유하거나 귀한 이나 천한 이를 막론하고 은전 8푼만 보시하면 됩니다. 혼자 이 공을 차지하는 것은 흙으로 물을 막으려는 심사입니다. 그래서는 안 됩니다." 하였다. 누가 "공사는 크고 시주는 미약하니, 아마도 일을 마치지 못할까 두렵습니다." 하니, 스님이 "마음이 한데로 모이면 공은 저절로 이루어집니다." 하더니, 며칠 만에 수천 금이 모여 장인을 모아 기초를 쌓았다. 그런데 공사 때마다 말뚝 하나가 내려앉아 주문 백 번을 불렀더니 며칠 동안 조수가 밀려오지 않아 마침내 다리를 완성할 수 있었다.

예전에 전월왕(錢越王)이 만 개의 화살을 쏘았으나 돌아오지 않았다더니, 스님의 일심의 힘으로 그것에 감당할 수 있었지 무슨 다른 방법이 있었겠는가?

만력(萬歷) 무자(1588), 그해에 큰 역병이 돌아 날마다 천여 명이나 되는 사람들이 죽어 나갔다. 여(余) 공이 다시 스님에게 영지사(靈芝寺)에 가서 기도를 드려 줄 것을 청했더니, 마침내 역병이 그쳤다.

정자사(淨慈寺) 성연(性蓮) 스님이 스님에게 『원각경』을 강의해 줄 것을 청하니, 날마다 청중 수만 명이 모여들어 마치 병풍 백 겹을 둘러 친 듯하였다. 그로 인하여 절 앞에 만공지(萬工池)를 살 수 있었는데, 훗날 스님 80회 생일날 또 더 확장하였고, 성 안의 상방(上方)과 장수(長壽) 두 못을 합하여 모두 방생소를 만들었다.

시랑(侍郎) 왕종목(王宗沐) 공이 묻기를 "어젯밤 쥐가 찍찍하고 『화엄경』 한 부를 다 설했습니다." 하였다. 스님이 "고양이가 튀어나올 때는 어떻게 합니까?" 하니, 왕이 아무 말이 없었다. 그러자 스님이 대신 말하기를 "법사 앞으로 달아나 책상 앞에 앉아 있노라." 하고, 또 송(頌)을 쓰기를 "늙은 쥐가 찍찍대니 『화엄경』이 분명하네. 뜻밖이네, 왕 시랑이여. 도리어 축생에게서 정신을 빼앗겼네. 고양이가 화당(畵堂) 앞으로 튀어나오니 법상 위에서 법을 설하는 이 아무 소식이 없네. 아무 소식이 없음이여, 『대방광불화엄경』 「세주묘엄품」 제일(第一)이네.[老鼠唧唧 華嚴歷歷

奇哉王侍郎 却被畜生惑 貓兒突出畵堂前 牀頭說法無消息 無消息 大方廣佛華嚴經 世主妙嚴品第一]" 하였다.

스님의 명망은 날로 더하여 시방 납자들이 집에 돌아오듯이 하였다. 스님은 한결같이 자비로 그들을 제접하니, 제자들이 날마다 모여들어 거주하는 곳이 날마다 좁아졌다. 스님은 집을 꾸미지 않고 부족하나마 대중이 지내기 편안하면 그만이라 생각하였고, 청규는 더욱 엄숙하게 제정하였다.

대중은 통당(通堂: 공동으로 쓰는 방)을 사용하게 하고, 정진하는 수좌나 늙고 병든 자나 객스님들에게는 각기 따로 방을 주었다. 여러 집사(執事: 사원의 업무를 담당하는 소임)에게는 각기 집이 있어서 낱낱이 열쇠를 가지고 때맞추어 여닫았고, 각기 경책어(警策語)가 있어서 정해진 날짜에 전하고 설하였다. 밤에는 순경(巡警)이 목탁을 치고 염불하니, 그 소리가 온 산에 울려 퍼져, 게으른 자는 잠자리가 편안하지 않았고 밤에 꿈을 꾸지 않았다. 포살과 갈마로 공과 허물을 거론하고 상과 벌을 주어 사람을 나아가고 물러가게 하니, 서리와 같이 의젓하고 도끼와 같이 위엄이 있었다.

아, 부처님 당시에도 오히려 육군비구가 있어서 대중을 어지럽게 하더니, 여기에는 한 사람도 감히 다투어 일부러 범하는 자가 없었으니, 비록 백장청규를 다하지 않았으나 때에 맞추어 폐단을 바로잡은 것은 고금 총림에 오늘처럼 정숙한 적은 없었다. 구체적인 것은 스님들 규약(規約)과 여러 가지 경어(警語)가 빛나는 것과 같다.

마음을 다해 살생을 경계하고 방생을 숭상하여 글을 지어 오랫동안 세상에 널리 펴니, 온 나라에서 존경하고 받드는 이가 많았다. 성 안팎의 방생지에는 해마다 백여 금의 경비를 썼고, 산중에는 방생소를 만들어나는 짐승이나 달리는 짐승 등, 여러 산 생명을 사들여 그 가운데 가득 채웠다. 여러 스님이 입을 다물고 이들을 키우고 해마다 꼴을 베는데 곡식 2백 석의 경비가 들었다. 또한 경책(警策) 소임이 있어서 지키는 자가 정해진 때에 맞추어 가서 일러주면 꽥꽥거리고 울던 날짐승은 목탁 소리를 듣고는 모두 조용히 듣고 있고, 다 일러주고 나면 다시 날개를 치며 시끄럽게 우니, 불성(佛性)이 아니겠는가?

아! 부처님은 효도를 계(戒)라 하셨고, 유자(儒者)는 기르는 것은 있으나 공경이 없음을 꾸짖었는데, 스님은 중생을 기르기도 하고 공경하기도 하니, 예(禮)가 있는 자이기도 하고 효(孝)에 통달한 분이 아니겠는가?

스님의 도풍은 날로 퍼져 천하의 현인과 호걸들이 조정이나 서민을 막론하고 귀의하지 않은 자가 없었으니, 이름을 듣고 감화받은 자는 대사마(大司馬) 송응창(宋應昌) 공, 태재(太宰) 육광조(陸光祖) 공, 궁유(宮諭) 장원변(張元忭) 공, 대사성(大司成) 풍몽정(馮夢禎) 공, 도망령(陶望齡) 공 등, 일시를 풍미하던 선비나 선생들이 차례대로 문을 두드리고 도를 묻는 자가 백여 명이나 되었다. 그들은 모두 서로 묻고 토론하며 큰일을 궁구하고, 어려운 뜻을 정통하여 마음에 감복하지 않는 이가 없었다. 그들은 감사나 수상까지 수레에서 내려 말을 걸어왔으나 강직하여 조금도 굽힘이 없었고, 호걸이나 제후라 해서 예를 더하는 법이 없었다. 맛있는 음식을 차리지 않았더라도 거친 밥을 맛있게 먹었고, 누추한 자리에 누워 잠을 잤으며, 도마뱀이 붙어있고 모기가 물더라도 전혀 얼굴빛을 바꾸지 않았으니, 모두 자신을 버리고 세력 있는 자를 굴복시켰던 자들이었으나, 스님에게 이르면 모든 소유를 비웠으니, 정성으로 사람들을 감화하지 않았으면 어찌 이럴 수가 있었겠는가?

시어(侍御) 좌종영(左宗郢) 공이 "염불로 깨달음을 얻을 수 있습니까?" 하고 물으니, "듣는 자성을 도로 들으면 성(性)이 위없는 도를 이룹니다." 하고, 또 "염(念)하는 자성을 도로 염(念)하는 것을 어찌 의심하겠습니까?" 하기도 하였다.

인화(仁和) 태수 번양추(樊良樞) 공이 "마음이 시끄러울 때 어떻게 하면 고요할 수 있습니까?" 하고 물으니, 스님이 "마음을 한 곳에 두면 무슨 일이고 이루지 못할 것이 없습니다." 하였다. 그러자 좌중의 한 선비가 "오로지 한 가지 사물의 이치만을 철저히 연구하여 밝히는 것[格物]이 한 곳에 두는 것인데, 따로 무슨 일을 이룬다는 것입니까?" 하니, 스님이 "격물(格物)을 논한 것은 주자(朱子)의 '환하게 관통한다[豁然貫通]'한 것에 의한 것뿐이니, 그렇게 되면 무슨 일인들 이루지 못하겠는가?" 하였다.

누가 "스님은 어찌하여 전지(前知:미리 앎)를 귀히 여기지 않습니까?" 하고 물으니, "비유하면 두 사람이 비파기(琵琶記)를 구경하는데, 한 사람은 전에 본 적이 없고 한 사람은 이미 보고 미리 이야기하는 것과 같다. 결국에 똑같이 종장을 구경하였으니, 그렇다고 희곡의 한 단락을 능히 추가하거나 뺄 수가 있겠는가?" 하였다.

금상(今上: 현재의 임금, 명나라 神宗)의 어머니 자성황태후(慈聖皇太后)가 삼보를 숭상하여 나라의 이름난 스님들을 두루 맞이하더니, 우연히 스님의 『방생문』을 보고 매우 칭찬하고 감탄하며, 내시를 보내 붉은 가사와 공양물을 싸고 가서 공양하고 법요를 물으니, 스님이 배수(拜受)하고 게로 대답하니, 이는 『별록別錄』에 수록되어 있다.

스님은 저승의 고통 받는 중생을 매우 불쌍히 여겨 스스로 염구법(燄口法)을 익혀 때때로 직접 집전하였다. 전에 어떤 이가 스님의 법좌 위에 여래의 형상이 나타난 것을 본 적이 있는데, 그것은 아마 스님의 관력(觀力)으로 그랬을 것이다.

스님은 천성이 순진하고 담박하여 꾸밈이 없었고 마음을 비우고 사람들을 대했으며, 용모는 온아하고 순수하며 옷을 이기지 못할 정도로 연약했으나 목소리는 큰 종과 같았다. 마음에는 도도하고 거만함이 없었으나, 지키는 것은 단단한 성벽과 같고 금하는 것은 튼튼한 병기와 같았다.

쓰임새를 잘 갈무리하여 질서를 면밀하게 살피고, 경제가 크고 세밀하여 바늘 하나 나물 하나라도 버리지 않았다. 곧, 총림에서 일상에 드는 비용을 계획 세워, 시주한 물건을 헤아리고 많고 작음을 짐작하여 쌀 한 낱 채소 한 가닥도 허비하지 않았으며, 인과를 따지고 죄와 복을 밝혀 실 한 오리도 새어나가지 않게 하였고, 규격을 정하여 조금도 소홀히 하지 않았다.

늙고 병든 이를 봉양하고 여러 대중스님들을 포용하여 물 한 방울도 허투루 하지 않았으니, 총림이 생긴 이후 50여 년 동안 일찍이 한 푼의 돈도 함부로 쓰지 않았다. 지금까지 수천 명이나 되는 대중이 살았으나 화주를 둔 적이 없었고, 혹시 그런 분이 스스로 찾아와 조금 여분이라도 있으면 번번이 여러 산에 골고루 나누니, 창고에는 전혀 저축분이 없었다.

신도가 대중에게 보시한 것밖에 과실이나 재물을 스님에게 따로 공급한 것은 모두 대중에게 돌려보냈고, 손길 닿는 대로 옷이나 약을 나누어 가난하고 병든 이를 구제하여 조금도 빠뜨리는 날이 없었다. 우연히 사기(私記: 개인의 기록)를 살펴봤더니 근래 7년 동안 실제로 5천 금을 사용했으나 상주물에 속한 것이 아니었으니, 그렇다면 그 이전은 잘 알 수 있을 것이다.

스님은 평생 분수에 넘친 생활을 하지 않아서, 일찍이 '자신을 경책하는 서른두 가지 조항[三十二條自警]'을 지어, 늙을 때까지 스스로 빨래하고 요강을 치우며 시자를 힘들게 하지 않았다. 돌아가실 때까지 베옷과 무명옷을 입었고, 베로 만든 장막 하나는 어머니가 돌아가실 때 쓰던 물건인데, 지금까지 남아있으니 다른 것은 잘 알 수 있을 것이다.

결론적으로 말하면, 스님의 몸가짐은 평등과 큰 자비로 온 대중들을 교화하여, 부처님 말씀이 아니면 말하지 않았고 부처님 행이 아니면 행하지 않았으며 부처님 일이 아니면 하지 않았다.

부처님께서 말세에 정법을 호지하는 자는 네 가지 안락행(安樂行: 身安樂行, 口安樂行, 意安樂行, 誓願安樂行)에 의지할 것을 부촉하셨는데, 스님은 실제로 이렇게 하셨다. 여러 조사가 정령(正令: 교외별전의 선문)을 단제(單提: 본심 근원을 바로 지향함)한 것을 두루 살펴보면, 만행을 다 닦지는 못하지만 만행에 의하여 일심을 밝히고 번뇌에 나아가 불성을 본 자는 고금에 영명(永明) 화상을 제외하고는 오직 스님 한 분뿐이다.

선대의 유학자는 적음(寂音)을 스님들 가운데 반마[班馬: 반고(班固)와 사마천(司馬遷)]라 하였으나, 내 생각에는 스님을 불법의 주공[周孔: 주공(周公)과 공자(孔子)]이라 하노니, 법을 짊어지고 도를 맡길 만한 이로는 오직 스님의 재능만이 족히 세상을 건질 수 있고, 스님의 깨달음만이 마음을 전할 수 있으며, 스님의 가르침만이 여러 가지 근기에 계합할 수 있고, 스님의 계율만이 법을 보호할 수 있으며, 스님의 품행만이 세상을 권유할 수 있고, 스님의 법규만이 족히 폐단을 구할 수 있어서, 심지어 중생을 사랑하여 즐거움을 주고 중생을 불쌍히 여겨 고통을 없애는, 육바라밀을 널리 행하는 일이라면 어떤 것이든 묘행(妙行) 아닌 것이 없었다.

스님의 일생에 대해서는 참으로 논평할 것이 없어서, 우리 불법 가운데 부처님의 전체 대용을 얻은 자라 할 수 있으리니, 불쌍한 이 말세에 스님이 아니면 누가 이미 거꾸러진 말세의 쇠퇴한 풍속을 바로 잡고 미친 듯한 물결을 돌이키며, 응신 보살로서 말법의 캄캄한 어둠을 밝히는 자가 아니면 어찌 능히 여기에 이를 수 있겠는가?

스님의 미묘하고 비밀스러운 작은 일은 능히 다 밝힐 수가 없어 『별전(別傳)』에 자세히 적었거니와, 여기서는 스님 행적의 대략적인 면모를 적는다.

돌아가실 때, 미리 반 달 전에 성에 들어가 여러 제자와 이별하면서 먼저 군수와 옛 벗들을 두루 찾아보고 "나는 이제 다른 곳으로 갈까 해!" 하니, 사람들이 모두 그 말뜻을 알아채지 못하였다. 산으로 돌아와 바로 승당으로 내려와 차를 준비하고 공양구를 마련하고서 대중과 이별할 것을 말하며 "나는 이곳에는 살지 않고 이젠 다른 곳으로 가야겠어!" 하니, 대중이 역시 말뜻을 알아채지 못하였다.

운서사 청규에 추석에는 고아들을 돌보고 우란분절에는 각기 조상들을 천도하는 의식이 있는데, 그때 스님이 "올해는 제가 법회에 참석하지 못하겠습니다." 하고, 장부에 '운서사 직원승(直院僧)이 당상(堂上)의 연지 화상을 대신하여 심 씨 종친을 천도함'이라고 가만히 썼다. 지나간 후에 이를 보고서 그것이 이별하는 말씀인 줄 비로소 알 수 있었다.

7월 초하룻날 저녁에 승당에 들어와 앉아 대중에게 부촉하기를 "내 말을 대중들은 듣지 않더구나. 나는 바람 앞의 등불과 같이 불도 꺼지고 기름도 말랐다. 바로 마주쳐야 겨우 내 말을 믿는구나. 내일 먼 길을 가련다." 하였다. 대중이 만류하니 스님이 '세 가지 애석한 일[三可惜]'과 '열 가지 탄식할 일[十可歎]'을 지어 대중을 경책하였다. 그때 송강(松江) 거사 서림(徐琳) 등 다섯 사람이 절에 있었으므로 시자를 시켜 유촉 다섯 본을 보내게 하였다.

다음날 밤 방장에 들어가서 가벼운 병을 보이며 눈을 감고 아무 말도 하지 않았다. 그제야 대중이 알아채고 성 안의 여러 제자에게 이 일을 알렸더니 제자들이 몰려와 스님을 에워쌌다. 스님은 다시 눈을 뜨고 "대중아! 늙어서 염불하는 것이야말로 진실한 수행이다. 해괴한 말이나 행동을 하지 말고 나의 규범을 훼손하지 마라." 하였다. 대중이 "누가 총림의 주인이 될 수 있습니까?" 하니, "이해[解]와 실천[行] 둘 다 완전한 사람이 될 수 있다." 하였다. 또한 "바로 이 자리에서 말씀해 주십시오." 하니, "우선 계차(戒次)대로 하라." 하였다.

이런 말씀을 다 하시고 나서 서쪽을 향해 염불하고는 단정히 앉아 돌아갔다. 이때는 만력 43년(1615) 7월 초나흘 정오 전후였다.

스님은 가정(嘉靖) 을미(가정 14년, 1535)에 태어났으니 세수는 81이요 승납은 50이었다. 스님은 절 왼쪽 고개 아래에 스스로 자리를 정하시어 그 자리에 전신탑(全身塔)을 세웠다.

스님의 선우(先偶: 출가하기 전 아내)인 탕(湯) 씨도 나중에 머리를 깎고 스님이 되어 효의암(孝義庵)을 짓고 여인 총림주(叢林主)가 되었더니, 스님보다 1년 먼저 돌아가 또한 절 밖 오른쪽 산에 탑을 세웠다.

스님의 득도 제자는 광효(廣孝) 등이 최초 상수이다. 문하의 수계 득도자는 수천 명도 더 되지만 재가자는 여기에 넣지 않았고, 사대부나 군자 제자도 수천 명이나 되는데 직접 가르치지 않은 제자는 여기에 포함하지 않았다.

스님의 저술로는 경소(經疏) 외 잡록(雜錄)으로 『죽창삼필(竹窓三筆)』 등 20여 종이 세상에 전하는데, 그것들은 모두 사람들을 일깨워주는 말씀이었다.

스님은 평소 제자들에게 진실한 수행에 힘쓰고 기이한 것을 밝히지 말라고 당부하였다. 그래서 스님의 영험한 일이 많으나 모두 다 적지 않는다.

아! 내가 듣기에, 세존은 말법 중생은 제도하기 어렵다는 것을 깊이 생각하시고, 혹시나 혜명이 끊어질까봐 영산회상에서 정법을 구호(求護)하는 자는 직접 수기를 받았더라도 감히 들어오지 못하게 하고 오직 땅에서 솟아난 대중만이 힘써 이를 감당하게 하였다. 또한 "우리는 말세에 경전을 가지고 반드시 큰 인욕력과 큰 정진력을 갖추어야만 이 가운데서 몸을 나타낼 수 있다." 하시고는, 또한 스스로 그 근본을 말하여 부처님의 밀인(密因)을 누설하지 않더니, 다만 임종에 이를 가만히 보였을 뿐이다.

스님의 행적을 보건대, 안인력(安忍力)과 정진력(精進力)에 온 정신을 기울여 가만히 행하였으니, 어찌 땅에서 솟아난 대중 가운데 한 분이 아니며, 어찌 정토로부터 온 이가 아니겠는가? 그렇지 않으면 범부지(凡夫地)로부터 자리(自利)를 구하기에도 부족한데 어찌 널리 이타(利他)를 행하여 정법을 호지하면서 시종 모자람이 없었겠는가? 이 점이 내가 스님에 대해 감격하여 스님의 행적을 모아 다음 세대에게 고하는 까닭이니, 그 외는 『별전(別傳)』에 갖추어져 있노라.

그리하여 이를 명(銘)하노라.

삼독의 불길이 치성하고 다섯 가지 열독이 놀랍고 두려우니
누가 능히 약석(藥石)으로 단박에 청량케 하며,
욕망의 바다가 넘쳐흘러 그 파도가 하늘까지 차고 넘치니
누가 능히 이들을 건지기 위해 큰 법의 배를 띄우리오.
오직 우리 큰스님만이 실로 원력을 타고

그 가운데서 자유로운 몸이 되어 중생의 근기에 맞게 하셨네.
젊어서 애욕의 뿌리를 끊고 사자와 같이 밧줄에서 풀려나
번뇌를 벗어나자마자 금방 두각을 드러내었네.
정토의 문을 열어 법계의 그물을 펴
세 가지 근기를 건지고자 마치 메아리처럼 다가가서
금강의 수술 도구로 눈병의 막을 오려내니
새살이 차기 전에 가지와 잎이 저절로 떨어졌네.
큰 대장간의 붉은 화로의 자비와 인욕의 힘으로
이 도기에 넣어 녹이니 어리석고 미친 이들이 한꺼번에 쉬었네.
털구멍의 광명과 온몸의 식견으로
작용이 없는 가운데서 항상 법륜을 굴리니
만약 부촉한 이가 아니면 참으로 땅에서 솟아난 자이리니,
어찌 보통 사람으로 큰 용맹을 갖추었으랴.
스님은 허공에서 와서 허공으로 돌아가니
비록 몸을 잘 감추어도 숨기고자 할수록 더욱 드러나네.
종과 북이 서로 엇갈려 울리고 구름과 안개가 서로 의지한 가운데
탑 그림자 우뚝하고 법신이 항상 머무르네.

때는, 만력 45년(1617) 2월 보름
전(前) 해인사문(海印沙門) 덕청(德淸), 계수(稽首)하고 삼가 지음

— 감산덕청 대사의 「고항 운서사 연지대사 탑명(古杭 雲棲寺 蓮池大師 塔銘)」을 '연지 대사 주굉 스님의 일생'이란 이름으로 싣는다.

개정판 죽창수필 역자 서序

나는 이렇게 들었다.

삶은 무엇입니까?
놓아 버려라.
죽음은 무엇입니까?
놓아 버려라.
선(善)이란 무엇입니까?
놓아 버려라.
악(惡)이란 무엇입니까?
놓아 버려라.

갑오년(2014) 팔월 열여드렛날 폭우 속에서 발절라(vajra, vajira. 벼락) 는 이렇게 법을 설하였다.

"놓아 버려라."

개정판 『죽창수필』은 이렇게 태어난 화중연화(火中蓮花)이다.

—한글날, 한적하게 백운봉을 바라보며
황매암에서 연관 쓰다

죽창수필 본서本序

예전에 『용재수필(容齋隨筆)』[1]이라는 책이 있었는데, 내가 이를 본떠 죽창(竹窓) 아래서 때때로 느끼고 본 것을 붓 가는 대로 적다 보니 일 권과 이 권 두 책이 되었다.

이제 내 나이 팔순이 지났다. 다소나마 일흔아홉 해의 잘못을 알고 마음이 아직 고요하지 못함도 스스로 잘 알고 있으나, 오랫동안 낙생당(樂生堂)에 엎드려 있어서 저 조주 노인처럼 신발이 해지도록 부지런히 행각할 수 없음을 어찌하랴.

그리하여 앉은 채로 천산(千山)을 달리고 순간에서 백세(百世)에 노니니, 느끼고 본 것이 세월이 쌓여 다시 한 권의 책이 되었다.

그러나 이렇게도 말하고 저렇게도 설했으며 손이 묻고 주인이 대답하듯이 갖가지 일들을 언급했으나, 말하려 한 요점은 수행의 관문을 정비하고 심지(心地)를 다스리는 데 있을 뿐, 그 나머지는 세속의 일이라 정법의 교화에는 아무 관계가 없으니 수행에 도움이 없다고 생각하는 이들은 굳이 이를 볼 겨를이 없을 것이다.

아, 나 이제 늙었으니 어찌 주머니 속에 넣어 두지 않고 이렇게 주책없이 지껄이리오만, 아, 나 이제 늙었으니 지는 해 남은 달이 얼마나 되느뇨. 이렇게나마 말하지 않고는 다시 어느 때를 기다리며, 부족하나마 중생에게 이익이 있다면 다른 날 언제 저들을 구휼(救恤)하리오.

1 송나라 홍매(洪邁)의 수필집. 16권. 속필(續筆) 16권, 삼필(三筆) 16권, 사필(四筆) 16권, 오필(五筆) 15권. 경사와 제자백가에서 의·복·성·산(醫·卜·星·算) 등에 이르기까지 폭넓게 고증하였다.

그리하여 이 글을 쓰노라.

—만력(萬曆) 을묘(1615년) 봄[2],

후학 운서주굉 삼가 쓰다

◎ 이 글은 본래 「죽창삼필」 서문이었으나

앞으로 옮겨 싣는다

2 스님이 돌아가신 해.

차례

죽창일필竹窓一筆

죽창이필竹窗二筆

죽창삼필竹窓三筆

죽창일필

竹窓一筆

무위無爲 스님

오강(吳江) 유경암(流慶庵)의 무위 능(無爲 能) 스님은 나보다 나이도 많고 덕도 높으며 출가한 지도 오래된 분이다. 그리고 내가 젊은 시절 소호(蘇湖) 지방에서 지낼 때는 한 방에서 좌선한 적도 있었다. 내가 운서사(雲棲寺)에 살 적에 스님이 찾아와 계를 받고 제자가 되기를 원하였다. 내가 옳지 않다고 사양하였으나 굳이 간청하며 말하였다.

"옛날 보혜 · 보현 두 보살도 오히려 광려연사(匡廬蓮社)[1]에 들어가기를 원했는데, 하물며 저 같은 사람이 스스로 훌륭한 회상을 마다하겠습니까?"하며 동라석(董蘿石)이 후배를 찾아뵌 고사[2]를 빗대니, 내가 부득이 이를 허락하였다. 공의 어질면서도 어리석은 양하는 것이 참으로 고인의 풍모가 있기에, 이를 적어 후인에게 권하는 바이다.

1 동진(東晋)의 혜원(慧遠) 스님이 백련사(白蓮社)를 결성하고 염불 수행하던 곳. 광산(匡山), 혹은 여산(廬山)이라고 부른다. 장로 색(長蘆 賾) 선사는 혜원 법사의 가르침에 따라 훌륭한 염불회를 만들어 널리 염불을 권하였던 분이다. 어느 날 밤 꿈에, 검은 갓에 흰 옷을 차려입은 풍모가 수려한 어떤 이가 절을 하며 "스님의 연화회(蓮花會)에 들고자 하여 서명을 하려 합니다." 하였다. 색 스님이 이름을 물으니, 보혜(普慧)라고 하였다. 서명을 마친 후 또 "저의 가형인 보현도 함께 서명했으면 합니다." 하였다. 색이 꿈을 깨어 『화엄경』 「이세간품(離世間品)」에 두 보살의 이름이 있음을 확인하고 마침내 그분들로 회주(會主)를 삼았다.

2 나석(蘿石)은 동운(董澐)의 호다. 명나라 해염(海鹽) 사람으로, 자는 복종(復宗)이다. 시문으로 강호에 명성이 자자하였다. 나이 68세에 회계(會稽)를 여행하다가 왕양명(王陽明)의 양지(良知) 설을 듣고 마침내 이를 사사하니, 시우들이 모두 비웃었다. 그러자 그는 "나는 내가 좋아하는 것을 따를 뿐이다." 하였다. 그래서 '종오도인(從吾道人)'이라고 호하였다. 저서에 『동종오고(董從吾稿)』가 있다.

사람의 목숨

어떤 스님이 오랫동안 폐결핵을 앓으며 자리에서 신음하고 있었다. 대중들은 누구나 그가 조만간 죽을 것으로 여기고 있었으나 정작 본인은 전혀 그런 생각을 갖지 않았다. 그래서 누가 머지않아 죽을 것이라고 말하면 금방 불쾌한 기색을 보이곤 하였다.

내가 시자를 보내 뒷일을 생각하여 일심으로 염불할 것을 권했으나, 그는 도리어 "남자 병은 생일 전을 꺼리는 법이니 그때를 지낸 후 천천히 생각해 보겠습니다." 하더니, 그달 열이레가 그의 생일이었는데 그 날을 하루 앞두고 문득 죽고 말았다.

아, 부처님이 "사람의 목숨은 호흡 가운데 있다."고 하신 것은 건강한 자를 위해 하신 말씀인데, 죽음이 눈앞에 닥쳤는데도 깨닫지 못하니 참으로 애석한 일이다.

고금의 저술

내가 출가하기 전, 친구 전계(錢啓)의 이웃집에서 있었던 일이다.

내가 출가할 뜻을 비치자, 어떤 도자(道者)가 말하기를 "중요한 것은 출가하는 데 있지 않고 훌륭한 스승을 만나는 데 있습니다." 하였다. 내가 그때는 그 말을 그다지 옳게 여기지 않았다.

또한 어떤 도자는 "현문(玄門: 도교)의 문자는 반드시 옛 성현의 저술을 읽어야 합니다. 근래의 것은 다분히 주관적 관점에서 나온 것이어서 믿을 만한 것이 못됩니다." 하였다. 내가 그때는 이 말도 역시 옳게 여기지 않았다.

그러나 요즘 이 두 가지 말을 곰곰이 생각해 보니 모두 깊은 뜻이 있음을 알 수 있었다. 비록 다 그런 것은 아니지만 꼭 그렇지 않은 것도 아니었다.

우리 불교를 돌아보더라도 또한 그런 듯해서, 이 일을 기록해 두는 것이다.

유교와 불교를 절충하다

어떤 총명한 자가 선종(禪宗)을 유교 경전과 절충하였다. 이것은 지혜[慧]와 이해[解]를 원융하게 할 뿐만 아니라, 또한 식견이 천박한 자를 인도하여 다시는 유교를 가지고 불교를 비방하지 못하게 하였으니, 그 뜻이 참으로 아름답다 할 만하다.

그러나 거친 말이나 부드러운 말이 모두 제일의(第一義)[1]라는 입장에서 보면 그렇다 할 수도 있겠으나, 문장을 따지고 이치를 분석하여 깊고 오묘한 곳까지 추궁한다면 오히려 희론(戱論: 의미 없고 이치에 맞지 않는 언론)이 되고 만다.

불교에 입문(入門)한 자는 이런 사실을 반드시 알아야 한다.

1 가장 수승한 제일 진리. 제일의제(第一義諦)의 약칭. 혹은 승의제(勝義諦)·진제(眞諦)·열반(涅槃)·진여(眞如)·실상(實相)·중도(中道)·법계(法界)라고도 한다. 깊고 미묘한 무상의 진리를 가리키니, 제법 가운데 가장 훌륭하기 때문에 '제일의제'라고 한다.

『능엄경』 1

천여(天如)[1] 스님이 편집한 『능엄회해』[2]에 대해 어떤 이가 "이것은 천여 스님의 『능엄경』이지 석가의 『능엄경』이 아니다." 하였다.

내가 이렇게 말하였다.

"그 말이 옳긴 하지만, 새로 배우는 사람이 그 말에 집착하여 고인의 주소(註疏: 주석)를 모두 버리려 한다면 이는 옳은 일이 아니다. 주석을 모두 버리고 본문만을 둔다면 이는 석가의 『능엄경』이지 자기의 『능엄경』은 아니지 않은가? 그렇다면 경전도 버려야 옳은데 더욱이 주소겠는가?

또한 자기의 『능엄경』은 어느 곳에나 두루하지 않는가? 그렇다면 제자백가(諸子百家)로부터 나무꾼의 콧노래나 목동의 휘파람소리에 이르기까지 어느 것도 버릴 것이 없으니, 더욱이 주소겠는가?"

1 원(元) 나라 때 스님. 길안(吉安) 영신(永新) 사람. 어려서 출가하여 화산(禾山)에 들어가 중봉명본에게 귀의하였다. 소주 사자림(獅子林)에 거처하며 임제 종풍을 널리 선양하였다. 저서로는 『능엄경원통소』, 『선종어록』, 『정토혹문』, 『십법계도설』 등이 있다.

2 천여 스님이 『능엄경』 주석 가운데 아홉 분의 저술을 취하여 회통하되, 버릴 것은 버리고 취할 것은 취하며 자기의 뜻을 보완하여 제목을 『십가회석(十家會釋)』이라 하였다. 그리고 스스로 말하기를 "온갖 아름다운 것을 갖추고 의심을 끊어 뜻이 다하지 않음이 없다." 하였다.

『능엄경』 2

『능엄경』뿐만 아니라, 근래는 모든 경전에 거의 주소(註疏)를 사용하지 않는다.

선입견에 빠지지 않고 바로 본문의 뜻을 추구한다는 점에서 보면 참으로 일리 있는 일이기도 하다. 그러나 이것으로 인하여 풍습을 이루거나, 더 나아가서 자신의 주관적 관점을 만족하게 여기고 고인의 것보다 낫다고 교만을 떤다. 또한 편파적인 논리로 본래의 뜻을 어긋나게 해석하는 자도 있고, 새로 배우는 자는 무지하여 도리어 이로 인하여 잘못된 길을 가게 된다.

지금, 고인이 요즘 사람보다 훌륭한 곳은 매우 많으나 미치지 못하는 곳은 십에 한둘일 정도요, 요즘 사람이 고인보다 못한 점은 매우 많으나 나은 점은 백에 한두 가지 정도다. 그렇다면 우선 이를 그대로 두는 것이 더 낫지 않겠는가?

비유컨대 기예를 배우는 자는 반드시 먼저 스승의 가르침을 그대로 따라하다가 훗날 신묘한 계략과 솜씨가 스승을 능가하면 누가 거기에 얽매이겠는가? 그러니 굳이 급박하게 더 나은 것을 찾으려 할 것은 아니다.

더욱이 결코 고인의 범주를 벗어나지 못함이랴.

예참 공덕

고소(姑蘇)의 조노천(曹魯川) 거사가 나에게 이런 이야기를 들려주었다.

어떤 여자가 여름에 남편 친가에서 방 안에 앉아 있노라니, 뱀 한 마리가 담을 넘어 비둘기를 쫓다가 마당 가운데 떨어지니 이를 본 종들이 달려들어 죽여 버렸다.

며칠 뒤에 뱀의 영혼이 이 여자 몸에 붙어 무슨 말을 한다기에 노천이 가 보니, "나는 예전에 형주(荊州) 태수였다. 고환(高歡)[1]이 반란을 일으켜 나를 추격하여 강호(江滸)까지 따라 옴으로 어쩔 수 없이 강물에 뛰어들어 죽었다. 나의 부모님과 처자는 어떻게 되었는지!" 하는 것이었다.

노천이 놀라며 "환(歡)은 육조(六朝) 때 사람이요, 지금은 수·당·송 원(隋·唐·宋·元)을 지나 대명(大明)에 이르렀노라." 하였다.

귀신이 그제야 자신이 죽은 지 이미 오래되었고, 더욱이 죽어 뱀이 된 줄을 알고는 "기왕 뱀이 되었으니 죽어도 여한은 없습니다. 다만 나를 위해 『양황참(梁皇懺)』[2] 한 부를 예송해 주시면 금방 물러가겠습니

1 동위(東魏) 발해(渤海) 사람. 벼슬은 대승상. 이주씨(爾朱氏)를 섬기다 멸하고 절민제(節閔帝)와 폐제(廢帝)를 잇달아 폐위한 뒤에 효무제(孝武帝)를 섬겼다. 북제 때 신무제(神武帝)로 추존되고 묘호를 고조(高祖)라 하였다.

2 양무제의 부인 치(郗)씨는 성품이 표독하고 질투가 심한 여자였다. 죽어 구렁이가 되어 후궁에 들어와 정을 통하려는 꿈을 꾸고, 부대사(傅大士)와 상의하여 『자비도량참법(慈悲道場懺法)』 10권을 지어 많은 스님들을 청하여 예참케 하였다. 이로 인하여 부인이 천인(天人)이 되어 하늘로 올라가면서 공중에서 무제에게 사례하였다. 이 책은 오늘까지 널리 유행하고 있다.

다.” 하였다.

그리하여 사주사(泗洲寺) 정공(定空) 스님을 모셔다 예참을 해 주고, 예참을 마친 후에는 곡식 열 말을 베풀어 온 대중들에게 공양하였더니, 다음 날 그 여자가 전과 같이 편안해졌다.

예참의 시기와 뜻이 크다 할 것이다.

조개와 굴을 먹다

진(晉) 하윤(何胤)[1]이 이런 말을 하였다.

"뱀장어나 게 따위가 죽을 때 사지를 버둥거리며 발버둥치는 모습은 매우 측은하게 느껴진다. 하지만 대합이나 꼬막 같은 것은 눈도 감고 입도 다물었으니 도무지 죽었는지 살았는지 알 수 없고, 초목과 같이 소리도 없고 냄새도 없으니 기와 조각이나 벽돌 조각과 무엇이 다르겠는가? 요리해서 음식으로 먹은들 아무 상관없다."

아! 이 무슨 말을 하는가? 이것들이 비록 눈과 입이 없고, 죽었는지 살았는지 모르고, 소리도 냄새도 없으나 어찌 몸을 꿈틀댈 줄 모르겠는가? 몸이 있고 꿈틀댈 줄 아는 것은 모두 지각이 있는 것이니, 그대가 그런 줄 모를 뿐이다.

더욱이 눈이나 입 등이 실제로 갖추어져 있지 않은 것이 아니라, 지극히 미세하여 범부의 눈으로 보지 못할 뿐이다.

이러한 중생을 요리하여 음식으로 먹겠다니, 윤(胤)의 죄가 위로 하늘까지 통할 것이다.

1 하윤은 양(梁)나라 사람으로 자는 자계(子季)라고 하였다. 주역(周易)과 예기(禮記), 모시(毛詩)에 능통하였으며, 또한 종산(鍾山) 정림사(定林寺)에 들어가서 불교공부를 하였다. 제(齊)의 무제 때는 벼슬에 올라 건안 태수를 하였고, 나중에는 회계에 숨었다가 다시 태망산(泰望山)으로 옮겼다. 불교 관계 저서로 『백법론(百法論)』과 『십이문론(十二門論)』이 있고, 『주주역(注周易)』, 『모시통집(毛詩統集)』, 『모시은의(毛詩隱義)』, 『예기은의(禮記隱義)』, 『예답문(禮答問)』 등을 펴냈다.

동문의 사냥개

이사(李斯)[1]가 조고(趙高)[2]의 모함을 받고 사형에 다다라 아들을 돌아보며, "내가 너와 함께 다시 사냥개를 끌고 팔에 매를 얹고서 상채(上蔡)의 동문을 나가 토끼를 사냥할 수 있을까?" 하고서, 두 부자가 서로 붙들고 울고는 삼족이 멸하였다 한다.

이사는 지금 부귀한 몸으로 죽는 것이 예전에 가난하면서도 살아 있던 때보다 못한 것을 후회했던 것인데, 토끼가 매나 사냥개한테 죽는 것이 자신이 도끼날 아래 죽임을 당하는 것과 어찌 다르다고 생각하였을까? 토끼는 떼죽음을 당했고 그는 삼족이 멸했으니 서로 대등하지 않은가!

그런데도 자신의 죄를 알지 못하고 도리어 그때를 부러워하니, 죽음이 이르러도 깨닫지 못하는 자는 이사 부자였다.

1 이사(李斯)는 초나라 상채(上蔡) 사람으로, 진시황을 도와 천하를 통일하였으나 이세(二世) 때 참소를 당하여 죽었다.

2 진(秦)나라 환관. 봉호는 무안후(武安候). 진시황이 평대(平臺)에서 병사하자 승상 이사와 모의하여 조서를 꾸며, 시황제의 맏아들 부소(扶蘇)와 몽염(蒙恬)을 자결하게 만들고 막내아들 호해(胡亥)를 2세 황제로 세우고 마음대로 조종하였다. 낭중령(郎中令)이 되어 종실의 대신들을 주륙하고 이사까지 무고로 죽인 뒤에 전횡을 휘둘렀다. 유방(劉邦)의 군대가 산해관(山海關)에 들어오자, 호해를 죽이고 자영(子嬰)을 황자로 세워 자신은 승상에 올랐으나 결국 자영에게 일족이 살해되었다.

부모를 위해 산 생명을 죽이다

전당(錢塘)에 사는 김 아무개는 재계(齋戒)를 독실하게 하던 이였다. 병이 들어 죽었는데 어떤 동자에게 영혼이 붙어 하는 말이 "선업(善業)을 닦은 지 오래되지 않아 아직 정토에 왕생하지는 못하고 지금 음계(陰界)에 있노라. 그러나 매우 즐거워 거주도 자유롭다." 하였다.

하루는 처자를 꾸짖으며 "무엇 때문에 나를 위한답시고 분묘를 만들면서 닭을 잡아 재물로 쓰느냐? 지금 저승사자가 따라다녀 전의 자유로웠던 것과는 같지 않다." 하였다.

며느리가 임신을 했으므로 이에 대해 물으니, "꼭 건강한 사내아이를 낳을 것이지만, 다시 사내아이를 낳고 그런 후에 모자가 모두 죽을 것이다." 하였다.

내가 이 말을 잘 기억해 두었다가 사실 여부를 지켜보았더니, 얼마 후 사내아이를 낳았고 다시 임신하여 사내아이를 낳더니, 아이가 죽고 어미도 따라 죽었다. 그래서 낱낱이 전의 말과 조금도 다르지 않음을 알 수 있었다.

그렇다면 부모를 위해 살생한다고 하지만, 효자로서 어찌 이런 짓을 하겠는가?

사슴을 죽여 제사하고 이름을 구하다

학문은 이루었으나 오랫동안 급제하지 못한 어느 선비가 문창(文昌)[1]에게 빌기를, "만약 향과(鄕科)를 이루면 반드시 사슴을 죽여 제사하겠습니다." 하였다. 얼마 후에 합격하여 바라던 일이 이루어져 사슴을 죽여 감사의 뜻을 표하고는, 춘관시(春官試)[2]에 오르기를 빌며 다시 사슴 두 마리를 약속했다. 하지만 그는 급제하기도 전에 죽고 말았다.

아, 저 사슴을 죽여 자신의 복록을 구하는 짓을, 그대들은 마음에 아무렇지도 않게 할 수 있는가?

1 별자리 이름. 북두칠성의 두괴(斗魁) 앞에 반달 모양으로 된 여섯 별 가운데 네 번째 별을 말한다. 문운(文運)을 주관한다고 한다. 문창성.

2 춘관(春官): 예부(禮部)에서 보이는 시험. 진사시(進士試).

마음을 비유하다

마음은 비유할 수 없다. 마음을 비유하는 것은 부득이 방편으로 비슷하게 하였을 뿐이지 사실은 아니다. 한두 가지 예를 들어 보리라.

마음을 거울에 비유하기도 하는데, 거울은 능히 사물을 비추지만 사물이 아직 이르지 않았을 때는 미리 맞이하지 않는다. 사물을 막 대했을 때도 거울은 미워하거나 좋아하지 않으며, 사물이 이미 사라진 후에도 거울은 거기에 머물러 얽매이지 않는다.

성인의 마음도 이와 같다. 항상 고요하고 항상 비추되, 삼제(三際: 과거 · 현재 · 미래)가 공적(空寂)하기 때문에 비유로 거울과 같다 한 것이다.

그러나 대략 비슷한 점만 취했을 뿐이다. 사실대로 말하면, 거울은 실로 지각이 없는 물건인데, 마음이 정말 그렇게 지각이 없는 것인가? 그렇다면 캄캄하여 신령스럽지가 않으니 어찌 '미묘하고 밝은 참다운 몸[妙明眞體]'이라 할 수 있겠는가?

보주(寶珠)에 비유하기도 하고 허공(虛空)에 비유하기도 하지만, 갖가지 비유도 마찬가지다.

환골換骨

진후산(陳後山)[1]이 말하기를 "시(詩)를 배우는 것은 선(仙)을 배우는 것과 같이, 때가 되면 뼈가 저절로 바뀐다." 하였다.

나도 또한 "선(禪)을 배우는 것은 선(仙)을 배우는 것과 같이, 때가 되면 뼈가 저절로 바뀐다." 하고 말하리라.

그러므로 배우는 자는 선(禪)을 이루지 못할까를 근심할 일이 아니라 때가 이르지 않은 것을 근심할 뿐이며, 때가 이르지 않은 것을 근심할 것이 아니라 배움이 정성스럽고 부지런하지 않음을 근심할 뿐이다.

1 송나라 진사도(陳師道)를 말한다. 후산은(後山) 그의 호. 서주(徐州) 팽성(彭城) 사람. 증공(曾鞏)의 제자. 벼슬은 서주교수(徐州教授), 태학박사(太學博士), 비서성정자(秘書省正字)를 지냈다. 황정견을 추종하였고, 그와 나란히 시로 명성을 떨쳐 강서시파(江西詩派)의 대표자로 꼽혔다. 『후산집(後山集)』 등 여러 권의 저서가 있다.

홍주洪州 스님은 구슬의 본체를 얻지 못했다

홍주(洪州)란 마조(馬祖) 대사를 일컫는 말이다.

규봉(圭峰) 스님이 여래의 전법(傳法)을 서술하면서 "가섭으로부터 조계에 이르러, 조계의 도는 오직 하택(荷澤)만이 바른 전수자이고 그 외 여러 종파는 모두 곁가지에 불과하다. 이것은 하택만이 오직 마니주(摩尼珠)의 본체를 얻은 것과 같다." 하였다.

이 말을 자세히 살펴보면 사람을 평가하는 것이 이치에 맞지 않다.

마조는 직접 남악의 법을 이었고 남악은 친히 조계의 법을 이었다. 그 후로 백장·황벽·임제·남전·조주 등 수많은 대존숙(大尊宿: 나이가 많고 명망이 높은 고승)들이 모두 마조 스님으로부터 배출되었는데, 유독 하택만을 추존한다면 어찌 천하 사람들이 믿고 따르겠는가?

규봉 스님은 "하택은 '지(知)'라는 한 글자를 표출하여 마음을 삼았으나 다른 종파는 작용하는 곳에서 지시하였다." 하며, 제멋대로 "이것은 한갓 구슬 가운데 그림자를 얻었을 뿐이다." 하였다.

그러나 고인은 사람들에게 붙은 것을 떼어내고 묶인 것을 풀어주기 위해 어떤 시기를 따르고 근기를 좇았을 뿐, 원래 일정한 법이 없었다.

그 '지(知)'라고 말한 것은 정설(正說)이요, 작용하는 곳에서 말한 것은 교설(巧說: 방편설)이기는 하다. 교설이란 무엇인가? 사람들에게 그림자를 인하여 그림자를 나타나게 하는 것은 무엇인가를 알게 하려는 것이다.

만약 '지'라는 한 글자에만 집착한다면, 세존께서는 꽃을 들어 보이시고 일찍이 '지' 자가 없었으니, 그렇다면 세존도 하택만 못하다 할 것인가?

더욱이 여러 종파가 '지' 자를 바로 드러낸 곳도 적지 않으니 어찌 오로지 작용만을 설했겠는가?

규봉 스님의 평소 지견이 대단히 높아서 내가 매우 놀라고 탄복하는 터이지만, 유독 이 일만은 마음에 불만스럽다.

분묘

내가 늙고 병드니 대중들이 땅을 골라 탑을 세우려고 하면서 누차 이를 변경하기에, 내가 탄식하며 이렇게 말하였다.

"세상 사람들이 극진한 마음으로 풍수를 고르는 것은 자손이 대대손손 끊이지 않고 부귀공명을 누리기 바라서이다. 너희들도 이 음덕으로 자의국사(紫衣國師)라도 배출하기를 바라는 것이냐?

고인이 말씀하기를 '저 숲 속에 내다 버려 짐승들이 먹게 하라' 하였다. 다행히 나를 까마귀나 여우 배 속에 두지 않는 것만으로 만족하게 생각하니, 나머지 일은 도인이 알 바가 아니다."

보살의 중생 제도

경전에 "보살은 자신을 제도하기에 앞서 먼저 다른 이를 제도한다." 하니, 어리석은 자는 "보살은 오직 중생을 제도할 뿐, 자신은 제도하지 않는다." 하였다. 자신도 중생 가운데 하나임을 알지 못한 것이다. 어찌 중생을 모두 제도하고서 유독 자기 한 중생만 빠뜨릴 리가 있겠는가?

어찌 보살을 핑계하여 밖을 좇고 안은 잊어버리는가!

깨달은 후

위산(潙山) 화상이 말하였다.

"요즘은 처음 배우는 자들이 인연에 따라 나름대로 한 순간에 이치는 단번에 깨달았으나, 여전히 무시광겁(無始曠劫)[1]의 습기(習氣)[2]는 아직 단번에 깨끗이 하지 못했다. 현업유식(現業流識)[3]을 깨끗이 제거하는 것이 바로 수행이지, 수행하고 지향해야 할 법이 따로 있다고 말해서는 안 된다."

위산 스님의 이 말씀은 법(法)의 근원까지 사무친 이가 아니면 능히 말할 수 없을 것이다.

요즘은 조그만 깨달음이 있으면 곧 "일생 스승을 찾아 배워야 할 공부를 다 마쳤다." 하고 말하는 자가 있으니, 위산 스님의 이 말씀을 놓고 보면 자신의 공부는 어떠한가?

1 시작이 없으므로 '무시(無始)'라 하고, 아주 오랜 겁을 지냈으므로 '광겁(曠劫)'이라 한다.

2 우리들의 마음속에 인상지어지고 밴 관습이나 습성을 말함.

3 현세에 과보가 나타난 것을 '현업(現業)'이라 하고, 끊임없이 흘러온 망령된 정식(情識)을 '유식(流識)'이라 한다.

부孚와 수遂, 두 분 강사스님

태원사 부(孚) 상좌가 양주 효 선사에서 『열반경』을 강의하며 법신(法身)의 미묘한 이치를 널리 설하고 있노라니, 어떤 선자(禪者)가 이를 듣고 실소를 터뜨렸다.

강론을 마치고 부가 그 선자를 청하여 차를 대접하며 물었다.

"제가 어리석어서 문자를 따라 뜻을 해석하다가 마침 스님의 웃음거리가 되고 말았습니다. 잠시 가르침을 바라나이다."

그러자 선자가 "강사스님께서 설하신 것이 옳지 않다는 것은 아닙니다. 다만 법신의 지말적인 일을 설했을 뿐, 실제 법신을 알지 못했다는 것입니다." 하였다.

"이왕 그렇다면 스님께서 저를 위해 설해 주십시오."

"강사스님께서 믿으시겠습니까?"

"어찌 감히 믿지 않겠습니까."

"스님께서는 강의를 한 열흘 중지하시고 편안히 정좌하여 마음을 거두고 생각을 모아 선악의 여러 가지 인연을 한꺼번에 놓아 버리십시오."

부가 한결같이 선자의 가르침에 따라 초저녁부터 힘써 공부를 지어 가더니, 오경(五更: 오전 3시부터 5시까지)에 이르러 야경 도는 딱딱이 소리를 듣고 홀연히 대오하였다.

또한 양수(良遂) 스님이 어느 날 마곡(麻谷) 화상을 찾아뵈었다. 곡은 호미를 들고 채마밭으로 들어가며 돌아보지 않더니, 다시 방장(方丈)으로 돌아와 문을 닫아 버렸다.

다음 날 다시 찾아뵙고자 하였으나 또 문을 닫아 버리기에 수가 문을 두드렸더니, 곡이 "누구냐?" 하고 묻자 수가 막 이름을 대려다 홀연히 대오하였다.

이 두 분 존숙(尊宿)은 마음을 비워 자신을 낮추고 어진 이를 높이며 아만을 갖지 않았기 때문에 이와 같은 큰 법을 성취하였거니와, 요즘 사람들은 스스로 잘난 척하니 어찌 이런 일이 있을 수 있겠는가?

확실한 깨달음

묘희(妙喜)[1] 스님의 이런 말씀이 있다.

"간시궐(乾屎橛)[2]을 예로 든다면, 그렇게 말했을 때 마치 톱으로 저울추를 자르는 것과 같이 도저히 풀 수 없다. 마삼근(麻三斤)[3]이나 구자불성(狗子佛性)[4] 등도 모두 그렇게 말한 것이다. 이와 같이 말할 수 없다면 모름지기 깨달아야 한다.

그대가 만약 확실한 깨달음을 얻었는데도 스승이 고의로 옳지 않다고 하면 적지 않은 인과를 초래할 것이다."

배우는 자는 묘희 스님의 이 말씀을 깊이 명심하여, 구두삼매(口頭三昧)를 버리고 확실한 깨달음을 구해야 한다.

1 대혜종고(大慧宗杲: 1089~1163) 선사를 말한다. 호가 묘희다. 남송대(南宋代) 스님. 원오극근의 회하에서 각고의 노력 끝에 깨달음을 얻고 그의 법을 얻었다. 주전론자인 장구성과 한패라는 누명을 쓰고 의첩(衣牒)을 박탈당한 후, 호남성 형주에 10년 동안 유배되었다. 그 사이에 『정법안장(正法眼藏)』 6권을 저술하였다. 나중에 사면되어 효종 황제의 귀의를 받고 대혜 선사라는 호를 받았다.

2 운문문언에게 어떤 스님이 "부처란 무엇입니까?" 하고 물으니, 선사가 "간시궐(乾屎橛)이니라." 하였다. 간시궐은 똥 치우는 도구인 '똥막대기' 혹은, '똥덩어리'라 번역한다.

3 공안. 동산수초(洞山守初)에게 어떤 스님이 "무엇이 부처입니까?" 하니, 동산이 "삼(麻) 서 근이니라." 하였다.

4 공안. 조주종심(趙州從諗)에게 어떤 스님이 "개도 불성이 있습니까?" 하고 물으니, "있느니라." 하였다. "있다면 어째서 가죽 부대 속에 들어 있습니까?" 하니, "그가 알면서도 짐짓 범했기 때문이니라." 하였다. 다시 어떤 스님이 "개도 불성이 있습니까?" 하고 물으니, "없느니라." 하였다. 다시 "일체 중생이 모두 불성이 있거늘 어째서 없다고 하십니까?" 하고 물으니, "그에게 업식(業識)이 있기 때문이니라." 하였다.

출가한 자도 부모에게 절을 해야 한다

내가 『정와집(正訛集)』[1]에서 "잘못된 구습은 바로잡아야 한다. 부모가 출가한 아들의 절을 받지 않고 도리어 예를 하다니! 부모는 출가한 자식이라도 절을 해서는 안 된다." 하였다.

이에 어떤 스님이 분노하며 "『법화경』에 '대통지승여래가 성불하시자 아버지 전륜왕이 그를 향해 정예(頂禮)하였다' 하였습니다. 이것은 자식에게 절했던 좋은 본보기입니다. 부처님의 이와 같은 가르침이 있는데도 그렇게 말할 수 있습니까?" 하였다.

내가 합장하고 물었다.

"그대의 명호는 어떤 여래이십니까?"

"감히 무슨 말씀을…."

"그대가 여래가 아니라고 하니, 그렇다면 거의 정각을 이루실 분인가요?"

"감히 무슨 말씀을…."

그러자 내가 이렇게 말하였다.

"그렇지 못하다면, 우선 그대가 거의 정각을 이루고 다시 10겁을 단정히 도량에 앉아 실제로 대통여래 지위를 얻고서 부모의 절을 받아도 아직 늦지 않을 것이오. 그대는 지금 스님이지 부처는 아니지 않습니까? 부처님은 스님을 위하여 법을 세운 것이지 부처를 위하여 법을 세우지는 않았습니다.

1 『정와집』은 스님의 또 다른 저서로서, 스님은 이 책에서 '천불의 옷', '오조는 어머니를 봉양하지 않았다' 등, 66여 가지 잘못 알려진 상식들을 바로잡았다.

또한 세상 사람들이 불교를 비방하여 '부모도 모르고 임금도 모르는 종교'라고 하오. 내가 이를 두려워하여 그 잘못을 바로잡아 세상의 비방을 물리치고 정법이 오랫동안 세상에 머물기를 바랐던 것인데, 그대는 어찌 구업(口業)을 두려워하지 않고 스스로 사자 몸속의 벌레가 되려 하는 것이오? 애석하오!"

살아서 어리석은 이가 죽어서는 지혜롭다

『낙양가람기』[1]에 "사서(史書)는 모두 다 사실이 아니다. 사람은 살아서는 어리석었으면서 죽어서는 지혜롭다." 하였으니, 너무 지나친 표현이라고 생각된다.

대체로 '역사는 지나치게 미화하는 경우가 없지 않아서 족히 믿을 만한 것이 못된다' 하는 뜻으로 말한 것이지만, 다만 '모두 다 사실이 아니다'라고 말한 것은 너무 지나치다.

예전에는 역사를 '직필(直筆)'이라고 하였으니 어찌 사실이 아닐 것이며, 공자는 "외관이 내용보다 나은 것이 역사다." 하였으니, 그렇게 보면 혹시 사실이 아닐 수도 있다.

그렇다면 반드시 '모두 다 사실이 아니다'라는 말을, '꼭 그런 것은 아니다'라고 고쳐야 할 것이다.

고인은 사람을 신중히 허락하여, 한 마디 평가가 천고의 표준이 되었다. 그런데 지금은 옛 일을 똑같이 인정으로 보아 아무 근거 없이 아첨하고 찬탄한다. 이는 식견이 있는 자에게 웃음거리가 되곤 하니, 참으로 통탄스러운 일이다.

그러므로 『낙양기』에서 통렬히 이런 점을 발론하여 말세의 폐단을 지적했던 것이다. 이렇게 설파하지 않는다면 『전등록』[2]에 수록된 지나

1 북위(北魏) 양현지(楊衒之)가 낙양 일대의 가람과 당탑(堂塔)을 조사하여 기술한 책. 전 5권.

2 송나라 도원(道原) 스님이 지은, 석가 이래 여러 조사의 법맥을 정리하고 그 법어를 기록한 책. 전 30권.

간 시대의 올바른 선지식과, 지금의 이름을 적당히 배열하여 조도(祖圖: 조사 전법도)에 삽입한 자를 어떻게 구별할 수 있겠는가?

이후에 나의 제자는 함부로 명공대인(明公大人)을 모독하여 나의 부족한 점을 가장하려 하지 마라!

『장자莊子』 1

어떤 선비가 어린 사미들을 모아 놓고 『장자』를 강의하면서, "『남화경(南華經): 장자』의 뜻이 『수능엄경』보다 낫다." 하며 큰소리쳤으나, 당시 스님이나 거사들 중에는 아무도 그 자의 그릇된 소견을 배척하는 이가 없었다 한다.

『남화경』이 세속 서적 중에서는 참으로 우수하다고 할 수 있으나, 『능엄경』보다 낫다는 말은 얼마나 가소롭기 짝이 없는 말인가?

이 선비는 한갓 시골에서 배우고 익힌 자라, 그 인품이 보잘것없어서 족히 따질 만한 일이 못되고 그 말도 대단한 뜻이 없어서 변명할 것도 없다. 다만 혹시 어린 사미들이 그르치게 될까 염려될 뿐이다.

그러나 그 사미들 중에 조금 총명한 자는 오래지 않아 스스로 알 것이다. '놋쇠가 황금보다 낫다'고 잠시 어린애를 속일지라도, 조금 성장하면 반드시 그의 낯에 침을 뱉을 것이다.

『장자』 2

어떤 이가 물었다.

"『장자』는 뜻은 보잘것없으나 그 문장은 오묘하고 활달하여 참으로 기쁘기도 하고 놀랍기도 한데, 불경은 그렇지 못합니다. 옛 문사(文辭)를 익히거나 심지어 과거 공부를 하는 자들마저 모두 이를 따르는 것은 무엇 때문입니까?"

"불경은 소위 '지극한 말은 꾸밈이 없다'고 하듯이, 세상 사람과 문장을 비교하는 것은 봄이 온갖 초목과 자태를 다투는 격이다. 그러니 이에 대해 논의하는 것은 아무 의미가 없다.

그대가 문장을 논의하고자 하니, 육경(六經)과 사서(四書)가 있지 않은가? 이것은 공자에게서 완비하였으니 내가 검증하여 이를 비유하리라.

공자의 문장이 해와 달과 같이 공정하고 밝다면, 저 『남화경』은 그중 나은 것은 별빛이나 번갯불과 같고 못한 것은 반딧불에 불과하다. 공자의 문장이 바다와 같이 깊고 넓다면, 저 『남화경』은 그중 나은 것은 폭포나 강과 같고 못한 것은 실개울에 불과하다. 공자의 문장이 좋은 옥과 같이 깨끗하고 온화하다면, 저 『남화경』은 그중 나은 것은 수정이나 유리와 같고 못한 것은 민가(珉珂)나 무부(珷玞)[1]에 불과하다. 공자의 문장이 오곡과 같이 우리 생활에서 매우 가깝고 익숙하다면, 저 『남화경』은 좀 나은 것은 안남의 여지(荔枝)나 대완[2]의 포도와 같고 못한 것은 아직 덜 익은 배나 감에 불과하다.

이렇게 차이가 분명하니 문장을 배우는 자는 어떤 것을 스승 삼아야 하겠는가? 더욱이 스님은 문장으로 업(業)을 삼지 않음이랴.

1 민가(珉珂)나 무부(碔玞)는 모두 옥 비슷한 돌.

2 '안남'은 지금 베트남의 옛 이름. '여지'는 무환자 나무과의 상록교목. 또는 그 열매. 식용함. '대완'은 서역 36국의 하나. 지금의 구소련 페르가나(Fergana) 분지 지역. 포도가 많이 난다.

『장자』 3

또 물었다.

"예전의 존숙(尊宿)들이 경을 해석하고 논을 지으면서 흔히 『장자』를 인용한 것은 무엇 때문입니까?"

"중국의 서적은 주공 · 공자 · 노자 · 장자의 것이 가장 훌륭하다. 불경은 인도로부터 왔으니 이 나라 문장을 빌려 불교의 뜻을 밝히고자 하면, 이것들을 인용하지 않고 무엇을 인용하겠는가?

그러나 그 언어를 다소 사용했으나 그 뜻을 모두 사용하지는 않고 거의 비슷하게 하였을 뿐이다. 조금 유사하다고 해서 꼭 같은 것은 아니다.

예컨대 남쪽에 사는 사람이 북쪽에 갔는데, 북쪽 사람은 배가 무엇인지 모르므로 그들의 수레를 가리키며 '우리의 배가 물건을 싣고 멀리까지 가는 것이 이곳의 수레와 같다' 하고 가르쳐 주었다면, 수레를 빌려 배를 밝힌 것이지 수레가 바로 배라고 한 것은 아니다."

『양로서養老書』

어떤 이가 편집한 『양로서(養老書)』에는 날마다 먹는 음식은 대체로 산 것을 구워먹되, 심지어 참새 · 기러기 · 꿩 · 원앙 · 사슴 · 토끼 · 낙타 · 곰 · 오소리 등까지 열거하였다. 비록 부유한 자들이라도 아직 맛보지 못한 것들이었다.

선덕(先德)이 "설령 그대들이 양생을 잘 하더라도 죽음의 마와 대항하지 못한다." 하였으니, 어찌 늙어서 마음을 쉬지 않고 도리어 산 생명을 죽이도록 부추기는가? 천하 노인과 그의 자식들을 모두 지옥에 떨어지게 하는 것은 이 책의 책임이다.

공자가 "노인을 편히 모시라." 하였으나, 반드시 산 생명을 죽여서까지 편히 모시게 하지는 않았다. 맹자는 "일흔에 고기를 먹게 하라." 하였으나, 반드시 여러 가지 중생의 살을 먹게 하지는 않았다. 이런 옳지 못한 선례를 처음 만든 자는 깊이 생각해 보라.

마음으로 얻어야 한다

귀로 들어 얻은 것은 눈으로 직접 보고 얻은 것의 넓은 것만 못하고, 눈으로 보고 얻은 것은 마음으로 깨달아 얻은 것의 지극히 넓은 것만 못하다.

마음으로 임금을 삼고 눈으로 신하를 삼고 귀로 관리를 삼는 것은 옳다 하겠으나, 눈으로 마음을 대신하는 것은 못난 짓이요 귀로써 눈을 대신하는 것은 더욱 못난 짓이다.

제사에 희생犧牲을 쓰지 않다

내 고향 항주 풍속에 섣달그믐이면 귀신에게 제사를 지내면서 크게는 양을 잡고 돼지를 삶으며, 작게는 돼지머리나 닭이나 물고기 따위를 사용하곤 하였다.

나는 출가하기 전에도 불살생계(不殺生戒)를 지켜 과일이나 채소로 제사에 대신하였는데, 친척들 중에 삼척동자마저도 깜짝 놀라며 매우 옳지 않은 일로 여기지 않는 이가 없었다.

내가 향을 사르고 촛불을 밝히고는 큰 소리로 신에게 이렇게 고하였다.

"아무개는 부처님 계행을 받들어 산목숨을 죽이지 않나니, 목숨을 죽여 제사하면 나의 허물일 뿐만 아니라 또한 그대에게도 복될 일이 아니로다.

그러나 이 뜻은 나 혼자 단독으로 한 일이지 다른 친척들은 모두 희생을 쓰고자 했으니, 만약 그대가 기뻐하지 않으면 모든 재앙을 반드시 내게만 내려야 할 것이다. 죄 없는 사람들에게까지 화가 미친다면 이른바 총명하고 정직한 자라 할 수 없노라."

친척들은 오히려 나를 위해 걱정했으나 해가 바뀌도록 온 집안에 아무 재앙이 없었으므로, 마침내 이 예를 따르기로 하였다.

좋아하는 것

사람이 세상을 살아가는 데는 제각기 좋아하는 것이 있기 마련이요, 또한 그 좋아하는 것에 따라 세월을 보내고 늙음에 이르게 된다.

다만 맑고 탁한 것이 다를 뿐이다. 지극히 탁한 것으로는 재물 모으기를 좋아하는 것이요, 그다음은 여자를 좋아하는 것, 그다음은 술 마시기를 좋아하는 것이다.

조금 맑은 것으로는 골동품과 거문고를 좋아하거나 바둑 두기를 좋아하는 것이며, 혹은 산수(山水)를 좋아하고 시가(詩歌) 읊조리기를 좋아하는 것이다. 또 더 나아가면 독서하기를 좋아하는 것이다. 책을 펼치면 이익이 있으므로, 모든 좋아하는 것 중에서 독서가 가장 낫다 할 것이다.

그러나 이것은 오히려 세상법이다. 더 나아간다면 불경(佛經) 읽기를 좋아하는 것이요, 또 더 나아간다면 마음을 깨끗이 하기를 좋아하는 것이다.

좋아하는 것이 마음을 깨끗이 하는 데 이르면 세간이나 출세간의 좋아하는 것 중에서 가장 훌륭하다 할 것이니, 점점 아름다운 경계에 들어가는 것이 마치 사탕 맛을 보듯 할 것이다.

세상의 지혜도 반드시 깨달아야 한다

지혜에는 두 가지가 있다. 세간 지혜와 출세간 지혜다.

세간 지혜도 두 가지다. 하나는 학문이 넓고 문장이 훌륭하며 능숙한 재주와 책략이 있으나, 다만 많이 아는 것과 많이 이해하고 있는 것으로 남을 이기려는 것이다. 둘째는 선과 악을 밝히고 삿된 것과 올바른 것을 구별하며, 반드시 행해야 할 것은 행하고 그만두어야 할 것은 그만두는 것이다.

그중에서 겨우 처음 것만을 얻으면 이것을 '경망한 지혜'라 부르니 반드시 삼악도(三惡道)에 떨어질 것이요, 그 뒤엣것까지 얻어야만 이를 '올바른 지혜'라고 부르니 인천(人天)에 태어나는 과보를 얻는다. 왜냐하면 덕이 재주보다 나은 이를 군자라 부르고, 재주가 덕보다 나은 이를 소인이라 하기 때문이다.

출세간의 지혜에도 두 가지가 있다. 하나는 여래 정법인 사성제(四聖諦: 네 가지 성스러운 진리)와 육도(六度: 육바라밀) 등을 잘 분별하여 이것에 의지하여 받들어 실천하는 것이요, 둘째는 무명(無明) 미혹을 철저히 타파하여 자신의 본심(本心)을 보는 것이다.

그중 겨우 처음 것만 얻으면 이는 출세간 지혜일 뿐이니 이를 '차츰차츰 들어가다'라고 하고, 그 뒤엣것마저 얻어야만 출세간의 높고 높은 지혜니 이를 '단박에 뛰어넘다'라고 부른다. 왜냐하면 근본을 얻으면 지말은 근심할 것이 아니요, 지말을 얻은 자는 반드시 근본을 얻는 것은 아니기 때문이다.

요즘은 겨우 세간 지혜의 처음 것만을 얻고서 확철대오 했다고 말하는 자가 있으니, 어찌 어리석음이 이렇듯 심한가?

때를 놓쳐서는 안 된다

출가인은 처음 출가했을 때 반드시 마음이 용맹하니, 이때 바싹 달려들어 단숨에 공부를 마쳐야 한다.

이 때를 놓쳐 버리면 훗날 주지가 되고 제자를 거느리며 혹은 보시가 넉넉하여 거기에 얽매여 처음 뜻을 잊고 말기 일쑤다. 설사 성인이 되었더라도 정처 없이 떠돌게 된다.

수행인은 반드시 명심해야 한다.

염불하는 이는 귀신도 공경한다

해창(海昌)의 시골 사람 아무개가 노모를 모시고 살았다. 그의 노모가 죽어 집안사람에게 혼이 붙어 지난 일과 저승의 보응을 매우 자세히 이야기하기에, 온 식구가 빙 둘러앉아 이를 듣고 있었다.

이 시골 사람이 여러 사람 가운데서 잠시 마음을 거두어 염불을 하였더니, 노모가 "네가 항상 이렇게만 하면 어찌 불도를 이루질 못할까 염려하겠느냐?" 하였다.

아들이 "무엇 때문입니까?" 하고 물으니, "네가 마음속으로 아미타불을 생각하고 있기 때문이다." 하였다.

"어떻게 그런 줄 알았습니까?" 하자, "너의 몸에서 광명이 나는 것을 보았기 때문이다." 하였다.

이 시골 사람은 일자 무식꾼이었으나 잠시 생각을 돌이키고서도 오히려 귀신으로 하여금 공경심을 내게 했거늘, 더욱이 오랫동안 수행한 자랴.

그러므로 염불공덕은 참으로 불가사의하다 할 것이다.

귀신

어떤 이가 물었다.

"귀신은 있습니까?"

"실제로 있다."

"그렇다면 신봉해야겠군요."

"그렇기도 하고 그럴 필요가 없기도 하다."

"무엇 때문입니까?"

"공자가 말하지 않았더냐? '귀신은 공경하면서도 또한 멀리하라.'고. 이 한 마디 말로 그 내막을 다 표현하였다. '공경하라'는 말은 있다는 것이요, '멀리하라'는 말은 신봉하면서도 신봉에 빠지지 말라는 뜻이다. 때 맞추어 제사를 지내고 예의로써 교감하여 이와 같이 할 따름이다.

지나치게 믿거나 아첨하고 신봉하여, 길흉을 알려주거나 복을 내리고 영통 얻기를 바란다면 금방 삿된 길에 빠지고 만다."

아, 공경할 만하지만 멀리할 필요도 없는 이는 우리 부처님과 여러 보살들이시니, 어찌 사모하지 않겠는가!

동파東坡 거사[1] 1

홍각범(洪覺範)[2] 스님이 말하였다.

"동파 거사의 문장과 덕행은 천고에 빼어났고 또 불법에 깊이 들어갔으나, 마음속에 장생술(長生術)을 잊지 못하였다. 그리하여 아무 공을 이루지 못하였을 뿐만 아니라, 도리어 이것으로 인하여 병들어 죽었다."

나는 말하고자 한다.

"동파 거사도 그렇거든 더욱이 다른 사람들이랴. 지금 입으로는 무생(無生)을 말하면서도 마음속으로는 장생(長生)을 사모하는 자가 있으며, 처음에는 무생(無生)을 배웠으나 얼마 후에는 장생(長生)으로 수행을 바꾸는 자가 있다. 이런 것들은 대체로 지견이 진실하고 확실하지 못한 탓이다. 그러므로 도인은 찰나에도 올바른 지견을 잊어서는 안 된다."

1 송(宋) 나라의 대표적인 문장가로, 소식(蘇軾)을 말한다. 자는 자첨(子瞻). 신종(神宗) 때 왕안석(王安石)과 뜻이 맞지 않아 황주(黃州)로 좌천되어 호를 동파(東坡)라고 하였다. 철종(哲宗) 때 소환되어 한림학사, 병부상서가 되었다. 아버지 순(洵), 아우 철(轍)과 함께 당송팔대가(唐宋八大家)의 한 사람이다. 세수 65세 때 불교에 입문하여 동림상총(東林常總) 선사의 법문을 듣고 법을 얻었다. 오조사계(五祖師戒) 선사의 후신이라 전한다.

2 각범혜홍(覺範慧洪)을 말한다. 송나라 스님. 삼봉 정(三峰 靜) 스님에게 출가하여 19세에 득도하였다. 늑담극문(泐潭克文)의 법을 이어받고 나중에는 석문(石門)의 법을 이었다. 『임간록(林間錄)』 2권, 『선림승보전(禪林僧寶傳)』 30권, 『고승전』 12권, 『지증전(智證傳)』 10권 등 많은 저서가 있다.

동파 거사 2

원(元) 선사가 동파 거사에게 보낸 편지글이다.

"세상 사람들은 자첨(子瞻: 소동파의 자)이 재상이 된 것을 몹시 안타깝게 여기고 있습니다. 30년 부귀공명이 눈앞을 지나가면 공허하기만 합니다. 어찌 과감히 한 칼로 끊어 버리지 못합니까?"

또 이어진다.

"자첨의 가슴속에는 만 권의 책이 쌓여 있고, 붓을 들면 한 점의 먼지도 묻지 않은 듯합니다. 그런데 어찌 자신의 성명(性命)[1]에는 그렇게 할 줄 모릅니까?"

동파와 같은 영민한 자질에 또 이렇게 좋은 벗의 책발이 있었으니, 어찌 날로 진취하지 못할까를 염려하랴.

요즘 벼슬아치로서 납자(衲子)와 더불어 사귀는 자는 반드시 이러한 우의(友誼)를 본받아야 한다.

1 본성(本性). 정자(程子)가 말하기를 "하늘이 부여한 것을 '명(命)'이라 하고, 이것을 내려 받아 내게 있는 것을 '성(性)'이라 한다." 하였다.

미움과 사랑

속담에 "그 사람을 사랑하면 지붕 위의 까마귀도 어여쁘다." 했으니, 이것은 애정이 지극한 경우를 두고 말한 것이다.

그러나 어느 날 인연이 변하고 정이 멀어져서 사랑이 바뀌어 미움이 되고 급기야 그저 밉기만 한 경우가 허다하니, 전의 애정은 대체 어디로 간 것인가?

미움이 바뀌어 사랑이 되는 것도 마찬가지다.

그러므로 사랑한다고 해서 반드시 기뻐할 일도 아니요, 미워한다고 해서 꼭 상심할 일도 아니다. 꿈속의 일이요 허공 속에 핀 꽃과 같이, 본래 진실한 것이 아니기 때문이다.

마음이 고요한 이익 1

일상생활에서 어떤 일이 생겨 이럴까 저럴까 결정을 내리지 못할 때 문득 새벽에 잠에서 깨어 고요히 앉았노라면, 옳고 그른 것과 찬성하고 반대할 것이 홀연히 분명하여 이전에 잘못했던 일들이 이때 모두 나타나곤 한다.

이를 보면, 여태껏 심성(心性)을 분명히 보지 못한 것은 모두 바쁘고 어지러운 마음이 본체(本體)를 가렸기 때문임을 알 수 있다.

고인이 말하기를 "마음이 고요하면 진여성(眞如性)을 본다." 했으며, 또 "성품의 물이 맑으면 마음의 구슬이 저절로 드러난다." 했으니, 어찌 빈 말씀이겠는가?

마음이 고요한 이익 2

술이나 식초 따위는 오래 갈무리할수록 더욱 좋은 맛이 나는데, 그것은 단단히 봉하고 깊이 저장하여 다른 기운이 전혀 스며들지 않았기 때문이다.

고인이 말하기를 "20년 동안 입을 다물고 아무 말도 하지 않으면, 그런 후에 네가 어찌 부처를 얻지 못하랴!" 하였다.

아름답다, 이 말씀이여!

『화엄경』이 간괘艮卦보다 못하다

송나라 때 어떤 선비가 "한 부의 『화엄경』을 읽느니 하나의 간괘(艮卦)[1]를 보는 것이 더 낫다." 하였다.

지혜가 고명한 이는 이 말이 그릇된 소견임을 잘 알겠지만, 어리석은 자는 이를 믿고 의심치 않아 사견(邪見)의 문을 열고 원승(圓乘)의 길을 막을 것이다. 그러므로 말을 신중히 하지 않으면 안 된다.

가령 "한 부의 『역경(易經)』을 읽는 것이 하나의 간괘를 보는 것보다 못하다." 하더라도 옳지 않거늘, 하물며 불법이랴. 더욱이 불법 중에 『화엄경』이랴.

『화엄경』은 한없는 문을 갖추어서 모든 대승경전도 오히려 화엄의 무량한 문 가운데 하나의 문일 따름이다. 화엄은 천왕이요 모든 대승경전은 제후요 모든 소승경전은 제후의 부용국(附庸國: 제후의 부속국가)에 불과하니, 나머지 것들은 족히 알 만하지 않겠는가?

1 『주역』 육십사괘의 하나. 간(艮)은 멈춘다는 뜻. 움직이고 정지하는 것이 그 시의(時宜)를 잃지 않으면 그 길에 광명이 있을 상.

한신韓信

한신이 한고조(漢高祖)를 도와 초나라를 멸하고 회음(淮陰)의 왕이 된 후에, 표모(漂母)[1]를 불러 천금을 주어 사례하고 자기를 욕보인 소년들도 불러 또한 천금을 주었다. 은혜를 갚은 것은 인정으로서 당연한 도리요, 원수를 갚지 않고 도리어 은혜를 베푼 것은 참으로 대인의 도량이자 군자 장자의 풍모가 있다 할 만하다.

그러나 결국에는 천명을 다하지 못하고 죽고 말았으니, 천년이 지난 오늘까지도 많은 사람들이 팔을 걷어붙이고 안타깝고 분하게 생각한다.

그러나 그럴 만한 까닭이 두 가지 있었다. 하나는 어질기는 했으나 지혜가 부족했던 탓이요, 또 하나는 수많은 사람을 죽인지라 자신도 죽임을 면치 못했던 것이다.

이것은 이치에 합당하니 이상하게 여길 일도 아니다.

1 빨래하는 노파. 한신이 미천할 때 음식을 주며 위로한 적이 있다.

경을 읽을 적에 잡념을 버려야 한다

총융(總戎)[1]인 척(戚) 공은 평소에 『금강경』을 지송하던 분이다.

그가 월(越)의 삼강(三江)을 지킬 때 일이다. 어떤 죽은 군사가 꿈에 나타나, "내일 처를 공에게 보낼 테니 바라건대 저를 위해 경전 한 권을 읽어 주시어 저의 저승길을 도와주소서." 하였다.

다음 날 과연 한 부인이 슬피 울며 공을 뵙고자 한다기에 그 까닭을 물으니, 과연 꿈에서 한 말과 같았다. 공이 이를 허락하고 새벽에 일어나 경을 독송했더니, 꿈에 군사가 나타나 말하였다.

"공의 큰 은혜를 입었나이다. 그러나 겨우 반 권만을 얻었으니, 그 가운데 '불용(不用)'이라는 두 글자가 섞여 있었나이다."

공이 그 까닭을 생각해 보니, 경을 독송하는 도중에 나인[內人]이 시비(侍婢)를 시켜 차와 떡을 들여오기에 멀리서 보고 손을 저어 물리친 적이 있었다. 입으로는 아무 말도 하지 않았으나 마음으로 '불용(필요 없다)'이라고 했던 것이다.

다음 날은 일찍부터 아예 문을 닫아걸고 경을 독송했다. 그날 밤 꿈에 그 군사가 사례하며 "이미 저승을 벗어나 제 갈 길을 가나이다." 하였다.

이것은 내가 삼강의 동림 스님에게서 직접 들은 이야기다. 동림 스님은 진실하고 돈독하여 도행이 있는 분이라, 거짓말을 할 이가 아니다.

아, 경을 독송하는 스님네는 참으로 신중히 해야 한다.

1 군대에 관한 모든 일을 관할하는 직책. 통수(統帥).

평등한 마음으로 죽은 자를 천도하다

항군(杭郡)의 다사방(多士坊)에 동평묘(東平廟)라는 사당이 있다.

군의 어떤 가난한 사람이 죽어 처의 꿈에 나타나 말했다.

"그대가 가난하여 나를 위해 천도해 줄 힘이 없는 것을 잘 아오. 비록 여러 곳에서 천도재를 올린들 동평묘만 한 곳이 없소. 묘주(廟主)인 아무 공에게 약간의 곡식만 시주하면 충분하오."

처가 묘주에게 가서 재를 부탁했다. 주가 "내가 그날 칠원주(七員主: 북두칠성)에게 초사(醮事)[1] 지낼 일이 있는데, 어떻게 한다…. 차라리 내가 그 일을 그만두고 그대를 돕겠소." 하고는, 마침내 재를 올려 주었다.

그날 밤 처의 꿈에 남편이 나타나, "이미 음계(陰界)의 몸을 벗었소." 하였다.

이분은 평소 침대 위에 왕영관(王靈官)[2]의 상을 모셔 놓고 상 앞에 병을 하나 놓아두고서 누가 경을 읽어 준 값으로 돈을 주면 보지도 않고 그냥 병 속에 던져 넣었다가 필요에 따라 쓸 뿐, 돈의 많고 적음을 따지지 않았다. 오직 평등한 마음만을 가졌으므로 망혼이 이를 의지하여 저승길의 노정을 삼았던 것이다.

아, 마음이 평등하여도 이와 같은 위덕이 있는데, 더욱이 마음이 공(空)한 자랴. 스님들은 마땅히 힘써야 할 것이다.

1 도사가 단을 마련하여 제사하는 일.

2 도교의 신 이름. 일명 왕추화부천장(王樞火府天將)이라 한다.

경계에 대처하다

사람이 세상의 재색(財色)이나 명리(名利)의 경계에 대처하는 것을 비유로 밝혀 보리라.

큰 불덩이가 여기 있는데, 그 옆에 다섯 가지 물건이 있다. 첫 번째 것은 마른 풀과 같은 것으로, 닿기만 하면 금방 타 버리고 만다. 둘째는 나무와 같은 것으로, 바람이 불면 타 버린다. 셋째 것은 쇠붙이와 같으니, 태울 수는 없으나 녹일 수는 있다. 넷째는 물과 같으니, 이것은 태우지 못할 뿐만 아니라 불을 꺼 버리기도 한다. 그러나 솥에 부으면 끓여 없앨 수 있다. 다섯째는 허공과 같은 것으로, 태우든 말든 본체는 항상 변함이 없으며 또한 불을 끄려 하지 않아도 저절로 꺼져 버리고 만다.

처음의 것은 범부의 경계요, 가운데 것은 수행하는 이의 경계며, 점차 가장 마지막 경계여야만 비로소 제불여래(諸佛如來) 대성인의 경계라 할 수 있다.

번뇌를 제거하다

수행하여 번뇌를 제거하는 데도 또한 다섯 가지 차등이 있다.

이를 비유하면 사람의 몸을 다섯 겹으로 감싼 것과 같다. 가장 바깥 것은 쇳조각을 붙여 만든 갑옷이요, 다음 것은 가죽옷이요, 다음은 베옷이요, 다음 것은 비단 적삼이요, 가장 안의 것은 맨살을 감싼 매우 부드러운 명주다.

차례대로 이를 풀어 부드러운 명주마저 제거해야만, 비로소 본체인 벌거숭이 맨살이 드러난다.

수행인도 마찬가지다. 밖으로 큰 번뇌를 제거하고 이를 제거하고 또 제거하여 바로 근본무명(根本無明)인 지극히 미세한 번뇌마저 모두 다 제거해야만, 비로소 본체인 청정법신(淸淨法身)이 드러나는 것이다.

고통을 즐거움으로 여기다

구더기가 변소에 살고 있는 것을 개나 양이 보고는 그 고통이 더할 나위 없을 것으로 생각하지만, 구더기는 전혀 고통을 모를 뿐만 아니라 도리어 즐거워한다.

개나 양이 땅 위에 살고 있는 것을 사람이 보고는 그 고통이 더할 나위 없을 것으로 생각하지만, 정작 개나 양은 고통을 모를 뿐만 아니라 오히려 즐거워한다.

사람이 이 세상에 살고 있는 것을 천상 사람들이 보고는 그 고통이 이루 말할 수 없으리라고 생각하지만, 사람은 고통인 줄 모르고 오히려 즐거워한다.

궁극까지 추구해 보면 천상의 고통과 즐거움도 마찬가지다.

이런 줄을 알고 정토에 태어나기를 구하는 것은 요지부동의 상책인 것이다.

두 객이 바둑을 두다

두 객이 마주 앉아 바둑을 두고 있었다.

어떤 이가 곁에서 이 광경을 보고 웃으며 말하였다.

"내가 보니 두 개의 고깃덩이가 움직일 뿐이군요."

"무슨 뜻입니까?"

"두 분은 몸뚱이는 있으나 정신은 몸을 떠나 흑·백 돌 속에 들어가 있는 지 오래되었으니, 서로 대치하고 있는 것이 고깃덩이가 아니고 무엇이겠습니까?"

두 객이 아무 말이 없었다.

사유수思惟修

'선나(禪那)'는 중국어로 사유수(思惟修)라 한다. 그러므로 '선사비구(禪思比丘)'라는 말이 있으니, 이것은 사유를 소중히 여긴 것이다.

그러나 경전에는 "사유심(思惟心)이 있으면 결국 여래의 큰 열반의 바다에 들어가지 못한다." 하였다. 또한 "이 법은 생각과 분별로 능히 미칠 수 있는 것이 아니다." 하였으니, 이것은 사유를 비방한 것이다.

그 까닭이 무엇인가?

대체로 사유에는 두 가지가 있다. 하나는 올바른 사유요, 또 하나는 삿된 사유다. 사유함이 없이 사유하는 것은 올바른 사유요, 사유를 가지고 사유하는 것은 삿된 사유다.

또한 사유는 두 가지로 구분된다. 하나는 밖으로부터 안을 사유하는 것으로 번뇌를 등지고 깨달음에 합하는 것이요, 또 하나는 안으로부터 밖을 사유하는 것으로 깨달음을 등지고 번뇌와 합하는 것이다.

안으로부터 밖을 사유한다는 것은 사유하고 또 사유하고 또 거듭 사유하여 사유가 다함이 없어서 진리와 더욱 멀어지는 것이요, 밖으로부터 안을 사유한다는 것은 사유하고 또 사유하고 또 거듭 사유하여 사유가 다하여 근원에 돌아가는 것이다.

사유로 인하여 사유가 없는 데 들어가는 것이 곧 염불이니, 유념(有念)으로 인하여 무념(無念)에 들어가는 것이다.

바른 말로 충고해 주는 벗

내가 처음 출가했을 때, 고정(皐亭) 다탕사(荼湯寺) 노스님이 당신의 생일날 나를 점심 공양에 초대하였다.

그때 대령(大嶺)에 한 수좌(首座)가 있었는데, 북쪽 사람으로 우직하여 아첨할 줄 모르는 분이었다. 그가 나를 돌아보며 "노스님이 자네를 초대하는 것은 불법을 위해서인가, 아니면 인정으로 하는 것인가? 인정으로 그대를 중히 여기는 것뿐이니, 어찌 이런 곳에 참석하겠는가?" 하니, 나 자신이 몹시 부끄러웠다.

또 고명(古溟)이라는 벗이 내게 "자네는 나중에 세상에 나가지 않는 것을 대단하게 생각하겠지?" 하고 묻기에 내가 평소의 바람대로 "종신토록 배우는 자세로 스스로 단련할 뿐이네." 하였더니, 명이 웃으며 "자네는 세상에 나가기를 기대하는 마음을 아직 면치 못했군." 하였다.

지금 저 두 벗을 다시는 만나지 못하는 것을 생각하니, 마음이 쓸쓸하고 슬프다.

즐거움

추방(秋榜)[1]이 나붙자, 새로 과거에 오른 자가 풍악을 울리며 상방(上方)[2]의 문을 지나갔다.

두 스님이 따라가며 이를 보고는 말을 주고받았다.

한 스님이 "훌륭하다. 얼마나 좋을까?" 하니, 또 다른 스님이 "장하다. 그러나 얼마나 슬픈 일이냐?" 하였다.

앞의 스님이 그 까닭을 물으니, "자네는 한갓 지금의 즐거움만 알고 나중의 슬픔은 알지 못하는군!" 하였다.

그러나 앞의 스님은 이를 알지 못하고, 여전히 탄복하고 부러워하기만 하였다.

1 추시(秋試)에 급제한 사람의 이름을 적은 방(榜). 추시는 향시(鄕試)를 말한다. 당송(唐宋) 때는 주부(州府)에서, 명청(明淸) 때는 성(省)에서 가을에 시행하였다.

2 음양가에서 북쪽과 동쪽을 이르는 말. 양기가 발생하는 곳이란 뜻이다.

도인에게 중요하고 하찮은 일

예전부터 도인을 칭송했던 것은, 세상 사람들이 소중히 여기는 것을 가벼이 여겼고 가벼이 여기는 것을 소중히 여겼기 때문이다.

세상 사람이 소중히 여기는 것은 부귀와 공명이요, 하찮게 여기는 것은 곧 마음이다.

그러나 요즘 도인은 소중히 여기고 하찮게 여기는 것이 세상 사람과 꼭 같으니, 그러고도 도인이라 할 수 있겠는가!

불경은 어차피 읽어야 한다

나도 어려서는 선배들이 불교를 비방하는 것을 보고 선입견과 짧은 소견으로 그런 줄로만 여겼다. 우연히 계단(戒壇)과 강당(講堂)에서 몇 권의 경전을 구해 읽어 보고는 비로소 크게 놀라며, "이런 책을 읽어 보지 않았던들 거의 일생을 허송할 뻔했구나!" 하였다.

요즘 사람들 가운데는 어려서부터 장성하여 늙고 병들어 죽을 때까지 경전을 한 번도 눈에 스쳐 본 적 없는 자들이 있으니, 이런 자는 보배 산을 눈앞에 보고도 찾아나서지 않는 자라 할 것이다.

또 어떤 이들은 비록 경전을 읽기는 하나 그 말만을 따서 이야깃거리의 자료를 삼거나 자신의 문장에 도움이 되게 하려는 데 불과하다. 어려서부터 장성하여 늙고 병들어 죽을 때까지 한 번도 그 이치를 궁구하지 않으니, 이는 보배 산에 들어갔으나 그것을 취하지 않는 자라 할 것이다.

또 어떤 이는 비록 토론하고 강연하기도 하지만, 문자를 풀이하거나 문장이나 해석하면서 새로운 이론을 다투고 자신의 견해가 높음을 자랑하는 데 불과하다. 젊어서부터 장성하여 늙고 병들어 죽을 때까지 한 번도 진실로 수행하고 실천하지 않으니, 이것은 그 보배를 취하여 손에 가지고 놀거나 감상하거나 혹은 옷 속이나 옷소매 속에 간직했다가 도로 내버리는 자라 할 것이다.

그러나 한 번 마음 밭에 심으면 마침내 도의 종자를 이루리니, 불경은 어차피 읽어야 하는 것이다.

소비蕭妃

무후(武后)[1]가 인체(人彘)[2]를 본받아 왕후와 소비[3]를 죽인 적이 있다.

그때 소비가 죽으면서 서원하기를, "세세생생 고양이가 되어 쥐가 된 무후를 산 채로 목을 눌러 고기를 씹으리라." 하였다.

지금까지 고양이나 쥐 가운데는 이 두 사람의 환생이 이어지며, 비록 백천만 번을 보복하였으나 아직도 다하지 않았을 것이다.

지난 날 내가 수륙재(水陸齋)를 올려 그들을 불쌍히 여겨 천도한 적이 있었으나, 원망하는 힘은 깊고 천도하는 힘은 얕아서 능히 원결이 풀릴 수 있었을까 염려될 뿐이다.

예로부터 이런 일들이 자못 많을 것이니, 요즘 사람들은 선업(善業)을 닦을 적에 번거롭다 하지 말고 그들을 위해 천도해야 할 것이다.

1 당 고종의 비(妃). 측천무후(側天武后)를 말한다.

2 사람돼지란 말. 한(漢)의 여후(呂后)가 고조(高祖)의 총희 척부인(戚夫人)의 손발을 자르고 눈알을 뽑고 귀를 지지고 벙어리가 되게 한 뒤 뒷간에 버려두고 이렇게 불렀다.

3 무후가 정실(貞室) 왕(王)씨와 소비(蕭妃)를 죽인 고사가 있다.

태泰 수좌

어떤 이가 물었다.

"태(泰) 수좌가 향이 채 다 타기 전에 앉은 채로 입적했으나, 구봉(九峰)은 석상(石霜)의 칠거법문(七去法門) 뜻을 알지 못했다 하여 인정하지 않았습니다.[1] 지의도자(紙衣道者)[2]도 능히 가고 올 수 있었으나 석상의 뜻을 알지 못했다 하여 동산(洞山)이 또한 허락하지 않았습니다. 이것은 무엇 때문입니까?"

나는 이렇게 말하고자 한다.

"지의(紙衣)가 만약 이미 숨을 내쉴 때 모든 인연에 얽매이지 않고 숨을 들이쉴 때 음계(陰界)에 있지 않았다면, 가고 오는 것이 자유로워 마땅히 동산과 더불어 우치재(愚癡齋)[3]를 지어 손을 마주잡고 함께 길을 갔을 것이니, 태 수좌가 어찌 미칠 수 있겠는가?

만약 그렇지 않다면 한낱 정혼(精魂)을 희롱하는 자를 면치 못할 것이니, 고인이 말한 '귀신 살림살이'가 바로 이것이다.

태 수좌는 정말 진실한 선정력(禪定力)이 있었으나 다만 고요한 경지에 집착하여 몸을 뒤집는 한 구절[轉身一句]을 몰랐던 것이니, 두 사람이 병통인 것은 마찬가지다.

그러나 지의도자는 마음을 비우고 동산에게 나아가 깨달음을 얻었으나, 태 수좌는 분연히 입적하여 스스로 큰 이익을 상실하고 말았던 것이다.

교만하면 손해를 보고 겸손하면 이익을 얻는다. 선(禪)을 배우는 자는 이 일을 깊이 명심해야 한다."

1 구봉불긍(九峰不肯) 공안을 말한다. 구봉도건(九峰道虔: ?~921) 선사가 석상경저(石霜慶諸)의 시자로 있었는데, 석상이 열반에 든 뒤 대중이 큰방 수좌인 태(泰) 수좌를 청해서 석상의 뒤를 잇게 하려 했다. 이때 구봉은 긍정치 않고 "내가 물어 보기까지 기다려라. 만일 선사(先師)의 뜻을 알면 선사와 같이 시봉하리라." 하고, 태 수좌에게 물었다. "선사께서 말씀하시기를 '쉬고, 쉬라, 얼음같이 서늘하게 하라, 한 생각이 만년 가게 하라, 식은 재나 고목과 같이 하라, 묵은 사당의 향로와 같이 하라, 한 가닥 흰 베와 같이 하라' 하셨는데, 말해 보라 무슨 일을 밝힌 것인가?" 이에 수좌가 "한 빛깔의 일을 밝혔느니라." 하였다. 그러자 구봉이 "그렇다면 선사의 뜻을 아직 알지 못했노라." 하니, 수좌가 "그대는 나를 인정치 않는구나. 향을 가져오라." 하고서, 향을 피우고는 "내가 만일 선사의 뜻을 알지 못했다면, 향 연기가 일어나는 곳에서 내가 몸을 버리지 못하리라." 하고, 향 연기가 일어나자마자 곧 앉아 죽었다. 그러나 구봉은 그의 등을 어루만지며 "앉아서 죽고 서서 죽는 것은 있을 수 있는 일이지만, 선사의 뜻은 꿈에도 알지 못했노라." 하였다. 칠거법문(七去法門)은 '쉬고, 쉬라' 는 등 일곱 가지 법문을 말한다.

2 당대(唐代)의 극부도자(克符道者)를 말한다. 평소에 종이옷을 입고 다녔으므로 '지의도자', 혹은 '지의화상'이라 불렀다. 하북성 탁주(涿州) 사람으로, 임제의현 선사에게 참예하여 사료간(四料揀)에서 깨달았다.

3 『전등록』 15 「양개전」에, "당 함통 10년 3월, 동산양개 스님이 머리를 깎고 가사를 수하고 종을 치게 하고 엄연히 앉아 죽었다. 그때 대중들이 통곡하며 슬피 우니 스님이 갑자기 눈을 뜨고 일어나 '출가인은 마음이 사물에 흔들려서는 안 된다. 진정한 수행인은 태어나면 힘쓰고 죽으면 쉴 뿐이다. 슬퍼할 게 무엇이 있는가?' 하고, 주지를 불러 우치재를 지내게 하고 그들의 연정(戀情)을 나무랐다." 하였다. 대중의 우치를 깨우치기 위하여 행하는 재를 말한다.

잠이 푹 들어 꿈이 없을 때의 주인공

설암(雪巖) 화상이 세 가지 인연으로 고봉(高峰)에게 물었다.

"첫째, 번잡한 일상 속에서도 능히 주재(主宰)할 수 있는가? 둘째, 꿈 속에서도 능히 주재할 수 있는가? 셋째, 깊은 잠이 들어 꿈도 없을 때 주인공은 어느 곳에 있는가?"

그러나 요즘 사람들은 세 번째 물음에 대하여 자기 재주와 식견으로 헤아려 짐작하니, 매우 잘못된 일이다.

너희가 우선 일상에서도 주재하지 못하면서 어찌 최후의 매우 깊고 깊은 곳을 말하려 하는가? 처음 질문에서 분명히 용심하는 것만 못하다! 이것은 이 다음에 이해하려 해도 아직 늦지 않다.

그러나 만약 셋째 질문에서 확실히 깨달아 의심이 없으면, 일상이나 꿈속에서도 편안하지 않음이 없다. 법식을 초월한 사람은 한정된 틀에 얽매이지 않기 때문이다.

보시

방(龐)[1] 거사가 집안의 재산을 모두 바다에 버리니, 어떤 이가 "어찌 다른 사람에게 보시하지 않습니까?" 하고 물었다.

그러자 거사가 "내가 다겁(多劫)에 보시에 얽매였으므로 이를 모두 물속에 버리노라." 하였다.

그러나 어리석은 자들은 이를 핑계하여 아예 꼭 쥐고 앉아서 전혀 남에게 베풀지 않으니, 거사가 보시하면서 상(相)에 집착한 자를 위해 얽매인 것을 풀어 주었음을 알지 못했다.

보시가 옳지 않다는 것은 아니다. 만행(萬行)에는 반야(般若)가 길잡이가 되니, 삼륜(三輪)[2]이 공적(空寂)하면 종일 보시한들 어찌 우려할 일이랴.

또한 범부가 보시에 집착하기 때문에 바다에 처넣어 이를 상기시켰던 것이니, 이는 보시하는 생각마저 보시한 것이다.

이것을 '큰 보시', '올바른 보시', '위없는 보시'라 하니, 어찌 거사가 보시하지 않았다 하겠는가?

1 당나라 사람. 이름은 온(蘊: ?~908). 마조도일 선사의 제자. 수많은 선사들과 문답을 주고받았다. 입적할 때는 양주 자사 우적(于頔)의 무릎을 베고 죽었다고 전한다.

2 주는 자, 받는 자, 주는 물건을 말한다.

'상직'과 '상리' 두 편의 글

명나라 초에 공곡(空谷)[1] 선사라는 분이 '상직(尙直)'과 '상리(尙理)'라는 두 편의 글을 지어 유교와 불교에 대해 깊이 논하였다. 그 가운데 "회암(晦庵)[2] 선생이 불교를 깊이 이해하고 있었으면서 겉으로는 배척하였다." 하고 힘써 주장하였다.

그러나 내 생각에는 회암이 아마 불교를 전혀 이해하지 못했거나, 이해하고 있었더라도 견해가 깊지 못했을 것이다. 어떻게 그런 줄 아는가 하면, 내가 소시에 읽은 『주자어류(朱子語類)』에서 그가 스스로 술회한 내용을 기억하고 있기 때문이다.

"예전에 어떤 선생[병산(屛山) 유자휘(劉子翬)를 말함]의 좌중에서 선생과 어느 스님이 담론하는 것을 듣고 마음에 매우 기뻤다. 그 후 과거장에 나아가 이런 내용을 적었더니, 시관(試官)이 나의 견해에 깜짝 놀라 마침내 과거에 합격하였다. 그 후 연평(延平)[3] 선생을 뵙고 비로소 성현의 학문이 따로 있음을 알 수 있었다."

이를 보면, 회암의 불교에 대한 이해가 요즘 사람들이 문필에 자료로 쓰는 정도에 불과한 것을 알 수 있다. 그가 원래 불교의 깊은 이치를 얻은 적이 없었으므로, 불교를 배척한 것은 견해가 변변치 못했기 때문이다.

공곡 선사가 그를 두둔한 것은 너무 지나친 듯하다.

1 이름은 경융(景隆), 자는 조정(祖庭), 호가 공곡이다. 난운지안(嬾雲智安) 선사에게 출가하여 그의 법을 이었다. 저서에 『상직편』, 『상리편』, 『공곡집(空谷集)』이 있다.

2 송나라 휘주 무원의 주희(朱熹: 주자)를 말한다. 호가 회암. 정호(程顥)·정이(程頤)의 학문을 계승하고 주돈이(朱敦頤)·장재(張載) 등의 학설을 참고하여 이학(理學)을 집대성하였다.

3 송나라 이통(李侗)을 말함. 이통은 주희의 스승이라 전한다. 40여 년 동안 세상을 등지고 강학에 힘쓰며 가난한 삶 속에서도 유유자적하였다. 주희가 그의 강의 어록을 모아 엮은 『연평문답(延平問答)』이 있다.

인간의 잔인함

천지는 생물로 사람에게 음식을 제공하니 갖가지 곡식, 갖가지 과실, 갖가지 채소, 갖가지 수륙의 진귀하고 귀한 음식이다. 사람은 또 온갖 지혜를 써서 이것을 이용하여 떡을 만들거나 경단을 만들고 소금을 치거나 식초를 치며 삶기도 하고 굽기도 하여, 참으로 무엇 하나 부족한 것이 없다.

그런데 무엇이 더 모자라서, 다 같이 혈기가 있고 자식과 부모가 있으며 또한 지각이 있어서 아픈 줄도 알고 슬픈 줄도 알며 죽는지 사는지도 아는, 이런 생명을 죽여서 그 살을 먹고 피를 마시며 뼈를 씹는단 말인가? 이게 대체 무슨 이치인가!

평소에는 착한 마음을 가져야 한다고 입으로 늘 말하면서 실제로는 그렇지 못하니, 아 슬프다! 그 몸을 죽여 그 고기를 씹다니! 천하에 흉포한 마음, 참혹한 마음, 지독한 마음, 악한 마음을 말하면 무엇이 이보다 더한 것이 있으랴. 착한 마음은 대체 어디에 있는가?

내가 예전에 '죽이는 것을 삼가고 생명을 놓아주는 글[계살방생문(戒殺放生文)]'을 지어 세상에 권했거니와, 자못 이 글을 펴낼 때마다 열 본이나 스무 본은 내려가지 않았다.

아름답다, 이 세상이여! 무슨 다행으로 이런 어진 군자가 있었던가!

총림을 세우다

총림(叢林)[1]은 대중을 위해 있는 것이니 진정 아름다운 일임에 틀림없다.

그러나 반드시 자신의 일을 먼저 마친 이후라야 한다. 그렇지 않으면 정신이 산란하게 되거나 혹은 세상 인연에 탐닉하게 된다. 결국 아무 얻은 것이 없는 자는 아득하기만 하여 그만두게 되고, 이미 얻은 것이 있는 자라도 중도에서 그만두게 된다.

나는 운서사(雲棲寺)[2]를 다시 일으킨 후에, 매사를 어쩔 수 없을 경우에만 하고 억지로 하려 든 적이 없었다. 하지만 또한 나 자신에게 손해되는 바가 적지 않았다. 더욱이 온 힘을 다해 힘써 이를 구함이랴.

이 일을 적어서 나 자신을 경책하면서 동시에 후학들에게 권하노라.

1 여러 스님들이 화합하여 함께 배우며 안거하는 곳. 스님들을 나무에 비유하였고 절을 숲에 비유한 것. 지금은 선원·강원·율원이 한 곳에 설치되어 많은 수행자들이 모여 수행하는 곳을 지칭한다.

2 연지 대사 주굉이 거처하던 도량이다. 절강 항주 오운산(五雲山) 서쪽 산록에 있다. 송대 건덕 5년(967)에 대선지봉(大扇志逢: 909~985) 선사가 띳집을 짓고 살았다. 산중에 호랑이가 많았으나 스님이 다가가면 호랑이가 문득 무릎을 꿇고 복종하였으므로 스님을 복호(伏虎) 선사라고 불렀다. 오월왕 전씨가 절을 짓고 운서사라고 불렀다. 송대 치평 2년(1065)에 서진원(棲眞院)이라고 이름을 바꾸고, 나중에는 다시 운서사라고 불렀다. 명대 융경 5년(1571)에 주굉 스님이 여기에 선실을 짓고 총림을 만들어 선정귀일(禪淨歸一)의 교의를 세웠다. 그 후에 운서사는 운서염불파의 근본도량이 되었다.

스님과 세속인의 믿음

말법(末法)에는 출가 비구의 신심(信心)이 재가 거사만 못하고, 재가 거사의 신심이 재가 여인만 못하다.

그러니 불법을 배우는 자는 많으나 불법을 성취한 자는 적다는 것을 어찌 의심하겠는가?

자신은 손해를 입으면서 남을 이익 되게 하다

천태지자(天台智者)[1] 대사가 입멸에 들면서 이렇게 말하였다.

"내가 대중을 거느리지 않았던들 반드시 육근(六根)을 청정히 할 수 있었을 것이다. 나 자신은 손해 보면서 남을 이익 되게 하므로 말미암아 겨우 오품(五品)[2]에 올랐을 뿐이다."

남악혜사(南岳慧思)[3]도 또한 "이로 인하여 겨우 철륜위(鐵輪位)[4]를 깨달았을 뿐이다." 하였다.

두 스님이 비록 겸손한 태도로 다른 사람을 가르친 것이기도 하지만 또한 진실한 고백이기도 하다.

다만 우리들 손해와는 다르다. 왜냐하면 우리들 손해는 참으로 손해지만, 두 스님의 경우는 비록 손해지만 손해가 아니기 때문이다.

지금 비유로 말하리라. 어떤 부유한 사람과 가난한 사람이 다 같이 재산을 흩어 많은 사람을 구제했다면, 재산이 줄어드는 것은 다르지 않으나 가난한 사람은 그 가난이 더욱 심해지고 부유한 사람에게는 그다지 큰 영향이 미치지 않는 것과 같다.

또한 실개울과 강에서 다 같이 다른 곳으로 물을 댄다면, 실개울은 금방 말라붙고 말지만 강은 전혀 흔적이 없는 것과 같다.

두 스님이 정말 손해 본 것이 없었다면 어찌 오품과 철륜에만 그쳤겠는가?

천하 사람들이 누구나 성인으로서는 공자를 일컫고 있으나, 공자는 스스로 "어찌 성인이랴." 했다. 또한 천하가 도(道)는 문왕(文王)에게 맡기고 있으나 문왕은 도리어 "도를 아직 보지 못했다." 하였다.

성도(聖道)를 얻지 못했으면서 교만을 떠는 비구들은 깊이 생각해 볼 일이다.

1 천태지자(538~597)는 수나라 때 스님으로, 천태종의 개조다. 18세에 상주 과원사에서 법서(法緖) 화상에게 출가하고, 혜광(慧曠)에게 율학과 대승교를 배웠다. 진 천가(天嘉) 1년(560) 광주 대소산의 혜사(慧思) 대사를 찾아 심관(心觀)을 받았다. 30세에 혜사의 명으로 금릉에서 전도하고, 38세에 천태산에 들어가 수선사를 창건하여 『법화경』을 중심으로 불교를 통일하고 천태종을 완성하였다. 『법화현의(法華玄義)』, 『법화문구(法華文句)』 등 30여 부의 저서가 있고, 수많은 교화를 폈다. 개황(開皇) 17년에 60세로 입적하였다.

2 오품제자위(五品弟子位)라고 한다. 천태종에서 원교(圓教) 수행인의 십신(十信) 이전 외범위(外凡位)의 다섯 가지 계급을 말함.

3 혜사(515~577)는 천태종 제2조다. 15세에 출가하여, 『법화경』을 공부하고 혜문(慧文)의 가르침을 받아 일심으로 연구정진한 공으로 드디어 법화삼매를 얻었다. 그 뒤에 그의 이름을 시기하는 무리들의 강력한 박해를 받으면서도 곳곳에서 『법화경』을 강의했다. 568년 남악산에 들어가 법석을 펴고 선양하다, 도사들의 참소를 여러 번 받다가 진 대건 9년에 63세의 세수로 입적하였다. 『대승지관(大乘止觀)』 2권, 『사십이자문(四十二字門)』 2권, 『안락행의(安樂行義)』 1권 등의 저서가 있다.

4 천태종의 교의. 수행 계위를 6위로 나누니, 철륜위(鐵輪位)는 십신, 동륜위(銅輪位)는 십주, 은륜위(銀輪位)는 십행, 금륜위(金輪位)는 십지, 유리위(琉璃位)는 등각, 마니륜위(摩尼輪位)는 묘각을 말한다.

양지良知[1]

'양지(良知)'라는 이론을 새롭게 세웠으나, 이것은 식견과 학문이 깊이 들어간 곳에서 한 말이지 억지로 독자적인 한 문파를 세워 가문을 빛나게 하려 한 것은 아니다.

그러나 유교와 불교가 동일한 것으로 보기 좋아하는 자가 "'양지'가 바로 불교에서 말하는 '진지(眞知)'다." 한 것은 옳지 않다.

왜냐하면 '양지' 두 자는 본래 맹자(孟子)에게서 나온 것인데, 지금 삼지(三支)[2]로 이를 바로잡으려 한다.

'양지'라 한 것은 종(宗)이요, '생각하지 않아도 안다' 하는 것은 인(因)이며, '두세 살 먹은 아이도 어버이를 사랑하고 어른을 공경할 줄 안다'는 것은 유(喩)다.

그렇다면 '양(良)'이란 '잘'이라는 뜻으로, '양지'라면 '자연스럽게 안다'는 의미니 조작한 것이 아니라는 것을 알 수 있다. 그러나 어버이를 사랑하고 어른을 공경할 줄 아는 것은 망정(妄情)에 물든 지 이미 오래된

1 명나라 왕양명(王陽明)이 맹자의 성선(性善)에 근거하여 창도한 설. 하늘로부터 부여받은, 배우지 않아도 아는 사람의 본성을 말한다.

2 인도의 논리학인 인명학(因明學)의 논식(論式)이다. 종(宗)은 증명되어야 할 소립(所立). 인(因)은 종(宗)을 성립시킬 수 있는 이유. 유(喩)는 종(宗)의 성립을 돕는 비유. 예를 들면, '소리는 무상하다' 하는 문제 제기는 종(宗)이라 하고, '왜냐하면 어떤 조건에 의존하여 있으므로' 하는 것은 인(因)이며, '비유하면 병(甁) 등과 같이' 하는 것은 유(喩)라고 한다.

상태인데, 어찌 영원하고 진실한 적조(寂照)[3]를 말했겠는가?

'진(眞)'과 '양(良)'을 잘 가려야 한다.

3 적(寂)은 적정(寂靜)의 뜻이요, 조(照)는 조감(照鑑)의 뜻이다. 지(智)의 본체는 공적(空寂)하지만 관조(觀照)의 작용이 있어서, 고요[寂]하면서도 항상 작용[用]하고 작용하면서도 항상 고요하다.

마음의 작용이 겉으로 드러난 이를 성인이라 한다

어떤 이가 물었다.

"『공총자(孔叢子)』[1]에 '마음의 정신을 성인이라 한다' 하니, 양자호(楊慈湖)[2]의 평생 학문이 이것으로 종지를 삼았습니다. 이것이 양지(良知)보다 더 낫지 않겠습니까? 그렇다면 불교의 진지(眞知)와 같은 뜻이 아니겠습니까?"

'정신'은 '양지'보다 더 얕은 것으로, 모두 물 위의 파도에 불과하기는 마찬가지다. 어찌 '진지'일 수가 있겠는가?

또한 '정신'이라는 두 글자를 따로 나누어 말하면 각기 뜻이 있지만, 합하여 문장을 만들면 '정혼신식(精魂神識)'의 뜻이다.

고인이 말하기를 "무량겁의 생사 근본이거늘, 어리석은 자는 이를 본래의 참모습[本來人]이라 여긴다." 한 것이 이것이다.

1 전 7권, 21편. 저자는 한(漢)나라 공부(孔鮒)라고 전하나 후인의 위찬(僞撰)이라고 본다. 공자 및 그 일족에 관하여 적었다.

2 송나라 때 양간(楊簡: 1141~1225)을 말한다. 자계(慈谿) 사람으로, 자는 경중(敬仲)이라 하였다. 일찍이 보모각학사(寶謨閣學士)를 역임하였다. 육구연(陸九淵)의 제자. 시호는 문원(文元)이라 한다. 학자들은 자호(慈湖) 선생이라 불렀다. 마음이 곧 도니 우주의 변화가 곧 사람 마음의 변화 과정이라 주장하여, 마음을 밝히는 것으로 수양의 근본을 삼았다. 저서에 『갑을고(甲乙稿)』, 『양씨역전(楊氏易傳)』 등이 있다.

고요하면서 감응함

또 물었다.

"자호(慈湖)는 유교 선비인데 공자의 말을 보지 못했을 리가 있습니까? 공자는 '잡으면 있고 놓으면 없으며, 들어오고 나가는 것이 때가 없으니 그 근원을 알 수 없다' 했으니, '정신'보다 한 걸음 더 나아갔으며 또한 '양지'보다 앞선 것이 아니겠습니까? 그렇다면 부처님이 말씀한 '진지'가 아니겠습니까?"

그것도 아니다. '진(眞)'은 있고 없는 것이 없고, 들어가고 나가는 것이 없다. '그 근원을 알 수 없다' 한 것은 거의 비슷하다 하겠으나, 이것도 아직 전체를 들지 못하였다. 공자가 또 말하기를 "생각함도 없고 작위함도 없어서 고요히 동요하지 않으나, 감응(感應)함에 천하의 일에 통한다." 하였다. '생각함도 작위함도 없어서 고요하다' 한 것은 곧 '그 근원을 알 수 없다'는 뜻이다. 만약 최후의 구절('감응함에 천하의 일에 통한다' 한 대목)이 없었다면 단멸(斷滅)[1]을 이루었을 것이니, 단멸은 곧 무지(無知)다. '천하의 일에 통한다' 하였으나 위의 세 구절('생각함도 없고, 작위함도 없고, 고요히 동요하지 않는다' 한 구절)이 없었다면 난상(亂想: 산란하고 방일한 마음)을 이루었을 것이니, 난상은 곧 망지(妄知)다. '고요하면서도 통한다' 한 이것을 '진지(眞知)'라고 부른다.

그러나 이 말은 『주역(周易)』을 말한 것이지 마음을 논한 것이 아니다. 사람들이 이것을 점치는 데 이용했을 뿐이다.

1 인과(因果)는 상속(相續)하는 이치가 없다고 물리치는 견해. 단견은 사견(邪見) 가운데 극악(極惡)에 속한다.

대개 때가 아직 이르지 않았고 인연이 아직 성숙하지 않았으므로, 공자가 우선 조금 드러내 『주역』에 붙여 사람들로 하여금 이를 스스로 얻게 했던 것이다.

깊다, 공자가 마음을 잘 말함이여!

진실하다, 공자가 유동보살(儒童菩薩)이 됨이여!

또 물었다.

"그렇다면 유교 경전을 읽는 것만으로도 충분히 생사를 벗어날 수 있겠습니다. 어찌 굳이 불교가 필요하겠습니까?"

그건 그렇지 않다. 불교에서는 이와 같이 미묘한 이치를 말씀한 곳이 삼장(三藏)에 두루하지만, 유교 경전에는 백천 마디 말 중에 겨우 한두 가지에 미칠 뿐이다. 공자도 알지 못했던 것은 아니었으나, 공자는 세간법(世間法)을 주장하였고 석가는 출세간법(出世間法)을 주장했던 것이다.

마음은 비록 두 가지가 아니지만, 제자를 제접하고 지도하는 수단이 같지 않았던 것이다. 그러니 배우는 자는 부득불 각기 자기의 문을 따를 뿐이다.

내생 1

내가 말했다.

"금생에 계율을 청정히 지키고 복을 닦은 스님도 심지(心地)를 밝히지 못했거나 원력이 경미하며 또는 정토를 구하지 않으면, 내생에 부귀의 과보를 받거나 또는 부귀에 미혹하거나 혹은 업을 지어 타락하기 일쑤다."

이에 어떤 노스님이 손을 저으며 믿지 않았다. 그래서 노스님에게 다시 말했다.

"내세는 말할 것도 없이 내가 한 스님을 직접 보았습니다. 북봉(北峰) 음지 쪽에 띳집을 짓고 10여 년을 자못 청정히 수행하더니, 어느 날 신도들이 그를 공경하여 따로 암자를 짓고 옮겨와 살게 했습니다. 하지만 그 스님은 마침내 거기에 빠져 전에 조금 얻은 것을 모두 잃어버렸습니다. 현세에도 그런데 더욱이 내생이겠습니까?"

노스님이 "그가 누구란 말이요?" 하기에, "바로 스님이시지요." 했더니, 그가 아무 말이 없었다.

내생 2

어떤 스님은 지위가 높고 명성을 세상에 드날린 사람을 보면, 마음속으로 사모하고 부러워하며 '나도 저렇게 되었으면…' 하고 원한다. 또 어떤 스님은 마음에 싫어하고 천박하게 생각하며 마음에 두지 않는다.

이 두 스님 모두 잘못이다.

왜냐하면 첫 번째 스님은 한갓 사모하고 부러워할 줄만 알았지 어찌 그 사람의 전생을 알랴. 자신은 고행하고 복을 닦는 스님인가? 그렇다면 어찌 꼭 사모하고 부러워만 하랴.

또한 두 번째 스님은 싫어하고 천박하게 여길 줄만 알았지, 자신의 고행으로 내생에는 반드시 저 이름 있고 지위 있는 관리가 되리라는 것을 어찌 알랴. 그렇다면 어찌 꼭 싫어하고 천박하게만 생각하랴.

이미 생사를 벗어나지 못했으면 피차 서로 교체하는 것이 마치 물 긷는 두레박과 같이 서로 오르락내리락 하는 것이다.

생각이 여기에 미치면 참으로 마음이 섬뜩하지 않은가? 응당 노력하여 촌음을 허비하지 말고 세상에서 벗어나기를 기약해야 할 뿐, 어찌 변변찮은 공부를 얻어서 남을 부러워하거나 탐탁지 않게 여기랴.

자신이 타고난 능력을 버리다

사람들은 자기가 타고난 능력에 깊이 집착하여 능히 이를 버리지 못한다.

예컨대 시문(詩文)에 능한 자, 정사(政事)에 능한 자, 재산을 불리는 일에 능한 자, 전진(戰陣)에 능한 자와, 심지어 글씨·그림·가야금·바둑 등에 능한 자에 이르기까지…. 모두 정신을 다하고 지혜와 계교를 쏟아 그 일에 힘을 다하여 깊고 오묘한 경지에 이른 자, 세상에 영원히 일가(一家)의 이름을 전한 이들이 많다.

그러나 이것들을 버리고 모든 정신과 지혜를 돌려 반야(般若)를 배우는 일에 전력한다면, 어찌 도업을 이루지 못할 것을 염려하랴.

아득한 고금, 수많은 사람 중에 그런 이를 보기 쉽지 않다.

두 가지 쥐

집쥐는 담을 뚫고 대들보 위를 내달리며 침대 가를 맴돌고 책상 속에 숨어들기도 하면서 자주 사람들 곁에 접근하지만, 재빨리 달아나서 예전부터 이것들을 길들여 가까이한 자가 없었다.

다람쥐는 바위틈을 제 나라로 삼고 나뭇가지로 제 집을 삼으며 마치 방외사(方外士)나 화외민(化外民)[1]과 같이 살지만, 사람들이 이를 얻어 품 안에 넣고서 자모가 아이를 키우듯 할 수 있다.

그 까닭이 무엇일까? 아마 숙세에 익힌 업으로 그렇게 된 것이 아닐까.

저 집쥐는 전생에 담을 뚫고 남의 물건을 훔치던 도둑이었을까? 다람쥐는 남의 종노릇 하던 자였을까?

두 놈 모두 축생이기는 하지만, 저 놈이 이 놈보다 조금 나은 점이 없지 않다. 각기 익히는 일을 신중히 하지 않으면 안 되리라.

1 방외사(方外士)는 속세와 상관없거나 세속의 예법에 얽매이지 않는 사람. 화외민(化外民)은 교화가 미치지 않는 곳에 사는 백성.

뒤바뀐 일

말법의 스님들 중에는 글씨나 시문을 익히며 편지 쓰는 투를 익히는 자들이 있다. 이 세 가지는 모두 사대부들이 하는 짓이다.

오히려 사대부들도 이런 것들을 익히지 않고 선(禪)을 배우기에 온 힘을 기울인다. 그런데 스님들이 도리어 버려야 할 것들을 익히면서, 자신들이 진정으로 해야 할 일인 일대사인연(一大事因緣)[1]은 내버려 두고 전혀 개의치 않는다.

어찌 이처럼 뒤바뀐 짓을 하는가?

1 부처님이 이 세상에 출현하신 유일한 목적인 동시에 스님들의 최후 목표이기도 한, 자신이 부처님의 지견(知見)을 깨닫고 중생들에게 이를 열어 보이는 것이다.

옛 사람에게 요즘 사람이 미치지 못한다

명나라의 큰스님은 누구인가? 내가 홍무(洪武: 명나라 원년) 때부터 지금까지 자못 자세히 알고 있지는 못하지만, 당·송은 그만두고 원나라 때의 중봉(中峯)[1] 선사나 천여(天如) 화상 만한 이는 오직 범기초석(梵琦楚石)[2] 한 분만이 가히 위와 아래를 비교할 만하다고 생각된다.

더욱이 고대와 또 더한 고대랴. 이것은 후세로 갈수록 장애가 더욱 깊어진 탓이 아닐까?

호걸로는 문왕(文王)보다 더한 이가 없으니, 필경 뭇 별 가운데 찬란히 빛나는 달과 같다 할 것이다.

그렇다면 말법인(末法人)은 함부로 자신을 존대하거나 고덕을 경시하지 말아야 하겠지만, 그렇다고 호걸이 되지 못할 것으로 자포자기할 일도 아니다.

1 남송(南宋) 말 원(元) 초 때의 스님인 중본명본(中峰明本: 1263~1323)을 말함. 절강설 항주 전당 사람. 어려서 천목산 사자암의 고봉원묘(高峰原妙)에게 출가하여 그의 법을 이어받았다. 그 후 일정한 거처 없이, 배 안에서 혹은 암자에서 살아가며 스스로 환주(幻住)라 일컬었다. 승속이 모두 존경하여 강남의 고불(古佛)이라 하였다. 저서로 『중봉광록(中峰廣錄)』이 있다.

2 범기초석(1296~1370)은 원(元) 말 명(明) 초 때의 스님이다. 절강성 명주 상산(象山)에서 태어났다. 9세에 절강성 천령사 눌옹 모(訥翁 謀) 선사에게 출가, 16세에 항주 소경사(昭慶寺)에서 구족계를 받고 여러 곳에서 수학한 후, 경산의 원수행단(元叟行端) 선사의 법을 이어받았다. 정토시(淨土詩), 자씨상생게(慈氏上生偈)를 지었으며, 저서로 『북유집(北遊集)』, 『봉산집(鳳山集)』 등이 있다.

「물불천론物不遷論」을 반박하다

누군가가 승조(僧肇)[1] 화상의 「물불천론(物不遷論)」[2]을 반박했다.

"승조 법사는 '사물은 각기 제 위치에 주하여 있다[物各住位]'는 것으로 불천(不遷: 不動)을 말해서는 안 되고, 반드시 '사물은 각각 고유한 제 성품이 없다[物各無性]'는 것으로 불천(不遷)을 말해야 한다."

이러한 뜻을 옳게 여기지 않는 자가 그의 반박에 또다시 논박하여 시비가 끊이지 않았다.

어떤 이가 의심하고 갈피를 잡지 못하여 이런 내용을 내게 물었다. 나는 이렇게 대답하였다.

"승조 법사의 뜻에 반박하는 자는 전혀 근거 없이 무턱대고 논한 것이 아니요, 그 반박에 논박하는 자도 일부러 새로운 해석을 억누르며 터무니없이 옛 것만을 고집하려는 것이 아니다. 각각 그럴 만한 소견이 있기 때문이니, 내가 이제 평등한 마음으로 이를 절충하려 한다.

1 승조(384~414)는 장안 사람으로 노·장(老·莊) 학문을 좋아하여 심요(心要)라 주장하다가, 지겸(支謙)이 번역한 『유마경』을 읽고 불교에 귀의하였다. 그 뒤 구마라집의 제자가 되어 역경 사업에 종사하고 구마라집 문하의 사철(四哲) 중 한 사람이라 불렸다. 구마라집 문하에서 교리에 제일 능통했다. 저서로 『조론(肇論)』이 있다. 진 나라 의희(義熙) 10년(414)에 장안에서 31세로 입적하였다.

2 『조론』에 수록되어 있는 5부의 논 중 하나. 「물불천론(物不遷論)」은 반야성공(般若性空)의 학설을 천양하였다. 사물이 불천(不遷)하다는 것은, 비록 생기(生起)와 유전(流轉) 등의 현상이 있으나 그 본체는 항상 부동(不動)함을 말하였다.

그대는 「불진공론(不眞空論)」[3] · 「반야무지론(般若無知論)」[4] · 「열반무명론(涅槃無名論)」[5]의 세 가지 논과, 서두의 「종본의(宗本義)」[6]를 읽지 못했는가? 만약 이것들이 없었다면 이 반박에 대해, 나의 생각에는 승조 스님도 우선 입을 벽 위에 걸어 놓고 아무 대꾸할 말이나 펼칠 이론이 없었을 것이다.

지금 세 가지 논에서는 성공(性空)[7]의 뜻을 자세히 설명하지 않음이 없고, 종본(宗本)에서는 연회(緣會)[8]와 성공(性空)이 하나임을 분명히 말했다. 어찌 이른바 '성공(性空)'을 밝히지 않았겠는가?

3 「불진공론(不眞空論)」은 인과법칙 중에서 생기(生起)하는 현상이 모두 실체(實體)가 없어서, 유(有)는 진유(眞有)가 아니요 무(無)는 진무(眞無)가 아님을 밝혔다. 본체(本體)는 무상(無相)이어서 유 · 무를 초월하였으나, 유 · 무는 모두 진(眞)이 아니므로 그 부진(不眞)으로 인하여 공(空)이라고 부른다.

4 「반야무지론(般若無知論)」은, 반야는 아는 것이 없고 모양이 없으나, 도리어 알지 못하는 것이 없어서 만물을 비춘다. 수행으로 말미암아 얻어지는 지혜[般若]는 범부의 인식을 초월하기 때문에 '무지(無知)'라고 칭한다. 이 '반야무지론'은 대부분 구역(舊譯) 경전을 채용했으며 아울러 노 · 장(老 · 莊)의 어구(語句)를 많이 빌려서 그의 스승인 구마라집이 전해온 용수(龍樹)의 불교를 발양하였다. 『대품반야경』이 번역된 이후로 제기된 반야론의 여러 가지 이설에 대하여, '반야무지론'으로부터 시작하여 반야의 진리를 밝혔다.

5 「열반무명론(涅槃無名論)」은 열반의 경계는 언어와 사상의 표현을 초월하였으니, 이미 생멸(生滅)이 없고 또한 명상(名相)이 없어서 언어로 능히 표현할 수 없기 때문에 '무명(無名)'이라고 부름을 밝혔다.

6 「종본의(宗本義)」는 전서(全書)의 서장(序章)에 해당되는 것으로, 개괄적으로 전서의 대의를 밝히고 있다.

7 성공(性空)은 일체 모든 법은 인연 화합으로 생긴 것으로 그 본성은 만들어진 것이 아니고 공(空)이라고 하는 뜻. 모든 법의 실상을 말한다.

8 연회(緣會)는 모든 존재는 인연이 모여서 되었다는 뜻이다.

세상 사람들이 '예전 사물이 오늘까지 존재하지 않으니 그렇게 보면 예전은 영원히 없어진 것이다' 하며, '사물은 변한다[物遷]' 하고 생각한다. 그런 생각에 따라서 이를 반박했던 것이니, 그가 말하는 '변한다[遷]'는 것이 바로 내가 말하는 '변하지 않는다[不遷]'는 뜻인 것이다.

이것이 바로 각자의 길을 따라 고향으로 돌아가는 것이요, 도적으로 도적을 공격하는 것이며, 위치를 바꾸지 않고 남쪽을 바꾸어 북쪽을 이루는 것이요, 바탕을 고치지 않고 놋쇠를 변화시켜 금을 만드는 것이라 할 것이니, 교묘한 솜씨요 막힘없는 변재라 할 것이다.

그러므로 이 논은 '사물은 변하지 않는다[物不遷]'는 것을 바로 논한 것이 아니라, 예전 물건이니 지금 물건이니 하는 두 구절로 인하여 저술하게 된 것이다. 만약 아무 원인도 없이 스스로 저술했다면 반드시 전편(全篇)에 성공(性空)으로 논지를 세운 것이 세 논과 같았을 것이다.

자경(玆逕)[9]이 성공(性空)을 밝히지 않았다 하여 승조 스님을 비방하였으나, 승조 스님이 어찌 이를 마음속으로 인정하겠는가?

그러므로 원래 물건을 예전에 찾아보면 예전에는 없었던 적이 없더니, 원래 물건을 지금 찾아보면 지금은 있는 적이 없으니, 이 몇 마디 말이 성공(性空)의 뜻에 어긋나는 것 같다.

그러나 예전은 인연이 합함으로 해서 없지 않고, 지금은 인연이 흩어지므로 해서 있지 않아서, 연회(緣會)와 성공(性空)이 이미 둘이 아니니 어찌 번거롭게 말을 허비하여 승조 스님의 허물을 따지랴."

또 물었다.

"무슨 까닭에 저 논의 전편에서 이런 뜻을 밝히지 않았습니까?"

9 어떤 분인지 미처 상고하지 못하였다.

"연회(緣會)가 성공(性空)과 다르지 않다는 말은 '종본(宗本)' 중에 있으니, 이를 본 자는 은연중에 스스로 뜻을 알아채기 때문이다.

만약 이런 일이 있을 줄 알았다면 다시 논 말미에 한두 마디 말을 덧붙여 이런 뜻을 결론으로 밝혔을 것이다. 그렇게 했더라면 이런 반박이 어떻게 있을 수 있겠는가?

아! 승조 스님은 반드시 나의 뜻에 수긍할 것이나, 알 수 없구나, 논박한 자는 어떻게 생각할지."

『벽암집碧巖集』

원오(圓悟)[1] 선사의 『벽암집』[2]을 묘희(妙喜) 스님이 민중(閩中)으로 들어가면서 그 판을 모조리 부숴 버렸다. 이런 행동을 지혜가 천박한 자는 묘희 스님이 원오 선사를 하찮게 여긴 탓이라고 생각하고 있으나, 묘희 스님이 잠시 언어문자의 집착을 부숴 버린 것임을 알지 못하였다.

설두(雪竇)[3] 화상의 송고백칙(頌古百則)[4]을 선덕은 송고(頌古) 중의 성(聖)이라 하였는데, 원오 선사가 처음으로 이를 평창(評唱)[5]하였으니 또한 평창 중에 성(聖)이라 할 것이다.

1 원오(1063~1125) 선사는 송나라 스님으로, 자는 무착(無着)이다. 남송의 고종(高宗)으로부터 원오(圓悟), 북송의 휘종(徽宗)으로부터 불과(佛果)라는 호를 받았다. 어려서 출가하여 여러 곳의 고승에게 참학한 후 오조법연(五祖法演) 선사의 법을 이었다. 소흥(紹興) 5년에 입적. 세수는 73세. 시호는 진각(眞覺) 선사. 문하에 대혜종고(大慧宗杲), 호구소륭(虎丘紹隆) 등 100여 명이 있다.

2 전 10권. 『벽암록(碧巖錄)』이라고도 한다. 『전등록(傳燈錄)』 1,700 공안 중에서 학인의 참선 수행에 가장 중요하다고 생각되는 100칙을 선택하여 설두중현이 하나하나에 송(頌)을 붙이고 원오극근이 평석(評釋)한 내용으로 되어 있다.

3 설두중현(雪竇重顯: 980~1052) 선사를 말한다. 어려서 출가하여 호북성 지문광조(智門光祚)를 알현하여 깨달음을 얻고 법을 이어받았다. 30년간 산에 머물며 70여 명의 제자를 양성하여 문풍을 크게 진작시켰다.

4 선종에서 옛 선사들이 제자를 지도하기 위하여 제시한 고칙(古則)에 대하여, 그 본령(本領)을 알리고자 송(頌)의 형식으로 간결하게 그 참뜻을 가르친 것. 음송(吟誦)하는 사이에 고칙을 납득하게 하는 것이 근본 취지다. 설두 선사의 백 가지 고칙을 송한 것이 있다.

5 평설(評說), 혹은 평석(評釋)의 뜻이다. 고인의 고칙이나 공안 등에 나타나는 일문일답에 비평을 가하고 스스로 거기에 공명하여 창(唱)을 붙인 것을 말한다.

그러나 이것이 문자반야(文字般若)[6]임을 면치 못하는데도, 어리석은 자는 이것에 집착하기 때문에 묘희 스님이 이 점을 설파했던 것이다. 학인의 정식(情識)을 부숴 버린 것이지 『벽암집』을 부순 것이 아니다.

그 '부숴 버렸다'는 말은 운문(雲門)[7] 선사의 '한 방망이로 때려죽이리라' 한 뜻과 같다 할 것이다.

이런 뜻을 정확히 이해하면 『벽암집』의 마디마디가 전단(栴檀)[8]일 것이요, 집착하여 이것에 빠지면 팔만대장경 경판도 모두 부숴 버려야 한다.

아, 이것은 지혜로운 자와 함께 논할 만한 이야기구나!

6 문자로 설한 반야(般若). 반야는 언어문자로 설할 수 없지만 중생의 이해를 돕기 위해 문자의 한계 속에서 설한 반야를 말한다.

7 운문문언(雲門文偃: 864~949) 선사를 말한다. 당말(唐末) 오대(五代) 스님. 설봉의존(雪峰義存)에게 참구하여 그의 법을 받았다. 운문이 대중에게 "세존이 처음 탄생하여 한 손으로 하늘을 가리키고 한 손으로 땅을 가리키며 일곱 걸음을 걷고 사방을 두루 보며 '하늘 위나 하늘 아래에 오직 나만이 높다' 하였는데, 내가 그때 이를 보았다면 한 방망이로 때려 죽여 개에게 먹여 천하가 태평하게 하였을 것이다." 하였다.

8 인도 등에서 생산되는 향나무의 일종. 방향을 내며 약재로도 쓰인다.

도솔 열兜率 悅[1] 선사와 장무진張無盡[2] 거사

장무진 거사가 열 선사를 친견하려 하니, 선사가 말하기를 "내가 반드시 큰 송곳으로 이 자를 깊이 찔러 주리라." 하였다. 그러자 어떤 이가 "벼슬아치란 누구나 순종하는 것을 좋아합니다. 아마도 몹시 언짢아 할 것입니다." 하였다.

열 선사는 "불과 절에서 쫓겨날 뿐이다." 하고는 힘써 다그치니, 무진 거사가 이로 인해 크게 깨달았다.

나는 말하고자 한다.

"열 선사가 교묘한 솜씨로 인재를 도야한 것은 참으로 말할 필요도 없겠으나, 무진 거사가 선지식에게 몸을 맡기고 힘써 참구하여 마침내 깨달음을 얻을 수 있었으니, 이것은 진정 사대부로서 도를 배우는 모범이라 할 것이다."

1 도솔종열(兜率從悅: 1044~1091) 선사를 말한다. 송나라 스님. 처음에는 불교를 배척하였지만 『유마경』을 읽고 발심하여 출가하였다. 늑담극문(泐潭克文)의 법을 잇고 홍주의 도솔사에 머물렀다. 원우(元祐) 6년에 입적. 세수는 48세. 휘종(徽宗) 3년에 진적(眞寂) 선사라는 시호를 받음.

2 장상영(1043~1121)을 말한다. 북송 때 거사. 자는 천관(天寬), 호가 무진(無盡) 거사다. 처음에 통주(通州)의 주부(主簿)가 되어 하루는 절에 가서 장경(藏經)의 권책(卷冊)이 정연한 것을 보고 화를 내며, "우리 공성(孔聖)의 책도 이만은 못하다." 하였다. 이후 『무불론(無佛論)』을 지으려 하다가 나중에 『유마경』을 읽고 느낀 바 있어 불법에 귀의하였다. 처음에 동림상총(東林常總)에게 참학하였으나 나중에 종열(從悅) 선사의 득법 제자가 되었다.

종문宗門의 문답

예전의 존숙(尊宿)들이 서로 만나 묻고 답하는 기연(機緣)은, 전혀 무의미한 듯도 하고 혹은 놀랍거나 의심스럽기도 하며 서로 꾸짖는 것 같기도 하고 농담하는 것 같기도 하다. 하지만 모두 진실하게 참구하여 진실하게 깨달은 가운데서 나온 것이어서, 물과 우유가 서로 섞이고 함과 뚜껑이 서로 꼭 맞는 것과 같이 한 자 한 구절도 함부로 한 것이 없다. 후인이 이런 줄 알지 못하고 함부로 흉내낸다면 구업(口業)이 적지 않다.

비유하자면, 두 사람의 고향 친구가 천리만리나 멀리 떨어져 오랫동안 이별하였다가 홀연히 서로 만났다. 반가움에 고향 사투리나 은어(隱語)나 상스런 말을 주고받는다. 곁에서 이런 광경을 보는 자도 역시 무의미하기도 하고 놀랍기도 하며 의심스럽기도 하고 서로 욕하는 것 같기도 하고 농담하는 것 같다고 생각한다. 그러나 사실은 한 마디 한 마디가 모두 진정에서 우러나오는 말이며 간절한 뜻을 토로하는 것이다. 옆의 사람은 무슨 말을 하는지 전혀 알지 못하지만, 이 두 사람은 묵묵히 서로의 뜻을 이해하고 있는 것이 마치 물과 우유가 서로 섞이고 함과 뚜껑이 서로 맞는 것과 같다.

그러니 지금은 우선 입을 다물고 그저 제각기 참구하는 공안(公案)을 향하여 온 힘을 기울일 일이다. 깨닫지 못한 것을 근심할 뿐, 깨달은 후에 말할 줄 모를까 근심할 일은 아니다.

취생몽사

'취생몽사'라는 말은 누구나 흔히 하는 말이지만 사실은 정직한 말이다.

세상에는 대체로 빈천하고 부유한 두 부류의 사람이 있다. 빈천한 자는 아침부터 저녁까지 허둥지둥 의식을 걱정하느라 바쁘고, 부귀한 자도 또한 아침부터 저녁까지 욕락(欲樂)을 누리느라 마냥 분주하다. 그 수용하는 것은 같지 않으나 바쁘기는 매한가지다.

그러나 바쁜 것은 죽고 나면 그만이지만 그 분주한 마음은 끝나지 않는다. 이 마음을 그대로 가지고 가서 다시 태어나고, 다시 바쁘다가 다시 죽으니, 죽고 태어나고 또 다시 태어나고 죽어서 정신이 아득하고 혼미한 것이 마치 술에 취한 듯 꿈을 꾸듯 하여 백겁 천생을 지나도록 벗어날 기약이 없다.

아! 훤칠하게 홀로 여기에서 깨어난 자는 대장부라야 가능한 일이다.

진정한 도인은 참으로 어렵다

업(業)을 짓는 자가 백 명이면 그중에 선업(善業)을 짓는 자는 겨우 한둘이요, 선업을 닦는 자가 백 명이면 그중에서 도를 배우는 자는 겨우 한둘이다. 도를 배우는 자가 백 명이면 견고하고 오랫동안 지켜 나가는 자는 한둘이며, 견고하고 오랫동안 지켜 가는 자가 백 명이면 견고하고 또 견고하며 오래 하고 또 오랫동안 그 마음을 지켜 바로 보리심(菩提心)에 이르도록 퇴보하지 않는 자는 겨우 한둘에 불과하다. 이렇게 최후 사람이어야만 진정한 도인이라 할 수 있다.

참으로 어려운 일이다.

공空과 소공所空이 다하다

어떤 이가 "노자 『청정경(淸靜經)』에 '공(空)을 관하는 것도 공(空)하고, 공한 것[소공(所空)]도 공무(空無)하다'는 등의 말은 『능엄경』에서 말한 '공(空)과 소공(所空)이 다하였다' 한 뜻입니다." 하기에, 내가 이렇게 말하였다.

"『능엄경』은 처음에 '동(動)과 정(靜) 두 모양이 분명히 나지 않는다' 하였으나, 여기서는 청정(淸靜)으로 경 이름을 붙였다. 이것은 동상(動相)은 나지 않으나 정상(靜相)은 여전히 나는 것이다. 그렇다면 고요함도 아직 공(空)하지 못했는데 어찌 공(空)한 것도 공했음을 말하랴."

교敎 밖에 따로 전하다

어떤 사람이 물었다.

"교 밖에 정말 따로 전한 것이 있습니까? 그렇다면 부처님이 한 평생 설하신 교법은 한낱 대수롭지 않은 글에 불과합니다. 교 밖에 정말로 따로 전한 것이 없습니까? 그렇다면 조사께서 서쪽에서 오신 것은 공연히 헛걸음을 하신 것입니다."

내가 이렇게 말하였다.

"교 밖에 따로 전한 것이 있기도 하고 없기도 하다.

『원각경(圓覺經)』에서 말씀하지 않았느냐? '수다라(修多羅: 부처님이 설하신 모든 교법)는 달을 가리키는 손가락과 같은 것이어서 손가락은 달이 아니다'라고 하니, 손가락 밖에 따로 달이 있을 수 있다는 것을 말하였다. '달은 바로 손가락으로 가리킨 곳에 있다' 하니, 손가락 밖에 따로 달이 없다고도 할 수 있음을 말하였다.

그러므로 손가락이 달이라고 집착하여 더 이상 달이 없다고 하면 이것은 어리석은 것이요, 가리킨 곳을 버리고 따로 달을 찾으면 이는 미친 자다.

이런 줄 분명히 깨닫는 것은 그 사람에게 달렸을 뿐이다."

진성眞性을 밝혀 근원으로 돌아가다

어떤 이가 또 물었다.

"『능엄경』에 '한 사람이 진성을 밝혀 근원으로 돌아가면 시방 허공이 모두 녹아 없어진다' 하고, 『중용(中庸)』에는 '희로애락이 일어나지 않은 상태를 중(中)이라고 한다' 하고, 또 '중에 이르면 천지가 자리를 잡는다' 하였습니다. 이를 두고 유교와 불교를 회통하는 자가 '중은 곧 본성이다' 하였습니다. 그러나 불교에서는 '근원으로 돌아가면 세계가 녹아 없어진다' 하고, 유교에서는 '중에 이르면 세계가 자리를 잡는다' 하였습니다. 어찌 원인은 같은데 결과가 이렇게 다를 수 있습니까?"

대개 희로애락은 의근(意根)에 속하는 것으로 제6 의식[1]일 뿐이다. 지금 의식이 그쳐 행하지 않더라도 아직 제7 말나식[2]과 제8 아뢰야식[3]은 여전히 남아 있으니, 큰 파도는 쉬었으나 미세한 물결은 아직 남아 있어서 일찍이 근원에 돌아간 적이 없다. 어찌 허공이 녹아 없어질 수 있겠는가?

1 안·이·비·설·신·의 6식의 하나인 여섯 번째 의식(意識)을 말한다. 의근(意根)에 의지하여 법경(法境)을 인식·추리·추상하는 마음이지만, 실은 과거·미래·현재 3세의 일체 법에 대해서 작용하기 때문에 광연(廣緣)의 식(識)이라 한다.

2 '말나'는 의(意)라고 번역하고 사량의 뜻을 갖는다. 제6 의식이 의(意)의 식, 곧 말나에 의한 식인 것과 혼란을 피하기 위해 범어를 음역하여 '말나식'이라 하였다. 이 식은 항심사량(恒審思量)의 작용이 있으니 시간적으로 항상[恒], 공간적으로 깊이[審] 사량하는 식이다.

3 '아뢰야'는 무몰식(無沒識) 혹은 장식(藏識)이라 번역한다. 무몰식은 제법을 집지하여 잃어버리지 않는 식이라는 뜻이고, 장식은 제법전개(諸法展開)의 의지할 바탕이 되는 근본 마음이라는 뜻이다. 전체 8식의 최후에 있기 때문에 제8식, 제법의 근본이기 때문에 본식(本識)이라고도 한다.

도에 대한 대화

예전에 도를 배우는 자들은, 손과 주인이 만나면 문에 들어가자마자 일대사인연(一大事因緣)을 가지고 서로 탁마하고 정진하였다. 하지만 요즘은 무더기로 모여앉아 잡담을 늘어놓거나 허망한 세상일을 좇고, 마음대로 천리를 여행하지만 선지식을 찾아 도를 물으려 하지 않는다.

아득하구나, 고풍이여! 다시는 돌아오지 않으려나. 슬프다.

초楚나라 왕이 활을 잃어버리다

초나라 왕이 활을 잃어버리자 신하들은 이를 찾고자 하였으나, 왕은 "초나라 사람이 활을 잃어버렸으니 초나라 사람이 주웠을 것이다. 어찌 굳이 찾으려 하랴." 하였다.

중니(仲尼)는 "애석하다, 초나라 왕의 넓지 못한 소견이여! 어찌 '사람이 활을 잃어버렸고 사람이 주웠을 것이다' 하고 말하지 않고, 어찌 꼭 초나라라." 하였다.

참으로 크구나! 초나라 왕은 한갓 바다와 같은 가슴을 가졌다면, 중니는 실로 천지와 같은 도량이라 할 만하다.

그러나 중니는 우선 초 왕의 말에 따라 이렇게 말했을 뿐, 그가 말하고자 하는 것을 다했다고 볼 수 없다. 왜냐하면 아직 마음속에 활을 잊지 못했기 때문이다. 더 나아간다면 왕이 활을 잃어버렸으나 왕은 전과 다름없이 잃어버린 것이 없어야 하고, 설령 왕이 다시 활을 찾았더라도 왕은 전과 다름없이 찾은 것이 없어야 하는 것이다.

그러나 이 말도 아직 부족하다. 마음속에 '나'라는 것을 잊지 못했기 때문이다. 또 더 나아가서 말한다면 이른바 '나'라는 것이 존재하지 않으니, 어찌 '활'이니 '사람'이니 '초나라'니 하는 것이 있으랴.

뜨거운 물에 크게 덴 후 1

신축년(1601년: 스님 나이 64세) 정월 열흘, 내가 관례에 따라 목욕을 하다가 뜨거운 물에 발을 헛디뎌 발꿈치부터 허벅지까지 크게 데였다. 그러고도 약을 잘못 써서 두어 달이나 지나서야 겨우 나았다.

비록 많은 고통을 겪기는 했으나 그 고통 속에서 평소의 허물을 돌아보며 큰 참괴심을 내어 보리심을 발할 수 있는 계기가 되기도 하였다.

평소에는 이 몸이 건강하여 걷거나 앉을 적에 아무 불편이 없었다. 잠을 자거나 일어나거나 음식을 먹거나 담소하는 등의 모든 행동을 마음대로 하면서 이것이 인천(人天)의 큰 복인 줄을 전혀 알지 못했으며, 편안히 이런 복을 누릴 적에 육도중생은 전혀 생각지 않았던 것이다.

내가 잠깐 편안할 때, 온몸이 꺾이고 불에 태워지고 방아 찧듯 짓이겨지고 맷돌에 갈리는 고통을 당하는 지옥중생들은 얼마나 큰 고통을 당하고 있을 것인가?

구리물을 마시고 피를 먹는 아귀중생들, 그리고 쇠로 재갈을 물리고 안장을 지우며 칼로 베고 솥에 삶김을 당하는 축생중생들은 또 얼마나 큰 고통을 견디고 있을 것인가?

비록 사람 몸을 받았으나 추위와 굶주림에 시달리는 자나, 병들어 시름하는 자나, 권속과 서로 이별하여 사는 자나, 옥에 갇힌 자, 세금에 시달리는 자, 물에 빠지고 불에 타 죽는 자, 뱀에 물리고 범한테 물려 죽은 자, 원한을 품고 억울하게 죽어간 모든 중생들도 그 고통이 한량없었을 것인데, 나는 전혀 이런 것들을 알지 못하고 있었던 것이다.

이후로 잠깐이라도 안락할 때는 반드시 육도의 고뇌중생을 생각하였다. 마음에 올바른 뜻을 세우고 하루빨리 도과(道果)를 이루어, 널리 일체 중생을 제도하여 그들이 모두 정토에 태어나서 보리심에서 물러나지 않기를 발원하였다.

찰나라도 방심한다면 어찌 위로 부처님의 은혜를 갚고, 아래로 신도들의 시주의 은혜에 보답할 수 있으랴. 노력하고 힘써야 하겠구나!

뜨거운 물에 크게 덴 후 2

부처님이 "사람의 목숨은 호흡하는 가운데 있다." 하고 말씀하셨는데, 나도 늘 이 말씀을 들어 대중을 경책하였으나 실제로는 뼈저리게 느끼지 못하다가 뜨거운 물에 몸을 데는 액난을 당했던 것이다.

처음에 욕탕에 들어가려 할 때는 몸과 마음이 의기양양하였으나 잠시 후 끓는 솥 안에 발을 헛디뎌 거의 죽을 뻔했으니, 살아남은 것은 큰 다행이요 용천(龍天)의 도우심이었다. 시간으로는 찰나였으나 이때가 죽고 사는 갈림길이었으니, '사람의 목숨은 호흡하는 가운데 있다' 하신 말씀이 어찌 사실이 아니겠는가?

스님들이 부처님 말씀을 남에게 권하기는 간절하면서도, 자신에게는 소홀하거나 혹은 전혀 돌아보지 않음을 알 수 있었다.

내가 이때 매우 부끄럽고 놀라며 스스로를 크게 질책하였던 것이다.

뜨거운 물에 크게 덴 후 3

나도 평소 병중공부(病中工夫)에 대한 말 중에, 필릉가바차(畢陵伽婆蹉)가 말한 "진실로 깨달으면 몸을 잊어버린다."[1] 한 것이나, 마조(馬祖) 대사의 "병들지 않는 자가 있다."[2] 한 것이라든지, 영가(永嘉) 대사가 말한 "비록 칼을 맞더라도 항상 편안하며 설사 독약을 마시더라도 또한 한가롭다."[3] 한 것도 알고 있었다. 또한 승조 법사가 말한 "사대(四大: 물질로 된 우리의 몸뚱이)가 본래 공(空)하고 오온(五蘊: 우리의 몸과 마음)도 있는 것이 아니다."[4] 한 것도 모르지 않았다.

그러나 발을 헛디뎌 뜨거운 물속에 빠지는 액난을 당한 후, 처음부터 자신을 자세히 살펴보았다.

이처럼 온몸이 쓰라리고 아프기만 한데 몸을 잊어버린다는 것은 무슨 말이며, 나는 지금 분명히 병들어 있는데 병들지 않는다는 것은 무슨 말이며, 칼과 독약으로 살갗을 도려내는 듯한데 편안하고 한가롭다는 말은 대체 무슨 소리며, 사대와 오온이 실제 나의 몸인데 본래 공하여 있지 않다는 것은 또한 무슨 말인가?

1 필릉가바차는 부처님 당시의 비구. 이 말씀은 『능엄경』 제5권에 나온다.

2 마조도일(馬祖道一: 709~788) 선사는 당나라 스님이다. 남악회양(南嶽懷讓: 677~744)의 법을 이었다. 이 말씀은 『마조어록』에 나온다.

3 영가현각(永嘉玄覺: 655~713) 선사는 당나라 스님. 6조 혜능의 법을 이었다. 이 말씀은 『영가증도가』에 나온다.

4 이 말씀은 승조(僧肇) 법사가 죽음에 다다라 하신 말이다.

이렇게 평소의 간혜(乾慧: 참다운 깨달음을 얻지 못한 얕은 지혜)로는 도무지 아무 일도 이룰 수 없으니, 만약 선정(禪定)의 힘이 없다면 죽음의 문에 복종할 수밖에 없고 저 구두삼매(口頭三昧: 진실한 수행 없이 글자나 말만을 희롱하는 선)로는 스스로를 속일 뿐임을 알 수 있었다.

아, 노력하고 힘써야 하겠구나!

뜨거운 물에 크게 덴 후 4

내가 푸주간이나 술집에서 자라나 거북이, 게나 개구리 따위를 산 채로 펄펄 끓는 솥에 넣고 삶는 것을 보고 저들에게 말하였다.

"저 중생들이 힘이 너만 못하고 또한 감각기관이 보잘것없어서 능히 소리를 지를 줄 모를 뿐이다. 만약 힘으로 대적할 수 있다면 반드시 범과 같이 너희를 잡아먹으러 달려들 것이요, 소리를 지를 줄 안다면 너희를 원망하고 고초를 당하는 소리가 천지를 진동할 것이다.

너희가 비록 현재는 이런 과보를 피할 수 있을지 모르나 언젠가는 저 중생들이 너희를 가만두지 않을 것이다.

너희가 시험 삼아 잠깐만 한 손을 뜨거운 물 속에 집어넣어 보면 알 수 있을 것이다.

나도 불의에 이런 과보를 받았으나, 생각해 보면 어릴 적부터 지금까지는 비록 이런 업을 짓지 않았으나 한없는 생을 받는 동안 어찌 그런 업을 짓지 않았다고 보장할 수 있겠는가?

그러므로 누굴 원망하거나 탓하지 말고, 편안한 마음으로 참고 감수하여 더욱 부지런히 아직 이르지 않은 업을 닦을 뿐이다."

경교經教

어떤 이는 참선에 대해 자부하며 "달마는 문자를 세우지 않았다. 견성(見性)하기만 하면 그만이다." 하였고, 또 다른 이는 염불을 자부하며 "중요한 것은 바로 그분을 뵙는 것이다. 어찌 굳이 경전이 필요하랴." 하였다.

이 두 사람이 진정으로 얻은 것이 있으면서 이런 말을 했다면 굳이 더 논할 필요가 없을 것이다. 하지만 실제 아무 얻은 것 없이 함부로 이런 말을 했다면, 이런 것들은 대체로 자신이 부처님 교리에 통달하지 못한 허물을 숨기려 하는 자들일 것이다.

나도 일생 염불을 숭상해 왔으나 간절히 사람들에게 경전 읽기를 권하고 있다. 그것은 무슨 까닭인가? 염불의 가르침이 어찌 저절로 온 것이겠는가? 부처님의 가르침이 경전 속에 기록되지 않았다면, 오늘의 중생들이 어떻게 십만 국토 밖에 아미타불이 계시는 줄을 알 수 있겠는가?

또한 참선하는 이들은 교 밖에 따로 전한 것이라고 핑계하고 있으나, 교를 버리고 참구하는 것은 사인(邪因)이요 교를 버리고 깨닫는 것은 사해(邪解)임을 알지 못하였다.

비록 그대가 선을 참구하여 깨달았다 하더라도 반드시 경전으로 인증(印證: 대조 비교하여 사실관계를 증명함)해야 할 것이요, 교와 더불어 합치하지 않는다면 이는 모두 사견(邪見)임을 알아야 한다.

그러므로 유교를 배우는 자는 반드시 육경(六經)과 사서(四書)로써 표준을 삼아야 하고, 불교를 배우는 자는 반드시 삼장(三藏)과 십이부(十

二部)[1]로 근본을 삼아야 하는 것이다.

1 삼장은 불교 경전을 경·율·론 세 가지 종류로 나누어 모은 것을 말하고, 십이부는 경전의 형태를 형식과 내용에 따라 12종으로 분류한 것을 말한다.

어록語錄

고인은 도가 밝고 덕이 갖추어져서 충분히 인간이나 천상의 스승이 될 만한 후에 어록을 세상에 남겼다.

거기에는 대개 두 가지 종류가 있었다. 하나는 제자들이 기록한 것으로 육조(六祖) 대사의 『단경(壇經)』[1]과 같은 것이요, 또 하나는 손수 저술한 것으로 중봉(中峰) 화상의 『광록(廣錄)』[2] 등을 들 수 있다.

나는 실로 범부(凡夫)로서 나 자신도 아직 제도하지 못한 처지인데, 내가 이따금 우연히 한 말들을 나의 제자들이 감히 모아 어록으로 간행했다.

이는 함부로 스스로를 존경하고 중히 여기는 것뿐만이 아니다. 우연히 한 말이란 어떤 필요에 의해 한 것이기도 하고 어떤 한 사람을 위해 시설한 것이기도 하여, 불교의 도리를 완벽하게 드러낸 것이 아니다. 더욱이 듣는 자도 애써 귀담아 들으려 한 것도 아니다. 그런데도 이것을 책으로 펴냈으니, 사람을 그르치는 허물이 있을까 두렵기만 하다.

1 『육조대사 법보단경(法寶壇經)』의 약칭으로 선종 육조대사 혜능(慧能)이 소주(韶州) 대범사(大梵寺)에서 설한 법이다. 문인 법해(法海)가 기록하여 만들었다. 제자들이 육조의 법을 존경하여 흙을 쌓아 단(壇)을 만들고 그의 설법에 의지했으므로 '단(壇)'이라 하고, 그의 법을 존경하여 '경(經)'이라 하였다.

2 원나라 초기 스님인 중봉명본(中峰明本: 1263~1323) 선사의 어록. 『광록』은 30권으로 시중(示衆)·소참(小參)·염송(拈頌)·법어(法語)·서문(書文) 등, 선사 일생의 작품을 모두 실었다.

험담

경에 말씀하셨다.

"남이 나를 험담할 적에 처음 한 마디를 내뱉었을 때 뒷말은 아직 나오지 않았고, 뒷말이 다 나왔을 때는 처음 말은 이미 없어졌다. 이것은 바람과 공기가 고동치는 것일 뿐, 아무것도 진실한 것이 없다. 만약 이런 것으로 화를 낸다면 참새의 지저귐이나 까마귀가 우짖는 소리에도 으레 화를 내어야 할 것이다."

이 말씀이 참으로 오묘하다. 그런데 어떤 이가 물었다.

"만약 제가 비방하는 글을 쓴다면 한 번만 보아도 글자마다 갖추어져 있고 또한 영원히 남아 있어서 없어지지 않습니다. 어떤 방법으로 이를 없앨 수 있겠습니까?"

흰 것은 종이요 검은 것은 먹일 뿐이다. 어떤 것이 비방이라는 것인가! 더욱이 한 자 한 자가 모두 편운(篇韻)[1]이 한데 모여 된 것이랴. 그렇다면 책상 위에 놓인 한 가지 편운은 백천만억 가지 비방서가 눈앞에 펼쳐진 것이 아닌가? 어찌 그리 미련한가!

그러나 이것은 중생의 병에 대응한 법문일 뿐이다. 아공(我空)[2]을 안다면 누가 험담 따위에 개의하겠는가.

1 남조 양(南朝 梁) 고야왕(顧野王)이 편찬한 자전(字典) 30권 5백 42부의 옥편(玉篇)과, 당나라 손강(孫强)이 증보하고 송나라 진팽년(陳彭年)·오예(吳銳) 등이 중수(重修)한 광운(廣韻)을 말한다.

2 진실한 '아(我)'가 없는 것. 일반적으로 우리가 '나'라고 하는 것은 오온(五蘊)이 화합한 것으로, 참다운 '나'라고 할 것이 없고 공무(空無)한 것임을 말한다

참으로 어리석은 것

세상 사람들은 문자를 모르거나 어떤 일에 견문이 없는 것을 어리석다고 말한다. 이것도 어리석은 것이기는 하지만 참으로 어리석은 것은 아니다.

다섯 수레의 책을 다 읽어 문자를 모르는 것이 없고, 온갖 기술을 다 배워 매사에 능숙하지 않은 것이 없으며, 더 나아가서 도를 말하고 선(禪)을 설하여 꿰뚫어 알지 않은 것이 없더라도, 정작 진실한 곳에 당해서 전도되고 미혹하여 앞에서 말한 소위 어리석은 자들에게서 도리어 비웃음을 당한다면, 이들이야말로 진정 어리석은 자가 아니고 무엇인가?

늘그막의 법문

무상이 신속한 것은 노소가 다를 바 없다. 하지만 젊은이는 그런대로 아직 다하지 않은 시간이 있는지라, 망령되이 오래 살기를 바랄 수도 있다. 하지만 늙은이의 경우에는 분명 세월이 얼마 남지 않았으니 지위나 명성 그리고 자신과 세상일을 처분하여, 저 죽음이 아침에 이르든 저녁에 이르든 상관하지 말고 훌훌 손을 털고 편안히 가서 전혀 얽매임이 없이 하라.

이것이 늘그막의 매우 절실한 법문이다.

소홀히 생각하지 마라! 소홀히 생각하지 마라!

경은 널리 읽어야 한다

경을 읽을 때는 반드시 두루 미치고 넓어야만 비로소 융통하여 한 쪽으로 치우치는 우를 범하지 않게 된다.

대체로 경전은 이곳에서 세우면 저곳에서는 없애고 이곳에서 없애면 저곳에서는 세웠다. 그것은 어떤 상황이나 법을 듣는 자의 수준을 따랐을 뿐, 일정한 법이 없기 때문이다.

가령 『능엄경』에서 대세지보살이 원통(圓通)에 들지 못한 것만을 보고, 정토를 찬탄한 여러 경전을 널리 읽지 않으면 "염불법문은 숭상할 만한 것이 못된다." 하고 생각할 것이다.

달마 대사가 양무제(梁武帝)의 물음[1]에 대해, "공덕은 복을 짓는 데 있지 않다."고 말한 것만을 보고, 육도만행(六度萬行)[2]을 가르친 수많은 경전을 널리 읽지 않으면 "유위복덕(有爲福德)[3]은 버려야 한다." 하고 생각할 것이다.

이와 반대로 정토(淨土)에 집착하여 선종(禪宗)을 비방하거나, 유위(有爲)에 집착하여 무위(無爲)를 비방하는 것도 마찬가지다.

예컨대 의서(醫書)를 널리 읽지 않은 자가 "한병(寒病)을 다스리는 데는 육계(肉桂)와 부자(附子)를 사용하고 황금(黃芩)과 황연(黃連)은 버려야 하며, 허로(虛勞)를 다스리는 데는 인삼과 황기(黃耆)는 쓰고 지실(枳實)과 박초(朴硝)는 버려야 한다." 한 것만을 읽고, 황금이나 황연, 지실이나 박초도 어떤 경우에는 반드시 써야 하며, 육계나 부자, 인삼이나 황기도 어떤 때는 버려야 하는 줄을 알지 못한 것과 같다.

그러므로 의서의 한 방문(方文)만을 고집하는 자는 육신을 그르치게 되고, 경전의 한 뜻에만 집착하는 자는 지혜의 목숨을 잃게 된다.

내가 일찍이 "『육조단경』은 지혜가 없는 자에게 읽게 해서는 안 된다." 하고 말한 적이 있거니와, 이것은 바로 이것만을 고집하여 저것은 버릴까 염려해서다.

1 달마 대사가 양(梁) 보통(普通) 7년(526)에 중국에 와서 대통(大通) 원년(527)에 양무제(梁武帝)를 뵈니, 무제가 "짐은 즉위한 이래 절을 짓고 경전을 편찬하였으며 수많은 스님들을 득도케 하였습니다. 이것들이 어떤 공덕이 있겠습니까?" 하고 물었다. 대사가 "전혀 공덕이 없습니다." 하였다. 무제가 "어찌하여 아무런 공덕이 없습니까?" 하니, 대사가 "이것은 단지 인천(人天)의 조그만 과보요 유루(有漏)의 인(因)이 될 뿐이니, 마치 그림자가 형체를 따르는 것과 같아서 비록 있기는 하지만 실체가 아닙니다." 하였다. 그러자 무제가 "어떤 것이 진정한 공덕입니까?" 하고 물으니, 대사가 "정지(淨智)는 원묘(圓妙)하고 본체는 본래 공적(空寂)하니, 이와 같은 공덕은 세속적인 것으로는 구할 수가 없나이다." 하였다.

2 육도(六度)는 수행자가 행할 보시·지계·인욕·정진·선정·지혜의 여섯 가지 바라밀을 말하고, 이것을 완전하게 수행하는 것을 말한다.

3 유위(有爲)는 조작의 뜻으로, 인연의 화합에 의해 조작된 현상적인 존재를 말한다. 일시적이고 상대적이어서 허망한 복덕이다. 영구불변하고 절대적 존재인 무위(無爲)의 상대어다.

남의 허물을 보다

다른 사람이 몸을 삼가고 덕을 닦아서 그 이름이 세상에 파다한 것을 보면, 여러 가지 방법으로 그의 허물을 들추기 일쑤다. 이것은 질투하는 마음이라 박덕한 짓이다.

혹은 다른 사람의 저술을 보고 잘못된 곳을 들추어내기 좋아하는 것도 마찬가지다.

한 가지 선행을 듣거나 한 권의 좋은 책을 읽으면 이를 수희찬탄(남의 선행을 보고 함께 기뻐하고 찬탄함)할 줄은 모르고 도리어 가리거나 없애 버리려고 하니, 이는 진정 무슨 마음인지 알 수가 없다.

정말 그의 행동이 삿되거나 저술이 잘못되었다면 당연히 올바른 말이나 정당한 논리로 잘못을 분명히 시정해 주어야 한다.

그렇다고 해서 반쯤은 칭찬하고 반쯤은 희롱하거나, 비판 없이 무턱대고 아부해서도 안 된다.

계획과 실천

옛말에 "방현령(房玄齡)은 계획을 잘 세우고 두여회(杜如晦)는 철저히 실천에 옮겼다." 하였다. 아마 계획을 세우는 것과 실행은 반드시 겸비해야 하고 한 가지라도 모자라서는 안 된다는 것을 말한 듯하다.

나도 어떤 일에 대해 매우 분명한 식견은 가지고 있지만, 과감히 실행에 옮기지 못해 일을 그르치고 마는 경우가 있었다. 그때마다 이를 후회하고 한탄하곤 하였다.

그러므로 선문(禪門)에서는 자비와 지혜를 함께 갖춘 것을 중시하니, 계획과 실천은 모두 지혜에 속하는 것이다. 계획만 있고 실행이 따르지 않는 것은, 능히 볼 수는 있으나 이를 갖지 못하는 것과 같다. 이것은 결국 지혜가 천박하고 깊지 못하거나 한편으로 치우쳐 완전하지 못한 탓이다.

매우 힘써야 할 것이다.

선禪과 염불이 서로 다투다

두 스님이 길에서 만났다. 한 사람은 참선하는 스님이요 또 한 사람은 염불하는 스님이다.

참선하는 스님이 말했다.

"본래 부처가 없으니 염(念)할 대상이 없다. 부처라는 말을 나는 듣기 좋아하지 않노라."

그러자 염불하는 자도 지지 않고 말했다.

"서방에 부처님이 계시니 명호는 아미타이시다. 이 부처님을 기억하고 생각하면 반드시 부처님을 뵐 수 있다."

서로 있다거니 없다거니 하며 시비가 그치지 않았다.

그때 한 소년이 지나가다 이들이 다투는 말을 듣고는 "두 분 말씀은 모두 판자를 짊어지고 가는 격이어서 한 쪽밖에 보지 못했습니다." 하고 참견하였다.

두 스님이 꾸짖었다.

"너는 일개 속인이다. 속인이 어찌 불법을 알랴!"

"그렇습니다. 저는 속인입니다. 그러나 세속 일을 견주어 불법을 이해할 수 있습니다. 저는 배우이기 때문에 무대 위에서 어떤 때는 임금이 되기도 하고 어떤 때는 신하가 되기도 하며, 남자 혹은 여자가 되기도 하고, 어떤 때는 선인 어떤 때는 악인 등 갖가지 신분이 됩니다.

그러나 그 소위 임금이니 신하니 선이니 악이니 남자니 여자니 하는 것을 찾아보면, 있다고 하면 실제로는 없고, 없다고 생각하면 또한 없지도 않습니다.

있다는 것은 없다는 것에 붙어서 있는 것이고 없다는 것은 있다는 것에 붙어 있으니, 있는 것과 없는 것이 모두 사실이 아닙니다. 그러나 나의 본래 몸은 그대로 늘 주하고 있으니, 그런 줄 안다면 어찌 다툴 것이 있겠습니까?"

두 스님이 아무 대꾸도 하지 못했다.

무이도武夷圖

내가 병이 들어 자리에 누워 있으니, 어떤 이가 무이구곡도(武夷九曲圖)[1]를 선물하기에 이를 펴 보고 매우 기뻐하였다. 이로 인하여 곰곰이 생각해 보았다. 옛날 어떤 사람이 병이 깊이 들어 일어나지 못하다가, 한 벗이 망천도(輞川圖)[2]를 감상하게 하여 이를 보고 열흘도 안 되어 병이 나았다고 한다. 그래서 서방 극락세계를 그림으로 그려 사람들에게 널리 펴 조석으로 예를 올리게 했더니, 신기한 영험이나 빠른 효과가 망천보다 낫다는 말을 듣지 못했다. 이것은 대체 무슨 까닭일까?

망천은 그 유적이 이 세상에 남아 있어서 쉽게 묘사할 수 있다. 그러나 극락세계는 경계가 세상 밖을 초월하여 이를 형용하기 어려우므로, 망천을 그리는 자의 교묘한 솜씨로 사람의 눈과 마음을 끌게 하는 것보다 못하기 때문일 것이다.

저 계두마사(鷄頭摩寺)[3]에서 전하는 것이나 『십육관경(十六觀經)』[4]에서 설하는 것도 그중 대강만을 보였을 뿐이다.

극락세계는 도리천이나 도솔천, 화락천[5] 따위가 조금도 미치지 못하는 곳이다. 그러니 사람들에게 이를 자세히 보여줄 수만 있다면 어찌 육

1 무이산에 있는 승진동(升眞洞) · 옥녀봉(玉女峰) · 선기암(仙機岩) · 금계암(金鷄岩) · 철적정(鐵笛亭) · 선장봉(仙掌峰) · 석당사(石唐寺) · 고루암(鼓樓岩) · 신촌시(新村市) 등 9개의 계곡을 그린 그림.

2 당나라 시인 왕유(王維)가 망천 별장의 20승경(勝景)을 그린 그림. 망천은 섬서성 남전현(藍田縣) 남쪽에 있는 하천. 여러 물줄기가 수레바퀴 테 모양으로 모여든 데서 이렇게 이름 지었다.

체의 병을 한꺼번에 낫게 할 뿐이랴. 8만 4천 번뇌 병마저 남김없이 없앨 수 있을 것이다.

고인이 말하기를 "마음은 안양(安養: 극락의 다른 이름)에 머무르고 있네." 하였고, 또한 "먼저 마음을 보내 극락천에 돌아가노라." 하였으니, 어찌 공연히 한 말이겠는가?

3 아육왕이 지었다는 서역(西域)의 절. 아미타불 불상은 여기서 비롯되었다. 도선(道宣)의 『집신주삼보감통록(集神州三寶感通錄)』에 의하면, 천축 계두마사의 오통보살(五通菩薩)이 일찍이 극락세계에 가서 아미타불의 형상을 구하여 사바 중생이 정토에 왕생하는 원을 이룹게 할 것을 청했더니, 미타가 이를 허락하시었다. 오통보살이 돌아오니 이 상이 먼저 와 있었다. 그 모양은 아미타 부처님을 중심으로 50보살의 상을 그린 것이다.

4 『관무량수경』을 말한다. 아미타불의 몸이나 정토의 모습을 관(觀)함으로 해서 정토에 왕생할 수 있는 16가지 관법(觀法)을 설하고 있다.

5 욕계(欲界: 有情이 사는 세계)에 여섯 하늘이 있으니, 사왕천(四王天)·도리천(忉利天)·야마천(夜摩天)·도솔천(兜率天)·화락천(化樂天)·타화자재천(他化自在天)이다.

종문宗門을 이야기하다

내가 출가하기 전에 종문(宗門: 禪門)의 글을 조금 읽고는 정식(情識: 미망심의 견해)으로 이를 흉내내어 어떤 강사스님에게 편지를 보내 횡설수설하였더니, 그 스님이 몹시 놀랐다.

출가한 지 몇 년 후에 다시 일숙암(一宿庵)에서 그 강사스님을 만나서로 그간의 안부를 묻고는 여러 이야기를 나눴다. 강사스님은 내가 일심으로 정토에 뜻을 두고 종문에 대에서는 전혀 말하지 않는 것을 보고는 놀라고 두려워하며 물었다.

"스님께서 예전에는 견지(見地)가 훌륭했었는데 지금은 도리어 천박해졌습니다. 무슨 까닭입니까?"

내가 웃으며 말했다.

"속담에 하룻강아지 범 무서운 줄 모른다 하지 않습니까? 법(法)을 아는 자가 두려운 것이니 스님은 모르십니까?"

그 스님이 아무 대꾸가 없었다.

염불

사람이 조금 총명하면 염불을 우습게 보고는 "이것은 어리석고 무지한 사람들이나 하는 짓이다." 하고 말한다.

그러나 저 사람은 어리석은 아녀자들이 입으로는 부처님 명호를 부르면서 마음은 천리 밖에 노니는 것만을 보았기 때문이니, 이것은 '독불(讀佛)'이라 부르고 염불(念佛)은 아님을 알지 못했다.

염(念)이란 마음으로 하는 것이니, 마음속으로 생각하고 기억하여 잊어버리지 않는 것을 '염'이라 한다.

유교로 비유하면, 선비가 온 생각을 공자를 생각하고 기억하여 잊어버리지 않으면 공자에 거의 가깝게 갈 수 있지 않겠는가?

지금, 온통 오욕(五欲)만 생각하고 기억하는 것은 잘못이라 하지 않고, 부처님만을 생각하고 기억하는 것을 옳지 않다 하는구나!

슬프다, 이렇게 일생을 헛되게 보낸다면 차라리 어리석고 무지한 사람이 되는 것이 더 낫지 않겠는가?

애석하다! 지혜로운 이라야 가능한 일이요, 어리석은 자는 능히 할 수 없다.

성공性空 스님

오(吳: 강소성 일대)의 사주사(泗洲寺) 성공 스님은 총림을 버리고 요봉산(堯封山)의 토굴에 묻혀 살면서 일찍이 내가 발원했던 『서원문(誓願文)』과 『시방(十方)에 아뢰는 글』 등을 의지한다기에, 내가 가상히 여기고 찬탄하며 퍽 희유한 일이라 생각했다. 그런데 얼마 후에 마(魔)가 붙어 미쳐 죽고 말았다 하니, 내 마음이 무척 안타까웠다.

그 까닭을 생각해 보면, 아마도 잠깐 신심(信心)을 내었으나 믿음만 있을 뿐 지혜가 부족했던 탓이 아닌가 한다.

고인은 심지(心地)를 밝히지 못했으면 천리를 멀다 않고 선지식을 찾아 도를 물었으며, 한 총림에서 나오면 다른 대중처소에 들어가서 천하를 행각하며 잠시도 쉬지 않았다. 그러다가 뜻을 얻은 후에야 물가나 나무 아래서 성태(聖胎: 성인이 될 태아)를 길렀던 것이니, 어찌 겨우 화택(火宅)을 벗어나자마자 금방 사관(死關)에 들어가서 허물이 있어도 알지 못하고 의심이 있어도 가릴 줄 몰라 오르려고 하면서 도리어 떨어지고 마는 일이 있었겠는가. 어찌 보면 그렇게 된 것이 당연한 일이었는지도 모른다.

처음 마음을 내어 도를 배우는 자가 깊은 산에 띳집을 짓고 대중을 떠나 혼자 사는 것을 고상하고 운치 있는 일이라 생각하고 있으나, 반드시 마가 붙어 미치지는 않더라도 또한 손실이 적지 않을 것이다.

지혜로운 이는 한번 깊이 생각해 보라.

행각行脚

내가 처음 혼자 행각할 때는 목마름과 배고픔을 참고 추위와 더위를 견디며 갖은 고초를 겪었으나, 이제는 다행히 음식과 거주할 곳을 얻었다.

그러나 수행은 변변찮으나 부끄러워할 줄은 알아서, 납자(衲子)들이 찾아오면 나름대로 풍족히 베풀면서 나 자신의 수용은 감히 과분하게 하지 않았다.

이것은 일찍이 나그네가 되어 본 적이 있으므로 객에게 유달리 정이 가기 때문이며, 가난한 사람이 부유하게 되면 흙 한 줌도 금쪽같이 아끼는 것과 같은 경우다.

그런데 요즘은 이제 막 출가하여 겨우 스님이 되자마자 번듯한 절을 차지하고, 마치 부잣집 자식같이 온갖 일을 제 뜻대로 하면서 세상 사람들의 어려움은 전혀 돌아보지 않는다. 또한 재주와 지혜를 겸한 사람이 찾아오더라도 무리하게 문을 닫아걸고 스스로 잘난 체하니, 이렇게 해서야 아만을 익히고 무명만 키워서 잃는 바가 적지 않다.

『묘종초妙宗鈔』[1]

전에 어떤 스님이 내게 말하였다.

"부처님께서 서방(西方)을 보이신 것은 본래 널리 많은 중생들을 이익 되게 하여 속히 생사를 벗어나게 하기 위해서니, 곧 '수행하기 손쉬운 가르침'이라 할 수 있습니다. 그런데 지례(知禮)[2] 법사는 순전히 천태교(天台敎)[3]의 정밀하고 깊은 관법(觀法)으로 이를 해석하여 쉬운 것을 도리어 어렵게 하고 말았으니, 이는 여래가 자세히 범부들을 위하신 근본 뜻을 잃어버린 것입니다."

이 말도 퍽 일리가 있다고 생각되었다.

그러나 이제 와서 곰곰이 생각해 보니, 고인이 말씀하시기를 "불경을 해석할 적에 차라리 얕은 것을 깊게 할지언정 깊은 것을 얕게 해서는 안 된다." 하였다. 그러므로 『묘종(妙宗)』에서 설한 것을 익히면 총명한

1 송나라 사명존자(四明尊者) 지례(知禮)가 지은, 천태의 『관무량수경 소(觀無量壽經 疏)』를 해석한 책.

2 지례(960~1028) 법사는 북송 천태종 스님. 사명(四明) 사람으로, 속성은 김(金)이다. (고려 사람이라고 전한다.) 자는 약언(約言). 7세에 어머니를 여의고 출가하여, 15세에 구족계를 받고 20세에 보운의통(寶雲義通)으로부터 천태교전(天台敎典)을 배웠다. 한 달 남짓 만에 능히 스스로 강의할 수 있을 정도였고, 얼마 후에는 이름이 사방에 자자하니 대중이 구름처럼 모였다. 오랫동안 사명산 연경사(延慶寺)에 주석했기 때문에 '사명존자' 혹은 '사명대법사'라 불렸다. 돌아가실 때 아미타불을 수백 번 부르며 입적하니 세수는 69세였다. 천태종 제17조. 송 진종(眞宗)이 그의 덕을 사모하여 법지(法智) 대사라는 이름을 내렸다.

3 중국 천태산에서 천태지의(天台智顗)를 개조로 하여 창립한 대승불교의 한 종파. 『법화경』을 근본 경전으로 하며 선정(禪定)과 지혜의 조화를 종의(宗義)로 삼았다.

이는 스스로 깊은 이치를 깨달을 수 있을 것이요, 둔한 자도 경전에 의지하여 직관(直觀)을 잃지 않을 것이니, 왕생을 바라는 데는 아무런 장애가 없을 듯하였다.

몸에서 혼을 이탈하다 1

어떤 이가 물었다.

"신선은 자기 몸에서 혼을 이탈할 수 있습니다. 선자(禪者)도 가능합니까?"

내가 대답하였다.

"할 수는 있으나 하지 않을 뿐이다. 『능엄경』에 '마음이 몸을 떠나 도로 얼굴을 본다' 한 것이 이것이다. 그러나 이어서 '성스러운 깨달음이 되지 못하니, 이것이 성스러운 것이라는 견해를 가지면 여러 가지 삿된 일을 당하게 된다' 하였으니, 이것이 할 수 있으나 하지 않는 증거다."

또 물었다.

"혼[神]이 이탈하는 데는 양(陽)이 있고 음(陰)이 있습니다. 『능엄경』에서 말한 것은 음신(陰神)이고, 선도(仙道)는 양신(陽神)이 이탈합니다. 선자도 가능합니까?"

"이것도 할 수는 있으나 하지 않는다."

그가 깜짝 놀라기에, 다시 이어서 말하였다.

"놀라지 마라. 초조(初祖: 달마)께서 돌아가신 후에 신짝 하나를 들고 서역으로 돌아갔고, 보지(寶誌)[1] 스님은 옥중에도 몸이 있고 시중에도 몸이 있었으며, 위산(潙山) 스님은 선방에 편안히 앉아서도 시장에서 기름떡을 먹고 있었던 일을 그대는 기억하지 못하는가? 그러나 역시 성스러

1 금릉보지(金陵寶誌: 418~514) 화상을 말한다. 어려서 출가하여 강소성 건강 도림사에서 선정을 닦았다. 수많은 기행을 보여 대중을 교화하였다. 고구려왕이 그의 명성을 듣고 사신을 보내 은 모자를 기증하였다고 한다.

운 깨달음이 아니기 때문에 종문에서 꾸짖었던 것이다.

옛날 한 스님이 선정에 든 채 영혼이 몸에서 나와 스스로 하는 말이 '나는 몸에서 혼을 이탈시켜 원근을 막론하고 능히 왕래할 수 있고, 또한 물건을 집어 올 수도 있다' 하였다. 이것이 바로 양신(陽神)이다. 그러나 선덕이 '삭발하고 염의를 입고 선을 참구하고 도를 배우는 자가 어찌 이 따위 귀신살림살이 같은 짓을 하랴' 하고 꾸짖었다. 그러므로 우리 종문에서는 이를 매우 금하여 혼을 이탈시키는 일을 허락하지 않는 것이다."

몸에서 혼을 이탈하다 2

또 물었다.

"영혼[神]이 무슨 허물이 있기에 그렇게 합니까?"

내가 대답하였다.

"영혼은 곧 심식(心識)으로, 여기에 거칠고 미세한 것이 있다. 나오기도 하고 들어가기도 하는 것은 거친 것이요, 들어가고 나오는 것이 모두 없어졌더라도 여전히 미세한 식에 머무르고 있는 것이다. 미세하고 또 미세한 것까지 모두 없어져야만 비로소 본체를 얻을 수 있다.

그런데 들어가고 나오는 것에 집착하여 이를 오묘하다고 여긴다면, 전에 말한 '무량겁 동안 생사의 근본인데 어리석은 자는 이를 본래 모습이라 하네' 한 것이 이것이다."

부음

부음을 들으면 누구나 크게 놀란다. 이것이 세상의 일반적인 정리(情理)이기는 하지만, 태어나면 반드시 죽는 것도 세상에 늘 있는 일이니 무엇이 놀랄 만한 일이겠는가? 이제까지 한 사람도 이를 면한 자가 없었다!

다만 헛되이 살다 부질없이 죽어가면서 도를 듣지 못하는 것이 더욱 놀랄 일이건만, 이 일에는 태연히 전혀 놀라지 않으니 참으로 슬픈 일이다.

채식

부귀한 자가 능히 채식을 하지 못하는 데는 두 가지 이유가 있다. 하나는 고기 맛이 입을 즐겁게 하는 것을 탐하기 때문이요, 또 하나는 채식으로는 몸을 상하지 않을까 하고 염려하기 때문이다.

그러나 육식과 채식으로 몸이 살찌고 허약해지는 것은 아니요, 이로 인하여 오래 살고 요절하는 것이 아님을 알지 못하였다.

예컨대 사슴은 모든 짐승 중에서 가장 장수하는 짐승이지만 먹는 것은 한갓 풀뿐이요, 호랑이는 고기를 먹지만 사슴보다 오히려 오래 살지 못하니, 이는 무엇 때문인가? 사슴은 고기를 먹지 않지만 오래 사니 사람인들 어찌 그렇지 않겠는가?

그러나 병이 깊어 마음으로는 채식을 하고 싶지만 힘이 미치지 못하는 자나, 어른을 모시는 자가 마음으로는 채식을 하고 싶지만 뜻을 거역하지 못하는 자가 있을 수 있다. 이들은 우선 한 달에 한 번쯤이나 하루에 한 끼쯤은 채식을 하거나, 삼정육(三淨肉)[1]을 먹는 것이 좋을 것이다.

무슨 일이 있더라도 산 생명을 죽이지 않으려는 마음이 중요하다. 이렇게 오래하면 전생부터 익힌 습기가 저절로 끊어질 것이다.

1 병든 비구가 약으로 쓸 때 먹을 수 있는 육식의 세 가지 조건. 곧 중생이 죽는 것을 내 눈으로 직접 보지 않은 것[不見], 중생이 죽는 소리를 내 귀로 직접 듣지 않은 것[不聞], 이 중생이 나 때문에 죽었을 것이라고 의심이 가지 않는 것[不疑].

윤회의 근본

『원각경』에 말씀하시기를 "윤회는 애욕(愛慾)이 근본이 된다." 하였다.

그런데 이 애욕은 온갖 계략을 써서 끊으려 해도 쉽게 없어지는 것이 아니다. 맹분(孟賁)과 하육(夏育)[1]도 그 용맹을 부릴 수가 없고, 장량(張良)이나 진평(陳平)[2] 같은 이도 지혜를 발휘할 수 없으며, 이루(離婁)[3]의 밝은 눈이나 공수(公輸)[4]의 기술로도 발붙일 곳이 없다.

비록 부정관(不淨觀)[5]이 그에 대한 대치법(對治法)이기는 하지만, 범부들은 번뇌가 무겁고 업장이 깊어서 부정(不淨)한 것으로 알지 못하고 청정한 것으로 볼 뿐이다. 관법(觀法)이 정미롭기는 하지만 능히 이를 성취한 이가 드물다.

그렇다면 결국 어떻게 해야 할까? 경에 말씀하시기를 "애욕은 너의 의지[意]에서 생기고 의지는 생각[思想]으로부터 일어난다." 하였다. 이제 이 생각이 어디서 일어나는가를 관찰하여 깊이 연구하고 궁구하고 또 연구하고 궁구하여 이를 쉬지 않으면, 쥐가 쥐틀에 들어가듯이 반드시 도달할 곳이 있을 것이다.

1 맹분(孟賁)과 하육(夏育)은 춘추전국시대의 용사.

2 장량(張良)과 진평(陳平)은 전한(前漢)의 공신. 지모가 뛰어나 고조(高祖)를 도와 천하를 평정함.

3 이루(離婁)는 눈이 매우 밝았다고 하는 황제(黃帝) 때 사람.

4 공수(公輸)는 성, 이름은 반(般). 춘추 때 노나라의 유명한 목수.

5 인간의 육신은 더럽고 추한 것임을 관상(觀想)하여 탐욕의 번뇌를 없애는 관법.

병은 중생의 좋은 약

세상 사람들은 병을 고통으로 여기고 있으나, 예전의 덕행 있는 이들은 "병은 중생의 좋은 약이다." 하였다.

무릇 병과 약은 판이하게 다른 것인데 어찌하여 병이 약이 된다는 것일까?

형체가 있는 몸뚱이는 병이 없을 수가 없으니 이는 누구도 어쩔 수 없는 이치다. 그런데 병이 없을 때는 즐기고 방탕하기만 하니 누가 이를 깨닫겠는가? 오직 병고가 몸에 직접 닥쳐야만 비로소 사대(四大)는 진실한 것이 아니요, 사람의 목숨은 무상한 것임을 알게 된다. 이때야말로 예전의 잘못을 깨닫고 뉘우치는 하나의 계기가 되고, 도를 배우고 수행하는 데 조그만 도움이 되는 것이다.

나도 출가한 후 지금까지 크게 병이 들어 거의 죽을 뻔한 적이 세 번 있었는데, 그때마다 뉘우치고 깨달아 정진에 더욱 힘썼다.

이로 말미암아 '병은 좋은 약'이란 말이 참으로 지극한 말씀임을 믿게 되었다.

뱀이 용이 되다

고인이 이런 비유를 한 적이 있다.

"뱀이 용이 되더라도 그 가죽은 변하지 않는 것과 같이, 사람이 성불하더라도 그 용모는 바뀌지 않는다."

이것은 어리석은 자가 모양에 집착하여 부처를 구하는 것을 타파한 것이니, 비슷하게 비교하였지 적절한 비유는 아니다. 남의 문장에서 작자의 본뜻은 무시하고 자기가 필요한 부분만을 끊어 빌려 쓴 것이라 완전한 비유는 아니다.

또 어떤 이는 "뱀이 땅 속에 엎드려 수련함으로써 용이 된다." 하였다. 이것은 품성이 그렇게 되게 된 것이지 수련으로 해서 되는 것은 아님을 알지 못하였다.

그러므로 더러운 물 속의 장구벌레가 변하여 모기가 되고, 뒷간의 구더기가 파리가 되며, 말똥구리가 매미가 되고, 누에고치가 나비가 되며, 꿩이 이무기가 되고, 참새가 대합조개가 되며, 모래무지가 범이 되고, 곤(鯤)이 붕새가 되는 등, 이와 같은 경우가 한둘이 아니지만 이들이 어찌 수련으로 그렇게 되겠는가?

또 풀이 개똥벌레가 되고, 밥이 우렁이가 되며, 기와가 원앙새가 되어 무정물(無情物)이 변화하여 유정물(有情物)이 되는 것을 볼 수가 없으니, 수련이 대체 어디에 있다는 말인가?

진리를 깨닫지 못한 자를 도인이라 부르고, 삿된 원인을 감추고 삿된 결과를 바라는 자가 있을까 봐, 부득불 이를 밝혀 두는 것이다.

명리

영예로운 이름이나 많은 이익은 사람이 누구나 바라는 것이지만, 고인이 말씀하기를 "구한다 하여 쉽게 얻어지는 것이 아니요, 버리려 하여도 또한 면할 수 없다." 하였다. '버리려 하여도 면할 수 없다' 한 이 한 말씀이 참으로 깊고 오묘하다. 세상을 살아가는 사람들은 이 말씀을 반드시 깊이 믿고 골똘히 생각해 보아야 한다.

대개 '구하려 하여도 얻어지는 것이 아니다' 한 말씀은 누구나 알 수 있지만, '버리려 하여도 면할 수 없다' 한 말씀은 누가 쉽게 이해하겠는가?

만약 면할 수 없는 줄 알면, 어찌 구하려 애쓰며 또한 구하다가 얻지 못하면 언짢아하고 얻고 나서는 기뻐 날뛰는 일이 있겠는가? 만약 면할 수 없는 줄 알면 무엇을 기뻐하며 또한 자신이 얻으면 기뻐하고 남이 얻으면 시기하겠는가? 만약 면할 수 없는 줄 알면 무엇을 꺼려하겠는가?

모두 숙생의 인연으로 그렇게 되는 것인 줄 알고, 일체 바깥 경계가 허공과 같은 것인 줄 깨달아, 이기고 지고 영리하고 둔한 것에 마음이 담박하리라.

그러므로 이 말씀이 깊고 오묘한 줄 알 수 있는 것이다.

임종의 정념正念

경에 "사람이 죽으려 할 때, 종이나 경쇠 소리를 들으면 정념이 증장한다." 하였다.

그런데 내 고향 항주 풍속에, 망자가 숨이 넘어간 지 얼마 후에 스님을 불러 경쇠를 치게 하고, 그럴 처지가 안 될 경우에는 거짓으로 '경쇠 소리다!' 하고 외쳐서 망인을 재촉하여 저승에 나아가게 한다.

경의 뜻이 이렇게까지 잘못 전해진 것이다.

꽃향기

뜰에 백합꽃이 피어 있다. 낮에도 비록 향기가 있긴 하지만 담담할 뿐이고, 밤이 되어서야 비로소 진한 향기가 코를 찌른다.

코가 낮에는 둔하다가 밤이 되어서야 예리해진 것이 아니다. 한낮은 시끄러워서 모든 경계가 복잡하므로, 눈으로 보고 귀로 듣더라도 코의 힘이 귀나 눈으로 분산되어 완전하지 못하기 때문이다.

마음을 쓰는 것도 분산되지 않아야 정신에 집중한다는 것을 깊이 믿을지라!

『인호전人虎傳』[1]

『설해(說海)』[2]에 『인호전』(사람이 호랑이가 된 이야기)이 실려 있다.

한 스님이 산 속에서 장난으로 호랑이 가죽을 입어 보았다. 그때 어떤 사람이 이를 보고 놀라 달아나며 돈 전대를 떨어뜨리고 말았다. 이 스님이 무심코 이를 주웠더니 갑자기 가죽이 몸에 착 달라붙어 영락없는 호랑이가 되고 말았다. 그래서 감히 절로 돌아가지 못했으나 마음은 분명한 사람이었다.

점점 배가 고파져서 부득이 여우나 토끼 · 염소 · 개 따위를 잡아먹었으며, 이윽고 사람을 잡아먹으려다 쳐다보니 스님이었다. 매우 놀라 울부짖으며 온몸을 땅에 뒹구니 가죽이 땅에 떨어지면서 사람 몸을 도로 회복하였다.

이 기이한 일을 당한 후에 해진 납의를 걸치고 걸식하면서 두루 선지식을 참례하여 지극한 마음으로 도를 구하더니, 나중에 마침내 훌륭한 덕을 이루게 되었다.

경에 "모든 것은 마음이 지은 것이다." 하시더니, 이 이야기를 읽고서 더욱 믿게 되었다.

1 소설 이름. 당나라 이경량(李景亮)이 지었다. 괴이한 물건을 소재로 하여 작품을 썼다.

2 『설해(說海)』는 미처 상고해 보지 못했다. 다른 본에는 『당인설회(唐人說薈)』라고 한 책에 이 이야기가 실려 있다.

육도六道가 서로 갖추어져 있다

육도 중에는 또 육도가 있다.

우선 인도(人道)를 말하면, 인(人) 가운데 천(天)은 국왕과 대신이요, 인 가운데 인은 소신(小臣)이나 평민으로 의식이 풍족하여 살기에 편안한 자요, 인 가운데 수라(修羅)는 옥리(獄吏)나 백정 · 회자수(劊子手: 사형집행관) 따위요, 인 가운데 축생은 무거운 짐을 지거나 힘들게 노역하면서 항상 채찍이나 회초리질을 당하는 무리요, 인 가운데 아귀(餓鬼)는 빈궁한 걸인이 춥고 주려서 울부짖는 자요, 인 가운데 지옥은 형육(刑戮: 사형)이나 과할(剮割: 베어 죽임)을 당하는 자들이다.

천(天) 등 오도(五道)에도 또한 이와 같은 것이 있다.

이러한 것은 무슨 까닭인가? 비록 전생에 계행을 지키고 복을 닦음으로 인하여 금생에 사람 몸을 받았으나 계와 복에 상 · 중 · 하가 있고, 이 세 가지 가운데 또한 세 가지가 있어서 한없는 계층이 각각 그 마음에 따라 과보를 받는 것이 일정하지 않기 때문이다.

경에 말씀하기를 "모든 것은 마음이 지은 것이다." 하시더니, 또한 이것을 보고서 더욱 믿게 되었다.

지혜

『증일아함경』에서 부처님이 말씀하셨다.

"계율을 성취하는 일은 세속의 흔한 일이요, 삼매를 성취하는 것도 또한 흔히 있을 수 있는 일이며, 귀신 같은 걸음걸이나 하늘을 날아다닌다 해도 그다지 대수로운 일이 아니다. 오직 지혜를 성취하는 일이야말로 최상의 진리가 된다."

이로써 계 · 정 · 혜 등 삼학(三學)과, 보시 등 육바라밀 중에서 오직 지혜만이 가장 중요하므로 결코 가볍게 여겨서는 안 될 것이다. 지혜야말로 가장 먼저 해야 할 일이므로 뒤로 미뤄서는 안 되며, 오직 지혜만이 모든 법문을 관철하므로 다른 것과 똑같이 여겨서는 안 될 것임을 알 수 있다.

경에 "계율로 인하여 선정이 이루어지고 선정으로 인하여 지혜가 난다." 하였다. 이것은 발생하는 차례를 가지고 말하면 그렇다고 할 수도 있겠으나, 이들 중에서 가장 소중히 여겨야 할 것과 먼저 해야 할 것과 모든 것을 관철하고 있는 것은 오직 지혜뿐임을 분명히 알아야 한다.

그러나 이 '지혜'라는 것이 총명이나 말재주를 두고 하는 말이 아니다. 앞의 '세상의 지혜도 역시 깨달아야 한다' 한 곳에서 말한 것과 같다.

외도의 학문

수나라 양주 사문 혜전(慧全)은 제자가 5백 명이나 되었다. 그중에 한 스님이 자못 행동이 거칠고 기이하여 혜전이 평소에 못마땅하게 여기고 있었다.

하루는 스스로 말하기를 "나는 아나함과(阿那含果)를 얻었다." 하였다. 그때 마침 혜전 스님이 병이 들어 문을 닫아걸고 누워 지냈는데, 그 스님이 문을 통하지 않고 어느새 침대 곁에 다가와 혜전을 병문안하였으나 문은 여전히 닫혀 있었다.

이렇게 다음날도 그렇게 하더니, 하루는 "스님은 돌아가시면 반드시 바라문 집안에 태어나실 것입니다." 하였다.

혜전이 놀라며 "나는 일생 선(禪)을 익혔다. 무슨 까닭으로 거기에 태어난단 말이냐?" 하니, "스님께서는 도를 돈독하게 믿지 못하여 외도의 학문을 끊지 못했습니다. 그러므로 복업(福業)은 있으나 결코 이를 벗어나지 못할 것입니다." 하였다.

요즘은 스님이 되고서, 어떤 이는 『노자』나 『장자』를 배우거나, 혹은 경서(經書)나 『모시(毛詩)』를 익힌다. 심지어 『초사(楚辭)』나 『이소경(離騷經)』, 『고사부(古詞賦)』 따위를 배우는 자도 있다.

혜전은 선(禪)을 공부한 분이었으나 외도 학문을 끊지 못한 것만으로 이런 과보를 받았거니와, 요즘은 외도 학문에 전념하고 선은 아예 내팽개치고 본 척도 않으니 이를 어떻게 이해해야 좋을 것인가!

영유靈裕 법사[1]

영유 법사가 경을 설할 적에, 어떤 때는 한 자를 가지고 걸핏하면 며칠에 걸려 설하기도 하고, 어떤 때는 잠시 동안 금방 몇 권의 경을 설해 버리기도 했다. 또는 분과(分科)를 이미 정해 두었다가 나중에 강의할 적에 다다라 앞의 과분(科分)을 다시 고쳐 더 보태거나 빼기도 하고 들쑥날쑥 사람의 근기에 따라 밝기도 하고 어둡기도 하니, 배우는 자들이 정신을 차릴 수 없었다.

이 말을 듣고 법사가 말하기를 "이것이 법을 설하는 이의 훌륭한 본보기다. 어찌 일반적인 생각으로 단정할 수 있겠는가?" 하였다.

영유 법사는 걸림 없는 변재를 얻어서 거의 법에 자재한 분이다. 이름과 모양에 구애되어 글이 문장을 해치고 문장이 뜻을 해치는 사구(死句)를 참구하는 무리들이 어찌 이를 알 수 있겠는가?

요즘 사람은 자신의 견해에 집착하여 자신보다 더 훌륭한 분을 멸시하여 경솔히 말하거나 제멋대로 논의해서는 안 된다. 또한 자신의 역량을 속이고 함부로 선덕을 흉내내어 자신의 경계인 양 해서도 안 된다.

1 영유(518~605) 법사는 수나라 스님이다. 18세에 출가하여 선덕으로부터 지론(地論)·사분율(四分律)·성실(成實)·잡심(雜心) 등 제론을 배웠고, 나중에는 화엄·열반·지론·율부(律部)만을 전문적으로 익히고 아울러 세간의 학문에도 통달하니, 그 이름이 업도(鄴都)에 자자하였다. 그의 학문은 언제나 예전의 해석을 널리 찾고 새로운 이론을 천착하였으며, 그가 강의할 적에는 뜻을 강령(綱領)에 두고 장구(章句) 해석에는 두지 않았다. 이로 인하여 당시 대중들이 모두 '유보살'이라 하였다.

행각과 산에 머묾

요즘 사람들은 '현사(玄沙)[1] 스님은 고개를 넘어가지 않았고, 보복(保福)[2] 스님은 관문을 지나지 않았다' 하는 말을 들으면, 단정히 안거하여 사해(四海)를 눈 밖으로 여긴다. 그러다가 '설봉(雪峰)[3] 스님은 세 번 투자산(投子山)에 올랐고 아홉 번 동산(洞山)[4] 화상에게 참례했으며, 조주(趙州)[5] 스님은 팔순이 되도록 행각하였다' 하는 말을 들으면, 곧 남북으로 분주히 쏘다니며 일생을 허송하고 만다.

이 두 경우는 모두 잘못이다.

심지(心地)를 밝히지 못했으면 으레 천리만리라도 직접 선지식을 찾아가야 할 것인데, 어찌 어리석음을 지켜 공연히 앉아 있기만 하며 아만만 높일 것인가! 기왕 생사의 큰일을 위해서라면 스승을 찾아 도를 물어야 할 것인데, 또 어찌 산수 가운데 노니는 것을 일삼아 한갓 이력이 많

1 현사사비(玄沙師備: 835~908) 선사를 말한다. 함통 5년(864)에 개원사 도현(道玄) 율사에게서 구족계를 받고 함통 7년에 설봉의존(雪峰義存)에게 참구하여 그의 법을 이어받았다.

2 보복종전(保福從展: ?~928) 선사를 말함. 18세에 대중사(大中寺)에서 구족계를 받음. 설봉의존(雪峰義存) · 장경혜릉(長慶慧稜) · 아호지부(鵝湖智孚) 등에게 참학한 후, 설봉의 법을 이어받았다.

3 설봉의존(雪峰義存: 822~908) 선사를 말함. 12세에 부친과 함께 복건성 포전현 옥간사(玉澗寺)의 경현(慶玄) 율사를 알현하고 사미가 됨. 처음에는 부용영훈(芙蓉靈訓)에게서 참구하고, 나중에 동산양개(洞山良价) 회하에서 반두(飯頭) 일을 맡아 보고 그의 가르침에 따라 덕산선감(德山宣鑑)에게 참구함. 암두전활(巖頭全豁) · 흠산문수(欽山文邃)와 행각하다 암두(巖頭)에게 일칙(一則)을 받고 대오하여 마침내 덕산(德山)의 법을 이었다.

은 것만을 자랑하겠는가!

올바른 행각승은 이와 같이 하지 않을 것이다.

4 동산양개(洞山良价: 807~869) 화상을 말함. 어려서 출가하여 영묵(靈黙)에게 사사한 후 20세에 숭산(崇山)에서 구족계를 받았다. 남전보원(南泉普願) · 위산영우(潙山靈祐)에게 참학(參學)하고, 다시 운암담성(雲巖曇晟)에게 참학하여 대오, 그의 의법(衣法)을 이어받았다.

5 조주종심(趙州從諗: 778~897) 선사를 말함. 어렸을 때 출가, 남전보원(南泉普願)에게 참학, 개오한 다음 계를 받고 남전에게 귀의하였다. 여러 곳을 유행하다 나이 80이 되어서야 조주성 동쪽 관음원에 머물면서 40년 동안 고담착실(枯淡着實)한 선풍을 날렸다.

『능엄경』은 방융房融[1]의 작품이다

어떤 이가 『능엄경』은 뜻이 깊을 뿐만 아니라 문장도 훌륭한 것을 보고, "이것은 승상 방융의 저작일 것이다." 하고 의심하였다.

그러나 역경장(譯經場)에는 범문(梵文)을 중국 문장으로 번역하는 스님을 비롯해, 사장(詞章)에 종사하는 신하나 거사 등 백여 명의 손을 거친 후에 한 부의 경전이 완성된다. 방융은 불과 문장을 윤색(潤色)했을 뿐이고 내용을 전담하여 주관하지도 않았다.

만약 방융이 자신의 소견으로 스스로 이 경전을 창작했다면, 방융은 하늘 중의 하늘이요 성인 중의 성인일 것이다.

당사(唐史)를 살펴보면, 방융의 재주와 지혜는 오히려 유종원(柳宗元)[2]이나 한유(韓愈)[3] · 원진(元稹)[4] · 백거이(白居易)[5]에게도 미치지 못할 정도였다. 그런데 어떻게 『능엄경』을 창작하여 공자나 맹자 · 노자 · 장자를 초월할 수 있겠는가?

슬프다, 천생백겁(千生百劫)에 이렇게 지극히 정미롭고 오묘하고 깊어 최고 정점에 달한 경전을 만나 마음을 다해 믿고 받아들일 생각은 않고, 이 따위 졸렬하고 괴팍한 의심을 내다니, 참으로 슬프다! 참으로 슬프다!

1 당나라 낙양 사람. 생졸연대 미상. 무후(武后) 때 장창종(張昌宗)의 소개로 정간대부동봉각난태평장사(正諫大夫同鳳閣鸞台平章事)가 되었다. 나중에 고주(高州)로 귀양 가서 거기에서 죽었다. 그의 전기에 따르면, 귀양 가던 도중 광주(廣州)를 지날 적에 천축 사문 반자밀제(般剌密諦)가 『대불정수능엄경(大佛頂首楞嚴經)』 번역하는 것을 보고, 방융이 필수(筆受: 다른 사람의 구술을 받아 적는 일)하여 경룡(景龍) 원년(707)에 완성하여 무후에게 바쳤다고 한다.

2 당대(唐代)의 문호. 자는 자후(子厚). 감찰어사(監察御使)를 거쳐 예부원외랑(禮部員外郎)을 지내다가 왕숙문(王叔文)의 당으로 몰려 유주자사(柳州刺史)로 좌천되어 그곳에서 죽었다. 당송팔대가(唐宋八大家)의 한 사람으로, 문장은 한유(韓愈)와 겨루며 시는 왕유(王維)·맹호연(孟浩然)에 다음간다 하였다.

3 당대 중기의 문장가. 당송팔대가의 한 사람. 자는 퇴지(退之). 등주(鄧州) 남양(南陽) 사람. 벼슬은 국자감사문박사(國子監四門博士)·국자박사(國子博士) 등을 거쳐 이부시랑(吏部侍郎)에 이르렀음. 그의 문장은 고문(古文)을 모범으로 하여 웅위굉심(雄偉宏深)하여 후세의 종(宗)이 됨.

4 당나라 후기의 재상이자 시인. 하남(河南) 사람. 자는 미지(微之). 부패한 정치의 개혁을 꾀하다가 실패하여 누차 좌천을 당함. 그의 시는 평이하여 백거이(白居易)와 함께 원백(元白)이라 하며, 그의 시체(詩體)를 일컬어 원화체(元和體)라 한다.

5 당나라의 시인. 태원(太原) 사람. 자는 낙천(樂天), 호는 향산거사(香山居士). 벼슬은 형부상서(刑部尙書)에 이름. 문장은 정절(精切)하고 시는 평이하여, 그의 문장은 문사(文士)들로부터 서민에 이르기까지 널리 애송되었다.

과보 1

경전에 "만법(萬法)이 오직 마음뿐이다." 하였다.

이에 어떤 어리석은 자가 "무심(無心)하면 인(因)도 과(果)도 없다. 그러므로 업(業)이 있는 것은 두려워할 것이 없고 오직 마음이 있는 것만 염려할 일이다. 업이 있더라도 무심하기만 하면 염라노자가 나를 어찌하랴." 하면서, 마음 내키는 대로 업을 지으며 꺼리고 조심하지 않는다.

그러나 무심에 두 가지가 있는 줄을 알지 못하였다. 올바르게 사유하여 용심이 지극한 데 이르면 자연히 무심삼매에 들어가니, 이것이 참다운 무심이다. 반면 마음을 일으켜 업을 짓거나 마음을 억제하여 강제로 이를 없게 하면, 이것은 무심을 얻은 것 같으나 마음은 여전이 남아 있다.

마음이 있으면 업도 있다. 염라노자의 쇠방망이가 너를 가만두지 않을 것이다.

과보 2

또 경에 "지혜를 구족한 보살은, 설령 타락했더라도 축생 중에 있으면 축생 왕이 되고 아귀 중에 있으면 아귀 왕이 된다." 하였다.

이에 어떤 어리석은 자가 "지혜가 있으면 능히 업을 바꿀 수 있다. 그러므로 업이 있는 것은 염려할 것이 아니고 오직 두려운 것은 지혜가 없는 것이다. 업이 있더라도 지혜가 있으면 염라노자가 나를 어찌하랴." 하면서, 마음 내키는 대로 업을 지으며 꺼리고 조심하지 않으니, 경에서 말한 지혜는 그냥 보통 세상의 지혜를 말한 것이 아님을 알지 못하였다.

너의 지혜가 문수보살이나 사리불만큼은 된다는 것이냐? 만약 이 분들에게 미치지 못하면 그 아래로 선성(善星)[1] 비구나 조달(調達)[2]만큼은 되느냐? 선성 비구는 열여덟 마리의 코끼리가 실은 법문을 널리 배웠고 조달은 나한의 신통을 얻기도 했으나, 모두 산 채로 지옥에 떨어짐을 면치 못하였다. 하물며 너의 지혜가 반드시 이 두 분보다 못함이랴.

잔에 담긴 물로는 한 수레의 장작불을 끄지 못하고, 반딧불로는 깊은 골짜기의 어둠을 밝히지 못한다. 조그마한 지혜로 얼마만 한 업을 면할 수 있을 것인가? 염라왕의 쇠방망이가 너를 가만두지 않을 것이다.

1 세존의 출가 전 태자 때의 아들이라 한다. 출가한 후 욕계의 번뇌를 끊고 제4선정을 얻었었다. 그러나 친구를 잘못 사귀어 자신이 얻은 해탈을 잃고 인과를 부정한 사견(邪見)을 내어 부처님을 비방하니, 이로 인하여 승단에서 쫓겨났다. 그 불만으로 세존께 사견을 품어 니련선하 언덕에서 땅이 갈라져 산 채로 아비지옥에 떨어졌다.

2 제바달다를 말한다. 번역하면 천열(天熱) 혹은 천수(天授)라고 한다. 곡반왕(斛飯王)의 아들로 아난의 형이며 부처님의 사촌동생이다. 출가하여 신통을 배워 몸에 32상을 갖추고 6만의 법장을 외웠으나, 이양(利養)을 위하여 삼역죄(三逆罪)를 짓고 살아서 지옥에 떨어졌다.

새옹지마 塞翁之馬

'얻고 잃는 것은 꼭 정해진 것이 없고, 화와 복은 서로 맞물려 돌고 도는 것이다'라고 한, 새옹지마 이야기는 사람들이 누구나 알고 있으나, 꼭 이를 믿지는 않는 것 같다.

내가 끓는 물에 발을 헛디디는 바람에 살이 오그라들어, 발을 펴고 오므리지 못하여 쌍 지팡이로 두 시자를 삼았다. 이것이 한평생 갈 것만 같은 생각에 〈절름발이 법사가 노래를 지어 스스로 조롱하다〉[1]라는 시를 지었는데, 그중에 "다만 이 다리가 끝내 낫지 않을까 걱정이네" 하는 구절이 있다.

그 후 발이 전과 같이 펴지자 시참(詩讖)[2]이라고 여기며 웃었으나, 여전히 시(詩)의 규칙이라 여기고 받들었다.

이를 보고 감격하기도 하고 두려워하며, 은미(隱微)하여 알기 어려운 일을 잊지 않을 것을 발원하였다.

1 『연지대사전집』에 이런 시가 있다. "〈절름발이 법사가 노래를 지어 스스로 조롱하다〉 어떻게 '절름발이 법사'라고 부르게 되었는가? 말할 수는 있으나 다닐 수는 없기 때문이니 나는 지금 걷고 말하는 것이 모두 서툴지만 정말 이렇게 말하지 않을 수 없네. 지난 정월 열흘 오전에 관례대로 욕실에 들어갔다가 발을 헛디뎌 나도 모르게 끓는 물에 빠지고 말았으니 자리에서 일어나지 못한 지 50일이나 되었네. 상처는 나았으나 다리 힘이 없어서 왼쪽은 길고 오른 쪽은 짧아 걸음걸이가 어긋났으니 동쪽으로 갈 때는 두 동자가 어깨를 끼고 도와주었고 서쪽으로 갈 때는 쌍지팡이에 번갈아 의지하였네. … 다만 이 다리가 끝끝내 낫지 않아 수많은 경계를 좇으나 여전히 전과 같을까 걱정이니, 원컨대 그대들은 절름발이가 아니지만 절름발이같이 오랫동안 문을 닫아걸고 지내는 객보다 낫기를 바라노라." 하였다.

2 무의식중에 지은 시가 뒷날 생겨날 일을 예시함을 말한다.

신통

신통에는 대략 세 가지가 있다. 하나는 과보로 얻은 것, 하나는 수행으로 얻은 것, 또 하나는 깨달음으로 얻은 것이다.

첫째, 과보로 얻은 것이란 복업(福業)으로 인하여 저절로 얻게 된 것으로, 제천(諸天)이 모두 보고 듣는 것이 자재하고 귀신도 영통이 있는 경우다.

둘째, 수행으로 얻은 것이란 익히고 배워서 얻은 것으로, 제바달다가 아난존자에게서 신통을 배운 것이다.

셋째, 깨달음으로 인하여 얻은 것이란 온 마음을 기울여 도를 배웠을 뿐 마음에 신통을 배울 생각은 없었으나 도가 이루어짐으로 해서 신통이 저절로 생기게 되는 경우다. 다만 더디고 빠른 차이는 있으나 고금의 모든 조사나 선지식이 여기에 해당된다.

이를 비교하여 논하면, 도를 얻으면 신통이 없을까는 걱정할 필요가 없지만 신통을 얻었다 하여 반드시 도가 이루어지는 것은 아니다. 선덕이 말한 "신통묘용(神通妙用)은 너만 못하지만 불법은 도리어 노승에게 물어라!" 한 뜻이 바로 이것이다.

이를 비유하면, 세상의 관리가 가지고 있는 작록(爵祿: 작위와 봉록)이나 관복(冠服: 관과 의복) · 부서(府署: 관서. 관청) · 의위(儀衛: 의식에 쓰는 무기 등과, 경계와 호위 임무를 맡은 군사) 따위도 모두 신통과 같이 또한 세 가지가 있다. 과보로 얻은 것은 조상의 공훈을 힘입어서 자연히 가지게 된 것이요, 수행하여 얻은 것은 스스로 노력한 대가로 얻게 된 것으로 고인들이 꺼려하는 그런 방법을 사용하지 않은 경우다. 깨달아 얻은 것은 도가 밝고 덕이 높아짐으로 말미암아 지위가 저절로 따라온 경우로서, 공자가 말한 "도를 배우면 작록이 그 가운데 있다." 한 것이다.

이 세 가지에서 우열은 쉽게 짐작할 수 있을 것이다.

큰 부와 권세를 누리는 자

세상에서 큰 부와 권세를 누리는 자는 모두 전생에 수행한 이들이었으니, 여기에 세 가지 차등이 있다.

그 하나는, 계행을 지키고 복을 닦아 반야정지(般若正智)를 한 순간도 잊지 않은 이로서, 금생에 비록 높은 지위에 처해 있고 오욕(五欲)에 묻혀 살고 있으나 마음은 늘 도에 머물러 있으니, 이른바 '머리 기른 스님'이라 할 것이다.

다음은, 비록 계행을 지키고 복을 닦았지만 반야의 생각이 조금 소홀했던 이로서, 금생에 법문(法門)에 유희하는 정도의 자들이다.

세 번째는, 계행을 지키고 복을 닦았으나 반야는 까마득히 마음에 두지 않았던 자들로서, 금생에 순경(順境: 자기의 몸과 마음에 맞는 경계)에 빠지고 선을 등지고 악을 좇으며, 심지어 부처님을 비방하고 법을 헐뜯고 승가를 없애려는 자들이다.

그렇게 된 원인을 살펴보면 이들이 똑같이 수행했던 자들이었으나 그 차이는 이와 같으니, 내생과 또 그다음 내생에 그 차이는 또 어떻겠는가?

생각하면 섬뜩한 일이다.

천태天台[1]와 청량清凉[2] 1

사람들이 흔히 '천태와 현수(賢首)[3]'를 말하고 있으나, 내가 일찍이 이 문제에 대해 생각해 본 적이 있었다.

남악(南嶽)[4]은 큰 줄거리는 드러냈으나 자세한 절목(節目)을 모두 펼친 것으로는 천태보다 갖추지 못했으며, 현수는 균형 잡힌 이론은 가졌으나 뭇 별이 섞여 나열한 듯한 논리는 청량보다 구족하지 못하였다.

불법이 이 땅에 전래한 이래 천태가 여럿을 모아 하나로 크게 완성했고, 천태 이후로는 청량이 여럿을 하나로 모아 크게 완성했다. 그러므로 당연히 두 분 스님으로 서로 종(宗) 이름을 붙여야 한다고 생각되었다.

어떤 이가 물었다.

"사람들이 천태 스님에 대해서는 아무 논란이 없으나, 현수 스님에게는 혹 비난하는 자가 있습니다. 이것은 무엇 때문입니까?"

"현수 스님을 비난하는 말이 백 가지라면 그중 하나 정도가 옳은 말이다. 또한 전에 말하지 않았던가? '현수 스님의 도는 청량 국사에 이르러서 비로소 완성하였다'고. 그렇다면 천태와 청량 두 스님은 은혜로서는 부모와 같고 도로서도 부모와 같다. 또한 청량에 대하여 누가 뭐라고 하는 자가 있던가?"

그 사람이 대답하지 못하기에 내가 웃으며 말했다.

"애써 생각할 것 없다. 천태 스님 후에 청량 스님이 있는 것은 마치 요 임금이나 순 임금 후에 공자가 있는 것과 같다. 또 무엇을 평의하겠는가?"

1 천태지의(天台智顗: 538~597) 대사를 말한다.

2 청량징관(淸凉澄觀: 738~839) 국사를 말함. 화엄종 제4조. 자는 대휴(大休). 화엄보살(華嚴菩薩) 또는 화엄소주(華嚴疏主)라고도 부름. 9세에 체진(體眞) 대사를 은사로 출가하여 선과 교를 두루 섭렵함. 징관의 학설은 남종선과 북종선의 융합을 꾀함과 동시에 천태·화엄 교학과 선의 융합을 주장하여 선교일치사상에 기초를 둔 점이 특징이다. 저서로는 『화엄경주소(華嚴經註疏)』 20권, 『화엄경수소연의초(華嚴經隨疏演義鈔)』 90권, 『화엄현담(華嚴玄談)』 9권 등이 있다.

3 현수법장(賢首法藏: 643~712) 대사를 말한다. 화엄종 제3조. 17세에 태백산에 들어가 수년 동안 경·논을 연구하고 다시 낙양 운화사에서 지엄(智儼) 법사에게 화엄경을 배우고, 26세에 지엄이 입적한 뒤에 그 법을 깊이 수호함. 53세에 인도스님 실차난타(實叉難陀)가 우전국에서 화엄경 범본(梵本)을 가지고 와서 번역할 적에 그 필수(筆受)를 맡아 5년 만에 마치니, 이것이 『80 화엄경』이다. 측천무후(則天武后)의 청으로 불수기사(佛授記寺)에서 새로 번역한 『화엄경』을 강의하여 현수라는 호를 받고, 이로부터 무후의 신임을 받았다. 현수는 저서를 통하여 화엄의 교리를 크게 밝히고 화엄종의 조직적 체계를 이루어 놓았다. 당 선천(先天) 1년 11월에 장안 대천복사에서 세수 70세로 입적함. 저서에 『화엄경탐현기(華嚴經探玄記)』 20권, 『화엄오교장(華嚴五教章)』 3권, 『화엄지귀(華嚴旨歸)』, 『유심법계기(遊心法界記)』, 『금사자장(金獅子章)』, 『망진환원관(妄塵還源觀)』, 『기신론의기(起信論義記)』 등이 있다.

4 남악혜사(南岳慧思: 515~577) 대사를 말한다.

천태와 청량 2

또 물었다.

“저 사교(四敎)[1]와 이 오교(五敎)[2]는 두 종(宗)이 판연히 다릅니다. 그러면서도 같은 점이 있습니까?”

“두 가지로 따로 나누어 생각할 것 없다. 사교와 오교는 마치 오온(五蘊)과 육근(六根)이 나눠지고 합한 것과 같다.

오교의 소승교(小乘敎)는 사교 가운데 장교(藏敎)에 해당된다. ‘장(藏)’이란 말은 자취가 혼돈 중에 있는 것과 같다는 뜻이므로 소승교에 분류된다.

오교의 돈교(頓敎)는 사교의 원교(圓敎)에 속한다. 달마의 직지선(直指禪)이 바로 여기에 속하니, 이 점을 드러내 밝히고자 하여 특히 ‘돈(頓)’이라고 표시한 것이다.

두 종의 원교는 매한가지다. 그런데 『화엄경』 십현(十玄)[3]의 뜻은 사교의 원교에서 어느 정도 그 뜻을 포함하고 있으나 아직 미진하다. 그러므로 소승교(小乘敎) · 대승시교(大乘始敎) · 대승종교(大乘終敎) · 돈교(頓敎) 다음에 따로 일승원교(一乘圓敎)를 앞에 두었던 것이니, 깊은 뜻이 있다 할 것이다.

제각기 한때의 귀의처가 되고 다 같이 만대의 법칙이 되므로, 두 종으로 이름을 부르게 된 것이다.

종(宗)은 다르나 도(道)는 같다. 두 가지로 갈라서 생각하는 것은 그릇된 소견이다.”

1 여러 가지 경전 내용이나 형식 등으로 부처님 일대 교설을 네 가지로 판석(判釋)한 것. 여러 스님들이 세운 것이 각기 다르나, 천태는 화법(化法)과 화의(化儀) 두 가지로 나누고, 여기에 각기 사교(四教) 가 있다고 보았다. 화법사교(化法四教)는 부처님이 중생을 교화한 교법(教法) 내용을 장·통·별·원(藏·通·別·圓) 사교로 보았고, 화의사교(化儀四教)는 부처님이 중생을 교화한 방식에 돈·점·비밀·부정(頓·漸·秘密·不定) 등 사교가 있다고 보았다.

2 여래 일대 성교(聖教)를 다섯 가지 교지(教旨)로 나눈 것. 현수는 (1)소승교 (2)대승시교 (3)대승종교 (4)돈교 (5)원교로 나누었다.

3 십현문(十玄門), 또는 십현연기(十玄緣起)라고도 한다. 자세히는 십현연기무애법문(十玄緣起無碍法門), 또는 화엄일승십현문(華嚴一乘十玄門)이라고 한다. 법계가운데 사사무애(事事無礙)의 모양을 표현한 것이니, 이 뜻을 통하여 화엄대경의 깊은 바다에 들어갈 수 있기 때문에 현문(玄門)이라 한다. 또한 이 열 가지 문이 서로 인연하여 일어나기 때문에 연기(緣起)라고 한다. 이 열 가지 문은 상즉상입(相卽相入)하여 서로 장애하지 않는다. 화엄종은 이 십현문(十玄門)과 육상원륭(六相圓融)의 설로써 근본교리를 삼는다. 그래서 고래로 십현육상(十玄六相)을 병칭하니 이 두 가지가 회통하여 법계연기의 중심 내용을 구성한다. 이 열 가지로 사법계 중 사사무애법계의 모습을 설명하여 현상과 현상이 서로 일체화[相卽]하고 서로 섭입(攝入)하여 장애하지 않음[相入]을 표현하였다. 이 열 가지 자세한 내용은 생략한다.

욱당栯堂[1]의 산거시山居詩

영명(永明)[2] · 석옥(石屋)[3] · 중봉(中峰) 등 많은 큰스님들이 모두 '산중에 사는 시[山居詩]'를 지어 자성(自性)을 선양하였으니, 그 아름다운 울림이 천고에 떨치고 있다.

그러나 기격[기품과 격조]이 웅혼(雄渾)하고 글귀가 정공(精工)함을 겸한 것으로는 욱당 스님의 마흔 수의 시가 더욱 여러 분들 것보다 절창이다. 왜냐하면 그것들이 모두 진실하게 참구하여 깨달음으로써, 마음에서 충일하여 밖으로 표출된 것이기 때문이다.

예컨대 다음 시를 보라.

미풍이 극락의 보배 나무를 스치니
천제의 마음에 건달바[4]의 요금(瑤琴: 옥으로 장식한 거문고)을 느끼네.
치지 않아도 소리하며
두드리지 않아도 울림이여!
微風過極樂之寶樹
帝心感乾闥之瑤琴
不搏而聲
不撫而鳴

시로 보아서도 매우 오묘하지만 그렇다고 시로 논의할 수도 없다.

근본을 힘쓰지 않고 지말만을 추구하며 세상을 마치도록 시구만 다듬는다면 무슨 이익이 있겠는가?

바라건대 산에 사는 자는 고인의 도를 배울 일이지 고인의 시를 배우지 마라.

1 명나라 스님. 명주(明州) 악림사(岳林寺) 욱당 익(郁堂 益) 선사를 말한다. 남악하(南岳下) 19세. 정자 영(淨慈 穎) 선사의 제자다.

2 영명연수(永明延壽: 904~975) 선사를 말한다. 오대말(五代末) 송초(宋初) 스님. 어려서부터 출가에 뜻을 두었으나 뜻을 이루지 못하고 관리가 되었다가, 28세 때 설봉의존(雪峰義存)의 법을 이은 취암영참(翠巖令參)에게서 득도하였다. 그 후 천태덕소(天台德韶)의 법을 이어 법안종(法眼宗) 3세가 되었다.

3 석옥청공(石屋淸珙: 1272~1352) 선사를 말함. 남송말(南宋末) 원대(元代) 스님. 소주 숭복사 영유(永惟)에게 출가하여 20세에 삭발하고 23세에 구족계를 받았다. 고봉원묘(高峰原妙)에게 참구하였고, 나중에 급암종신(及庵宗信)에게서 법을 얻었다.

4 건달바는 8부신중(八部神衆) 가운데 하나로, 음악을 맡고 있는 악신(樂神)이다.

산 빛

가까이서 산 빛을 보면 푸르스름하게 푸른 것이 마치 남색 같더니, 멀리서 보면 거무스레하게 비취색인 것이 마치 남색에다 청대(쪽으로 만든 검푸른 물감)를 물들인 듯하다. 과연 이렇게 산 색깔이 변한 것일까?

산 빛은 전과 다름없으나 시력에 차이가 있어서, 가까운 곳에서 점차 멀어질수록 푸른색이 변하여 비취색이 되고, 먼 곳에서 점차 가까이 올수록 비취빛이 변하여 푸른색이 되었을 뿐이다.

그렇다면 푸른색은 그럴 만한 인연이 모여 푸르고, 비취색은 그럴 만한 인연이 모여서 비취색이 되었으니, 비취색이 환(幻)과 같을 뿐만 아니라 푸른색도 역시 환과 같다.

대체로 만법(萬法)이 모두 이와 같다.

현생의 꿈

꿈속에서 현생의 일이 많고 전생을 꿈꾸는 경우는 드무니, 이는 무엇 때문일까?

꿈이란 생각으로 이루어지는 것으로, 생각이 현생에만 많고 전생에는 미치지 못하기 때문이다.

삼승(三乘)의 성현만 해도 생을 바꾸어 부모의 태에서 나올 때는 잠시 혼미가 있거늘, 하물며 번뇌 망상에 얽혀 있는 범부들이 한 몸을 벗고 또 한 몸에 들어가 부모 뱃속에서 거꾸로 태어나면서 어찌 능히 전생을 기억할 수 있겠는가? 오직 눈앞의 어지럽고 복잡한 것만을 따라 낮에는 생각했다가 밤에 꿈이 되는 것이다.

어떤 때는 일찍이 보지 못했던 사물이나 겪어 보지 못했던 일이나 지내 보지 못했던 지위들이 꿈속에서 나타나곤 하는데, 그것은 아득한 옛날의 경계가 무단히 나타난 것이거나 혹은 까닭도 모르게 그렇게 되기도 하는 것이다.

그러므로 생각이 이미 없어졌으면 잠을 자거나 깨거나 늘 한결같을 것이다. 노력하라!

예참승禮懺僧

정토 예참법을 수행하는 자에게 어떤 스님이 말했다.

"경에 말씀하지 않았습니까? '만약 참회하고자 하면 단정히 앉아 실상(實相)을 관하라'고요. 무엇하러 번거롭게 자주 절을 하십니까?"

참회승이 물었다.

"어떤 것이 실상입니까?"

"마음에 망상을 일으키지 않는 것입니다."

"마음이란 어떤 것이며, 망상이란 또 무엇입니까? 또한 마음을 제압하여 굴복시킨다는 것은 어떤 것입니까?"

그 스님이 대답하지 못하자, 참회승이 말하였다.

"내가 들으니 '참회란 이(理)로써 하는 것이 올바른 것이고, 사(事)로써 하는 것이 보조적인 것이다' 하였습니다. 그러므로 비록 실상을 생각해야 하겠지만 몸과 입과 마음으로 부지런히 닦는 것도 해롭지는 않습니다. 왜냐하면 처음 수행하는 자는 실상과 부합하기가 쉽지 않으므로 반드시 외연(外緣)의 도움을 힘입어야 하기 때문입니다.

그러므로 『법화경』에 '내가 특이한 방편으로 제일의(第一義: 언어나 사유로 표현할 수 없는 최고의 진리)를 보조적으로 밝히리라' 한 것이 이 뜻입니다. 『기신론』에도 '이 법을 닦는 말세 중생이 불·여래·세존을 만나지 못할까 걱정하므로, 특이한 방편으로 저들에게 염불하여 정토에 태어나기를 가르치노라' 하였습니다.

그러므로 자운(慈雲)[1] 대사의 정토 예참법은 옛 것을 참작하고 지금 것도 본받아 만든 지극히 정밀한 참법(懺法)입니다. 『법화경』이나 『광명경』 등의 참법과 함께 모두 이(理)와 사(事)를 구비하여 인간이나 천상이 누구나 공경할 만한 것으로서, 참으로 말법의 어두운 세상을 비추는 큰 보배 횃불이라 할 것입니다.

또한 '농사짓고 그릇 굽는 것도 실상에 어긋나지 않는다' 한 것이 부처님의 말씀이 아닙니까?"

"그렇습니다."

"그렇다면 예참하는 것이 그릇 굽고 농사지으며 생계를 도모하는 것보다 못하다는 것입니까?"

그 스님이 아무 대답도 하지 못했다.

1 자운준식(慈雲遵式: 964~1032) 대사를 말한다. 송나라 때 스님. 처음에는 율(律)을 배웠으나 나중에는 보운사 의통(義通)으로부터 천태종의 전적을 배워, 그 깊은 뜻을 다하였다. 일찍이 국청사 보현상 앞에서 손가락 하나를 태우고 천태종의 교학을 전할 것을 서원하였다. 28세에 보운사에 들어가서 법화·유마·금강명 등의 경을 강의하는 한편, 아울러 승속들을 모아 정토를 전수하였다. 그래서 정토의 염불과 참의(懺儀)인 『대미타참의(大彌陀懺儀)』·『소미타참의(小彌陀懺儀)』·『왕생정토참원의(往生淨土懺願儀)』 등과, 『대승지관석요(大乘止觀釋要)』, 『조론소과(肇論疏科)』 등의 많은 저술이 있다. 스님의 저술에는 참의(懺儀)가 매우 많으므로 세상에서는 '자운참주(慈雲懺主)'라고 불렀다. 명도(明道) 원년에 시적(示寂)하였으니 세수는 69세였다.

남악南岳의 지관止觀

남악혜사(南岳慧思) 대사의 『대승지관(大乘止觀)』 중에서 『기신론』의 글을 인용하여 "그러므로 논에서 '셋째는 용대(用大)니 능히 세간과 출세간의 선·악 인과(因果)를 낸다' 하였다." 한 것이 있다. 그런데 『기신론』에는 본래 악(惡) 자가 없으므로 이 글을 읽은 자를 매우 당혹하게 한다.

사람의 성품을 악하다고 보는 것이 천태가(天台家)의 종지(宗旨)이기는 하다.

자운(慈雲) 화상이 말했다.

"남악은 멀리 가섭 존자를 이었고 가까이로는 마명(馬鳴)[1] 존자에게서 법을 받았다. 마명은 고불(古佛)이었으나 시현(示現)[2]으로 팔지(八地)[3]의 지위에 있었으며, 남악은 남다른 덕행이 있는 이로서 이름이 『신승전

1 중인도 마갈타국 사람으로 불멸 후 600년경에 출세한 대승의 논사. 본래 외도의 집에서 태어나 논의를 잘하여 불법을 헐뜯었으나, 협 존자(일설에는 부나사 존자라고도 함)와 토론을 벌여 설복당하고 그의 제자가 되었다. 그 뒤부터 마갈타국을 중심으로 중인도에서 전도하다가 가니색가왕이 중인도를 정복했을 때 배상금 대신으로 마명을 데리고 갔다. 북쪽 월지국으로 들어가 임금의 보호를 받으며 대승불교를 선전하였다 하여 그를 대승불교의 시조라고 한다. 저서로는 『대승기신론』 1권, 『대장엄경론』 15권, 『불소행찬』 5권 등이 있다.

2 불보살이 기연(機緣)에 응하여 여러 가지 모습으로 몸을 변화하여 나타나는 것.

3 수행 계위인 52위 중에서 제41위부터 제50위까지를 십지(十地)라 하고, 십지 중에서 여덟 번째 지위를 부동지(不動地)라 한다. 탐·진·치를 끊어 진여를 얻었으므로 다시는 동요되지 않는 지위다.

(神僧傳)』[4]에 올랐다. 그렇다면 으레 앞의 성인과 뒤의 성인이 서로 어긋나지 않아야 한다.

또한 『기신론』은 말은 간략하나 내용은 풍부하며, 문장이 정미롭고 이치가 지극하여 대승의 모든 요의경(了義經: 구경의 진리를 담고 있는 경전)을 종합했다. 그러니 한 자 한 구도 더하거나 빼서는 안 된다.

남악이 『지관』을 저술한 것은 재론의 여지가 없겠으나, 지금 『기신론』을 인용하여 바로 그 출처를 드러내 근거를 밝히면서 본문에는 없는 말을 더했으니, 이런 이치가 있을 수 있겠는가? 아마 후인이 한 짓일 것이다."

그런데 어떤 이는 "이 책(『대승지관』)은 자운이 손수 출판하여 유포한 것이니 반드시 가짜가 아니어야 한다." 하였다.

아! 자운 후에 또 어떤 후인이 더한 것이 아니라고 어떻게 확신하겠는가?

나는 비록 우둔하기는 하지만 결코 남악이 『기신론』을 고치지 않았을 것으로 꼭 믿고 있나니, 고명한 분들이 다시 이 문제를 살펴보시기 바라노라.

4 전 9권. 명나라 태종이 저술함. 영락 15년(1419)에 만든 책으로 한나라 마등(摩騰)으로부터 원나라 첨파(瞻巴)에 이르기까지 신이(神異)로써 알려진 스님 208인의 전기를 기록하였다.

한창려韓昌黎[1]

창려가 처음에는 불교를 비방하였으나, 나중에 대전(大顚)[2] 선사를 만난 후에 깨달음을 얻었다는 말이 전해온다.

그러나 그의 문집을 보면 이와는 사뭇 다르다.

"근래에 유(愈: 한퇴지의 이름)가 석씨(釋氏: 불교)를 믿는다는 말이 전하고 있으나, 이 소문은 거짓이다.

조주(潮州: 한퇴지가 귀향간 곳)에는 더불어 이야기할 만한 상대가 없었는데, 대전이라는 중이 자못 총명하여 도리를 알고 있었으므로 이 자와 함께 교유했을 따름이다.

또한 귀양에서 풀려 돌아올 적에 의복을 남겨 주고 이별하였으니, 이것은 사람의 정리로 한 짓이지 그의 도를 숭상하여 복전과 이익을 구했던 것은 아니다."

이것을 보면 분명히 전과 다름없이 불교를 불신하고 있었던 것을 알 수 있으니, 어찌 깨달음을 얻었겠는가?

그러나 영향(影響)[3]을 보여 역설적으로 찬양했을 것이라는 입장에서 보면 이는 짐작할 수 없는 일이기도 하니, 어찌 창려가 고의로 불법을 계발하기 위한 것이 아니라고 단정하겠는가. 그러나 창려가 불교를 비방하지 않았다면 명교(明教)[4] 선사가 무엇 때문에 한유를 비방했겠는가?

1 한유(韓愈)를 말한다. 당나라 중기의 유자(儒者). 당송팔대가의 한 사람.

2 대전보통(大顚寶通: 732~824) 선사를 말한다. 당나라 때 스님. 석두희천(石頭希遷)의 법을 받고 조주(潮州) 영산(靈山)에 머물자 사방에서 학자들이 모여들었다.

종은 때림으로 인하여 소리가 커지는 것이요, 촛불은 심지를 자름으로 해서 불빛이 더욱 밝아지는 법이다. 그러므로 숙명통(宿命通: 숙명을 아는 신통)을 얻지 못했거나 타심통(他心通: 다른 이의 마음을 아는 신통)을 갖추지 못했으면, 생각나는 대로 지껄여 함부로 인물을 평가할 일이 아니다.

3 네 가지 대중 가운데 하나. 발기중(發起衆)·당기중(當機衆)·결연중(結緣衆)과 함께 부처님의 설법을 선양하는 대중. 지난날 제불의 법신보살로서 그 원극(圓極)한 모습을 숨기고 법왕을 보좌하는 것이 마치 뭇 별이 달을 에워싸듯 하니, 비록 하는 일은 없으나 큰 이익이 있으니 이것을 영향중이라 한다.

4 불일계숭(佛日契嵩: 1007~1072) 선사를 말한다. 호가 명교이다. 7세에 출가하여 13세에 삭발 득도하였다. 19세에 행각하여 강서성 균주 동산효총(洞山曉聰)의 법을 이었다. 후에 불일산 정혜원에 머물다 신종 희령(熙寧) 5년에 입적하였다. 저술로 『전법정종기(傳法正宗記)』, 『보교편(輔教篇)』 등이 있으며, 문도들에 의해 『심진문집(鐔津文集)』 20권이 엮어졌다.

깨어있음惺과 고요함寂

지(止)와 관(觀)[1]을 균등히 해야 하는 것은, 부처님이 다시 세상에 태어나더라도 능히 이 이치를 바꾸지 못할 것이다.

그러나 간혹 어떤 이는 이에 수긍치 않고 "경에서 말씀하시기를 '정(定)으로 인해 혜(慧)가 일어난다' 하였으니, 그렇게 보면 지(止)가 중요하다." 하였다. 이것이 관례가 되어 결국 풍습이 되고 말아 수행인들이 주로 고요함[寂靜]을 닦고 있다.

오직 영가(永嘉)[2] 대사만이 성성적적(惺惺寂寂)과 적적성성(寂寂惺惺)이라는 말로써 성(惺)과 적(寂)의 균등함을 밝혔다. 그리고 뒤의 문장에서 "성성(惺惺)이 올바른 것이요 적적(寂寂)은 보조적인 것이다." 하는 매우 독특한 견해를 말하였으나, 누구도 이에 미치는 논의를 한 자가 없었다.

그 후 종문(宗門)에서 사람들에게 화두를 간(看)하는 것으로 철저히 깨닫기를 가르쳤으니, 묘희(妙喜)가 묵조(默照)[3]를 '삿된 선(禪)'이라고 꾸짖은 것이 바로 이러한 뜻이다.

그러므로 부처님을 대각(大覺)이라고 부르고 중생을 불각(不覺)이라 하였다. 각(覺)이란 깨어있는 것이다. 영가 대사의 뜻이 참으로 오묘하다 하겠다.

1 모든 상념(想念)을 멈추고 생각을 끊어서 마음이 적정한 상태를 지(止)라고 하고, 지혜로 객관의 대경(對境)을 관조(觀照)하는 것을 관(觀)이라 한다.

2 영가현각(永嘉玄覺: 665~713) 대사를 말함. 당나라 때 스님. 어려서 출가하여 두루 삼장(三藏)을 탐구하였으나, 특히 천태지관(天台止觀)의 법문에 정통하였다. 좌계현랑(左谿玄朗)의 권유로 조계 6조 혜능(慧能)을 뵙고 문답하여 바로 인가를 받았다. 시호는 무상(無相) 대사이다.

3 원래는 대혜종고[妙喜]가 굉지파(宏智派)의 좌선을 비난한 묵조정좌(默照靜坐)의 뜻을 가진 말이지만, 후에는 조동종 사람들이 자파(自派) 좌선의 특징을 보이는 말로 사용하였다. 굉지정각(宏智正覺)이 주장한 좌선은 일체의 사량분별을 끊고 묵묵히 좌선함으로써, 심성(心性) 그 자체에 계합하여 영묘한 작용을 갖춘다고 한다.

도道의 근원

어떤 이가 물었다.

"『도덕경』에서 말하기를 '내가 그 이름을 알지 못하므로 우선 문자로 표현하여 도(道)라고 한다' 했습니다. 이처럼 '도'라는 말은 노자(老子)에게서 비롯되어 만대에 이것을 따르고 있습니다. 불경에서 말하는 '도'라는 것도 여기서 벗어나지 못하는 것이 아니겠습니까?"

내가 이렇게 말하였다.

"『주역』에 기록된 것으로는 '이(履)의 도는 탄탄(坦坦)하다' 하고, 『서경(書經)』에서는 '반드시 도에서 구한다' 하며, 『시경(詩經)』에서는 '주(周)의 도는 숫돌과 같이 평탄하다' 하였다. 이처럼 『도덕경』이 있기 전에 '도'라는 이름이 이미 있었다.

더욱이 저기서 말하는 소위 '도'라는 것은 곧 자연을 본받은 것이다. 만약 공무(空無)한 데서 근원하여 자연히 도가 났다면 이것은 청량 국사가 판단한 무인(無因)이요, 자연에서 근본하여 도가 났다면 청량이 판단한 사인(邪因)이다. 무인과 사인은 모두 사견(邪見)일 뿐, 불교에서 말하는 '도'는 아니다.

불교의 도는 만법이 자심(自心)에서 비롯한 것이어서, 자연이 아니고 자연 아닌 것도 아니다.

경에서 말한 '아뇩다라삼먁삼보리'는 위없는 정각(正覺) 대도(大道)로서, 자연도 옳지 않거든 더욱이 자연을 본받은 것이랴!"

요즘은 보살이 나타나지 않는다

생각해 보면 참으로 기이한 일이다. 요즘 업을 짓는 자는 많으나 도를 믿는 자는 적다. 보살이 중생을 모두 다 제도하지는 않았을 것인데, 어찌하여 몸을 나타내어 수많은 중생을 교화하시지 않을까?

예컨대 오래전에 불법이 동쪽으로 전해 와서 한·위(漢魏)로부터 송·원(宋元)에 이르기까지는 선지식이 마치 물고기 비늘처럼 배출되어 서로 계승하였고, 원나라 말과 명나라 초까지만 해도 그런 대로 한두 사람 보이더니, 근래에는 어찌하여 전혀 그 이름을 들을 수 없을까?

지장보살은 중생을 모두 제도하겠다는 서원을 세웠고, 관세음보살은 어느 곳에나 몸을 나타내지 않는 곳이 없다고 했다. 그런데 어찌 차마 제도하지 않은 수많은 중생을 버릴 수가 있으며, 또한 몸을 나타내지 않는 곳이 있을까?

오랫동안 곰곰이 생각해 보니, 보살은 인연을 따라 중생을 제도하시니 중생이 인연이 없으면 능히 제도하지 못하는 것임을 알 수 있었다.

비유하면 달은 하늘에 떠 있으며 본래 물을 꺼려하는 마음이 없으나, 물이 맑지 않으면 달은 나타나지 않는 것과 같은 이치일 것이다.

더욱이 오늘날은 말법(末法)이 점점 깊어지고 마음의 때도 더욱 두터워졌다. 그래서 보살이 때때로 중생을 제도하고 있으나 중생이 제도 받을 터전을 마련하지 못한 것이다. 이것은 흐린 물에서 밝은 달을 찾으려는 격일 것이다.

어찌 가능한 일이겠는가!

여래도 살생하는 업은 구원하지 못한다

또한 요즘 중생이 짓는 업 가운데 유독 살생하는 업이 더욱 심하여, 온 세상은 말할 것도 없고 이 조그만 마을에만 해도 하루 동안에 죽임을 당하는 소 · 양 · 개 · 돼지 · 거위 · 오리 · 물고기 · 자라 등 생명이 걸핏하면 천만을 넘으니, 그 밖에 미세한 것이야 어찌 이루 다 헤아릴 수 있겠는가?

봄 · 가을 두 때에 천지에 제사하거나 귀신에게 제사하며, 조상들께 올리거나 옛 성현들께 공덕에 보답하느라 사용되는 희생들이 얼마나 될 것인가? 그런데도 천지도 불쌍하게 여기지 않고 귀신도 가엽게 생각하지 않으며, 조상들도 못 본 체하고 성현들도 그만두게 하지 않는다.

심지어 여래는 어지심이 천지를 덮고 자비로 귀신을 섭수하시며 은혜는 조상을 뛰어넘고 덕은 모든 성현들보다 높으시면서, 어찌 잠깐 신통을 보여 저들로 하여금 지금 당장 악보(惡報)를 받게 하거나 또는 그들이 도로 이러한 고통을 받게 하지 않으실까? 그렇게 하시면 어느 누구라도 놀라고 두려워 잘못을 후회하고 고치려 하지 않겠는가? 그런데도 냉담하게 못 본 체하는 것은 무슨 까닭일까?

오랫동안 곰곰이 생각해 보니 이렇다. 지금의 소 · 양 따위는 전생에 살생업을 지었던 자들이므로 지금 축생보(畜生報)를 받은 것이요, 저 전다라(旃陀羅: 도살자, 옥졸)는 전생에 죽임을 당했던 자들이므로 생을 바꾸어 지금은 죽이는 몸이 된 것이다.

인연을 만나면 비로소 본성이 드러나니, 정업(定業)이 그렇게 하는 것이라 아무도 이를 구제할 자가 없다. 그 업이 다한 후에야 비로소 과보도 끝나는 것이니, 비록 하늘 중의 하늘이시고 성인 중의 성인이신 부처님께서도 능히 어떻게 할 수 없는 것임을 알 수 있었다.

더군다나 숙세의 과보는 겨우 소멸했지만, 새로운 죄를 다시 지어 인과가 순환하여 끝날 때를 알 수 없음이랴.

그러니 지난 일은 상관치 말고 앞으로의 일을 좇아간다면, 지금 살생하는 원인이 끊어져서 이후의 살생하는 과보도 없을 것이다.

여래의 가르침이 태양과 같이 밝아 모든 중생을 위해 살생하는 업을 구원하셨으니, 지극하지 않은가?

고인의 글을 더하거나 줄이다

벗의 집에서 야사(野史) 한 질과 선배들이 세상을 깨우친 내용의 시게(詩偈)들을 보다, 옛 글에서 더하거나 뺀 것이 허다한 것을 우연히 발견하였다. 이로 인해 곰곰이 생각해 보았다.

고금의 저술 중에서 유교의 것으로는 육경(六經)·논어·맹자 따위와 불교의 전적으로는 부처님이나 보살의 경이나 논 그리고 이름이 잘 알려진 큰스님들의 것은 누가 감히 함부로 고치지 못하지만, 그 밖의 것은 거의 마음대로 더하거나 뺐던 것이다.

선법(善法)을 널리 전해 중생을 이롭게 하는 점에서 보면 실로 아름다운 의도에서 출발한 것이지만, 다른 사람에게 맡겨 바로잡게 하여 이렇게 된 것이다.

바라건대 몸소 스스로 주장하라! 만약 간절하고 신중한 마음으로 그렇게 한다면, 반드시 동조하여 칭찬하는 자가 있을 것이다.

독사의 비유

부처님이 길을 가시다가 땅에 떨어진 돈주머니를 발견하고는, 이를 가리키며 "독사다! 독사야!" 하고는 곧장 가 버리셨다.

어떤 농부가 이를 보고 호미로 두들겨 보니 누군가 잃어버린 돈주머니였다. 이것을 주워 가지고 돌아와 수만금의 돈을 얻어 뜻밖의 횡재를 기뻐하였다. 얼마 후에 이 소문이 왕에게 알려졌다. 영수관(令輸官: 돈을 운반하는 책임을 맡은 관리)을 크게 꾸짖고, 이 농부가 많은 것을 감추고 조금만 도로 내놓았다 하여 심하게 문초했다. 결국 농부는 그의 재산을 모두 바치고서야 풀려났다.

나중에 부처님을 뵙고 울며 원망하기를 "구담(瞿曇: 석가모니의 성)께서 나를 속였습니다! 구담이 나를 망쳤습니다!" 하니, 부처님이 "전에 너에게 독사라고 하지 않았더냐? 이것이 독사가 아니고 무엇이냐?" 하였다.

슬프다. 요즘은 독사한테 물린 자가 많은데, 물리고도 뉘우침 없이 다시 물리는 자가 허다하다. 어찌 유독 이 농부 한 사람뿐이겠는가!

육식 1

『능가경』을 공부하는 어떤 스님이 우연히 승속이 함께 모이는 장소에 참석하게 되었다. 한 거사는 유자(儒者)이면서도 고기를 끊고 채식하며 반열에 섞여 유유히 담소하고 있었으나, 이 능가승은 담소할 줄도 모를 뿐 아니라 덩달아 어울려 권하는 대로 얼떨결에 한 번 젓가락을 들었다 한다.

아! 이 스님이 훗날 『능가경』을 읽다가 부처님이 "어떤 경우에도 고기를 먹어서는 안 된다." 하신 말씀을 보면 어떤 표정이 될지 알 수 없구나!

육식 2

세상 사람들은 친구나 친척들 중에 고기를 끊고 채식만 하는 자를 보면, 놀라며 '기이하다'고 생각하거나 비웃으며 '어리석다'고 말한다.

사람이나 축생은 다 같이 고깃덩어리일 뿐이다. 고기로 된 사람이 고기로 된 짐승을 먹지 않는 것은 천리로 보나 인정으로 보나 너무나 당연한 이치인데, 무엇이 기이한 일이기에 도리어 어리석다 하는가?

아! 중생의 어리석음이 매우 크구나.

조계曹溪는 생각을 끊지 않는다

어떤 자가, 육조(六祖)의 게(偈)를 외웠다.

혜능(惠能: 六祖)은 재주가 없어서
온갖 생각들을 끊지 않는다.
경계를 대하여 마음이 자주 일어나니
보리가 어떻게 자라겠는가?
惠能沒技倆
不斷百思想
對境心數起
菩提什麽長

그러고는 의기양양하게 스스로 뜻을 얻었다 하면서, 몸과 마음을 방탕하게 하며 모든 일에 걸림 없이 굴었다.

그 자리에 있던 한 거사가 이 자를 꾸짖으며 말하였다.

"대사의 이 게송은 와륜(臥輪)[1] 선사에게 약을 써서 생각[思想]의 병을 끊게 한 것이오. 그대는 이런 병이 없으면서 함부로 이 약을 먹었으니, 이 약이 도리어 병이 될 것이오."

멋지다, 이 말씀이여!

이제 다시 비유로 말하리라. 육조의 '온갖 생각을 끊지 않는다' 한 것은 밝은 거울이 온갖 모양을 거부하지 않는 것을 뜻한다. 반면에 세상 사람들의 '온갖 생각을 끊지 않는다'는 것은 흰 비단이 온갖 채색을 받아들이는 것과 같다. 육조의 '경계를 대함에 마음이 자주 일어난다' 한 것은 빈 골짜기가 소리를 만나면 메아리가 일어나는 것을 뜻한다. 반면에 세상 사람들의 '경계를 대함에 마음이 자주 일어난다' 한 것은 고목이 불을 만나면 연기가 일어나는 것과 같다 할 것이다.

자신을 헤아려 보지 않고 스스로 옛 성인에 부합하려는 자는 조용한 곳에서 한번 깊이 생각해 볼 일이다.

1 생몰연대 미상. 당초(唐初) 스님. 『와륜선사간심법(臥輪禪師看心法)』, 『와륜선사게(臥輪禪師偈)』 등의 저술이 있다. 정토 계통의 선사. 그의 관심법은 6조 혜능에게 비판받았다.
와륜 선사 게는 다음과 같다.

> 와륜은 기량이 있어서
> 온갖 생각을 끊을 수 있다.
> 경계를 대함에 마음이 일어나지 않으니
> 보리가 날마다 자란다.
> 臥輪有技倆
> 能斷百思量
> 對境心不起
> 菩提日月長

네 가지 아는 것

양백기(楊伯起)[1]가 "하늘이 알고, 땅이 알고, 다른 사람이 알고, 내가 안다." 하였다. 이를 비난하는 자가 "남이 알고 내가 아는 것은 두 가지 아는 것이라 할 수 있으나, 하늘과 땅은 두 가지 아는 것이 아니다." 하였다.

나도 소시에는 역시 그렇게 생각하였다. 나중에 『불매의경(佛罵意經)』을 보니 또한 네 가지 아는 것의 이야기가 있었다. "천신(天神)이 알고, 지신(地神)이 알며, 네 마음이 알고, 내 마음이 안다." 한 것이다.

『화엄경』「세주품(世主品)」에도 하늘을 주관하는 신, 땅을 주관하는 신, 낮을 주관하는 신, 밤을 주관하는 신, 산을 주관하는 신, 바다를 주관하는 신 등이 있으니, 백기의 말이 틀리지 않았다.

그러므로 선현의 말은 함부로 비판할 일이 아님을 알 수 있었다.

1 양진(楊震)의 자. 후한(後漢) 홍농 화음 사람. 학식이 높고 제자가 많아 당시 사람들이 관서(關西)의 공자(孔子)라고 하였다. 성정이 충직하여, 태위로 있을 때 황제의 유모 왕성(王聖)과 환관 번풍(樊豊) 등의 탐욕 방자함을 탄핵하고 힘써 간하다가, 참소를 당하여 관직을 파면하고 스스로 독을 마시고 죽었다. 무재로 추천한 형주 왕밀(王密)이 창읍령(昌邑令)이 되어 밤중에 황금 열 근을 남몰래 주려고 하자, 천지(天知)·신지(神知)·아지(我知)·자지(子知)의 사지(四知)라는 말로 거절한 고사가 있다.

사대四大와 오행五行

오행(五行)은 세상에서 하는 말로서 계절로는 춘·하·추·동과 중기(中氣)요, 방위로는 동·서·남·북과 중방(中方)이다. 하늘의 날줄이요 땅의 씨줄이며 자연의 이치이고 또한 필연적인 형세이다.

그러나 불경(佛經)에서는 오행을 말하지 않고 사대(四大)를 말했다. 이것에 대해 설명하는 자가 "지(地)·수(水)·화(火)는 오행 중 토(土)·수(水)·화(火)에 포함되고, 금(金)은 지(地)에 포함되며, 목(木)은 풍(風)에 속한다. 이렇게 네 가지일지라도 다섯 아님이 없다." 하였다.

이 이론도 옳기는 하지만 미진한 점이 없지 않다. 우주의 안만을 말하면 오행을 나열하는 것만으로도 충분하지만, 우주 밖까지 통론하여 성·주·괴·공(成住壞空)[1]의 극치를 요약한다면 사대라야 완전하다.

그러나 이것도 오히려 미진하다. 이 밖에 공(空)·식(識)·염(念)[2]을 더하여 칠대(七大)가 되니, 이것은 무엇을 말하였는가?

지(地)의 성질은 가장 단단하고, 수(水)의 성질은 단단하지 않고 흘러내리며, 화(火)의 성질은 전혀 만질 수 없고, 풍(風)은 기운만 있을 뿐 형체는 없으며, 공(空)은 기운마저 없어지고, 그런 후에 식(識)에 돌아가서, 염(念)에서 발동하는 것이니, 거친 데서부터 미세한 데까지 이르러 이렇

1 우주의 생멸변화를 차례대로 말한 것. 성겁(成劫)은 우주가 이루어지는 것, 주겁(住劫)은 우주가 편안히 머무는 때이며, 괴겁(壞劫)은 우주가 무너지는 시기, 공겁(空劫)은 우주가 무너져 한 물건도 없으므로 공겁이라고 한다.

2 일반적으로 사대에다 공(空: 공간)·견(見: 六根)·식(識: 六識)을 합하여 칠대라고 하나, 여기서는 공(空)·식(識)·염(念)이라고 하였다.

게 칠대(七大)를 통틀어 말해야 비로소 완전하다.

저 오행은 지·수·화·풍이 흩어져 퍼진 것이면서 천(天)·지(地)·인(人)을 이루는 데 불과하니, 오행은 좁고 사대는 넓다 할 것이다.

세계

어렸을 때 일을 기억해 보니, 여러 친구들과 어울려 이런 질문들을 하며 놀았던 일이 있었다.

"하늘과 땅이 다한 곳은 어떤 모양일까? 텅 비어 허공과 같을까? 그렇다면 그 허공은 어디에 붙어 있을까? 단단하여 담벼락과 같을까? 그렇다면 이 단단한 것은 또 어디에 붙어 있을까?"

그러나 아무도 이에 대답하지 못하고 그냥 웃으며 헤어졌으나, 나는 이러한 의문이 늘 가슴속에 남아 있었다.

『산해경』[1]에 "동서의 거리는 2억 리요, 남북의 거리는 1억5만 리다." 하였다. 하지만 이것은 겨우 한쪽만을 두고 말한 것이니, 실로 대통 구멍을 통하여 사물을 보는 좁은 소견이라 할 것이다.

후에 내전(內典: 불경)에 "허공은 끝이 없고 세계도 끝이 없다." 한 것을 보고 비로소 마음에 크게 깨달았으니, 부처님이 아니고서는 아무도 능히 말할 수 없는 일이었다.

아! 이것은 쉽게 말할 것이 아니구나!

1 중국 고대 지리서. 저자 미상. 전국시대에 만들어져 전한(前漢) 시대에 첨삭한 것으로 여겨진다. 내용은 주로 민간 전설 가운데 지리에 관한 것에 산천·도로·마을·부족·산물·초목·금수·제사·의술·무술(巫術)·풍속 등이 포함되어 있다. 매우 기이한 기록들이 많다.

연겁年劫

세계를 인하여 연겁을 따져 본다. 지금부터 옛날을 추궁해 가면 옛날은 언제 시작되었을까? 또한 지금부터 미래를 규명해 가면 미래란 언제 끝나는 것일까?

저 『태극도(太極圖)』[1]에는 "태극에서 양의(兩儀: 음·양)가 벌어지고 다시 오행이 벌어져서 만물이 생겼다." 했으니 태극이 시초인 셈이요, 『경세서(經世書)』에서는 일원(一元)의 수를 묶어 12만9천6백 년을 포괄했으니 그렇다면 원(元)의 시초가 시작인 셈이다.

그러나 태극은 또 언제 시작되었으며, 원의 시초는 또 언제 시작되었을까? 설령 여기서 말한 햇수와 같이 차례가 있다 하더라도 이러한 햇수 이전에도 지나간 해가 있었을 것이다. 지나가고 더 지나가면 과연 어떤 것이 최초의 본원이며, 또한 어느 때가 필경 다한 곳이어서 다시 시작이 없는 영원한 종말이 될까?

생각하면 아득하여 마치 술에 취한 것 같았다.

그러다 후에 내전에서 부처님께서 "시작이 없다." 하시고, 또 "겁수(劫數)는 끝이 없다." 한 것을 보고 마음에 크게 깨달았으니, 부처님이 아니고서는 능히 말할 수 없는 일이었다. 아! 이것도 쉽게 말할 것이 아니구나!

1 송나라 주돈이(周敦頤)가 우주 만물의 생성 이치를 제시한 도형. 『태극도설(太極圖說)』.

도를 배우는 데는 지혜보다 중요한 것이 없다

한신(韓信)은 초나라 사람이었으나 초를 버리고 한나라로 갔고, 초는 마침내 한신으로 인하여 망하게 되고 한나라는 한신으로 인하여 흥하게 되었다. 이렇게 앞뒤로 다 같은 한신인데 두 나라가 흥하고 망하게 된 것은 무엇 때문인가? 잘 쓰고 잘못 썼기 때문이다.

육근(六根)도 마찬가지다. 잘못 쓰면 육적(六賊)이요, 잘 쓰면 갖가지 신통묘용이다. 번뇌가 바로 보리임을 어찌 믿지 않겠는가?

한고조(漢高祖)는 한신을 일개 평범한 장정 정도로 대우했다. 하지만 소상국(蕭相國: 소하)은 비범한 인물임을 알아보았으며, 나중에 가왕(假王)을 청하자 허락지 않아 일을 거의 그르칠 뻔하더니 유후(留侯: 장량)가 이를 잘 마무리하였다.

그렇다면 임금의 부족하고 잘못된 점을 보충하고 바로잡아 묵묵히 돌이키고 가만히 새롭게 하는 자는 지혜로운 신하의 힘이다. 도를 배우는 데는 지혜보다 더 중요한 것이 없는 것도 이와 같다 할 것이다.

죄를 풀어 주고 사면하다

도량 가운데서 죄를 풀어 주고 사면하는 의식이 승가나 도가에서 간혹 행해지고 있다.

도가는 천제(天帝)를 숭상하니, 이렇게 사면하는 의식은 어떤 자가 도리천궁으로부터 인간 세상에 받아 내려오는지 알지 못하겠다. 요즘 우사(羽士: 도사)들이 스스로 이런 짓을 행하고 있으나 아마 성인의 뜻을 잘못 전한 것이 아닌가 싶다.

승가는 부처님을 섬기는데, 부처님은 상적광토(常寂光土)에 계신 분이시다. 그런데 필경 어떤 국토에서 왕 노릇 하시며, 어떤 성읍에 도읍하시며, 어떤 신하와 백성을 거느리시며, 조칙과 제고(制誥: 조칙을 起草하는 일)는 어떤 신하에게 내리시기에 저 도사들을 본받아 이렇게 사면하는 글을 지었는가? 참으로 크게 웃지 않을 수 없다.

요즘은 스님들도 그 잘못을 깨닫는 이가 없고 재가(齋家)에서도 역시 그 잘못을 깨우쳐 주는 이가 없으니, 이것은 무엇 때문일까? 굳이 말한다면 그 이유는 한 가지다. 하늘에 주청(奏請)하여 그 죄를 사해 줄 것을 빌면, 용서하기도 하고 거절하기도 하는 것은 오직 천주(天主)일 따름이라고 생각해서일 것이다.

그러나 부처님 경우에는 마치 허공과 같이 자비로 널리 덮어 주시어 한 중생도 제도하지 않는 이가 없으시니, 어찌 죄를 용서하는 일이 있겠는가?

수륙의문水陸儀文

수륙재는 중생을 널리 건지기 위한 거룩한 의식이다.

그 중에 『금산의문(金山儀文)』[1]은, 전하는 말로 예전에 대장경 가운데서 이 의식문이 광명을 놓았다고 하지만, 지금 유행하는 장경 속에는 이런 글이 없다. 세월이 오래되어 자세히 고증할 수는 없으나, 아마 양무황(梁武皇: 양무제) 때 우 율사(祐 律師)[2]에게서 나온 것이 아닌가 한다.

그러나 앞뒤 조리가 있어서 상세하면서도 법답고, 범부와 성인이 섞여 있어서 간단하면서 모든 것을 포함하여 문장과 이치가 함께 갖춰진

1 수륙재는 수륙의 중생에게 공양하여 그들을 제도하려는 법회이다. 양무제 소연(蘇衍)이 꿈에 신승(神僧)이 수륙재를 베풀어 육도사생(六度四生)의 많은 중생을 널리 제도할 것을 가르쳐 준 꿈을 꾸고, 무제가 여러 경론을 열람하여 의식문을 지어 양 천감(天監) 4년[505] 2월에 금산사에서 처음으로 법회를 열었다고 하나, 이 의식문은 없어지고 재회(齋會)마저도 끊겨 열리지 못하였다. 그 후 여러 가지 의식문이 있었으나, 남송(南宋)의 지반(志磐) 선사가 『수재의궤(修齋儀軌)』 6권을 지어 수륙의식을 크게 고쳐시켰다.

2 승우(僧祐: 445~518) 율사를 말한다. 남조 양나라 때 스님으로 하비(下邳) 사람이다. 어려서 출가하여 정림사 법헌(法獻)에게서 구족계를 받고 법영(法穎)에게서 율부를 깊이 배웠다. 얼마 후에 경릉왕(竟陵王: 무제의 아들)의 청에 의해 계율을 개강하니 청중이 항상 칠팔백 명은 되었다. 영명(永明: 483~493) 중에 칙명을 받들어 오(吳)에 들어가서 오중(五衆)을 시험하여 가리고 아울러 십송율(十誦律)을 강하고 또한 계를 설하는 방법을 설하였다. 양무제가 그를 깊이 신임하여 승사(僧事)에 대해 의심되는 일이 있으면 모두 스님에게 물어 결정하였다. 양 천감 17년(518)에 죽었다. 스님은 십송율로 종지를 삼은 『십송율의기(十誦律義記)』 10권, 역경의 본말과 역경자의 전기 등 자료를 모은 『출삼장기집』, 불교가 중국의 고유사상에 상대하여 쟁론한 것과 그 밖의 문서를 모은 『홍명집』을 지었다. 다른 저서로는 『석가보(釋迦譜)』, 『세계기(世界記)』, 『보살선계지지이경기(菩薩善戒地持二經記)』, 『대집허공장무진의경기(大集虛空藏無盡意經記)』, 『현우경기(賢愚經記)』 등이 있다.

것으로는 사명지반(四明志磐)[3] 선사가 모은 『수륙의궤』 6권의 글이 가장 완벽하다고 생각된다.

더욱이 금산의 것은 비용이 많이 들어 실행하기에 어려우나, 사명의 것은 재물을 적게 들이고도 의식을 쉽게 치를 수가 있어서 유통하기에 부족함이 없다.

그런데 온 세상에서 이를 실행하는 곳이 없고, 절강의 여러 지방에서도 이를 실행하는 곳이 없는데, 오직 이곳[사명산: 절강성 영파시 남서쪽에 있음]에서만 겨우 행해지고 있는 실정이다.

그리고 직접 원본을 살펴보지는 못했으나, 간혹 불필요한 내용이 섞여 있고 도리어 중요한 곳은 소홀히 된 듯하여 이 점이 애석하였다.

다만 제5권 설법개도(說法開導: 법을 설하여 깨우쳐 이끎)에서는 자세히 삼관(三觀)[4]의 뜻을 밝혀서 지나치게 번거롭고 세밀한 감이 있는 것 같으나, 간편하고 알기 쉬워서 저승이나 이승, 어리석은 자나 지혜로운 이가 동시에 이익 되기에 충분하다. 아름답고 훌륭한 내용이었다.

3 지반(志磐)은 남송 때 스님. 생몰연대 미상. 호는 대석(大石). 사명(四明) 복천사(福泉寺)에 살았다. 평생 천태교관(天台教觀)을 배우고 전하는 일에 일생을 바쳤다. 천태교에 관한 많은 저술이 있고, 겸하여 선과 율에도 정통하였다.

4 세 가지 관법. 천태종의 중요한 교의. 일체 존재에 대하여 3종의 방면에서 관찰하는 것. 공관(空觀)·가관(假觀)·중관(中觀)을 말한다. 자세한 설명은 생략한다.

스님의 허물을 보다

흔히 "스님의 허물을 보아서는 안 된다. 스님의 허물을 보면 죄를 받는다."고 한다. 그러나 공자는 성인이었으나 남이 자신의 허물을 알고 지적해 주는 것을 다행으로 여겼으며, 계로(季路: 자로)는 현자였으나 자기의 허물 듣기를 기뻐했다. 그런데 어찌 스님이 되고서 남이 자신의 허물을 아는 것을 꺼려하여 듣고자 하지 않겠는가?

'스님의 허물을 보아서는 안 된다' 한 것은 신도들을 위해 한 말이지, 스님들을 위해 한 말은 아니다.

만약 스님들이 이런 말을 핑계하여 마음 내키는 대로 행동하며 전혀 거리낌 없이 군다면, 이 말은 신도들에게는 좋은 약이 될지언정 스님들에게는 독약이 될 것이다. 슬프다.

마음은 안에 있지 않다

『능엄경』「징심장(徵心章)」에서 "마음은 안에 있지 않다." 한 것은 진심(眞心)을 가리켰으니, 망상심(妄想心)인 경우라면 안에 있다고 할 수도 있다.

이 뜻은 매우 미묘하여 어리석은 자들에게는 쉽게 말할 수 없다.

세속 글에서는 "마음은 정신에 감추어져 있다." 하였는데, '정신'이란 망상의 별명이니, 여기서 '마음'이란 육단심(肉團心)[1]을 말했을 뿐이다.

교리나 배우는 무리들은 나의 이런 말을 듣고 머리를 내저으며 믿으려 하지 않는다. 이제 사실을 들어 이를 밝혀보겠다.

사람이 깊은 잠이 들었을 때 장난으로 어떤 물건을 가슴 위에 얹어두거나, 실수로 제 손으로 가슴을 감싸면 잠꼬대를 하거나 가위에 눌리는 수가 있다. 또한 장난으로 잠자는 사람의 얼굴에 그림을 그리면 가위에 눌려 죽는 경우도 있다. 이것이 안에 있다는 좋은 증거가 된다.

이에 교리나 배우는 무리가 "그렇다면 진과 망이 두 가지가 됩니다." 하였다.

"그대는 한갓 진과 망이 둘이 아닌 줄만 알았지, 진과 망이 하나이면서 늘 둘이며 둘이면서 항상 하나인 줄은 알지 못했다. 물과 얼음을 보라. 물과 얼음이 둘이 아니라는 것은 누군들 모르랴만, 물이 얼음이 되고

1 범부의 오장 가운데 심장이다. 곧 의근(意根)이 의탁하는 곳이니 여덟 장의 살로 된 이파리로 이루어졌다. 『유가론기』 제1권 상에 "아뢰야식이 처음 수생(受生)할 때 그것이 의탁하는 곳이 육단심이다. 만약 식이 육단심을 버리면 사람의 몸은 죽고 만다." 하였다. 밀종(密宗)에서는 이 육단심으로 인하여 여덟 이파리의 연꽃를 관찰하여 비로자나의 몸을 이룬다. 그러므로 육단심을 가지고 중생의 자성 진실심을 안다.

나면 물은 유동하여 일정한 장소가 없으나 얼음은 응고하여 고정한 장소가 있다. 이와 같이 진은 방위나 장소가 없으나 망은 방위나 장소가 있다. 진으로부터 망이 생기고 망 밖에 진이 없는 것이 물로 말미암아 얼음이 되고 얼음 밖에 물이 없는 것과 같다. 그러므로 본체는 하나이지만 작용은 늘 둘인 것이다."

"스님의 이런 말씀은 억견입니다. 결코 『능엄경』의 뜻과 다릅니다. 증거가 있다면 그럴지도 모르겠습니다만…."

"증거가 있다. 바로 『능엄경』에 있으나 그대가 자세히 보지 못했을 뿐이다. 경에 '한번 미혹하여 마음이라 하고는, 깊이 미혹하여 색신 안에 있다 한다. 비록 색신 안에 있지만 그 본체는 시방(十方)에 두루하여 방애되지 않고, 바로 시방에 두루할 때 몸 안에 있는 것에도 방애되지 않는다.' 하였다.

이 뜻은 망상을 모두 타파한 자만이 증득할 수 있을 것이다. 그대와 나는 아직 망상 속에 있으니, 갈등은 우선 그만두는 것이 좋지 않겠는가?"

생사의 근본

황노직(黃魯直)[1] 거사가 말하였다.

"선열(禪悅)을 깊이 추구하여 생사 근본을 타파하면, 근심하고 두렵고 음탕하고 성내는 마음이 발붙일 곳 없다. 뿌리가 말라 죽으면 지엽은 저절로 마른다."

옳은 말이다. 다만 '생사 근본'이란 어떤 것인지를 분명히 말하지는 않았다.

또 '선열'이라는 말 아래에 '타파'라고 한 말이 가장 중요하다. 선열을 얻는 것만을 만족하게 여기면 안으로 고요[幽閒]만을 지키고 있을 것이니, 이것이 바로 생사 근본인 것이다.

몸소 참구하고 힘써 추구하여 환하게 자기의 본성을 보면 생사가 발붙일 곳이 없다. 생사도 발붙일 곳이 없다면 근심과 두려움과 음탕함과 노함이 어디서 일어나겠는가?

1 황정견(黃庭堅: 1045~1105) 거사를 말함. 자는 노직(魯直), 호는 산곡(山谷)이다. 송나라 때 시인이자 서예가. 불교를 깊이 믿어 거사로서 황용조심(黃龍祖心) 선사의 법을 이었다. 만년에는 부빈(涪濱)에다 정사를 짓고 정토를 수행하였다.

제나라 사람

자여씨(子輿氏: 맹자)가 '제나라 사람'[1]이라는 비유를 말한 적이 있는데, 분명한 것이 한 폭의 그림 같기도 하고 무대 위의 연극 같기도 하다.

그 모사(模寫)나 형용이 모든 추태를 표현했으니, 이 글을 읽고도 두려워하며 뉘우치고 깨닫지 못하는 자는 실로 목석과 같다 할 것이다.

그러나 명리는 참으로 세상 사람들의 일반적인 인정이라 꼭 누구를 깊이 책망할 수는 없지만, 머리 깎고 먹물 옷을 입고서 '제나라 사람' 같은 자가 있으니 이를 어떻게 이해하면 좋을지 나는 알지 못하겠다. 아! 슬프다.

1 『맹자』 '제인유일처일첩장(齊人有一妻一妾章)'에 나오는 이야기.
"제나라 사람으로 아내 하나와 첩 하나를 두고 사는 자가 있었다. 이 사람이 외출하면 반드시 술과 고기를 물리도록 먹고 돌아오곤 하였다. 그의 아내가 함께 먹고 마신 자를 물으면 모두 돈 많고 벼슬 높은 사람들이라고 하였다.
그의 아내가 그의 첩에게 '주인이 외출하면 반드시 술과 고기를 물리도록 먹고 돌아오면서 함께 먹고 마신 사람을 물으면 다 돈 많고 벼슬 높은 사람들이라고 하였으나, 여태껏 이름난 사람이 우리 집에 온 적이 없었으니 나는 주인이 가는 곳을 몰래 알아보려네' 하고는, 일찌감치 일어나 몰래 남편 가는 곳을 따라갔는데, 온 나라를 다 가도 같이 서서 이야기하는 사람이 없었다. 마침내 동쪽 성 밖의 무덤에서 제사 지내는 사람에게로 가더니 먹고 남은 것을 구걸하고 모자라면 또 다른 곳으로 가곤 하였다. 이것이 그가 물리도록 먹고 마시는 방법이었다.
아내가 돌아와 첩에게 '주인이란 우러러보며 평생을 살 사람인데 지금 그는 이 꼴일세!' 하고, 첩과 함께 남편을 나무라며 마당 가운데서 서로 울었다. 이런 줄도 모르고 남편은 밖에서 돌아와 여전히 으스대면서 아내와 첩에게 뽐내었다.
군자의 눈으로 볼 때는 세상 사람들이 부귀와 명예를 찾아다니는 방법치고 그들의 아내와 첩이 부끄러워하지 않고, 그리고 서로 붙들고 울지 않을 만한 경우가 극히 드물다."
-〈차주환 역〉을 인용함.

지성은 사람을 감동시킨다

양호(羊祜)[1]가 적장인 육항(陸抗)에게 약을 보냈다. 여러 장수들이 모두 꺼렸으나 육항은 이를 마시면서 조금도 의심하지 않으며 "어찌 사람을 죽이려는 양숙자(羊叔子)랴." 하였다. 진정한 정성과 순수한 믿음이 아니면 어찌 이렇게까지 사람을 감동시킬 수 있었겠는가? 지금 불자라고 불리는 자는 육도중생에게 이렇게 신용을 얻은 후에야 가능하다.

또 당(唐) 문황제(文皇帝: 태종)가 사형수를 놓아주면서 약속한 날짜까지 돌아오게 하니, 아무도 기한을 어기지 않고 돌아왔다. 비록 후인이 논을 지어 이 일을 반박한 적도 있었으나, 문황의 이러한 처사는 실로 천고에 드문 일이었으니, 어찌 헐뜯기만 하겠는가? 진정한 정성과 순수한 믿음이 아니면 어찌 이렇게까지 사람을 감복시킬 수 있었겠는가? 지금 불자라고 불리는 자는 육도중생을 이와 같이 의심치 않은 후에야 가능하다.

『주역』에 "중부(中孚)[2]는 돼지나 물고기한테까지 덕이 미친다." 하였다. 내가 이 두 가지 일로 살펴보니, 그런 줄을 알겠다.

1 진(晉) 태산 남성(南城) 사람. 자는 숙자(叔子). 서진(西晉)의 무제(武帝) 때 도독형주제군사(都督荊州諸軍事)로 재임하였다. 무제는 오나라를 칠 뜻을 품고 양호(羊祜)로 형주(荊州)를 도독하게 하니, 오나라는 육항(陸抗)으로 제군을 도독하게 하였다. 그러나 호는 항과 대치하면서 서로 사명(使命)을 통하는 처지였다. 항이 호에게 술을 보내자 호는 의심치 않고 마셨으며, 항이 병이 들자 호가 약을 지어 보내니 항도 이를 받아 마시며 "어찌 사람을 죽이려는 양숙자랴." 하였다.

2 중부괘(中孚卦). 마음에 믿음이 있는 괘.

선지식을 가까이하라

선덕이 말한 "죄인이 촛불을 갖고 있으면, 사람이 나쁘다고 그 불빛마저 취하려 하지 않으면 안 된다." 한 것은, 공자의 "그 사람이 나쁘다고 그 말까지 버려서는 안 된다." 한 뜻이다.

그러나 이 말을 듣고 핑계대기를 좋아하는 자가 "스승은 구태여 어진 이를 선택할 것이 아니다. 학식이나 언론을 도와줄 만한 이면 충분하다. 그가 부덕하다면 내가 어찌 무턱대고 그대로 따르겠는가?" 하면서 끝내 그를 의지하고 멀리하지 않는다. 난초는 아름다운 향기를 몸에 배게 하고 썩은 생선은 비린내에 절게 하는 줄 어찌 알지 못하는가?

『논어』에 "그 사람이 악하다 하여 그의 말까지 버려서는 안 된다."고도 했으나, "의지하는 사람이 가까이할 만한 범위를 벗어나지 않아야만 또한 존경할 만하다." 하고 말하기도 하였다. 어찌 이 두 가지 말을 합하여 생각하지 않는가?

염불은 한결같이 해야 한다

내가 예전에 대중처소에서 지낼 때 일이다. 그때 방장화상이 대중에게 말하기를 "오늘은 중원일(中元日: 음력 7월 15일)이니 반드시 우란분재를 지내야 한다." 하였다.

나는 공양을 올릴 것으로 생각했으나, 잠시 후에 보니 공양을 올리지 않고 사흘 동안 염불을 할 뿐이었다.

또 들으니, 예전에 어떤 원주가 관사(官司)에 구금당한 적이 있었다. 선당의 제일좌(第一座)가 그를 구호하기 위해 대중을 모았다. 대중은 누구나 경전을 지송하리라고 생각하였으나 역시 큰소리로 염불하게 할 뿐이었다 한다.

이 두 가지 일은 일반적인 경우에서 멀리 벗어난 일이지만, 큰스님의 계책이 있어서 그렇게 했을 것이니 참으로 본받을 만하다고 생각되었다.

염불은 한결같이 닦아야 한다.

수명을 빌기 위해서는 『약사경』을 외다가, 업장을 녹이기 위해서는 『양황참(梁皇懺)』을 읽고, 액난을 면하기 위해서는 소재주(消災呪)를 외고, 지혜를 구하기 위해서는 『관음문』을 읽으면서, 전에 하던 염불은 꽁꽁 묶어 높은 다락 속에 처박아 두고 아무 짝에도 쓸모없는 양한다.

저 부처님의 수명은 무량하신데 하물며 백년의 수명이랴. 저 부처님을 생각하면 능히 80억 겁의 생사중죄를 면할 수 있는데 더욱이 목전의 업장이나 액난이랴. 저 부처님이 말씀하시기를 "나는 지혜 광명으로 널리 무량한 세계를 비춘다." 하셨는데, 더욱이 사람들이 흔히 말하는 지혜 따위랴.

아가타약(불사약)이 만병을 다스리건만 마음의 변덕이 죽 끓듯 하여 이를 믿고 따르는 자가 없으니, 신성(神聖)의 교묘한 솜씨인들 이를 어찌하랴!

춤추고 노래하다

어떤 이가 물었다.

"'춤추고 노래하지 말고 가서 구경하거나 듣지도 마라' 한 것은 사미를 위한 율의(律儀)이지 보살도는 아닙니다. 예전에 어떤 나라의 국왕과 대신이 갖가지 음악으로 부처님께 공양하였으나 부처님께서는 이를 물리치시지 않았습니다. 이것은 무엇 때문입니까?"

여기에는 세 가지 뜻이 있다고 생각된다. 하나는 성인과 범부를 똑같이 말할 수 없고, 둘째는 삿되고 올바른 것을 똑같이 말할 수 없으며, 셋째는 자신과 남을 똑같이 말할 수 없는 것이다.

"내가 법왕이 되어 법에 자재하니, 역행과 순행은 하늘도 예측하지 못한다." 한 것은 대성인이 하는 행동이니, 범부가 이를 얼토당토않게 따라 해서는 안 되는 것이 그 첫째 이유다.

고금의 역사를 연극으로 꾸며 공연하되, 위로는 향산(香山)이나 목련(目連) 고사[1] 그리고 요 근래의 것으로는 우담화(曇華) 이야기[2] 등 출세간의 정법으로 세상 사람들을 감화시키는 공연은 좋다. 그다음으로 충신·효자·의사(義士)·정녀(貞女) 등 세간의 정법으로 세상 사람들을 감화

1 향산(香山) 고사는 미상. 목련(目連) 고사는 부처님의 제자 목련 존자가 우란분을 베풀어 지옥에 떨어진 어머니를 구제하였다는 목련구모(目連救母) 고사를 말한다.

2 명나라 도융(屠隆)이 지은 연극이다. 당나라 때 목청태(木清泰)라는 사람이 집을 떠나 도를 이룬 이야기. 청태가 집을 떠날 때 손수 우담화를 심었는데, 후에 집에 돌아와 보니 그때 마침 우담화가 한창 아름답게 피어 있었다는 줄거리로 되어 있다.

시키는 것은 구경하여도 균이 해롭다 할 수 없다. 왜냐하면 이런 것들마저 구경할 수 없다면 사서(史書)나 전기(傳記) 따위도 읽어서는 안 될 것이기 때문이다. 저것은 문자로 사실을 기록한 것이요, 이것은 사람의 연기로 사실을 표현한 것이니 그 의도는 마찬가지다.

심지어 아름다운 시절에 기뻐 소리 지르고, 창과 방패로 서로 싸우며, 음욕과 살생을 가르치고, 애욕과 비극으로 유혹하는 일 등은 비록 혼미를 풍자하여 바른 길로 이끈 것 같기도 하지만 사실은 방탕을 조장할 뿐이다. 세속인도 마땅히 경계해야 할 일인데 더욱이 스님들이겠는가? 이것이 두 번째 이유다.

우연히 자기 혼자 보게 된 경우에는 어쩔 수 없다 하더라도, 구태여 다른 사람들에게까지 보게 해서는 안 된다. 이것이 셋째 이유다.

삼가야 할 것이다.

나는 부모님이 물려주신 몸

꿈을 꾸었다. 부모님의 병환이 중한 것을 뵈오니 슬프기 그지없다. 얼마 후에 '아직은 괜찮아!' 하시니 조금은 위안이 되었다. 정성을 다해 간호해 드리려다 꿈을 깨었다. 다시 슬픈 마음 가눌 길 없다. 얼마 후에 스스로를 위안하며 '그래도 괜찮으시겠지' 하고 생각하였다.

나의 지금 이 몸은 부모님이 남겨주신 것이다. 내가 아직 살아서 부모님이 남겨주신 몸으로 힘써 좋은 일을 행하고 있으니, 이것은 우리 부모님이 돌아가시더라도 돌아가신 것이 아니다. 하물며 힘써 무생(無生)을 배움이랴!

때를 놓치고 힘써 노력하지 않으면 이것은 매우 한탄스런 일이다. 굉(宏)아! 너는 어찌 태평하게 지낼 수 있겠느냐?

골짜기에서 나온 비유 1

『시경』에서 새를 노래하기를 "깊은 골짜기에서 나와 높은 나무 위로 옮겨 앉네." 하였으니, 이것은 옳고 그름을 버리고 취하고 버리는 것을 삼가는 것을 말하였다.

옛날 덕산(德山)[1] 화상이 『청룡초(靑龍鈔)』[2]를 짓고는 처음에 생각하기를 '3지겁[無數劫]을 닦아야만 비로소 성불할 수 있는데, 남방의 귀신들은 한번 깨달으면 그만이라 한다. 내가 꼭 가서 그런 종자를 없애고 부처님의 은혜를 갚으리라.' 했다. 이때는 한 덩이 진실한 정열만이 가슴속에서 활활 불타고 있었을 뿐, 그의 소견이 그릇된 것인 줄 알지 못하였다.

이윽고 노파에게 길을 안내받아 용담(龍潭)[3] 화상을 친견한 후, 오랫동안 보물같이 소중히 여기던 것을 마치 썩은 풀 내버리듯 하였다. 이리

1 덕산선감(德山宣鑑: 782~855) 선사를 말한다. 당나라 때 스님. 20세에 출가하여 처음에는 경과 율을 공부하였다. 특히 『금강경』에 정통하여 '주금강(周金剛)'이라고 불렸다. 성이 주(周)씨였기 때문이다. 용담숭신(龍潭崇信) 선사를 만나 30여 년 동안 참학하여 그의 법을 이었다. 덕산에 머물며 분방 호쾌한 선풍을 널리 선양하였다.

2 『금강경』 청용소(靑龍疏)에 대한 주석서를 청용초(靑龍鈔)라 한다. 청용소는 어주금강반야바라밀경선연(御注金剛般若波羅密經宣演) 6권을 가리키니 지금은 2권이 남아 있다. 당나라 청용사 도인(道氤: 668~740) 법사가 현종의 조칙을 받들어 지은 금강경에 대한 주석서다.

3 용담숭신(龍潭崇信: 782~865) 선사를 말한다. 당나라 때 스님. 가업이 떡장수인 선사는 천황사(天皇寺)에 머물고 있는 천황도오(天皇道悟)에게 떡을 보냈다. 그것을 인연으로 도오에게 귀의하여 출가하였다. 수년을 참학하여 깊은 뜻을 깨닫고 예양(澧陽) 용담선원(龍潭禪院)에 머물렀다.

하여 마침내 대기(大器)를 성취하여 그 이름이 말법에 우레와 같이 진동하였던 것이다.

만약 이전의 억견을 안고 아만만 높아, 마치 가난한 사람이 연석(燕石: 연나라에서 나는 옥 비슷한 돌)을 애지중지하면서 도리어 오랑캐 장사를 비방하여 자기 보배만 못하다 한다면, 비록 백 사람의 노파나 천 사람의 용담이 있더라도 어떻게 할 수 있었겠는가!

골짜기에서 나온 비유2

세 가섭과 목건련과 여러 아라한들이 처음에는 외도를 스승으로 삼아 조그만 깨달음을 이루고서는, 이를 자부하는 마음이 대단했다.

그러나 한 번 부처님에 대한 이야기를 듣고 직접 부처님을 뵌 후에는, 갑자기 마음이 변하여 오랫동안 존경하고 숭상하던 것을 마치 기러기 털 내버리듯 하였다. 그리하여 부처님의 혜명을 이어 만세의 사표가 되었다.

만약 전에 가지고 있던 선입견을 그대로 가슴속에 품고 있었다면, 마치 병든 자가 죽을 때까지 전에 쓰던 약만을 고집하면서 비록 새로운 영약이 있더라도 머리를 내젓고 돌아보지 않는 것과 같았을 것이다. 비록 천불이 세상에 나오셨더라도 저들을 어떻게 할 수 있었겠는가!

동그란 떡으로 어린애를 속이다

내가 출가하기 전의 일이다. 한 아이가 밤늦게 탕병(湯餠: 국에 만 국수)을 달라고 보챘다. 이때는 시장 문이 이미 닫혀 일하는 사람이 어쩔 수 없이 쌀가루를 동그랗게 빚어 주었다. 그러나 아이는 울면서 돌아보지 않았다. 그의 어머니는 여간 난처해하는 것이 아니었다.

내가 곁에서 이 광경을 보고 "그건 아주 간단한 일이지요." 하며, 동그란 쌀가루를 납작하게 만들어 주었더니 아이는 손에 들고 뭐라고 옹알대며 좋아하였다.

이런 모습을 보고 모두들 "아이를 속이는 것은 이렇게 간단하구나." 하였다.

이제 생각해 보니, 요즘 사람들이 정토(淨土)를 가벼이 여기고 선종(禪宗)을 중히 여기는 것도 이와 같다. 탕병을 동그랗게 한 정토를 말하면 울며 돌아보지 않고, 동그란 쌀가루를 납작하게 한 선종으로 바꾸어 주면 좋아한다. 이것은 참으로 어린애 소견과 무엇이 다르겠는가? 슬프다.

근심과 즐거움

가난한 사람은 재산이 없는 것을 근심하며 부유한 사람의 즐거움을 부러워하나, 부유한 사람은 부유한 대로 근심이 있음을 알지 못한다.

미천한 사람은 벼슬이 없는 것을 근심하며 귀인의 즐거움을 부러워하고 있으나, 귀인도 귀인대로 근심이 있음을 알지 못한다.

가난한 사람, 미천한 사람, 부유한 사람, 귀하게 된 사람, 모두 각기 자신의 부족한 것을 근심하는 것이다.

천하를 다스리는 임금을 부러워하는 자는 임금이 세상의 온갖 즐거움을 다 누리고 살 것으로 생각하고 있으나, 임금은 임금대로 근심이 있음을 알지 못한다. 그뿐만 아니라 그의 근심은 더욱 더 막심하다는 것을 알지 못하며, 그뿐만 아니라 그는 오히려 신하나 백성의 즐거움을 부러워하고 있다는 것을 알지 못한다.

아! 모두 허망한 일이다. 오직 지혜로운 사람만이 근심도 즐거움도 없다. 그러나 근심과 즐거움이 없는 데 집착하는 것도 역시 허망한 일이다.

철저하게 크게 깨닫지 않으면 진정한 자유는 없다.

근원과 지엽

말법인(末法人)은 경전이나 논을 공부할 적에, 명상(名相)[1]이 복잡하여 이루 다 기억할 수 없는 것이나, 이치가 깊어서 쉽게 이해할 수 없는 것이나, 문구가 까다로워 해석하기 어려운 것들을 숭상하며, 해박한 것을 뽐내고 새롭고 기이한 것을 자랑한다.

그러면서 납승(衲僧)의 유일한 큰 목적[一大事因緣]은 한쪽으로 밀쳐두고 본 척도 않으니, 저 명상과 이치와 문구가 모두 이것으로부터 유출된 것임을 어찌 알겠는가!

이것은 지엽만을 좇다가 근원을 잃어버린 격으로, 영가(永嘉) 대사께서 매우 한탄한 점이다.[2]

그러므로 "근원을 얻으면 지엽은 근심할 것이 없다." 하였건만, 사람들이 이런 사실을 믿지 못하고 놓아 버리지 못할까 근심될 뿐이다.

1 귀로 들을 수 있는 것을 명(名)이라 하고, 눈으로 볼 수 있는 것을 상(相)이라 한다. 이것은 모두 허망하고 거짓된 것인데 중생이 명상에 얽매여 이것에서 헤어나지 못한다.

2 영가 대사 『증도가(證道歌)』에 "근원을 바로 끊음은 부처님이 인가하신 바니, 잎을 따고 가지를 찾음은 내 할 일 아니다[直截根源佛所印 摘葉尋枝我不能]." 하였다.

곤륜산을 생각하고 신선을 만나다

한나라 장백미(莊伯微)[1]는 매일 석양 무렵에 서북을 향하여 곤륜산을 생각하였다. 이렇게 오랫동안 끊임없이 생각하니, 결국 곤륜산의 신선을 만나 도를 얻고 법을 전해 받았다 한다.

이것은 불교의 서방일관(西方日觀)[2]과 유사하다 할 수 있다. 다만 저것은 망상에 속하여 정관(正觀)을 닦는 것이 아닌 차이가 있기는 하다.

오랫동안 망상을 쌓아 지극한 정성으로도 오히려 만나고 싶은 것을 이루었거든, 하물며 일심으로 정관하여 삼매를 성취하고서 서방에 왕생하지 못할 리가 있겠는가?

1 미상.

2 16관(觀) 가운데 하나. 지는 해를 관(觀)하는 공부 법.

『선여공제禪餘空諦』의 진위를 밝힘

오군(吳郡)에서 어떤 책을 발간했는데 이름을 『선여공제』라 하고, 아래에 '운서주굉 지음' 하고 나의 이름을 밝혔다.

이 책을 펴낸 자는 본래 책을 팔아 이익을 챙기자는 뜻이었지 결코 악심으로 한 짓은 아니었을 것이니, 굳이 변명할 필요가 없을지 모르겠다.

다만 처음 배우는 스님들이 이것을 정말 나의 저술이라고 믿고 마음대로 방탕하면 그 피해가 적지 않을 것이므로, 이에 대해 밝히지 않을 수 없다.

이 책 중에 춘하추동 사시의 아름다운 경치를 노래한 곳이 서른세 군데 있는데, 우선 한두 가지를 지적하여 그 나머지를 예하고자 한다.

한 군데에서 "고산(孤山)의 달 밝은 밤에 매화를 본다." 하고, 그 가운데 "으스름달밤에 잔을 잡고 노래하네." 하였다.

출가 사문이 이처럼 좋은 밤에 좌선을 하지 않고 술을 싣고 꽃을 감상하겠는가? 이런 짓은 시인이나 협객들이나 하는 일이다. 나는 근근이 분수를 지키며 살아가는 스님이다. 어찌 이런 대해탈의 풍취가 있겠는가? 우스운 일이다.

또 한 군데에는 "동성(東城)에서 뽕나무와 보리를 바라본다." 했으나, 나는 서남의 깊은 산속에서 살고 있으니 동쪽 성과는 매우 멀다. 더욱이 이 산의 소나무나 대나무도 구경하지 않는데 거기까지 가서 뽕나무나 보리를 구경할 리가 있겠는가? 우스운 일이다.

어떤 곳에는 "삼탑기(三塔基)에서 봄풀을 본다." 했으나, 나는 평생

삼탑기가 어디 있는지도 모른다. 우스운 일이다.

또 어떤 곳에는 "산만루(山滿樓)에서 버들을 바라본다." 하면서, 그 가운데 이 누각은 내가 직접 지은 것으로 되어 있다. 나는 여태껏 한 뼘 땅이나 한 조각 기와도 서호(西湖)에 둔 적이 없다. 무슨 인연으로 이런 유별난 업을 지었겠는가? 우스운 일이다.

어떤 곳에는 "소제(蘇堤)에서 복숭아꽃을 본다." 하였고, 그 가운데 복숭아꽃을 미인에 비유하기도 하였다. 이런 음탕한 이야기를 어찌 머리 깎고 먹물 옷 입은 몸으로 차마 말할 수 있겠는가? 나는 출가하기 전에도 이런 짓을 하지 않았다. 우스운 일이다.

또 "소제에서 버들을 본다." 하면서, 그 가운데 만약 시를 짓지 못하면 금곡주수(金谷酒數)[1]를 해야 한다는 석숭(石崇)의 고사까지 들먹였다. 나는 출가한 이후로 아직까지 사람들과 시연(詩宴)을 베푼 적이 없었다. 더욱이 술내기를 하였겠는가? 우스운 일이다.

또 "눈 오는 밤에 토란을 구우며 선(禪)을 이야기한다." 하면서, 그 가운데 함께 나눈 이야기는 모두 유치한 내용들이었으니 누가 이런 말들로 깨우침을 얻겠는가? 우스운 일이다.

모든 출가한 스님네는 내가 결코 이런 책을 저술한 적이 없었음을 믿어 주기 바라며, 기왕 스님이 되었으면 반드시 청규를 지키고 부지런히 실천할 일이지, 풍류로 방탕한 자가 고승인 줄로 잘못 알지 마라!

주굉은 삼가 아뢰노라.

1 진(晋)의 큰 부호인 석숭이 금곡에 빈객을 모으고 잔치를 베풀어 각기 시를 짓게 하여, 시를 짓지 못하면 벌주로 술 세 말을 먹게 한 고사.

갖가지 법문

임금의 군사가 오랑캐를 토벌하려면, 진을 치고 싸워 도적을 죽임으로써 전승을 거둘 수가 있다. 그런데 도적을 죽이는 데는 칼이나 큰 창을 쓰기도 하고 추나 창, 심지어 활이나 도끼, 돌 등 여러 가지 무기를 사용한다. 오직 중요한 것은 한 가지 무기를 얼마나 능숙하게 다룰 줄 아는가 하는 것이다.

이것을 도를 배우는 것에 비유할 수 있다. 무명혹장(無明惑障)은 저 도적과 같고, 갖가지 법문은 칼이나 창 따위의 무기와 같으며, 무명혹장을 파한 것은 전승을 거둔 것과 같다. 이로써 어떤 무기를 사용하는가보다 어떤 무기를 능숙하게 다루어 도적을 죽이는 일이 더 중요함을 알 수 있다. 도적을 죽이고 나면 큰일은 모두 끝나니, 이른바 여러 가지 무기는 강을 건너는 뗏목에 불과하다.

근본을 힘쓰지 않고, 칼은 사람을 죽일 수 있고 창은 죽이지 못한다고 함부로 말한다면 어찌 옳은 이치겠는가?

참선하는 자가 염불하는 자를 희롱하여 상(相)에 집착한다 하거나, 염불하는 자는 선정을 익히는 자를 공(空)에 떨어졌다고 꾸짖는 것도 이와 같다.

그러므로 경에서 "근원에 돌아가면 두 길이 없으나, 방편으로 많은 문이 있다." 하였다. 또한 선덕은 "사람이 먼 길을 갈 적에 그곳에 도착하는 것으로 목적을 삼을 일이지, 도중에 굳이 쉽고 어려움을 따질 것은 아니다." 하였다.

죽창이필

竹窓二筆

반야주般若呪

『반야심경(般若心經)』에 "반야바라밀다는 매우 신비한 주문이며, 매우 밝은 주문이며, 위없이 높은 주문이며, 등등(等等)이 없는 주문[1]이다." 하였다. 이것은 반야를 가리켜 주문이라 한 것이지 '아제아제'의 사구(四句)를 가리킨 것은 아니다. 요즘 사람들은 주문은 밀부(密部)[2]에 속하는 줄로만 알고 있으나, 『심경』은 현부(顯部)이니 현부도 또한 주문인 것이다.

이것은 주문을 공부하는 사람이 소홀히 생각하기 쉬운 점이며 살피지 못한 점이라 할 것이다.

또 '아미타불' 넉 자는 모두 범어(梵語)인데, 만약 앞의 사람이 이에

1 법장(法藏)의 『반야심경소』에 의하면, 원문의 '무등등주(無等等呪)'에 대해 등등(等等)은 단순히 강조를 나타내는 중복 동사로 '같은 것이 없는 주(呪)'라고 해석한 경우와, '무등(無等)에 등(等)한 주'라고 하는 두 가지 해석을 하였다. '같은 것이 없는 주'라는 것은 이 묘혜(妙慧: 반야)와 같은 것이 없다는 뜻이요, '무등에 등하는 주'라는 것은 무등은 무등(無等)의 지위라는 뜻으로 묘각(妙覺)을 말한다. 따라서 묘각의 과위(果位)를 얻은 자만이 이것[반야]에 제등(齊等)하다는 뜻이다.

2 밀부는 비밀불교(秘密佛敎)의 약칭이다. 일반적인 불교는 석가모니 부처님 혹은 보신의 아미타불 등을 교주로 하는 대승현교(大乘顯敎)인 데 반하여, 법신의 대일여래를 교주로 한다. 우주를 이 법신의 자재증(自在證)의 경계로 보고, 한 자 한 자의 진언다라니는 신비력이 있으며 그 삼밀(三密)의 비법은 가볍게 전수할 수 없다는 뜻에서 밀교라고 한다.

대한 주석을 붙이지 않았으면 대명준제(大明準提)[3]인 밀부와 무엇이 다르겠는가?

요즘 사람들은 대명준제만이 주문인 줄 알고 있으나, '미타'는 부처님의 명호이니 부처님 명호도 역시 주문인 것이다. 이것도 주문을 공부하는 자가 소홀히 여기는 점이며 살피지 못한 점이라 할 것이다.

3 준제는 6관음 중 하나. 준제는 '청정'이라는 뜻으로 심성의 청정을 찬탄하는 이름이다. 밀교에서는 칠구지불모(七俱胝佛母)라 하여 그 덕을 찬탄하는데, 구지는 7억으로 그 덕의 광대함을 표현하였다. 준제주(準提呪)는 '나무 사다남 삼막삼못다 구치남 다냐타 옴 자례 주례 준제 사바하 부림'이라 한다.

유동보살儒童菩薩

흔히 공자를 유동보살이라 한다.

이 말을 듣고 어떤 이가 말했다.

"부자(夫子: 공자)께서는 만대 우리 도의 종조(宗祖)이시다. 그런데 불교에서는 동자라고 부른다. 동자라는 말은 어리다는 뜻이요, 어리다는 것은 얕잡아 보고 하는 말이다. 저들이 우리 스승을 어린아이 취급을 하고 얕잡아 보았으니, 선비가 불교를 배척하는 것은 당연하다.

또 승려를 비구(比丘)라고 한다. '구(丘)'는 부자의 휘(諱)이시고 '비(比)'는 같다는 뜻이다. 승려는 부처의 제자이면서 부자와 같은 지위에 있다는 의미니, 저들이 우리 스승을 제자로 여기거든 선비가 불교를 배척하는 것은 당연한 일이다."

그것은 그렇지 않다. '동자'는 순수하여 거짓이 없다는 뜻이다. 문수보살은 칠불(七佛)의 스승이었으나 '문수사리동자'라 하고, 선재(善財)는 일생에 무상보리를 얻었으나 '선재동자'라 한다. 그리고 마흔두 가지 현성위(賢聖位)에 동진주(童眞住)[1]가 있기도 하다. 모두 덕의 극진함을 찬탄한 것이지 어린아이나 얕보는 뜻으로 한 말이 아니다.

그러므로 "대인은 어린아이의 마음을 잃지 않는 자다." 하는 말도 있는 것이다.

비구라는 말은 범어(梵語)인데, 우리말로는 '구걸하는 자[乞士]', '악

1 보살의 수행계위 가운데 삼현(三賢 : 十住 · 十行 · 十回向)과 십성(十聖 : 十地)과 이승(二聖 : 等覺 · 妙覺)을 합하여 42위 현성(賢聖)이 된다. 그 가운데 십주에 여덟 번째 동진주(童眞住)가 있다.

을 타파하다[破惡]', 또는 '마가 두려워하다[怖魔]'라는 뜻을 가지고 있다. 그러므로 비(比)는 '비슷하다', 구(丘)는 '구릉'을 뜻하는 말이 아니다. 음을 딴 것일 뿐 글자를 취한 것은 아니다.

예컨대 범어 '나무[南無]'는 우리말로 귀명(歸命)[2]이라는 뜻이다. 나[南]는 남북의 남, 무(無)는 유무의 무를 뜻하는 말이 아닌 것과 같다.

아! 부자께서 만약 인도에 태어나셨다면 반드시 불법을 연창하여 중생을 제도했을 것이요, 석가께서 노나라에 태어나셨다면 반드시 유도(儒道)를 천양하여 만세를 교화하셨을 것이다. 그뿐 아니라, 어느 곳에 계시든 그 지역에 따라 언제나 그렇게 하셨을 것이다.

대성이 하시는 일은 범부의 생각으로는 실로 알 수 없다. 그러므로 선비가 불교를 비방할 수 없는데 어찌 유독 불자만이 유교를 헐뜯겠는가?

2 『기신론 의기(義記)』에 "귀(歸)는 취향(趣向)의 뜻이요 명(命)은 자신의 성명(性命)이다. 중생이 소중히 여기는 것은 이보다 더한 것이 없으니 이 생명을 다해 부처님께 귀향한다는 뜻이다. 또한 귀(歸)는 경순(敬順)의 뜻이요 명(命)은 제불의 교명(教命)을 말한다. 부처님의 가르침을 공경하고 따른다는 뜻이다." 하였다.

임제臨濟

선덕이 "임제 선사가 출가하지 않았다면 반드시 손권(孫權)이나 조조(曹操) 같은 괴수가 되었을 것이다." 하고 말한 적이 있다. 그러나 어찌 임제 선사를 손권이나 조조와 비교할 수 있겠는가? 굳이 비교한다면 그 지혜를 말한 것이지 덕을 말한 것은 아니다.

원소(袁紹)는 "자식을 낳으면 반드시 손중모(孫仲謀: 손권) 같은 자라야 한다." 했으며, 공명도 "조조의 용병은 손오(孫吳)[1]와 방불하다." 했으니, 그들의 지혜를 족히 알 수 있다.

그들이 만약 이런 지혜를 밖으로 사용하지 않고 안으로 돌려 평생의 신기묘산(神技妙算)을 반야 위에 쏟아 부었다면 그들의 도가 어떠했을까?

또 고인은 "싣달 태자가 출가하지 않았다면 반드시 전륜성왕[2]이 되었을 것이다." 하였다. 이 말은 지혜와 덕을 겸비했다는 뜻으로, 크고 작은 차이는 있으나 그 뜻은 매양 마찬가지다.

1 손무(孫武)와 오기(吳起)를 말한다. 모두 춘추시대(春秋時代) 병법(兵法)의 대가였다.

2 보륜(寶輪)을 굴리는 왕이란 뜻. 칠보(七寶)를 가지고 네 가지 덕을 갖추었으며 정법(正法)으로 수미사주(須彌四洲)의 세계를 통솔한다고 생각된 신화적인 이상 왕.

안탕산雁蕩山

태산(台山: 절강성 서쪽에 있음)과 안탕산(雁蕩山: 절강성 남동쪽에 있음)은 양절(兩浙)[1]의 명산이라 불린다. 그중에 안탕산이 더욱 아름다워 천 리를 멀다 않고 양식을 싸가지고 가서 노는 사람들이 허다하다.

내가 전에 태평(太平) 스님의 간청에 응해 그 근방에서 안거한 적이 있었는데, 안탕산과는 거리가 겨우 십여 리 정도밖에 떨어지지 않은 곳이었다.

해제가 되어 원주가 내게 안탕을 유람할 것을 권유하였다. 나는 좋은 기회라 생각하고 떠날 채비를 하는데, 우르르 같이 따라나서는 자들이 백여 명은 될 성싶었다.

생각해 보니, 저 산에 사는 스님네는 오랫동안 사람들을 접대해 본 적이 없을 것이고, 배회하면서 두루 구경하자면 왕복 반 달은 더 걸릴 터이다. 그런데 이 많은 대중이 먹자면 몇 섬이나 되는 양식이 필요할 것이었다. 절이 가난하여 도저히 감당할 수 없을 것 같았다. 그래서 마침내 내가 고집하여 이 일을 작파하고 말았다.

이 결정을 들은 대중의 불평이 여간 심한 것이 아니었다. 내가 이들을 위로하며 이런 말을 하였다.

1 절동(浙東)과 절서(浙西)를 합하여 한 말이다. 절동(浙東)은 전단강 이남, 이북은 절서(浙西)라 한다. 지금의 강소성(江蘇省) 장강(長江) 이남과 절강성(浙江省) 전경(全境)을 말한다.

"안탕산이 아름답다고는 하지만 중국에는 이보다 더한 곳이 무수하고, 중국에서 가장 아름다운 곳이라도 천궁에는 미치지 못하며, 천궁에서 가장 아름다운 곳이라도 서방극락세계에는 미치지 못한다. 그대들은 이런 극락세계를 사모하지 않고 한갓 안탕산에 오르지 못한 것만을 안달하다니, 대체 이 무슨 짓인가?"

그리하여 끝내 가지 않았다.

스님이 되지 못한 것을 후회하다

당나라 재상 두황상(杜黃裳)[1]은 스님이 되지 못한 것을 한탄하며, 임종에 자식들에게 머리를 깎이고 먹물 옷을 입혀 염할 것을 유언하였다.

또 송나라의 어느 유명한 재상도 역시 이 같은 유언을 한 적이 있었다.

이것은 숙세에 정인(正因)을 굳게 지킨 것이 아니면 어떻게 이렇게 높은 지위에 있으면서 뚜렷이 미혹하지 않고 사대(四大: 몸뚱이)가 흩어질 때 이와 같이 분명한 정신을 가질 수 있었겠는가?

그러나 여기에는 두 가지 인연이 있다고 볼 수 있다. 하나는 잠시 미혹했다가 죽음에 이르러 근본으로 돌아간 경우요, 또 하나는 일부러 시현(示現: 보살이 기연에 응해 여러 가지 모습으로 몸을 변화하여 나타냄)하여 동류들을 깨우친 것이다.

이들은 어떤 인연인지 알 수 없다.

1 당나라 경조(京兆) 만년(萬年) 사람이다. 일설에는 두릉(杜陵) 사람이라 한다. 자는 준소(遵素). 문하시랑(門下侍郎)과 동중서문하평장사(同中書門下平章事)와 하중진강절도사(河中晉絳節度史)를 역임하였다. 빈국공(邠國公)에 봉해지고 시호는 선헌(宣獻)이라 하였다.

인정으로 불법을 인가하다

묘희(妙喜) 선사가 이런 말을 한 것이 있다.

“내가 전에 안목 없는 장로들이 제멋대로 인증(印證)하는 것을 당했다가, 나중에 원오(圓悟) 노인을 뵙고 비로소 크게 깨달았다. 그러고는 결코 불법을 인정으로 용납하지 않으리라는 서원을 세웠다.”

묘희 선사는 ‘대자대비하신 진정한 인천(人天) 안목(眼目)’이라 할 것이니, 애석하게도 나는 늦게 태어나서 직접 그의 가르침을 받지 못한 것이 진정 한탄스러웠다.

그런데 묘희는 “안목 없는 장로가 동과인자(冬瓜印子)[1]로 학인을 인가한다.” 하였으나, 요즘은 학인들이 흔히 동과인자로 자신을 인가하고 있다. 묘희가 이를 보면 무어라 할까?

1 동과(冬瓜: 동아)로 만든 도장. 터무니없이 인가하는 것을 말한다.

황매의 의발

고덕이 대중에게 말했다.

"황매의 의발은 비단 '때때로 부지런히 털고 닦아야 한다' 한 자가 얻지 못할 뿐만 아니라, 설사 '어느 곳에 먼지가 일어나랴' 하더라도 또한 얻지 못한다. 말하라! 결국 어떻게 해야 만 의발을 얻을 수 있겠는가?"

이에 한 스님이 아흔아홉 번이나 대답했으나 계합하지 못하다가 최후에 "그 의발을 얻어 무엇에 쓰게요!" 하니, 고덕이 그제야 흔연히 긍정하였다 한다.

아! 이 스승은 사람을 죽이되 꼭 피를 봐야만 하는 자요, 이 제자는 바로 밑바닥까지 이른 자라 할 것이다.

이근원통耳根圓通

『능엄경』에서는 원통을 선택하면서 오직 이근(耳根)만을 취하였다.

그런데 부처님은 한 시대에 중생을 교화하신 주인이었으나 별을 보고 깨달으셨고, 가섭 존자는 만대에 불법의 등불을 전하신 조사였으나 꽃을 든 것을 보고 깨달았다. 이것은 모두 안근(眼根)에 속하니 이는 무엇 때문인가?

여기에는 두 가지 뜻이 있다. 첫째는 중생의 속성에 따른 것이다. 이 세상의 참된 교체(教體)[1]는 소리를 듣는 것이 가장 청정하기 때문이다.

둘째는 집착을 버리게 하기 위한 것이다. 중생은 곳곳마다 집착하는 존재여서 원통이라는 말을 듣고는 오직 이근만을 숭상하면서, 다른 근(根)으로는 능히 도에 들지 못한다고 생각하기 때문이다.

그러므로 호걸에게는 근(根)마다 모두 원통인 것이, 마치 큰 복덕이 있는 자는 돌을 집어도 금이 되는 것과 같다.

『능엄경』을 읽는 자는 깊이 생각해 보라.

1 부처님 일대 교법의 체성(體性). 경체(經體)라고도 한다. 부처님이 설한 75법·100법 중에서 어느 것을 본체로 삼을 것인가를 정한 것. 즉, 소리로 본체를 삼을 것인지, 명(名)·구(句)를 본체로 삼을 것인지, 진여를 본체로 삼을 것인지, 그 밖에 본체로 삼을 것이 있는지 없는지에 대한 논의가 여러 스님들에 따라 각기 다르다. 자은(慈恩)은 사중(四重)의 교체를, 청량(淸涼)은 십중(十重)의 교체를, 현수(賢首)는 사문(四門)의 교체를 말하였다.

극락세계

어떤 이가 이런 의심을 품고 있었다.

"『화엄경』에서는 극락세계가 사바(裟婆)[1]보다 겨우 낫다 하였으나, 『대본미타경』에서는 시방(十方)[2]보다 낫다 하였다. 이것은 무슨 뜻일까? 일설에는 '시방보다 낫다는 것은 단지 사바세계의 시방과 비슷할 뿐이지, 화장세계[3]의 시방을 말한 것은 아니다' 하였다."

이 말도 옳기는 하지만 오히려 미진한 점이 있다. '겨우 낫다'는 말은 대개 주야로 서로 비교한 것이다. 그러므로 "사바의 일 겁은 극락의 일주야가 되고 극락의 일 겁은 가사당세계(袈裟幢世界)의 일주야가 되며, 차츰 항하사세계를 지나 승연화세계(勝蓮華世界)에 이르게 된다." 하였다.

다시 말하면 시간적으로 길고 짧은 한 부분만을 취한 것이지, 전체적

1 사바[梵語, sahā]는 인(忍)·감인(堪忍)·인토(忍土)라고 의역한다. 사바세계는 석가모니가 교화를 행하는 현실세계이다. 이 세계는 중생이 십악(十惡)에 안주하며 여러 가지 번뇌를 인수(忍受)하여 여기서 벗어나지 못하기 때문에 '인(忍)'이라 한다. 또한 제불보살이 이락(利樂)을 행할 때 여러 가지 고뇌를 감수한다는 뜻이니 두려움 없이 자비를 줌을 표현하였다. 또한 잡악(雜惡)·잡회(雜會)라고 번역하니, 사바국토가 삼악(三惡)·오취(五趣)가 잡회한 장소라는 뜻이다. 이 밖에 '사바'라는 말은 원래 우리들이 사는 염부제를 지칭하는데, 나중에 석가불이 교화하는 삼천대천세계가 되고, 백억 수미산세계를 총칭하여 사바라 하고 아울러 석가를 사바세계의 본사(本師)로 삼는다.

2 사방과 네 간방과 상·하를 합하여 시방(十方)이라 한다. 불교에서는 시방에 무수세계와 정토가 있다고 주장하니, 이를 시방세계·시방법계·시방정토·시방찰 등이라 하고, 그 가운데 제불과 중생이 있으니 이를 시방제불·시방중생이라 한다.

으로 낫고 못한 것을 비교한 것은 아니다. 그렇지 않다면 인간세계의 천만 년이 지옥의 일주야에 해당되니, 지옥을 인간보다 낫다 하겠는가?

또한 이것을 예하여, 몸의 길고 짧은 것에만 집착하여 우열을 비교한다면 노사나불은 겨우 키가 천 장(丈)밖에 되지 않지만 아수라는 팔만사천 유순(由旬)이나 되니, 아수라가 노사나보다 낫다 하겠는가?

그러므로 극락이 시방세계보다 낫다는 것은 세계가 넓고 먼 것을 말한 것이므로, 또한 문제될 것이 없다.

3 연화장세계를 말한다. 연꽃에서 나온 세계니 연꽃에 함장(含藏)된 무량공덕과 광대장엄의 세계다. 『화엄경』과 『범망경』의 설이 다르다. 『화엄경』에서는 화장장엄세계해라고 하였다. 이 세계는 비로자나여래가 과거에 발원하여 보살행을 닦아 성취한 청정장엄세계니 곧 시불(十佛)이 교화하는 경계이다. 그 장엄과 구조는 『신역화엄경』 제8 화장세계품에 자세히 기술되어 있다. 이 세계는 수미산 미진수의 풍륜(風輪)에 모셔져 있는데. 그중에 가장 낮은 풍륜은 평등주(平等住)라 하고, 가장 위의 풍륜은 수승위광장(殊勝威光藏)이라 한다. 가장 위의 풍륜은 능히 향수해(香水海)를 가질 수 있다. 그 가운데 하나의 큰 연화가 있으니 종종광명예향당(種種光明蘂香幢)이라 한다. 연화장세계는 이 큰 연화 가운데 있으니, 주위는 금강윤산(金剛輪山)이 에워싸고 그 안에 대지는 모두 금강으로 이루어졌는데, 견고하여 파괴되지 않고 청정하고 평탄하며 위아래가 없으나 오히려 세계해 미진수의 장엄이 있다. 또한 이 대지 가운데도 불가설 미진수의 향수해가 있고 낱낱 향수해의 주위에 사천하(四天下)와 미진수 향수하(香水河)가 있으며 여러 가지 향수하 가운데 땅은 모두 묘보(妙寶)로 장엄하여 천제(天帝)의 그물같이 분포하였다. 낱낱 향수해 가운데에도 불가설 미진수의 세계종(世界種)이 있고 낱낱 세계종에도 또한 불가설 미진수의 세계가 있다. 연화장세계 중앙의 향수해를 무변묘화광(無邊妙華光)이라 하는데, 바다 가운데에서 큰 연화가 나와서 그 위에 보조시방(普照十方)이라 부르는 세계종이 있다. 그 가운데 이십중(二十重) 불가설 미진수 세계가 그 가운데 포열하였다. 이 중앙 세계종을 중심으로 하여 모두 낱낱마다 하나의 세계종이 있어서 거물과 같은 위조(圍罩 : 둑)가 나열하여 세계망을 구성하고 각기 모두 중보(重寶)로 장엄하니, 부처님이 그 가운데에서 출현하시고 중생도 그 가운데에 충만하다. 이것으로 그 구조의 장엄함과 광대무변함을 엿볼 수 있다. 화장세계설은 본래 인도 사시(史詩) 마하파라다(Mahābhārata)의 천지개벽설을 근원으로 한다. 그 밖에 『범망경』설과 정토교설은 생략한다.

일전어一轉語[1]

선덕이 학인에게 "나는 지금 그대의 선정과 지혜와 신통과 변재를 논하지 않고, 다만 그대의 진실한 일전어(一轉語)만을 요구하노라." 하니, 학인이 이 말을 듣고 밤낮으로 이 '일전어'를 공부하였다 한다. 참으로 잘못된 노릇이다.

이 '일전어'라는 것이 이렇게 존귀하고 기특한 것이라면, 결코 정식(情識)으로 헤아리거나 견해(見解)를 통해 빼앗아 올 수 없는 것임을 알 수 있다. 진실하게 크게 깨달은 가운데서 저절로 흘러나오는 것이다.

만약 경전의 가르침이나 고인의 문답기연(問答機緣: 문답으로 스승의 교화를 받을 수 있는 기회) 가운데서 몇 푼어치 안 되는 총명으로 모방하고 천착하여 입에 발린 소리로 지껄인다면, 어구(語句)는 참신할지 모르지만 사실은 신발 위로 가려운 곳을 긁는 데 불과하다. 설령 한 찰나 동안에 항하사 수와 같은 '일전어'를 하더라도, 실제 자기 분상에 무슨 이익이 있겠는가?

이제 이 '일전어'가 옳은지 옳지 않은지를 상관하지 말고, 우선 이것들을 까마득히 먼 세계 밖으로 던져 버리고 오로지 본참 공안만을 굳게 지키며, 세밀하게 용심하여 언제나 놓치지 마라.

깨닫기만 한다면 어찌 말할 줄 모를까 염려하랴. 나는 비록 둔근(鈍根)이기는 하지만 감히 그대들에게 권해 마지않는 바이다.

1 선사가 학인의 미망을 타파해서 그의 수행에 큰 비약을 촉구하는 말. 전어(轉語)란 상황을 일거에 변화시키는 전기가 되는 언구.

법화요해法華要解 1

『법화경』의 여러 주석 가운데 천태의 『현의(玄義)』[1]와 『문구(文句)』[2]는 방대하면서 자세하고, 온릉(溫陵)[3]의 『요해(要解)』는 정미하면서 간략하다. 그러므로 당연히 천태의 것을 숭상해야 할 것이지만, 온릉의 것도 가벼이 여겨서는 안 된다.

어떤 이가 물었다.

"먼저 『요해』를 읽고 난 다음에 『현의』·『문구』와 대조하면 그 우열의 차이가 뚜렷합니다. 온릉의 것도 가벼이 여겨서는 안 된다 한 것은 무슨 뜻입니까?"

온릉은 천태 후에 태어나서 『현의』와 『문구』 등의 주석을 두루 읽었을 것이니, 이 경을 세밀히 분석하고 자세히 말하고 있음을 모르지는 않았을 것이다. 그의 해석을 '요(要)'라 한 것은 간결하고 솔직하다는 의미를 딴 것이니, 만약 새삼스레 번거롭고 자세한 해석을 덧붙인다면 '요'가 아니다.

1 천태지의가 지은 『법화경』 주석서. 20권. 금릉 광택사에서 지의가 강설한 것을 관정(灌頂)이 필기한 것.

2 『묘법연화경 문구』의 약칭. 10권이라고도 하고 20권이라고도 한다. 지의가 만년에 옥천사(玉泉寺)에 머물며 천태교학의 교리적 원리를 전개한 것으로, 제자 관정(灌頂)이 필록(筆錄)하였다. 주석서라기보다는 일종의 불교개론의 성격을 띠고 있다.

3 온릉계환(溫陵戒環) 선사를 말한다. 온릉 개원사(開元寺)에 살았기 때문에 세칭 '온릉 대사'라고 부른다. 현수법장 대사의 『화엄교』의 뜻에 정통하였다. 『법화경요해』 20권을 지어 천태종의 깊은 뜻을 밝히고, 『수능엄경요해』 10권 등 많은 저술이 있다.

더욱이 과문(科文)[4]을 나열함에 있어서 흔히 천태의 구문(舊文)을 인용하기 일쑤지만, 온릉은 이를 사용치 않은 것도 나름대로 뜻하는 바가 있어서다. 중간에 문장을 해석하고 뜻을 세우는 데 있어서도 간혹 천태의 소견보다 낫기도 하고 못한 점도 있으니, 배우는 자는 마음을 비우고 선입견 없이 읽는 것이 좋을 것이다.

4 경론을 해석하는 데 있어서 그 문단을 나누는 것.

법화요해 2

앞에서 "그 가운데 간혹 천태보다 낫기도 하고 못한 점도 있다." 하였다.

먼저 못한 점을 들면, 경에 '오중(五衆)의 생멸(生滅)'이라는 말이 있는데, 『요해』에서는 이것을 오취(五趣)[1]라고 해석하였다. 그러나 그 '오중'이라는 것은 오온(五蘊)의 다른 이름이다. 『지론(智論)』에서도 거듭 이에 대해 밝힌 바 있다. '오취'라고 한 것은 미처 상고하지 못한 착오다.

또 나은 점을 들어 보면, '약왕보살이 몸을 태웠다' 한 내용에 대해 『요해』에서는 "묘각(妙覺)이 환하게 두루 비치어 신견(身見)[2]을 떠났다. 오온이 공(空)한 줄 알기 때문에 능히 이럴 수 있는 것이다. 만약 법다운 수행을 알지 못하고 공연히 자취만 사모한다면 한갓 업고(業苦)만 더할 뿐이다." 하였다.

천태가 미처 발명하지 못한 점을 지적하여 후학에게 이익을 준 대목이라 할 것이다.

1 오악취를 말한다. 지옥·아귀·축생·인간·천상.

2 오온이 거짓 화합된 것임을 알지 못하고 실다운 것이라고 집착하는 삿된 견해.

주학유朱學諭

가화(嘉禾)의 주무정(朱懋正)이 그의 증조부인 학유(學諭) 공에 대해 내게 이런 일화를 들려주었다.

학유 공이 벼슬을 내놓고 시골로 돌아간 후에는, 그가 받은 봉금(俸金)으로 교외에 조그만 집을 짓고 그곳에서 독서하며 문을 닫아걸고 찾아오는 손들을 사절하였다. 자식이나 친척들은 물론 심지어 읍령장(邑令長)마저 그의 얼굴을 대하기가 몹시 힘들었다.

다만 한 늙은 벗이 매일 오후 서너 시 경에 찾아오면, 함께 바둑을 몇 대국 두거나 술을 몇 잔 마시거나 큰 소리로 글 몇 줄을 읽었다. 저녁이 되면 곧장 잠자리에 들곤 했으니, 이것이 대개의 일상이었다. 마치 궁곡심산에 사는 것과 같이 세상과 단절한 지 어언 나이 여든아홉이었다.

하루는 달 밝은 밤에 다리 위를 거닐다 실족하여 그로 인해 몸져눕게 되었다. 두 아들이 집으로 모시고 왔는데, 임종에 붓을 들어 도의로써 간곡히 타이르고, 세세한 가정사 따위는 전혀 언급하지 않았다. 붓을 놓자 눈을 감고 죽었다가 잠시 후에 다시 눈을 뜨고서, "아직 가정(嘉定)한테 부탁할 말이 남았다." 하였다. 가정은 공의 손자로서, 처음으로 진사에 올라 가정을 다스리고 있었던 것이다.

이렇게 하여 다시 붓을 들어 "관리로서 시종 청렴하고 절개를 지켜 늙도록 변치 말라."고 당부하고는, 이윽고 붓을 던지고 영원히 가고 말았다.

아! 공은 한 번도 불법에 대해 들어 본 적이 없었으나 죽음에 다다라 이렇게 뜻이 크고 맑고 고요하였다. 오랫동안 수행한 자도 미치지 못할 인품을 갖추었으니, 그 까닭은 대체 무엇일까? 마음에 얽매임이 없어서 불법에 이미 절반은 젖어 있었던 것이다.

저들은 종일 중얼중얼 경을 읽고 법을 설하지만, 마음이 깨끗하지 못한 탓에 죽음에 이르러 당황하고 두려워한다. 도리어 세속 선비만도 못하니, 어찌 그러한 것을 이상하게 생각할 것이랴. 나는 이 점이 안타까웠다.

만약 공에게 불법을 들려 주어 이렇게 깊고 고상한 기상으로 반야에 온 마음을 기울이게 했다면, 어찌 대사(大事)를 밝히지 못할까를 염려하랴. 나는 이 점이 더욱 안타까웠다.

본신本身 노사나불

어떤 스님이 고덕에게 "어떤 것이 본신 노사나불입니까?" 하고 물었다. 고덕이 "내게 불자(拂子)를 가져오라." 하고서, 잠시 후에 "전에 있던 곳에 도로 갖다 두어라!" 하였다.

이 스님이 앞의 물음에 대해 "고불은 간 지 오래되었다." 하고, 또 "알지 못하는 자는 나의 말을 들어 보라. 지금 입을 벌려 말하는 자는 누군가?" 하는 뜻으로 이해하니, 후인들도 이를 본떠 "손을 들고 발을 옮기며 입을 벌려 소리하는 것이 바로 진불(眞佛)이다." 한다.

이것은 옳은 것 같지만 실제로는 그렇지 않다. 소위 도적을 자식으로 오인하는 격이다. 그렇게 하여 백수자(柏樹子)[1] · 마삼근(麻三斤)[2] · 취죽황화(翠竹黃花)[3] · 조함원포(鳥銜猿抱)[4] 등도 한결같이 이렇게 이해하려 하니, 어찌 잘못된 소견이 아니겠는가?

1 공안의 하나. 조주종심(趙州宗諗)에게 어떤 스님이 묻기를 "어떤 것이 조사가 서쪽에서 오신 뜻입니까?" 하니, 선사가 "뜰앞의 잣나무니라." 하였다.

2 공안. 동산양개(洞山良价)에게 어떤 스님이 "어떤 것이 부처입니까?" 하고 물으니, 선사가 "삼 서 근이니라." 하였다.

3 푸른 대와 노란 꽃이란 뜻. 혜해(慧海) 선사가 말하기를 "어리석은 사람은 법신은 무상(無象)하여 사물에 응하여 몸을 나타내는 줄 알지 못하고, '청청한 푸른 대나무가 그대로 법신이요 울울한 노란 꽃이 반야 아닌 것이 없다' 하고 말한다. 노란 꽃이 반야라면 반야는 곧 무정(無情)이요, 푸른 대가 법신이라면 법신은 곧 초목이다." 하였다.

4 공안. 새가 꽃을 물어 바위 위에 떨어뜨리고, 원숭이가 새끼를 안고 숲으로 돌아간다는 뜻.

구지(俱胝)[5] 화상은 누가 묻기만 하면 손가락을 들어 보였으며, 노조(魯祖)[6] 화상은 스님을 보면 얼른 벽을 향해 돌아앉아 버리곤 하였다.

고인이 이를 보고 "내가 만약 보았더라면 손가락을 잘라 버렸을 것을…" 했으나, 나 같으면 "그가 돌아앉자마자 멱살을 잡아 거꾸로 처박아 주리라." 하겠다.

5 금화구지(金華俱胝) 선사를 말함. 생몰연대 미상. 당나라 때 스님. 항주천룡(杭州天龍) 화상에게 참학할 때 스승이 손가락 하나를 세워 보여 주자 홀연히 깨닫고, 그 후 누가 가르침을 청하면 손가락 하나를 세워 보이면서 답하였으므로 그를 구지일지(俱胝一指), 또는 일지두선(一指頭禪)이라고 칭한다.

6 노조보운(魯祖寶雲) 선사를 말한다. 생몰연대 미상. 당나라 때 스님. 마조도일(馬祖道一)의 제자. 지주(池州)의 노조산(魯祖山)에 머묾. 약간의 기연어구(機緣語句)가 전해진다.

비단옷을 입고 고기를 먹다

회암(晦菴: 주자) 선생이 불교를 배척하였다 하여, 공곡(空谷) 스님이 통렬히 반박한 적이 있다. 그러나 회암도 불교를 도와 중생을 교화한 면이 있다는 것을 알아야 한다.

그의 『맹자』 주(註)에 "쉰에 비단옷을 입지 않으면 따뜻하지 않거니와, 쉰이 안 된 자는 비단옷을 입어서는 안 된다. 일흔에 고기를 먹지 않으면 배부르지 않거니와, 일흔이 안 된 자는 고기를 먹어서는 안 된다." 하였다.

"짐승 털이나 누에의 비단옷을 입는 것은 중생을 해치는 짓이니, 자비를 상한다." 한 것은 부처님의 계율이거니와, 반드시 쉰이 되어야 비단옷을 입을 수 있다면 비단옷을 입는 자가 드물 것이다.

"고기를 먹으면 큰 자비 종자를 끊게 된다." 한 것 또한 부처님의 계율이거니와, 반드시 일흔이 되어야 고기를 먹을 수 있다면 고기를 먹는 자가 드물 것이다.

요즘은 두세 살 먹은 아이도 두터운 털옷과 고운 비단옷으로 온몸을 감싸고, 살찐 고기를 삶고 생선을 구워 배불리 먹으면서 장년이 되도록 기다리지 않는데, 하물며 늙은이들이겠는가?

회암의 설명과 행동이 어찌 불법을 위하여 조그마한 도움이 되지 않았겠는가? 회암을 허물하는 자가 이 점을 살피지 못하므로, 내가 짐짓 밝혀 두는 바이다.

집착

사람들은 으레 집착을 나쁜 것으로만 생각하고 있으나, 꼭 그런 것만은 아니다. 학문이란 좋아함으로 해서 성취되는 것인데, 좋아하는 극치를 집착이 하기 때문이다.

예(羿)[1]는 활 쏘는 것에 집착하였고, 요(遼)[2]는 선술(仙術)에 집착하였으며, 연(連)[3]은 거문고에 집착하였다. 심지어 바둑에 집착하는 자는 병풍이나 장막이나 담 · 창문 등이 모두 흑백이 널려 있는 형세로 보이고, 독서에 집착하는 자는 산중의 나무나 바위가 모두 검은 글자로 보이며, 말 그림을 배우는 자는 말이 평상이나 침대에서 금방 뛰쳐나오는 것처럼 보이는 지경에까지 이른다. 이런 후에야 그의 예술이 천하에 울리고 명성이 후세에까지 남게 되는 것이다. 어찌 도를 배우는 것만 예외일 수 있겠는가?

그러므로 참선하는 자는 차를 마셔도 차인 줄 모르고 밥을 먹어도 밥인 줄 모르며, 걸어가도 걷는 줄 모르고 앉아 있어도 앉아 있는 줄 모르며, 서랍을 열었다가 문 닫는 것을 잊어버리고, 변소에 갔다가도 바지 올리는 것을 잊어버리는 지경에까지 이르러야 한다.

염불하는 자는 눈을 감거나 뜨거나 간에 관(觀)하는 것이 눈앞에 있

1 하(夏)나라 유궁씨(有窮氏)의 임금으로 궁술의 명인. 또는 요 임금 때의 사관(射官).

2 전설에 요동사람 정영위(丁令威)가 영호산(靈虎山)에 가서 도를 배워 신선이 되었다가, 천 년 후에 학을 타고 요동으로 돌아왔다 한다.

3 미상.

어야 하고, 마음을 거두거나 흩거나 간에 생각이 한결같은 지경에 이르러야 한다.

그리하여 들지 않아도 저절로 들리고 의심하지 않아도 저절로 의심이 되는 것이 모두 집착이다. 왜냐하면 생각이 지극하고 뜻이 한결같으며 공이 깊고 힘이 경지에 이르면 부지불식간에 홀연히 삼매에 드니, 이는 마치 나무를 비벼 불을 일으키는 자가 비비는 작업을 그만두지 않아야만 불꽃이 일어나며, 쇠를 단련하는 자가 담금질을 쉬지 않아야만 강철을 만들 수 있는 것과 같기 때문이다.

집착에 유의할 점은 만법이 모두 환(幻)과 같은 것인 줄 알지 못하고 성취하려는 마음이 너무 성급하거나, 일체가 모두 식(識)뿐인 줄 알지 못하고 모양을 탐하는 마음이 깊은 경우이니, 이는 장애가 될 뿐이다.

그러나 집착을 무조건 염려하여 그럭저럭 물이 바위를 깎듯이 하면 몇 겁을 지낸들 무슨 이익이 있겠는가?

그러므로 집체(執滯: 고집함)의 집착을 해서는 안 되겠지만, 집지(執持: 확고함)의 집착은 꼭 필요하다 할 것이다.

골동 1

옛것을 좋아하는 몇 사람이 한 곳에 모여 제각기 옛것을 꺼내 놓고 서로 다투고 있었다.

어떤 이가 원·송(元·宋)과 오계(五季)[1] 때의 물건을 꺼내 놓으니, 대중들이 서로 눈짓하며 슬며시 웃었다.

이윽고 당·진·한·진(唐·晋·漢·秦)과 삼대(三代)[2]의 것 등 없는 것이 없었다. 다만 고신씨(高辛氏)[3]의 노구솥, 수인씨(燧人氏)[4]가 사용하던 불 비비는 송곳, 신농씨(神農氏)[5]의 거문고, 태호씨(太昊氏)[6]의 비파, 여와씨(女媧氏)[7]가 갈던 오색 돌 따위를 구하지 못해 안타까워하고 있었다.

좌중에 어떤 사람이 말했다.

"그대들이 가지고 있는 것도 참으로 옛날 것이기는 하지만 태고의 것은 아니며, 태고보다 더 먼 태고의 것은 더욱 아니네."

대중이 말하였다.

"그럼 해와 달을 두고 하는 말이군!"

"그것도 옛날 것은 아니네. 천지가 있고 난 다음에 해와 달이 있었으니까."

1 양·당·진·한·주(梁唐晋漢周)의 오대(五代)를 말세라는 뜻에서 부르는 말.

2 중국 상고의 하·은·주(夏殷周) 세 왕조.

3, 4, 5, 6, 7 모두 전설상 상고의 제왕.

"그렇다면 천지를 두고 하는 말인가?"

"이것도 옛날 것은 아니네. 허공이 있고 난 다음에 천지가 있었으니까."

"그렇다면 허공인가?"

"그것도 아니네. 내가 갖고 있는 것은 해와 달이 생기기 전, 천지가 나뉘기 이전, 공겁(空劫) 이전의 물건이네. 그대들이 천금을 아까워하지 않고 한갓 화로나 도자기나 글씨 · 그림 따위나 사 모으고 있으면서, 그중에서 가장 오래된 것을 보물로 여길 줄 모르니, 실로 유감이네."

대중이 서로 쳐다보며 말이 없었다.

골동 2

얼마 후 누가 말하였다.

"자네가 가진 옛날 물건이란 누구나 갖고 있는 것으로, 자네 혼자만의 것은 아니지 않은가? 그렇다면 무엇이 귀하다 하겠는가?"

"누구나 갖고 있지만 아무도 알지 못하니, 알지 못한다는 것은 없는 것과 마찬가지 아닌가? 그렇다면 나 혼자 가졌다 하여도 지나친 말은 아니네."

"우리들이 갖고 있는 옛날 물건은 눈앞에서 역력히 볼 수 있으나, 자네 것은 어디에 있는가?"

그 사람이 양손을 펴 보이니, 대중이 서로 쳐다보기만 할 뿐 말이 없었다.

관점을 확립하는 어려움

옛날 유흠[1](劉歆)이 고문(古文) 『춘추좌씨전(春秋左氏傳)』, 『모시(毛詩)』, 『상서(尙書)』 등을 처음으로 확정하였는데, 이때 유생들이 이를 시기하여 자신의 주장이나 비난이 벌떼처럼 일어났다.

회암 선생이 염계(濂溪)[2]의 태극도(太極圖)에 대한 해석서를 지었을 때도 마찬가지였다. 책이 나오자 많은 사람들이 마치 새가 모이를 쪼듯이 시비가 끊이지 않았다. 또한 남악 스님이 반야의 뜻을 새로 펴고, 초조(初祖)가 직지선(直指禪)을 열었을 때도 이론적인 학문을 주장하는 무리들이 그의 말을 옳게 여기지 않고 심지어 독해(毒害)하는 지경에까지 이르렀으니, 하물며 요즘 사람들이랴.

예(禮)를 논의하는 집을 취송당(聚訟堂: 서로 시비하여 결말이 나지 않는 곳)이라 이름 붙였으니, 크구나, 관점을 확립하는 어려움이여! 신중하지 않을 수 없겠구나!

1 한(漢)나라 사람. 자는 자준(子駿). 나중에는 이름을 수(秀)로, 자를 영숙(穎叔)으로 바꾸었다. 경적(經籍) 목록은 그로부터 시작되었다. 그가 『좌씨춘추』와 『모시』, 『예기』, 고문의 『상서』를 학관(學官)에 두려 하다 여러 선비들의 미움을 샀고, 또 집정대신(執政大臣)의 미움을 사서 태수로 쫓겨났다. 왕망(王莽)이 찬위하자 망을 죽이려고 하다가 발각되어 스스로 목숨을 끊었다.

2 주돈이(周敦頤)를 말함. 송대(宋代)의 유학자. 그의 고향인 염계(濂溪)를 따서 염계 선생이라 부름. 『태극도설(太極圖說)』, 『통서(通書)』 등을 지어 이기학(理氣學)의 개조가 됨.

불사佛事를 행하지 않는다

"부모의 상(喪)에 불사(佛事)를 행해서는 안 된다." 하니, 이것은 회암의 『가례(家禮)』에서[1] 한 말이다.

슬프다. 자식을 길러 조정의 중요한 관직에 올렸고 재산을 넉넉히 남겨 주었음에도, 정작 자신을 위해서는 한 분의 부처님에게나마 예를 올려 주지 않고, 사구(四句) 정도의 경도 독송해 주지 않으며, 몇 분 스님을 모셔 공양 대접을 하지 않으면서, 49일 동안 소나 돼지를 잡아 친척들과 고기를 나누어 먹으며 교류하는 것으로 정도(正道)를 숭상하고 사설(邪說)을 물리친다고 생각하고 있으나, 부모에게 악업(惡業)만 더하여 육도(六道)에 침륜케 하는 결과를 낳을 뿐임을 알지 못하였다.

죽은 자는 알고 있어서 반드시 지하에서 팔을 걷고 통곡할 것이니, 가난한 집 아들이 부모의 은혜를 갚는 것보다 못하다. 아! 어찌 이보다 더 슬픈 일이 있겠는가!

『안씨가훈(顔氏家訓)』[2]은 고금에 누구나 찬탄하고 있는데, 거기에만 "반드시 불사를 행해야 한다." 하였다.

안씨와 주씨는 모두 현자지만, 서로 비교해 살펴보라.

1 송나라 주희가 지었다고 전하는 집안의 예의범절이다. 모두 5권, 부록 1권이다.

2 남북조(南北朝)의 문신(文臣)인 안지추(顔之推)가 지은 자손에게 주는 훈계의 책. 모두 20편임. 입신치가(立身治家)의 법을 논하고, 또 자획(字劃)·자훈(字訓)·전고(典故)·문예(文藝) 등을 논급(論及)하였다.

포면鮑勔

『진고(眞誥)』[1]에서 말했다.

"'포면'이라는 것은, 자세히는 알 수 없지만 아침저녁으로 쉬지 않고 이빨을 부딪쳐 귀신이 침범하지 못하게 하는 것이다. 이 방법은 이빨을 부딪쳐 몸속의 신(神)을 모으고 신이 몸을 떠나지 않으므로 귀신이 접근하지 못하는 것이다. 그러나 이빨을 부딪치는 힘으로 진도(眞道: 신선도)를 닦는다면 어찌 진도를 이루지 못하겠는가?"

나는 말하고자 한다.

어찌 진도를 닦는 일일 뿐이랴! 이빨을 부딪치는 힘으로 순간순간 자신을 부딪쳐 참구하면 어찌 부처를 이루지 못하겠는가?

몸속의 신은 일개 정혼(精魂)일 뿐인데, 그 힘으로도 오히려 귀신을 물리칠 수 있다. 하물며 경에 말씀하시기를 "한 부처님의 명호를 부르는 자에게는 백 천의 대력천신(大力天神)이 그를 옹호한다." 하였으며, 또한 "염불하는 사람은 부처님이 늘 그의 머리 위에 계신다." 했음이랴.

요즘은 이빨을 부딪치는 것같이 부질없는 일을 부지런히 하면서도 염불 대도(大道)를 기꺼이 버리니, 참으로 애석한 일이다!

1 양나라 도굉경(陶宏景)이 지은 책. 20권. 신선이 주고받은 진결(眞訣)의 일을 기록하였다

고준한 가풍

옛날에 소위 '고준한 가풍'이라 할 수 있는 것으로는, 정명(淨名: 유마거사)[1]이 시현으로 병이 들자 모든 아라한이 "저희는 그에게 가서 병문안을 하지 못하겠습니다." 하였으며, 문수보살도 "그분에게는 말을 응대하기 어렵습니다." 한 것이 바로 이것이다.

그 후로는 종문(宗門)의 여러 큰스님들이 어떤 때는 방망이로 때리기도 하고, 할(喝)을 하기도 하며, 손가락을 들어 보기도 하고, 혹은 활을 쏘듯이 겨누기도 하고, 일칙어(一則語: 짧은 법어)를 하시기도 하였다. 하지만 마치 나무 꼬챙이로 끓인 국과 같이 도저히 맛볼 수 없거나, 태아검(太阿劍: 명검 이름)과 같이 전혀 접근할 수 없으며, 물속의 달과 같이 도저히 잡을 수가 없었다.

그러므로 오랫동안 참구한 훌륭한 수행자가 아니면 도저히 그 문에 오를 수 없었으니, 이것을 '고준한 가풍'이라 하는 것이다. 어찌 높은 지위를 업고 위엄을 부리거나 소리를 내지르고 험상궂은 얼굴을 하는 것을 말하겠는가!

1 비마라힐[梵名 Vimalakīrti], 유마힐, 무구칭(無垢稱), 정명(淨名)이라 음역한다. 부처님의 재가제자. 중인도 비사리성 장자. 비록 세속에 있었으나 대승불교의 교의에 정통하여 출가제자라도 능히 미치지 못했다. 『유마경』은 이분의 행리를 적은 경이다.

마魔

마에는 대략 두 가지가 있으니, 하나는 천마(天魔)요 하나는 심마(心魔)다.

천마는 쉽게 알 수 있으므로 우선 여기서는 말하지 않는다.

심마는 꼭 미쳐 날뛰거나 심지어 윗사람에게 폭언을 하며 대들면서도 전혀 거리낌이 없으며, 죄수처럼 머리를 풀어헤치거나 발가벗고 있으면서도 도무지 부끄러운 줄 모르는 상태만을 두고 하는 말은 아니다.

재물이나 여자를 탐하거나, 시 · 술 · 글씨 · 그림 등에 빠져 있는 것도 모두 마다. 이뿐만 아니라 부질없이 공명을 세상에 떨치려는 것도 마다. 이뿐만 아니다. 갖가지 훌륭한 법문을 닦아 망령되게 성불을 바라는 것도 마다.

어찌 이뿐이랴. 이상에서 말한 여러 가지 마사(魔事)를 업신여기면서 나 혼자 마에서 벗어났다고 생각하는 것도 역시 마다.

미묘하다, 마사의 살펴보기 어려움이여!

선지식을 찾아뵙고 도를 물을 적에 반드시 올바른 안목을 갖추어야 한다

정법 세상에 출가하여 스님이 되었으면 사람을 가리지 않아야겠지만, 말법 세상에서 출가하여 스님이 되었으면 사람을 가리지 않을 수 없다.

왜냐하면, 말세는 순박하지 못하여 향기 나는 풀과 누린내 나는 풀이 뒤섞여 있기 때문이다.

만약 사람을 알아보는 눈이 밝지 못하고 가려 뽑는 일이 올바르지 못하면, 옳은 것을 그르게 여기고 삿된 것을 바르다 여긴다. 친숙히 해야 할 것을 도리어 소홀히 여기고 멀리해야 할 것을 반대로 가까이하여 나쁜 사람에게 물들어, 그렇게 오래함으로써 그것에 동화되어 세세생생에 항상 마의 벗이 되고 말기 때문이다.

선지식을 찾아뵙고 도를 물을 적에 올바른 안목을 갖추지 않을 수 있겠는가!

사람 몸 받기 어렵다

"한번 사람 몸 잃으면 천 겁 만 겁에도 회복하지 못한다."

이 말은 누군들 알지 못하랴만, 알면서도 소홀히 생각하여 전혀 마음 속에 새겨 두지 않는다. 이는 알지 못하는 것이나 다를 바 없다.

예전에 수달[1] 장자가 부처님을 위해 정사(精舍)를 지을 때의 일이다. 헤쳐진 흙더미 속을 기어 다니는 개미떼를 보고 부처님이 말씀하셨다.

"이 개미들은 비바시불(毗婆尸佛)[2] 때부터 지금 칠불(七佛)이 지나도록 아직까지 개미 몸을 받고 있다."

한 부처님이 세상에 나오는 것은 백천억 겁을 지나서야 가능한데, 하물며 일곱 부처님이 나시기까지랴.

석가불 이후에 5백여 만 세를 지나 미륵불이 세상에 나서 제8불이 되실 것인데, 그때 가서도 이 개미가 예전의 몸을 벗게 될지 알 수 없다. 비록 개미 몸을 벗는다 하더라도 어느 때 사람 몸을 받게 될까?

눈을 들어 세상을 본다. 어깨를 부딪치지 않고는 길을 갈 수 없는 수많은 사람들. 인간으로 태어나기 이렇게 어려운 일인 줄 모르고, 사람 몸

1 범어로 수다타(Sudatta)라 하니, '잘 주다[善授]'·'잘 베풀다[善施]'라고 번역한다. 중인도 사위성의 장자로 바사익왕의 대신이다. 성품이 인자하여 불우한 사람을 불쌍히 여겨 보시를 베풀기 좋아했으므로 사람들이 '불우한 이를 돕는 자'라 하였다. 부처님께 귀의한 후에 기원정사를 지어 부처님께 공양하였다.

2 과거 7불 가운데 첫 번째 부처님이다. 과거 91겁, 사람의 목숨 8만 4천 세 때에 반두파제성에서 출생하였다. 찰제리 종족. 파파라 나무 아래에서 성도하여, 3회에 걸쳐 법을 설하여, 1회 16만 8천 인, 2회 10만 인, 3회 8만 인을 제도하였다 한다.

얻고 나서도 막연히 세월을 허송하고 있으니, 참으로 통탄스런 일이다.

게으름을 피우며 헛되이 세월을 보내는 나 자신을 질책하면서, 동시에 동도(同道)들에게도 아뢰노라.

일이란 뜻이 있는 사람을 두려워한다

고봉(高峰) 화상이 자신이 깨닫게 된 경위를 이렇게 술회한 적이 있다.

"이렇게 기특한 일이 있는 줄 믿지 않았으니, 일이란 뜻이 있는 사람을 두려워하기 때문이다."

이 말은 화상이 스스로 경험한 일이라, 진실하여 허구가 아니다. 도를 배우는 이들은 깊이 믿고 조금도 의심치 말아야 한다.

뜻이 있다는 것은 무얼 말하는가? 하나의 기술이나 하나의 예술만 해도 처음 배울 적에는 어려움을 감당치 못하지만, 그렇다고 아무것도 이루지 못한 자가 배우지 않고 포기하여 버리면 끝까지 공을 성취하지 못한다. 그러므로 처음에는 의심치 않는 결정된 마음을 갖는 것이 무엇보다 중요하다.

결정심을 가졌으나 우유부단하고 느슨하면, 이 경우에도 공을 성취하지 못한다. 그러므로 그 다음에는 용맹스럽게 정진하는 마음이 중요하다.

부지런히 정진하더라도 조그만 것을 얻은 것으로 만족하거나, 혹은 시일이 오래되어 지치거나, 순경(順境)을 만나 미혹하거나, 역경(逆境)에 봉착하여 타락해 버리면 이럴 경우에도 공을 이루지 못한다. 그러므로 그 다음에는 일관된 서원과 물러서지 않는 마음이 중요하다.

고봉 화상은 일생을 바쳐 차라리 어리석은 자가 될지언정, 이 일착자(一着子)[1]를 분명히 보기만을 애썼다. 이야말로 진정한 뜻이 있는 장

1 본래는 바둑이나 장기의 한 수를 말하였다. 일물(一物)이라고도 하며, 우리의 참모습[本來面目]을 뜻하는 말로 쓰인다.

부라 할 것이다.

고인이 "삼매를 이루지 못하면 설령 살이 터지고 뼈가 부러지더라도 결코 쉬지 않으리라." 하였다. 또한 "도가 설두(雪竇)만 못하면 다시는 이 산에 오르지 않으리!" 하며, "의단(疑團: 의심덩어리)을 타파하지 않으면 서원코 쉬지 않으리!" 하기도 하였다.

이와 같은 마음을 가지고 있으면 무슨 일인들 이루지 못하겠는가! 나는 매우 부끄러워서 감히 힘쓰지 않을 수 없다.

나이 들어 일을 마친 후에 세상에 나오다

고인은 뜻을 이룬 후에도 인적이 드문 깊은 골짜기에서 다리 부러진 노구솥에 밥을 지어 먹으며 깊이 숨어 보양(保養)하다가, 용천(龍天)이 떠밀어 낸 후에야 부득이 세상에 응하곤 하였다.

후인은 점차 고인과는 비교할 수 없지만, 경론 법사나 유가시식(瑜伽施食)[1] 법사가 배움은 성취하였으나 아직 경륜이 부족하다 하며 오히려 천천히 처신하곤 하는 것을 볼 수 있었다.

그런데 요즘은 어린 나이로 법상에 오르는 자들이 허다하니, 불법이 갈수록 쇠퇴해지는 것은 어쩌면 당연한 일이다.

1 『구발염구아귀다라니경(救拔焰口餓鬼陀羅尼經)』에 근거하여 시행하는 아귀에게 시식하는 법사(法事).

조사를 잇고 등불을 전하다

세상에는 흔히 이런 말이 전한다.

"범부가 확철대오하여 조사의 등불을 전해 받고 부처님의 혜명(慧命)을 잇는 자는 반드시 삼조(三朝)의 천자 복과 칠대(七代)에 장원급제한 자질이어야 가능하다."

이 말이 너무 지나친 것 같으나 틀린 말도 아니다.

예전에 중봉(中峰) 노스님이 "무량겁 동안 받은 생사를 오늘 밑바닥까지 뒤집으려 하는 일이 어찌 쉬운 일이겠는가?" 하였다.

그러므로 십선(十善)[1]을 닦아야 천상에 태어나고, 인공(人空: 我空)을 깨달아야 소승과(小乘果)를 얻으며, 오랫동안 만행(萬行)을 쌓은 보살도 오히려 용문(龍門)[2]에 오르기 전에 주저앉고 만다. 그렇다면 삼조니 칠대니 하는 것도 오히려 비슷하게 말한 것이다.

"온 세상에 주인 노릇하고 여러 선비 가운데 괴수가 된다." 하는 말도 오히려 조그만 비유에 불과하다. 사실대로 말하면 불가사의한 지혜와 공덕을 성취한 것이다.

그렇다고 이처럼 어려운 일임을 핑계하여 스스로 희망을 꺾어서는

1 몸과 입과 마음으로 행하는 열 가지 선행. 몸으로 행하는 선행에 세 가지니, 곧 살생하지 않는 것, 도둑질하지 않는 것, 음행하지 않는 것이다. 입으로 행하는 선행은 네 가지니 곧 거짓말 하지 않는 것, 두 가지 말을 하지 않는 것, 상스런 말을 하지 않는 것, 번드레한 말을 하지 않는 것이다. 마음으로 하는 선행에 세 가지니 곧, 탐욕하지 않는 것, 화를 내지 않는 것, 삿된 견해를 갖지 않는 것이다.

2 황하의 상류에 있는 좁은 계곡의 이름. 물살이 빨라서 잉어가 이곳을 오르면 용이 된다고 한다.

안 된다. 마음을 가다듬고 정진하여 마군을 만나더라도 물러서지 않고 어려움을 당할수록 더욱 굳건히 지극한 이치를 참구하여 깨달음으로 최고의 법칙을 삼는다면, 서로 계합할 때가 있을 것이다.

왜냐하면 숙세의 선근은 예측할 수 없기 때문이다.

살생한 죄

제갈공명이 등갑군(藤甲軍)[1]과의 싸움에서 동만(洞蠻)[2]들을 불태워 죽인 후 "내가 비록 나라에는 큰 공을 세웠으나 이로 인하여 나의 수명은 감소하게 되었다." 하였다. 이처럼 사람을 죽이는 것이 죄가 되는 줄 누구나 알고 있으나, 소나 양 · 개 · 돼지 따위는 날마다 죽여 고기를 먹으면서도 아무렇지 않게 생각한다. 사람보다 미천하다 하여 그럴지 모르나 어찌 죄가 되지 않겠는가?

또 『예기(禮記)』에 "임금은 까닭 없이 소를 죽여서는 안 되고, 대부는 까닭 없이 양을 죽여서는 안 되며, 선비는 까닭 없이 개나 돼지를 죽여서는 안 된다." 하였다. 가축 중에서 큰 것을 죽이는 것이 죄가 되는 줄은 누구나 알고 있으나, 새우 · 바지라기 · 고동 · 조개 따위는 한 번 젓가락질을 할 때마다 걸핏하면 백천을 헤아리건만 아무렇지도 않게 생각한다. 미천한 것이라 하여 그럴지 모르나 어찌 죄가 없겠는가?

아, 생명이 있는 것은 모두 불성이 있다는 말씀에 의하면, 개미나 사람이 모두 꼭 같은 존재니 어찌 낫고 못하고를 말하겠는가!

만약 귀한 것은 천한 것을 속일 수 있고 강한 것은 약한 것을 업신여기는 것이 당연한 이치라면, 사람도 죽여 먹을 수 있으리니 어찌 낫고 못하고를 말하겠는가!

1 맹획(孟獲)의 장수인 올돌골(兀突骨)의 군사들이 입은 등나무로 만든 갑옷.

2 남방의 만족을 멸시하여 이르는 말. 맹획의 남만(南蠻)을 말한다.

『범망경』에서 말씀하시기를 "모든 생명 있는 것을 고의로 죽여서는 안 된다." 하시니, 그 뜻이 참으로 깊음을 알 수 있겠다.

종문宗門의 말을 함부로 흉내 내서는 안 된다

고인은 크게 깨달은 후에 이렇게도 말하고 저렇게도 설했으며, 바로 또는 반대로 설하기도 하고, 드러내 내보이기도 하고 비밀히 보이기도 했다. 이것은 낱낱이 부처님의 심인(心印)에 계합하여 모두 진실한 말씀이어서, 장생(莊生: 장자)의 우언(寓言)[1]에 비할 바가 아니었다.

요즘 사람들은 아직 깊이 깨닫지 못했으면서, 자질이 조금 총명하고 언변이 날쌘 자들은 어록 가운데 문답기연(問答機緣)을 엿보고 금방 이를 본떠 말한다. 전도되고 기이한 말로 세속인의 눈을 현혹하는 것만을 중요하게 여긴다.

예컨대 "한낮이 삼경(三更)이요 밤중에 해가 뜬다." 한 것이라든지, "산꼭대기에서 물결이 일고 바다 밑에서 먼지가 일어난다."는 둥, 갖가지 무의미한 말들을 함부로 남발하고 있다. 무식한 자들은 이를 헤아려 볼 능력이 없어서 이구동성으로 찬탄하고, 그들은 자신이 참으로 깨달은 줄 안다. 그렇게 해서 심지어 "한 방망이로 때려 죽여 개에게 먹게 하리라." 하거나, 혹은 "여기 조사가 있느냐? 불러오라. 내 발을 씻겨야겠다."는 둥, 이런 일들에 아무 거리낌 없이 흉내를 내곤 한다.

아, 함부로 반야를 말하는 죄는 용서받지 못한다! 참으로 두려운 일이다.

1 직접 표현하지 않고 다른 사물에 가탁하여 나타내는 말. 또는 말에 가탁하여 뜻을 담아내는 일.

어록을 읽되 고인이 용심한 곳을 살펴야 한다

고인의 어록 문자를 읽을 적에는 늘 유념해야 한다. 묻고 답한 것과 염(拈)하고 송(頌)[1] 한 것 중 기봉(機鋒)이 날카롭고 언어가 기묘한 곳이 내 마음에 흡족하고 나의 담병(談柄: 설법할 때 드는 법구)에 도움이 될 만한 것만을 취하지 말고, 고인이 어떻게 공부하여 이렇게 큰 깨달음에 이를 수 있었는지를 깊이 살펴야 한다.

그 가운데는 공부를 지어갈 때 힘들여 용심한 곳을 스스로 서술한 부분이 있으니, 이를 본받아 행해야 한다. 소위 '어찌 저 본보기에 따라 수행하지 않으랴' 한 것이다.

만약 표절하고 모방하기만 하면, 설사 날이 오래고 세월이 깊어 입이 매끄럽고 혀가 부드러워 엄연히 고인과 비교하여 진짜로 혼동할 수 있을지라도, 비단에 새긴 꽃이나 종이에 그린 떡이라, 무슨 일을 이루겠는가?

1 선사가 깨달음을 보이는 여러 가지 방법. 징(徵: 학인에 법을 묻는 것) · 염(拈: 公案의 大義를 잡아내는 것) · 별(別: '나는 그렇게 말하지 않겠다' 하며 법을 보이는 것) · 대(代: '내가 대신 대답해 주마' 하며 법을 보이는 것) · 가(歌: 운문 형식을 빌려 법을 보이는 것) · 송(頌: 絶句體로 깨달음을 보이는 것).

야기夜氣[1]

소자첨(蘇子瞻: 소동파)이 이렇게 말한 적이 있다.

"어떤 선생은 선(禪)을 배운 적이 없으나 죽음이 임박하자 때가 이른 것을 스스로 알았다. 아들이 가르침을 물으니 '특히 오경(五更: 날샐 녘)에 일찍 일어나라' 하였다. 아들이 알아듣지 못하고 '가업을 부지런히 하라는 말씀입니까?' 하니, '그렇지 않다. 오경이라 말한 것은 죽을 때 가져갈 것을 말한 것이다. 이를 부지런히 하라는 뜻이다.' 하였다."

고인은 "아무것도 가져가지 못하지만 업만이 몸을 따라간다. 가져갈 것이란 몸을 따라가는 업을 말한 것이다." 하였다. 그런데 업에는 두 가지가 있다. 하나는 사업(事業)이요, 하나는 도업(道業)이다. 사업에는 선과 악이 있는데 악업은 말할 필요도 없거니와, 선업은 닦아야 할 복이요 도업은 닦아야 할 지혜다. 이것을 오경에 일어나 부지런히 행하라는 것이니, 『맹자』에서 말한 '야기(夜氣)'다.

그러나 가져갈 것도 가져올 것도 없는 것이 있다. 이것은 오경뿐만 아니라 매 순간마다 단단히 지녀서 잠시도 잊어서는 안 된다.

1 고요한 밤의 깨끗한 심기(心氣). 고요한 밤, 외물과의 일체 접촉이 없는 상태의 순수한 마음. 『맹자』 고자(告子) 상(上)에 나오는 말.

불인佛印 선사[1]

동파(東坡) 거사 시에 이러한 구절이 있다.

원공(遠公)[2]은 술을 받아 놓고 도연명을 맞이했고
불인은 돼지고기를 삶아 놓고 자첨을 기다리네.
遠公沽酒延陶令
佛印燒豬待子瞻

대해탈인은 파격적으로 서로 가깝게 사귀는 것도 무방하리라는 생각이 들기는 한다. 그러나 술을 받았다는 것은 그렇다 치더라도, 돼지고기를 삶았다는 말은 너무 지나치지 않은가?

가령 협객이 자첨을 핑계하고, 미친 중이 불인을 흉내 낸다면, 이런 선례를 처음 만든 허물을 어떻게 감당할 것인가?

1 운거요원(雲居了元: 1032~1098) 선사를 말한다. 송나라 때 스님. 어려서 공종(空宗)에게 귀의하여 출가하였다. 개선선섬(開先善暹)에게 참학하여 그의 법을 이어받았다. 시호가 불인(佛印)이다.

2 혜원(慧遠: 334~416) 법사를 말한다. 동진(東晋) 때 스님. 13세에 이미 육경(六經)을 공부하여 특히 노장(老莊)에 정통하였다. 21세 때 출가하여 도안(道安)에게서 수행 정진하고, 여산에 들어가 동림사에서 살았다. 30년 동안 여산에 있으면서 많은 경론을 번역하고, 수많은 도속을 모아 백련사(白蓮社)를 개설하여 염불회를 만들었다. 도연명(陶淵明)과 육수정(陸修靜)과의 교유는 유명하다.

그러므로 이 일을 나는 애당초 믿지 않는다.

옛말에 "시인은 사물에 의탁하여 시가를 창작하곤 한다. 실제로 꼭 그런 것은 아니다." 한 것이 이것이다.

만약 이런 일이 실제로 있었다면, 자첨은 그만 두고 불인은 부처님 계율에 따라 마땅히 절에서 쫓아내야 한다.

공부는 오로지 한 가지에만 마음을 쏟아야 한다

미원장(米元章)[1]이 말하기를 "글씨를 배울 적에 오직 이 일에만 전념하고, 이 밖에 좋아하는 일은 없어야 비로소 공을 이룰 수 있다." 하였다.

또 내가 듣기에, 옛날 어느 거문고 명인은 "두세 곡 정도만 전공해야 비로소 오묘한 경지에 들어갈 수 있다." 하기도 하였다.

이런 말이 평범하고 하잘것없는 것 같지만, 더 큰 일에도 비유할 수 있다. 부처님께서는 "마음을 한 곳에만 두면 무슨 일이건 이루지 못할 것이 없다." 하셨다.

그러므로 마음이 두 갈래로 나눠지면 일이 하나로 돌아오지 않고, 생각이 전일하고 뜻이 돈독하면 속히 삼매를 이룰 수 있다.

참선하는 이든 염불하는 이든 이 말을 깊이 명심하라.

1 송나라 때 태원(太原) 사람. 서화가. 이름은 미불(米芾), 자가 원장이다. 왕희지의 서풍을 이었으며 채양(蔡襄)·소식(蘇軾)·황정견(黃庭堅) 등과 함께 사대가(四大家)의 한 사람이다. 그림으로는 먹의 번짐과 농담(濃淡)만으로 그리는 미법산수화(米法山水畵)를 창시하였다.

보살의 자비는 성문보다 낫다

경에 말씀하셨다.

"성문인(聲聞人)은 누가 욕을 하거나 헐뜯으면 묵묵히 참고 있거나 아예 피해 버린다. 그러나 보살은 그렇지 않고, 자비심을 더하여 마치 친자식과 같이 사랑하여 갖은 방법으로 제도한다."

이처럼 보살의 자비는 성문보다 비교할 수 없을 정도로 훌륭하다. 하지만 세상 사람들은 고욕(苦辱)만도 참기 어려운데, 더욱이 고욕을 참을 뿐만 아니라 다시 사랑할 수 있겠는가?

경에 또 말씀하시기를 "중생은 보살에게 은혜를 베푼 적이 없으나 보살은 늘 중생을 이익되게 하려 한다." 하였다.

세상 사람들은 은혜를 입고도 오히려 갚지 않는데, 더욱이 자기에게 아무 은혜도 베푼 적이 없는 이를 이익되게 하겠는가?

이런 뜻을 깨달은 자는 천하에 누구에게도 베풀지 못할 것이 없고, 누구도 교화하지 못할 자가 없을 것이다.

선禪은 교敎와 합하지 못한다

일찍이 종원(宗元)[1] 학사가 『중용』과 『대학』으로 『능엄경』과 견주고, 종문(宗門: 禪)의 어구(語句)와도 화합하려 하면서 이런 뜻을 설두 현(雪竇顯)[2] 선사에게 물으니, 선사가 "이것은 교와도 화합할 수 없는데 더욱이 『중용』이겠습니까? 학사는 반드시 실제로 깨달아야 합니다." 하고는 손가락을 한 번 튕기며 "이렇게만 천취(薦取: 전부 취하다)하십시오." 하니, 종원이 이 말을 듣고 단박 깨달았다.

부처님의 일대시교(一代時敎)는 수행인이 의지해야 할 표준과 같은 것인데, 선(禪)이 교(敎)와 합할 수 없다면 이것은 마설(魔說)에 불과하다. 그러나 그렇게 말한 것은 교 밖에 따로 전한[敎外別傳] 뜻이다.

전한 것이 교 밖에 있다면 교에서 말한 것은 어떤 일인가? 손가락을 버리고 직접 달을 봄으로써 언어 문자 밖에서 뜻을 얻게 한 것이다.

1 당나라 하동 해(解) 땅 사람. 유종원을 말한다. 자는 자후(子厚). 세칭 유하동(柳河東)이라 한다. 문장에 뛰어나 한유(韓愈)와 함께 한유(韓柳)로 일컬어지며, 당송팔대가(唐宋八大家)의 한 사람으로 꼽힌다.

2 송나라 스님. 설두산 중현(重顯: 980~1052) 선사를 말한다. 어려서 보안원 인선(仁銑)을 따라 출가하여 구족계를 받고, 석문의 곡은온총(谷隱蘊聰)에게서 교상을 연구하고 지문광조(智門光祚)를 알현하고 깨달음을 얻어 법을 이어받았다. 30여 년간 산에 머물며 70여 명의 제자를 양성하였다. 『경덕전등록』을 중심으로 고칙(古則) 100여 가지를 뽑아 여기에 송고(頌古)를 지어 『설두송고』라고 한다.

예컨대 세존이 꽃을 들어 보이시자 가섭이 미소한 것은 만대 종문의 전법의 시초였다. 그런데 이제 공안을 바꾸어 "이것은 꽃을 들어 보인 것과도 합하지 않으니, 꽃 밖에 따로 전한 것이 있다." 한다면 어떻겠는가?

고인이 말하기를 "구지 화상이 깨달은 곳은 손가락 끝에 있지 않다." 고 했다. 지금 설두가 손가락을 튕기자 종원이 깨달은 것을 지금 또 공안을 바꾸어 "이것은 손가락을 튕기는 것과도 합하지 않으니, 손가락 밖에 따로 전한 것이 있다." 한다면 어떻겠는가?

방참반放參飯

월(越) 지방에서는 안거 중일 때 밤에 밥을 지어 먹었는데, 이를 '방참반'이라 한다. 그런데 분에 넘치게 사치하여 웬만한 오공(午供: 스님들이 대낮에 먹는 밥)보다 성찬이다. 더군다나 이런 일들이 이제는 어엿이 관습이 된 지 오래라고 한다.

옛날 어떤 노숙(老宿)은 옆방의 스님이 오후에 밥을 지어 먹는 것을 보고는, 자기도 모르게 눈물을 흘리며 불법이 쇠퇴해 가는 것을 슬퍼하였다 한다. 이처럼 스님네는 한낮을 지나서 음식을 먹는 것도 금하는데, 더욱이 밤중에 음식을 먹겠는가!

계율에 "인간이 발우 소리를 내면 아귀 목구멍에서 불이 난다." 하였다. 인적이 고요한 깊은 밤에 도마 소리 그릇 소리를 내면 이 소리가 그들의 귀를 때릴 것이요, 음식을 굽고 지지면 이 냄새가 그들의 코를 자극할 것이다. 이렇게 부처님의 자비의 가르침을 잊어버리고 입과 배의 욕심만 채우려는 짓을 하고서 과연 마음에 편하겠는가?

어떤 이는 "한밤중에 배가 고플 경우에는 어떻게 합니까?" 하고 묻는다. 그럴 때는 과일이나 떡 같은 것으로 대신하고 부엌일을 번거롭게 하지 않는 것이 좋다.

더욱이 오후불식계(午後不食戒)를 지키는 자는 오후부터 날 샐 때까지 과실 한 쪽도 입에 넣지 않는다. 우리는 그래도 저녁에 약석(藥石)[1]이라도 먹지 않는가? 그러면서도 만족할 줄 모르면 너무 지나치지 않은가?

1 약식(藥食)이라고도 한다. 병을 치료하기 위하여 먹는 음식이라는 뜻으로, 스님들의 저녁공양을 이렇게 부른다.

승당僧堂

예전의 존숙이 개당(開堂)[1]하여 대중을 수용할 경우에, 3백 명, 5백 명부터 심지어 황매(黃梅)[2]는 7백 명, 설봉(雪峰)은 천 명, 경산(徑山: 大慧)은 1천 7백 명까지 수용하였다고 한다.

나도 처음에는 세상에 늦게 태어나 저 용상(龍象)의 무리에 끼지 못하는 것을 안타까워했으나, 이제 나이 들고 보니 정법(正法), 상법(像法), 말법(末法)[3]이 참으로 헛된 말이 아님을 비로소 알 수 있었다. 이렇게 넓은 회상, 많은 대중 중에서 한두 사람도 진실하게 도를 구하는 자를 볼 수 없기 때문이다.

금기라(金企羅)[4] 존자는 세 사람이 벗을 맺어 걸식하였다. 자명 원(慈

1 선승이 법당을 열고 공식적인 설법을 시작하는 것. 남송대(南宋代) 이후의 개당은 방장의 부임 행사의 일부로 행하였으나, 그 이전에는 별개의 행사로 부임 후에 행하였다.

2 오조홍인(五祖弘忍: 594~674) 선사를 말한다. 중국 선종의 오조(五祖). 사조(四祖) 도신(道信)의 제자가 되어 오랫동안 그의 회하에서 수행하고 법을 이었다. 홍인의 사상은 심성의 본원에 철저히 함을 본지로 하여 수심(守心)을 참학(參學)의 요지로 삼았다.

3 부처님이 입멸(入滅)하고 나서 시대가 흘러감에 따라 그 설한 교(敎)가 여법(如法)히 실행되지 않는다는 역사관에 입각하여 시대를 정·상·말의 세 시기로 나누었다. 세 시기의 시한(時限)에 대하여 여러 설이 있으나 대개는 정법 5백 년, 상법 1천 년, 말법 1만 년 설을 취한다.

4 미처 상고하지 못하였다.

明 圓)[5] 선사는 여섯 사람이 도반이 되어 분양(汾陽)[6]에게 참예하여, 세 사람은 아라한과(阿羅漢果)[7]를 증득하고 여섯 사람은 큰 그릇을 이루었다. 만약 숫자가 많았다면 증득한 자는 적고 이룬 자도 드물었을 것이니, 많은 것이 무슨 도움이 되겠는가?

나는 겨우 좌복 마흔여덟 개 정도 들일 만한 승당을 지었다. 고인과 비교하면 십 분의 일에도 미치지 못한다. 그러나 이것도 오히려 많다는 생각이 들어 좁히고 줄이려고 한다.

대중을 두루 살피려는 넓은 마음이 없어서가 아니라, 말법에 다다라 이와 같이 할 수밖에 없기 때문이다.

5 석상초원(石箱楚圓: 986~1040) 선사를 말함. 송나라 때 스님. 수계 이후 총림을 편력하다가 분양선소(汾陽善昭)에게 참학하여 그의 법을 받음. 자명(慈明)은 절 이름, 석상(石霜)은 산 이름.

6 분양선소(汾陽善昭: 947~1024) 선사를 말함. 오대말(五代末) 송나라 때 스님. 제방 선사들에게 참학였고, 수산성념(首山省念) 회하에서 대오한 후, 법을 이어받음. 분양의 태자원(太子院)에 머물면서 종요(宗要)를 설하였다.

7 응공(應供) · 복전(福田) · 살적(殺賊) · 무학(無學)이라 번역한다. 일체 번뇌를 끊고 지혜를 완성한 성자.

염불 모임

염불 모임을 만든 것은 여산(廬山)의 혜원(慧遠) 법사부터 비롯되었는데, 요즘은 모임을 주관하는 자가 혜원 스님만한 이가 없고, 또한 모임에 참여하는 자도 여산의 18현(賢)[1]만 한 이들이 없다. 그렇다면 대중의 수가 적은 것이 좋고 많은 것은 옳지 않다. 왜냐하면 진실로 정토를 닦는 자는 선원 대중과 같기 때문이다.

요즘은 심지어 남녀가 섞여 모임을 함께하고 있다. 이런 일은 여산에서도 없었던 일이다. 여인은 반드시 가정에서 염불하여야 하고 남자의 무리 속에 끼어서는 안 된다. 이것은 세상의 비난을 멀리하고 부처님 정법을 보호하려는 의도니, 이보다 중요한 일도 없다. 뜻을 같이하는 이들은 이를 지켜 주기 바란다.

또한 방생 모임도 대중의 수가 적은 것이 좋고 많은 것은 옳지 않다. 진실한 자비심으로 중생을 구하려는 것은 염불 모임의 사람과 같기 때문이다. 내 생각에는 각자 눈에 보이는 대로 힘닿는 데까지 사서 방생하되, 한 철에 한 번이나 혹은 한 해에 한 번 정도 일정한 장소에 모여 서로 방생한 것을 헤아려 보고 덕업(德業)을 논하다가 잠시 후에 헤어지는 것이 좋을 것이다. 과다한 경비를 들여 음식을 장만하거거나 너무 장시간 모임을 이끌어서는 안 된다. 뜻을 같이하는 자들은 이를 지켜 주기 바란다.

1 연사십팔현(蓮社十八賢)이라고도 한다. 혜원 법사가 강서 여산 동림사에 백련사(白蓮社)를 처음 만들고 도속 123인과 함께 염불모임을 가졌는데, 그 가운데 열여덟 사람을 일컬어 '여산 십팔현'이라 하였다. 곧, 혜원·혜영·혜지·도생·담순 등 스님과, 유유민·장야·주속지·장전 등 거사 열여덟 명이다.

연사蓮社

세상에 어떤 무뢰악배(無賴惡輩)는 부처님 이름을 가장하여, 심지어 대중을 모아 반역을 도모하는 자도 있다고 한다.

그런데 그들이 주장하는 것은 모두 "석가 부처님 세상은 이미 쇠퇴했으니 미륵불이 당연히 세상을 다스릴 것이다." 하며, 여산 혜원 법사의 백련사(白蓮社)의 취지를 비방하였다.

혜원 법사는 사람들에게 사바세계를 버리고 정토를 구하기를 권하며 가르침을 전했다.

"금이나 은은 마음을 더럽히는 더러운 물건이요, 벼슬은 몸을 얽어매는 고구(苦具)와 같은 것입니다. 여색(女色)은 목숨을 빼앗는 도끼요, 화려한 옷과 맛있는 음식, 논밭이나 집은 모두 삼계(三界)에 떨어지게 하는 함정입니다. 오직 인간 세상을 벗어나 연화 회상에 태어나기만을 기원합시다."

이를 보면 이 세상에 무엇을 흠모하고 무엇을 부러워할 것이기에, 저 미륵불을 가장한 자는 금 · 은 · 작록과, 여색 · 의식 · 전택 따위를 얻을 수 있다고 어리석은 백성들을 유혹하여 다투어 자기를 따르도록 선동하는지 모를 일이다.

이를 보면 이 두 가지는 얼음과 불과 같이 상반되니, 이를 밝히지 않을 수 없다.

그러나 연사회(蓮社會)를 갖는 자도 반드시 세상 사람들의 비난과 허물을 멀리할 수 있는 모임이어야 한다. 앞에서 말한 대중의 수는 적은 것이 좋고 많으면 번거롭다 한 말을 깊이 명심해 주기 바란다.

내가 전에 『재가인이 진실하게 수행하는 글[在家眞實修行文]』이라는 글을 써서 세상 사람들에게 권한 적이 있거니와, 그 내용은 대략 이런 것이었다.

"진실로 수행하는 자는 굳이 무리를 짓거나 모임을 만들 것은 아니다. 집 안에 조용한 방이 있을 것이니 거기서 문을 닫아걸고 염불하는 것이 옳다.

또한 꼭 스님들에게만 공양할 것은 아니다. 집안에 부모가 계실 것이니 효순한 마음으로 봉양하면서 염불하는 것이 옳다.

또 반드시 밖으로 나돌며 강의를 들으려 할 것은 아니다. 집에 경전이 있을 것이니 부처님 경교(經敎)에 의지하며 염불하는 것이 옳다.

또한 오직 절에만 시주할 것은 아니다. 가난한 친척이나 이웃에게 두루 베풀면서 염불하는 것이 옳다.

왜냐하면 실질(實質)에 힘쓰는 자는 겉으로 드러난 일에 치중하지 않기 때문이다."

스님네는 나의 이런 뜻을 모든 신남 · 신녀에게 널리 전해 주기 바라노라.

마음과 담

"담은 크게, 마음은 작게"라는 말이 있다. 담이 크다는 것은 과감하게 일을 맡아 처리하는 것을 말하고, 마음이 작다는 것은 일을 자세히 헤아려 가늠하는 것을 말한다.

과감하게 일을 처리하기 때문에 천만 사람 속으로 달려 나가고, 자세히 헤아리므로 일을 당해서 두려워하며 모의를 신중히 하여 일을 성취한다. 이야말로 정론(正論)이라 할 것이다.

그러나 스님네의 경우는 이와 상반된다. 나는 '마음은 크게, 담은 작게'라고 말하고 싶다. 마음이 크기 때문에 시방세계를 옹호하고 일체 중생을 떠맡아 널리 제도하며, 담이 작기 때문에 3천의 위의(威儀)와 8만의 세행(細行)까지도 지키면서 감히 소홀하게 행동하지 않는다.

요즘은 초학(初學)으로서 조금 총명한 자는 가까이는 주위의 선배들을 멸시하고 멀리는 옛 사람들조차도 우습게 여긴다. 청규(清規)를 경시하고 정토를 얕보니 담이 크다고는 하겠다. 그러나 사실을 살펴보면 오직 자기만 있는 줄 알고 다른 사람은 모른다. 보잘것없는 피와 살로 된 육신만 보양하고 아낄 줄 알지, 광대한 법계 도량은 회복하여 충만하게 할 줄은 모른다. 그러니 마음은 작다 하겠다.

어떤 이는 "황벽(黃蘗)[1] 선사는 '행동이 거친 사문[麤行沙門]'[2]이라 불렸으니, 담이 큰 것을 말한 것이 아니겠습니까?" 한다.

1 황벽희운(黃蘗希運: ?~850) 선사를 말한다. 당나라 때 스님. 복주의 황벽산에 출가한 후, 강서성 백장산의 백장회해(百丈懷海)의 제자가 되어 그의 현지를 이어받았다.

아! 호랑이 그림에 서툰 자가 호랑이는 그리지 못하고 겨우 개만 그렸을 뿐이다. 그대가 말한 '담이 크다'는 것이 추행사문은 되지 못하고 무뢰한 중이 되고 말까 두렵다. 신중히 하지 않을 수 있겠는가?

2 선사가 염관사(鹽官寺)에 있을 때 일이다. 법당에서 부처님에게 예배를 올리고 있노라니, 그때 당나라 선종(宣宗)이 사미로 있었다. 사미가 물었다.
"부처를 구할 것도 아니요 법을 구할 것도 아니요 승을 구할 것도 아니니, 장로께서 예배하여 대체 무얼 구하려 하십니까?"
"부처를 구하지도 않고 법을 구하지도 않고 승을 구하지도 않으며, 항상 이와 같은 일을 예배하노라."
또 물었다.
"예를 해서 어디다 씁니까?"
그러자 선사가 사미의 빰을 후려갈겼다.
사미가 "무척 거친 자로군!" 하니, 선사가 "여기에 무엇이 있기에 거칠고 부드러운 것을 말하는가?" 하였다.

태뇌太牢[1] 로 공자에게 제사하다

한고제(漢高帝: 유방)가 노(魯) 지방을 지날 때 태뇌로 공자에게 제사하니, 사관(史官)이 기록하고 이 사실을 아름답게 여겼다.

이렇게 한 데는 두 가지 의미가 있었다. 첫째는 포악한 진나라의 분서갱유(焚書坑儒) 후에 이러한 거사를 행했다는 점이다. 둘째는 고조는 시서(詩書)에 밝지 못하여 관을 부수고 선비를 욕보였던 임금이었는데도 이런 거사를 행했기 때문에, 특히 이 사실을 아름답게 여겼던 것이다.

공자의 도덕을 말하면 요순보다 어질어서 천지와 짝이 될 만하고 부모보다도 더하시니, 비록 용과 봉을 삶고 코끼리와 고래를 굽더라도 어찌 만에 하나 그의 은혜를 갚을 수 있으랴. 그런데 더욱이 성차각(騂且角)[2]의 보잘것없는 물건이랴.

그러나 "동쪽 마을의 소를 잡아 지내는 성대한 제사가 서쪽 마을의 성의 있는 제사만 못하다." 한 것은 『주역』의 명훈(明訓)이거니와, 의식이 진실하지 않으면 귀신도 이를 토하려 할 것인데 더욱이 성인이겠는가?

이 한 가지 예로 그 밖의 것은 잘 알 수 있을 것이다.

애석하다! 옛날부터 오늘까지 관습이 된 지 오래여서 만류할 길이 없구나!

1 소·양·돼지의 세 가지 희생을 갖춘 제수(祭需)

2 털이 붉고 뿔이 반듯한 희생

유교와 불교가 서로 비난하다

예전부터 유교는 불교를 비난하고 불교도 유교를 비난해 왔다.

불교가 처음 중국에 들어오면서 불교를 숭상하는 자가 많아지니, 유교는 세간의 도(사회의 도덕과 풍조)를 가르친지라 불교를 비방하는 것이 지나친 일이 아니었다.

유교가 불교를 비방하자 불교에 대해 의심을 품는 자들이 많아지니, 불교는 출세간의 도(세속을 벗어나는 길)를 가르친지라 도리어 유교를 비방하는 것이 또한 허물될 일이 아니었다.

그러나 부혁(傅奕)[1]과 한유(韓愈)가 불교를 비방하기 시작한 이후로 후인들도 이를 본받아 비난을 그치지 않으니, 이는 잘못이다. 왜냐하면 구름이 이미 해를 덮고 난 후에 굳이 다시 연기를 피워 이를 가리려 애쓸 것은 없기 때문이다.

또한 명교(明教)와 공곡(空谷) 스님이 유교를 비방한 이후로 후인들이 이를 본받아 비난을 그치지 않으니, 이것도 잘못이다. 왜냐하면 태양이 이미 어둠을 파한 후에 굳이 다시 등불을 켤 것까지는 없기 때문이다.

사실대로 말한다면 유교와 불교가 서로 헐뜯을 것이 아니라 서로 도와야 한다. 그 이유를 대략 들어 보겠다.

사람이 악한 일을 저질렀을 경우에 생전에는 법망을 피할 수 있으나 죽은 후에 지옥에 떨어질까 두려워 악한 마음을 버리고 선행을 닦게 된다면, 이것이 임금의 교화가 미치지 못하는 바를 음으로 돕고 있으니, 이

1 당나라 업(鄴) 땅 사람. 태사령(太史令)을 지냈다. 수(數)에 밝았고 『노자』를 주석하였다. 위(魏)·진(晉) 이래 불교를 비난한 글을 모아 『고식편(高識篇)』을 지었다.

것이 곧 불교다.

또한 스님들 중에 청규로 단속하지 못하는 자가 국가의 형벌이 두려워 감히 방자하게 굴지 못하면, 이것은 불법이 미치지 못하는 일을 양으로 돕고 있으니, 이것이 곧 유교다.

요즘은 스님네가 불법이 번창하지 못하는 것만을 염려하고, 불법이 지나치게 번창하는 것은 스님들에게 복될 일이 아니라는 것은 알지 못하고 있다. 다소 제재하고 억제해야 한다.

불법이 오랫동안 세상에 남아 있게 되는 것은 바로 유교가 있기 때문이다. 이런 줄을 안다면 서로 비난할 일이 아니라 서로 칭찬하는 것이 마땅하다.

명예

사람들이 재물을 탐하는 데 대한 피해는 알고 있으나, 명예를 탐하는 데 대한 피해가 더욱 심한 줄은 알지 못한다. 왜냐하면, 재물의 피해는 거칠어서 쉽게 볼 수 있으나 명예의 해는 세밀하여 쉽게 알기 어렵기 때문이다.

그러므로 조금이라도 자신을 돌아볼 줄 아는 자는 재물은 가볍게 여길 줄 알지만, 명예에 대해서는 대현대지(大賢大智)가 아니면 면하기 어렵다.

명예를 얻기 위해서는 일부러 이상야릇한 행동을 하고, 명예를 보전하기 위해서는 간사하게 과오를 숨기려는 계략을 꾸미며 죽을 때까지 명예에 골몰하기에 겨를이 없으니, 몸과 마음을 다스릴 틈이 있겠는가?

예전에 한 노숙이 "세상에 명예를 좋아하지 않는 자가 없다!" 하고 탄식하였다. 그러자 좌중에 어떤 자가 일어나 "참으로 스님 말씀이 옳습니다. 명예를 좋아하지 않는 자는 스님 한 분뿐입니다." 하니, 노숙이 매우 기뻐하며 활짝 웃었다.

그러나 이미 속임을 당한 줄 알지 못하였다. 명예의 관문을 타파하기는 이렇게 어렵다.

양무제梁武帝[1]

내가 『정와집(正訛集)』에서 양무제가 굶어 죽었다는 무고에 대해 이미 변명한 적이 있었으나, 그 밖의 일은 다소 미흡한 듯하므로 여기서 대강 밝혀두려 한다.

무제가 육식을 끊고 채식만 했다 하여 사람들이 비웃고 있으나, 농부가 힘써 농사지어 양식이 넉넉하더라도 능히 입에 맞는 갖가지 음식을 먹을 수가 있는데, 임금으로서 어찌 자신의 입에 맞는 맛있는 음식이 수만 가지인 것을 모르고 한갓 채식으로 만족했겠는가?

또한 국수로 희생을 대신했다 하여 사람들이 비웃고 있으나, 선비가 뛰어난 성적으로 급제하더라도 오히려 조상에게 은혜를 베풀어 준 것을 감사하며 영광으로 여기는데, 무제는 자신의 부귀가 천자임을 알지 못하고 어찌 한갓 국수로 대신했겠는가?

사형을 집행할 때 반드시 눈물을 흘렸다 하여 사람들이 비웃고 있으나, 그것은 '수레에서 내려 눈물을 흘리며, 한 백성이라도 죄를 지은 것은 나의 잘못이다'[2] 한 마음으로, 무제는 죽이고 살리는 것이 어찌 자신의 권한임을 알지 못하고 그랬겠는가?

다만 그가 몸소 승려가 된 점에 대해서만은 임금의 체통을 잃어버린

1 남조(南朝) 양소연(梁蕭衍)의 시호. 남난릉(南蘭陵) 사람. 양을 개국하고 국정을 바로 잡았다. 불교를 깊이 믿어 절을 수없이 세우고 많은 스님들을 출가하게 하였다. 후경(侯景)을 받아들여 동위(東魏)와 친선을 꾀하다 후경에게 수도가 함락당하여 굶어 죽었다. 재위 48년. 문학·악률·서법에 두루 능하여 많은 저술을 남겼으나 『양무제어제집(梁武帝御製集)』만 남아 있다.

2 우(禹) 임금의 고사.

잘못이라 할 것이니, 그것은 신심만 있고 지혜가 없어서 이치를 보는 안목이 분명치 못했기 때문이다. 자신의 처지를 돌아보지 않고 종교만을 중히 여겼던 것이니, 너무 지나친 집착이라 할 것이다.

또한 진 · 송(晋宋) 이후로 다투어 선관(禪觀)을 자랑했으나, 이 밖에 더 훌륭한 일이 있는 줄 알지 못하였다. 이 때문에 달마 대사 같은 큰 법을 만났으면서도 깨닫지 못했으니, 이 점이 무엇보다 안타까울 뿐이다.

만약 나라를 잃어버린 사실을 들추어 헐뜯는다면 정확한 사관(史觀)이라 말할 수 없다. 무제의 허물은 자비롭다는 허물이요, 무제의 자비는 자비롭지만 너무 지나쳤다는 점이다. 이를 어찌 진(陳) 후주(後主)[3]나 북주(北周) 천원(天元)[4]이 나라를 잃어버린 것과 동일하게 평가하겠는가?

만약 부처님을 숭봉했다는 사실을 들어 헐뜯는다면, 나는 이 점에 대해서는 언급하고 싶지 않다.

3 남조(南朝) 진(陳)의 마지막 황제. 이름은 숙보(叔寶), 자는 원수(元秀). 선제(宣帝)의 장자. 정사는 돌아보지 않고 궁실을 크게 짓고 총비(寵妃)나 사신(詞臣)들과 잔치를 즐겼다. 수나라 군대가 침입하자 경양궁에 숨어 있다가 발각되어 장안으로 압송된 뒤 낙양에서 병사하였다. 재위 6년.

4 천원황제(天元皇帝). 북주 선제(宣帝)의 자칭. 북주 무제의 장자로 재위 1년 만에 태자에게 제위를 물려주고 천원황자라 자칭하였다.

왕소王所의 꽃

산 속에 어떤 꽃이 피었는데, 한 뿌리와 한 가지에서 크고 작은 꽃이 피었다. 큰 것은 매화나 오얏만 한데 밖으로 빙 둘러 에워싸고, 작은 것은 귤이나 계수나무꽃만 한데 가운데로 송골송골 모여 피어 있다.

바깥 것의 수는 대략 여덟 송이요 안의 것은 백여 송이나 되는데, 나무꾼도 별로 기이하게 생각하지 않고 이름을 아는 자도 없다.

나는 이것을 보고 퍽 기이하게 생각하였다. 같은 꽃이면서도 크고 작은 차이가 있는 것도 기이하거니와, 큰 것은 밖에서 감싸고 있고 작은 것은 안으로 모여 있으니 이것이 더욱 기이하였다.

그래서 '왕소(王所)의 꽃'이라고 불렀다. 큰 것은 심왕(心王)[1]이요 작은 것은 심소(心所)[2]다. 심왕의 수는 여덟[八]이니 밖으로 피어 있는 꽃이요, 심소의 수는 쉰하나[五十一]니 안에 있는 꽃이다. 밖의 것은 여덟에 간혹 증감(增減)하기도 하지만 여덟이 상수(常數)[3]요, 안의 것이 항상 본수(本數)[4]에 곱절이 되는 것은 심소가 비록 쉰한 가지지만 자세히 나누면 끝이 없기 때문이다.

1 바깥의 경계를 분별하는 마음의 주작용을 심왕(心王)이라 한다.

2 심왕(心王)의 작용이 일어나면 뒤이어 밉다, 곱다, 싫다, 좋다는 등의 분별이 일어나므로 이를 심왕의 소유법(所有法)이라는 뜻으로 줄여서 심소(心所)라고 한다.

3 안·의·비·설·신의 여섯 가지 식과, 7식인 말나식과 8식인 아뢰야식까지가 식의 기본임으로 이를 상수(常數)라고 한다.

4 대승 유식학에서는 심소를 51법으로 나누기 때문에 이를 본수(本數)라고 한다. 그러나 마음의 세세한 분별작용은 그 수를 헤아릴 수 없다.

심왕은 밖에 있고 심소는 안에 있는 것은, 왕(王)은 소(所)를 거느릴 수 있으나 소는 왕을 거느릴 수 없기 때문이다. 왕은 다섯에서 나왔고 소도 다섯에서 나와서 다섯 개의 꽃술이 있는 것은, 왕은 홑이요 소는 겹이기 때문이다. 밖의 것은 먼저 피고 안의 것은 늦게 피는 것은, 왕은 근본이요 소는 지말이어서 오래 묵어 있다가 이제야 나타나기 때문으로, 대개 시절인연을 말한 것이다.

어떤 이가 말하였다.

"이 꽃은 곱지도 않을뿐더러 태우면 연기가 사람을 괴롭히므로 나무꾼도 팽개치고 땔나무로도 쓰지 않습니다. 무엇이 기이하다 할 것이 있습니까?"

아! 이것이 바로 기이한 점이다. 장생(莊生: 장자)이 가죽나무를 귀히 여긴 것은 재목으로 쓸 수 없기 때문이다. 재목으로 쓰지 못하면 주워 땔나무라도 쓸 수 있을 것이지만 이것은 땔나무로도 쓸 수 없으니, 천하에 이보다 더 쓸모없는 것이 없다.

『주역』에서 말한 비둔(肥遯)[5]이라는 것이 바로 이를 두고 말한 것이다.

5 천산둔괘(天山遯卦). 군자는 은퇴하여 형통하고 소인은 정(正)을 지켜 이(利)를 보는 상.

불도佛道

옛 사람이 "네 마리 말이 끌 만큼 큰 구슬을 가졌더라도 불도를 닦는 것만 못하다." 하고 말하였다.

이 말을 곰곰이 생각해 보면, 어찌 네 마리 말이 끌 만큼 큰 구슬뿐이겠는가? 비록 천하에 왕 노릇 하더라도 불도를 닦는 것만 못하고, 어찌 한 천하에 왕 노릇 하는 것뿐이랴, 비록 도리천 · 야마천에 왕 노릇 하며, 더 나아가 삼천대천세계에 왕 노릇 하더라도 불도를 닦는 것보다 못하다.

그러나 예로부터 불도를 장생불사(長生不死)하는 도라 했건만, 요즘 머리 깎고 가사 수하며 자신을 납자라 일컫는 자들이 무상보리의 대도를 닦으면서 도리어 인간의 부귀를 부러워하는 자가 있다. 나는 그것이 무슨 마음인지 알지 못하겠다.

금색신金色身

부처님 몸을 금색(金色)이라 찬탄하거니와, 이것도 비슷하게 표현한 것일 뿐, 이른 바 인간세상의 '금'을 두고 한 말은 아니니다.

천상의 금이나 은을 인간세상의 것과 비교하면 마치 미옥(美玉)과 무부(碔砆: 옥 비슷한 돌)를 비교하는 것과 같은데, 천상의 금으로도 부처님의 몸을 표현할 수 없거든 하물며 인간세상의 금이랴.

그 아름답고 미묘하며 빛나고 맑은 모습은 범안(凡眼)으로는 볼 수 없다. 그렇다고 부처님 모습을 사람들에게 보여 주지 않을 수 없어서 부득이 흙이나 나무로 형상을 만들고 금박으로 장식했지만, 정말로 부처님 모습이나 색깔이 이럴 뿐이라 생각하면 잘못이다.

출가하여도 마음을 쉬기 어렵다

인간은 추우면 옷을 생각하고, 배고프면 음식을 생각하며, 거처는 좀 더 편안한 곳을 생각하게 되고, 생활은 풍족하기를 바란다.

또한 아들이 있으면 장가보낼 생각을 하고 딸이 있으면 시집보낼 걱정이며, 독서를 할 적에는 작록(爵祿) 얻을 생각을 하고, 가정을 꾸려가는 데는 부유하기를 생각하여, 잠시도 생각의 짐을 벗어 버리지 못한다.

그러나 분연히 집을 떠나 청중(淸衆)에 참예함으로써 이러한 걱정은 없어졌으나, 여전히 갖가지 생각을 떨쳐 버리지 못한다면 출가가 무엇이 귀하다 하겠는가?

부처님이 말씀하시기를 "항상 스스로 머리를 만져 보면서 외양을 꾸미지 말라." 하셨으니, 어찌 외양뿐이겠는가? 항상 스스로 머리를 만져 보면서 "나는 출가한 스님이다." 하고, 모든 인연을 일시에 놓아 버리고 일심으로 도(道)만 생각해야 할 것이다.

누에치기 1

누에치기는 많은 생명을 죽여야 하므로 너무 가혹한 짓인데도 세상에는 이를 만류하는 이가 없다.

어떤 이는 "위로는 천자와 백관(百官)이 이것을 이용하여 장복(章服)을[1] 만들어 입고, 아래로는 농부나 시골 아낙네가 이것 덕으로 생계를 꾸려 나가고 있습니다." 한다.

그러나 예전부터 누에치는 일이 없었다면 반드시 무명옷을 입는 것으로 만족하게 여겼을 것이다. 생계를 꾸려 간다고는 하지만 백성들 중에 누에를 치지 않는 자는 열에 아홉이요 누에를 치는 자는 열에 하나쯤이다. 누에를 치지 않는 자는 모두 굶어 죽었다는 말을 듣지 못했다.

또 "그렇다면 부자(夫子: 공자)는 어찌하여 삼베옷을 버리고 명주옷을 입었습니까?" 한다.

부자 당시만 해도 명주옷을 입은 지가 이미 오래 되었고, 공정도 삼베보다 간단하기 때문에 부자께서 우선 이것을 따른 것이니, 습속은 고치기 어려운 것임을 알 수 있겠다.

우 임금은 의복은 남루하게 입고 슬갑(膝甲)과 갓[2]은 잘 차려 입었는데, 갓은 명주를 사용하고 다른 것은 꼭 명주를 쓰지는 않았다. 그 의도를 짐작할 수 있지 않겠는가?

1 해·달·별 등의 도안을 수놓아 신분을 나타낸 예복.

2 슬갑과 갓은 모두 예복(禮服)이다. 슬갑은 예복 위에 껴입는 무릎까지 내려오는 옷.

누에치기 2

『주역』에 "복희(伏羲)가 결승문자(結繩文字)[1]를 만들고, 그물을 만들어 사냥하고 고기 잡게 하였다." 하였는데, 어찌하여 성인이 살생하는 나쁜 선례를 만들었을까?

예로부터 이에 대해 변명하는 자가 없었는데, 근래 왕괴정(王槐亭) 공이 붓을 들어 이렇게 밝혔다.

"태고에는 들짐승과 물짐승이 사람의 곡식을 해치는 일이 많았다. 그물질을 하게 한 것은 백성들에게 해를 끼치는 짐승을 제거하게 한 조처였지 짐승을 잡아먹게 한 것은 아니었다."

이 견해는 짐승의 생명을 보전하고 세상의 어리석음을 깨우쳐 주었을 뿐만 아니라, 옛 성인의 뜻을 잘 대변해 준 공이 있다 할 것이다.

다만 『사기(史記)』에서 말한 "황제(黃帝)[2]가 원비(元妃)인 서릉씨(西陵氏)에게 명하여 백성들에게 누에치기를 가르치게 하였다." 한 것은 어떻게 이해해야 할까?

들누에[野蠶]라는 것이 있어서 나무 가지에 실을 치는데, 이것을 채취하면 고치를 삶는 것보다 번거롭지 않다는 말을 들은 적이 있다. 아마 서릉씨가 가르쳤다는 것은 들누에를 말한 것이고, 오늘날과 같은 집누에[家蠶]는 나중에 만들어진 것으로 서릉씨에게서 나온 것이 아니지 싶다.

1 끈이나 새끼 따위로 일정하게 매듭을 맺어 기호로 삼던 고대 문자.

2 전설상의 제왕. 일명 헌원씨(軒轅氏)·유웅씨(有熊氏). 염제(炎帝)와 지우(蚩尤)를 제거하였으며, 처음으로 농사를 가르치고 수레·배·문자·음악·도량형 따위를 제정했다고 한다.

그렇지 않으면, 성탕(成湯)[3]은 삼면의 그물을 터놓고 동물의 살 길을 열어 주었고, 황제(黃帝)는 펄펄 끓는 가마솥을 만들어 아무것도 남기지 않고 모조리 삶아 죽였으니, 성탕은 그물을 터 주었고 황제는 한 그물에 모조리 잡아 죽였던 것이다.

어떤 이는 "동파 거사가 말하기를 '고치에서 나방이 나오기를 기다렸다가 실을 뽑으면 번데기를 죽이는 업을 짓지 않아도 될 것이다' 했으나, 나방이 나오고 난 고치는 올올이 끊어져 있어서 실로 쓸 수 없는 줄 알지 못하였다." 하였다.

동파가 과연 이런 말을 했을까?

3 은(殷)나라의 제1대 임금. 이름은 이(履). 하(夏) 나라의 걸왕(桀王)을 치고 이를 대신하여 왕위에 올랐다. 재위 30년.

여문정공呂文正公[1]

여문정공이 귀히 되어 상부(相府)에 들어가서는, 임금이 내린 많은 선물을 봉해두고 전혀 사용하지 않았다. 임금이 이런 사실을 알고 그 까닭을 물었다.

"신은 사은(私恩)이 있사온데 아직 이를 갚지 못했나이다."

이것은 공이 미천할 때 스님들에게서 많은 은혜를 입은 것을 말한 것이었다.

또 이런 이야기도 전해 온다. 공이 어렸을 적에 집이 가난하여 절에서 글을 읽었는데, 매일 스님들의 공양 종소리를 기다렸다가 가서 밥을 빌곤 하였다. 스님들은 이를 싫어하여 밥을 다 먹고 난 후에 종을 치곤 하니, 공이 매우 곤궁하여 벽에 시를 적었다 한다.

열 번 공양하러 가면 아홉 번은 허탕
차마 스님들이 밥 먹은 후에 종을 칠 수 있는가?

그 후 공이 급제하자 스님들이 비단으로 그 시를 감싸 두었는데, 공이 절에 이르러 앞의 시에 이어서 다시 이어 적었다.

1 대혜보각 선사의 『종문무고(宗門武庫)』에는 여몽정(呂蒙正)이라 하였다. 여몽정은 송나라 하남 사람으로, 자는 성공(聖功), 시호는 문목(文穆)이다. 태평흥국(太平興國: 976~984) 연간에 진사, 순화(淳化: 990~994) · 함평(咸平: 998~1003) 연간에 정승을 세 번 역임하였다. 태자태사(太子太師)에 올라 채국공(蔡國公)에 봉해졌다.

이십 년 전 먼지투성이
이제야 벽사(碧紗: 짓푸른 비단)에 싸인 걸 보겠네.

앞의 이야기에 따르면 스님들이 많은 은혜를 베푼 듯하고, 나중 이야기에 따르면 불초하기 그지없다.

거짓 사실을 꾸며 어진 이에게 죄를 씌우는 일은 구업(口業)을 짓는 짓이다. 세상에 전해 오는 이야기는 흔히 야사극장에서 흘러나오곤 하니, 아마도 믿을 것이 못 되지 싶다.

도를 배우는 데는 요행이나 굴욕이 없다

명예를 구하는 자가 학문을 이루지 못했으면서 명성만 얻은 것을 '요행'이라 하니, 얻지 않아야 할 자가 얻은 경우다. 학문을 성취했으나 명성을 얻지 못한 것을 '굴욕'이라 하니, 당연히 얻어야 할 자가 얻지 못한 경우다.

그러므로 "우리는 과거에 올랐으나 유분(劉蕡)[1]은 낙방하였다." 하였으니, 대개 요행과 굴욕을 말한 것이다.

그러나 도를 배우는 데는 이런 이치가 없다. 산림(山林)에 명성이 자자하고 조정이나 저자거리에 분주히 드나들며, 하루는 따뜻하고 열흘은 차듯이 게으르면서 도업을 얻은 자는 없었다. 또한 뜻을 돈독히 하여 힘써 행하고 정성을 다하고 신명을 다 바쳐 쉬거나 물러나지 않으며, 깨달음으로 최후의 목표를 삼으면서 도업을 이루지 못한 자도 없다.

명예를 구하는 것은 남에게 있고 도를 구하는 것은 나에게 있다. 도를 배우는 자는 오직 굳은 마음으로 정진할 따름이지, 요행을 바랄 것도 뜻을 얻지 못할 것을 걱정할 일도 아니다.

1 유분은 당 나라 남창(南昌)사람. 자는 거화(去華). 벼슬은 비서랑(秘書郎). 『춘추』에 밝았다. 유분이 현량대책(賢良對策)에서 환자(宦者)의 잘못을 들추어 비방한 글을 썼는데, 문장은 매우 훌륭하였으나 시험관이 환자를 두려워한 나머지 그를 낙방시켰다는 고사. 『당서 유분전』에 있다.

저술은 반드시 노년에 해야 한다

도인의 저술은 세상의 사장(詞章: 시가나 문장)이나 전기(傳記: 경서의 주석)에 비할 것이 아니다.

위로는 부처님의 심법(心法)을 천양하고 아래로 후인에게 깨달음의 문을 열어 주니, 그 역할이 참으로 크다 할 것이다.

만약 학문이 정미하지 않고 견해가 깊지 못하여 만에 하나 잘못된 해석이 있다면, 부처님을 저버릴 뿐만 아니라 후학을 그르치고 만다.

중니(仲尼: 공자)는 책을 맨 가죽 끈이 세 번이나 끊어지고 난 후에 비로소 십익(十翼)[1]을 이루었고, 회암(晦菴: 주자)은 임종에서도 『대학』 '성의(誠意)'[2]의 뜻을 고쳤다고 한다.

고인의 신중함이 이와 같았는데, 더욱이 출세간의 어론(語論)이 어찌 용이한 일이겠는가? 『청룡초(靑龍鈔)』도 용담(龍潭) 선사를 만나기 전에는 불후의 책으로 여겼으나 결국에는 불 속에 던져지고 말았고, 묘희(妙喜: 대혜종고) 선사가 처음에 인증(印證)받은 것으로 스스로 만족했다면 어찌 뒷날 큰 공부를 이룰 수 있었겠는가?

젊어서의 저술은 참으로 신중히 해야 한다.

1 공자의 저술이라고 전하는 『주역』에 대한 열 가지 주석. 익(翼)은 상하경(上下經)을 돕는다는 뜻. 상단(上彖)·하단(下彖)·상상(上象)·하상(下象)·상계(上繫)·하계(下繫)·문언(文言)·설괘(說卦)·서괘(序卦)·잡괘(雜卦)의 전(傳).

2 『대학』의 여덟 조목 중에 한 가지 '성의'를 말한다. 뜻을 진실하게 하는 것. 『대학』에 "그 마음을 바르게 하려면 먼저 그 뜻을 진실하게 해야 한다." 하였다.

기연機緣[1]

석두(石頭)[2]가 육조(六祖)에게 가자 육조는 그의 기연이 이곳에 있지 않음을 알고 청원(靑原)[3]을 찾아가 크게 깨닫게 하였다. 단하(丹霞)도 마찬가지로 마조(馬祖)는 기연이 여기에 있지 않을 줄 알고 석두를 찾아가 대오하게 했다. 임제(臨濟)는 황벽(黃蘗)으로부터 대우(大愚)[4] 화상에게 갔고, 혜명(惠明)[5]이 황매(黃梅: 오조)로부터 조계(曹溪: 육조)에 간 것도 다 그런 것이다.

1 기(機)는 기회, 연(緣)은 인연. 학인이 스승의 교화를 받을 수 있는 기회

2 석두희천(石頭希遷: 700~790) 선사를 말한다. 조계에 이르러 육조 혜능에게 득도하였으나 얼마 안 있어 혜능이 입적하자 청원행사(靑原行思)에게 참학하여 그의 법을 이었다.

3 청원행사(靑原行思: ?~741) 선사를 말함. 육조 혜능에게서 법을 받아 남악회양(南嶽懷讓)과 함께 2대 제자로 불린다.

4 고안대우(高安大愚) 선사를 말한다. 생몰연대 미상. 당나라 때 스님. 마조(馬祖) 문하. 고안(高安)은 주석 지명. 귀종지상(歸宗智常) 선사의 법사(法嗣). 임제의현(臨濟義玄)과의 문답으로 널리 알려졌지만 그의 행적은 분명하지 않다.

5 몽산도명(蒙山道明) 선사를 말힌다. 생몰연대 미상. 어려서 영창사(永昌寺)서 출가하고, 황매산의 홍인(弘忍)에게 참학하였다. 보리달마의 가사가 육조 혜능에게 전해졌다는 소식을 듣고 혜능을 쫓아갔다가 대유령(大庾嶺)에서 혜능의 가르침에 의하여 개오하였다.

그뿐만 아니라, 부처님도 자신이 제도하지 못할 자를 목련 존자에게 제도하게 했던 것도 또한 기연이 그래서 그렇게 했던 것이다.

그러므로 도를 배우는 자는 올바른 선지식을 만나거든, 깊은 믿음과 존경심으로 금세와 후세에 영원한 진량(津梁)을 삼아야 한다. 소홀하게 생각하여 헛되게 보내서는 안 될 것이다.

반야 1

흙이 물건을 썩게 하고 물이 물건을 상하게 하지만, 반드시 찌꺼기가 남아 있어서 오랫동안 묻어 두거나 담가 놓은 후에야 없어진다. 그러나 불이 물건을 태울 때는 순식간에 불에 타 잿더미가 되고 만다.

우리는 이것으로써, '반야지(般若智)는 큰 불덩이와 같아서 모든 탐애의 물을 말려 버리고, 번뇌의 섶을 태워 버리며, 우치(愚癡)의 돌을 그을려 버리고, 사견(邪見)의 숲과 장애(障碍)의 집과 망상과 정식(情識) 등 온갖 잡물을 맹렬한 불꽃으로 태워 흔적도 없게 해버린다'는 것을 알 수 있다.

옛말에 "파리가 어느 곳에나 붙을 수 있으나 불꽃 속에는 붙지 못한다." 하였다. 이것은 중생의 마음은 어디든 의지할 수 있으나 오직 반야에만은 의지하지 못함을 비유한 것이다. 도를 배우는 자는 찰나에도 반야지를 잊어서는 안 될 것이다.

반야 2

내가 발을 다쳐서, 밖에 나다닐 때는 반드시 가마를 타야 할 때가 있었다.

어느 날 저녁, 날이 어두워진 데다 가마꾼이 술이 취해 넘어졌는데, 가마가 기우뚱하며 뚜껑이 열리자 별안간 어떤 남자 몇이 손을 뻗어 나의 모자를 벗기려 하였다. 아마 어느 귀인의 행차쯤으로 알고 금보로 장식한 모자를 훔치려 했던 듯하였다. 그 자들은 예상이 빗나가자 매우 부끄러워하며 재빨리 달아나 버렸다.

나는 이것을 보고, 날이 어두워지면 금방 도적이 나타나듯이, 반야지도 해와 같아서 지혜의 빛이 흐려지면 무명 번뇌가 금방 일어나는 줄 알 수 있었다.

선덕이 말하기를 "잠시라도 그곳에 있지 않으면 마치 죽은 자와 같다." 하였다.

도를 배우는 자는 찰나에도 반야지를 잊어서는 안 될 것이다.

반야 3

경에 "한여름에 물을 그릇에 담아 두면 하룻밤만 지나도 금방 벌레가 생긴다. 그러나 매우 미세하여 쉽게 볼 수 없으니 반드시 물을 걸러 마셔야 한다." 하였다.

그러나 물을 불 위에 올려 놓은 상태로 불이 꺼지지 않고 물도 식지 않으면 벌레가 생기지 않는다.

나는 이 사실을 보고, '반야지는 불로 물을 끓이는 것과 같아서, 관조(觀照)가 치성하여 그치지 않고 뜨거운 기운이 끊임없이 유지되어 틈이 없으면, 저 마음을 도적질하는 잡혹(雜惑)이 발붙일 곳이 없다'는 것을 알 수 있었다.

그러므로 도를 배우는 자는 찰나에도 반야지를 잊어서는 안 될 것이다.

천태지관天台止觀[1]

『천태지관』의 치병문(治病門) 가운데 여섯 글자의 기(氣)[2]라든지, 마음을 아래 단전에 두는 등의 말이 있다.

이것은 『지관』의 내용이 풍부하여 널리 갖추지 않은 것이 없기 때문이니, 병을 다스리는 방법도 결국 그 가운데 포함되어 대체로 약을 먹는 것과 동일한 의미이다.

이것은 『지관』으로 약을 대신한 것이라, 『지관』의 덜 중요한 한 부분이지 『지관』의 근본 뜻은 아니다.

그러나 후인은 이러한 뜻을 알지 못하고 있다. 양생가(養生家)에서도 이것을 인용하여 근거를 삼아 겉으로는 선(禪)이라는 이름을 가장하여 안으로 도교(道教)의 술법을 익히고 있다.

이를 꾸짖으면 걸핏하면 천태를 핑계하므로 이를 밝혀 두는 것이다.

1 천태대사 지의(天台大師 智顗: 538~597)가 지은 『마하지관(摩訶止觀)』을 말한다. 모두 10권. 혹은 20권. 『법화현의(法華玄義)』·『법화문구(法華文句)』와 함께 천태삼대부(天台三大部)라고 하는데, 위의 2부는 모두 천태종의 교상(教相)을 밝혔고, 이 책은 실천적인 관심문(觀心門)을 밝혔다.

2 쉬(噓), 시(嘻), 허(呵), 스(呬), 취(吹), 후(呼)의 여섯 가지 호흡법을 말한다. '쉬'는 간장, '시'는 쓸개, '허'는 심장, '스'는 허파, '취'는 신장, '후'는 비장을 각각 대응한다고 한다.

간망看忙

세상에는 재물이 풍요한 자가 섣달 그믐날 밤에 편안히 앉아 가난한 자가 의식(衣食)에 곤궁한 것을 살펴보곤 하는데, 이를 간망(看忙: 마음이 다급한 자를 바라보는 것)이라고 한다.

또한 장원급제의 명예를 이미 이룬 자가 대비일(大比日)[1]에 편안히 앉아 사인(士人)이 관계 진출에 고심하는 것을 바라보는데, 이것도 간망이라고 부른다.

그러나 이미 번뇌를 타파하고 지혜를 이룬 자가 편안히 앉아 육도 중생이 생사윤회에 골몰하는 것을 바라보는 것을 간망이라고는 말하지 않는다.

이것은 이른바 간망이 아니다. 아! 온 세상이 초조하고 창망한 가운데 있으니 누구를 진정한 간망자라 할 것인가? 고인이 말하기를 "노승에게 편안하고 한가한 법이 있지만 이 법을 쉽게 말할 수 있겠는가?" 하였다.

사람들은 한가하게 간망하는 것으로 내심 자랑스럽게 생각하면서 전혀 남을 걱정하는 마음이 없거니와, 보살의 간망은 큰 자비심을 내어 널리 일체 중생을 깨우쳐 저들과 함께 해탈하기를 바라고 있다. 이 두 가지 마음은 까마득히 다르다.

이것이 범부와 성인의 크고 작은 차이라 할 것이다.

1 주대(周代)에 3년마다 현능(賢能)한 사람을 선발하는 일을 대비(大比)라고 하고, 그런 일을 하는 날을 대비일(大比日)이라 한다. 수당(隋唐) 이후 과거(科擧)를 이르는 말과 그런 일을 하는 날.

변융辯融 화상[1]

내가 경사(京師: 서울)에 들어가서 도반 20여 명과 함께 변융 화상을 뵙고 법문을 청한 적이 있었다. 화상께서 말씀하셨다.

"이익을 탐하거나 명예를 구하지 말며, 지위 있고 요로(要路)에 있는 자를 가까이하지 말고 오로지 일심으로 도를 배워야 한다."

자리에서 물러나오자 몇 사람의 젊은이들이 비웃으며 "우리는 특별한 법문을 기대했는데 어찌 이런 평범한 말씀을 하실까!" 하였다.

내가 이렇게 말하였다.

"그렇지 않다. 이 노장님의 존경할 만한 점이 바로 여기에 있다. 그가 과묵하여 말씀을 경솔하게 하지 않지만, 어찌 선덕의 문답기연(問答機緣) 한두 가지쯤 주워서 가문을 숨기는 일쯤은 하지 못했겠는가? 그렇게 하지 않은 것은 그가 말씀한 것은 그가 실천한 것이니, 자신의 행을 들어 다른 사람을 가르치신 것이다.

진정한 선화자(禪和子: 선승을 친근하게 부르는 호칭)라면 이 말씀을 소홀하게 생각해서는 안 된다."

1 변융진원(辯(徧)融眞圓: 1506~1584)을 말한다. 이름은 진원(眞圓), 자는 대방(大方), 호가 변융(辯融)이다. 대대로 유교를 믿는 집안에서 태어나 어려서 과거 공부를 하였다. 책을 읽으면 눈에 스치는 대로 모두 기억하여 다시 더 볼 필요가 없었다. 급제할 무렵에 불교에 귀의하여 운화산(雲華山)에 들어가 머리를 깎았다. 나중에 『화엄경』을 읽다 깨달음을 얻고 광려사(匡廬社)에 들어가 신분을 숨기고 20여 년 동안 밥하고 물 기르며 대중을 공양하였다. 만력(萬曆: 명나라 神宗의 연호. 1573~1620) 초에 경사(京師)에 가서 조칙으로 이태후(李太后)가 건립한 대천불사(大千佛寺)에서 개산하였다. 고일사(杲日寺)에서 경을 강의하다, 어떤 중이 관리를 욕한 것에 연루되어 옥에 구금되었다가 장거정(張居正)의 탄핵으로 풀려났다. 만력 12년 9월에 염불하며 죽었다. 나이 일흔아홉이었다.

선禪과 강講과 율律

선 · 강 · 율은 예로부터 삼종(三宗)이라고 불렀는데, 스님들이 거처하는 절과 입고 있는 옷도 각각 구별이 있었다.

우리 군의 경우에는 정자사(淨慈寺) · 호포사(虎跑寺) · 철불사(鐵佛寺) 등은 선사(禪寺)요, 천축사(天竺寺) · 영은사(靈隱寺) · 보복사(普福寺) 등은 강사(講寺)며, 소경사(昭慶寺) · 영지사(靈芝寺) · 보리사(菩提寺) · 육통사(六通寺) 등은 율사(律寺)였다.

옷 색깔도 다른데 선사는 갈색, 강사는 남색, 율사는 흑색의 옷을 입었다.

내가 처음 출가할 때만 해도 세 가지 색깔의 옷을 볼 수 있었으나 요즘은 똑같이 흑색으로 통일되어 버렸으며, 모든 선사나 율사도 똑같이 강설하는 곳이 되어 버렸다.

아! 종래는 어떻게 되려는지 알 수 없구나.

골동이 내 손에 들어오다

요즘 사람들은 종묘의 제기라든지 항아리 · 글씨 · 그림 등이 상고의 것이거나 명가의 작품이면 평소에 흠모해 마지않다가, 도저히 구할 수 없는 것을 뜻밖에 얻게 되면 매우 기뻐하고 과분해 한다. "이것은 아무개 아무개가 대를 이어 진장(珍藏)하던 것인데, 이제 다행히 내 손에 들어오게 되었다." 하며 그동안 애태우던 마음을 유쾌하게 위로한다.

그러나 광겁(曠劫) 이래 값으로 매길 수 없는 지극히 귀한 보배가 언제나 내 손에 들어올까 하는 것은 생각지 않는다. 더욱이 세상의 골동은 다른 곳에 있으므로 구한다 하여 반드시 얻어지는 것이 아니요, 지극히 귀한 보배는 내게 있으니 구하면 쉽게 얻을 수 있는 것인데도 이를 구할 생각조차 하지 않는다.

도를 깨닫기는 어렵고 선행을 하기는 쉽다

요즘 같은 오탁악세(五濁惡世)[1]에 다생의 적습(積習: 오래된 악습)을 가진 채 무명 번뇌를 끊고 본심을 깨닫는 것은 천만 사람 중에 한두 사람 얻기 어려운 일이다. 하지만 악한 일을 하지 않고 선행을 하는 일은 하려고만 하면 이보다는 쉬운 일이건만, 이마저 팽개치고 불선한 짓을 아무렇게나 자행하고 있다. 이것이 도대체 무슨 마음인지 나는 알지 못하겠다.

또한 몸과 입과 마음의 삼업(三業) 중에서, 마음을 거두어 흔들리지 않게 하여 어느 때고 출입이 없고 일어나고 사라짐이 없는 정력(定力)은 참으로 이루기 어려운 일이다. 그러나 몸을 다스려 악한 일을 저지르지 않고 입을 조심하여 나쁜 말을 하지 않는 것은 하려고만 하면 이보다는 쉬운 일이건만, 이마저 팽개치고 몸과 입으로 악한 짓을 아무렇게나 자행하고 있다. 이것이 도대체 무슨 마음인지 나는 알지 못하겠다.

1 말세에 발생하는 피하기 어려운 사회적, 정신적, 생리적인 5종의 더러움이 차 있는 악한 세상을 말한다. 겁탁(劫濁)은 기근·역병 등의 천재나 전쟁 등의 사회악을 말한다. 견탁(見濁)은 사악한 사상·견해가 무성한 것. 번뇌탁(煩惱濁)은 탐·진 등의 여러 가지 정신적 악덕이 횡행하는 것. 중생탁(衆生濁)은 몸과 마음이 함께 중생의 자질이 저하하는 것. 명탁(命濁)은 인간의 수명이 짧아지는 것.
오탁 중에는 겁탁이 총(總)이요 나머지 네 가지 탁은 별(別)이다. 네 가지 탁 중에 견탁과 번뇌탁 두 가지는 자체(自體)니 중생탁과 수명탁 두 가지를 이룬다.

신중히 인가하다

고인은 결코 가볍게 인가한 적이 없었으니, 반드시 진지하게 사실을 따져 본 후에 그에 상당한 평가를 내리곤 하였다.

예컨대 『원각소(圓覺疏)』[1]를 찬탄하는 이는 "사의(四依)[2]의 한 분이신가? 아니면 정토에서 직접 가르침을 받으신 분인가? 어찌 이다지도 그 의미가 깊은가!" 하였고, 원공(遠公: 혜원 법사)을 칭찬하는 자는 '동방의 호법보살'이라 했으며, 남전(南泉)과 조주(趙州)를 칭찬하는 자는 '고불(古佛)', 앙산(仰山)을 칭찬하는 자는 '소석가(小釋迦)', 청량(淸凉)을 칭찬하는 자는 '문수보살 후신'이라 하였다.

그러나 천 년이 지난 오늘날까지 이러한 찬사에 대해 반박하는 자가 없었던 것은 무엇 때문인가? 이러한 평가가 당연한 것이기 때문이다.

요즘 사람들이 수명을 아첨하고, 묘비명을 지어 죽은 자를 과분하게 칭찬하며, 벼슬 진급을 축하하고, 형색이 씩씩하다는 투의 말과는 같지 않으니 책에 적고 쇠나 돌에 새겨 당시 사람들을 믿게 하고 후세에까지 전하려, 헛된 이름과 거짓 찬사로 '부처님이나 조사와 같은 분이다' 하고 말한다. 아! 부처님의 지혜는 속이기 어려우나 처음 배우는 이들에게는 그르침이 적지 않을 것이다.

1 『대방광원각경대소(大方廣圓覺經大疏)』 12권을 말한다. 저자는 규봉종밀(圭峰宗密: 780~841) 선사.

2 사의대사(四依大士)의 준말. 중생이 의지해도 좋을 네 종류의 사람. 곧 수다원·사다함·아나함·아라한.

방생 못

내가 방생 못을 만들었더니, 어떤 이가 의아해하며 말하였다.

"고기를 못에 가두는 것은 비좁고 답답하여 활발하게 뛰놀게 하는 방안이 못 됩니다. 차라리 호수에 방생하거나 관하(官河: 정부에서 관리하는 하천)의 한 부분을 지켜 고기잡이를 금하게 하는 것이 나을 듯합니다. 이런 방법이야말로 방생이 아닌 방생입니다."

내가 이렇게 대답하였다.

"그 말도 옳기는 하다. 다만 못과 호수와 관하의 이롭고 해로운 점을 들어 비교해 보면 쉽게 알 수 있을 것이다. 못은 비록 비좁지만 그물을 칠 수 없고, 호수는 넓다고는 하지만 밤낮으로 어부들의 그물질이 끊이지 않는다. 누추한 집은 가난하지만 그런대로 즐거움이 있고, 금곡원(金谷園)[1]은 부유하나 늘 근심이 끊이지 않았다. 그러므로 이롭고 해로움이 상반이라 할 것이다.

또 관하를 지키는 것은 한계가 있고 고기떼의 출입은 때가 없어서, 밖에서 경계 안으로 들어오는 놈도 있고 경계 밖으로 나가는 놈도 있을 것이다. 경계 밖으로 나가면 어부들이 가만두겠는가? 차라리 못 안에 가두어 놓고 영원히 경계 속에서 나오지 못하게 하는 것이 나을 것이다. 그러므로 이롭고 해로움이 상반이라 하는 것이다.

또 활발하게 뛰놀게 하는 방안이 못 될 것이라고 의심하였으나, 한 비유를 들어 보리라. 좌선하는 스님은 조그만 방안에 머물면서 주기적

1 진(晉)나라 대부호인 석숭(石崇)이 금곡간(金谷澗)에 만든 동산.

으로 되풀이하여 경행(經行: 일정한 주위를 왕복하여 걷는 것)하여 백천리라도 아무 불편 없이 배회한다. 어찌 활발하게 뛰놀지 못할 것이 있겠는가?

또 한 가지 비유를 들어 말하리라. 요즘같이 평화로운 세상에서야 성안의 백성들이 성문을 여닫는 것을 귀찮게 생각하겠지만, 어느 날 갑자기 도적이 쳐들어오면 성이 있는 것이 안전하겠는가, 성이 없는 것이 안전하겠는가?

어부는 도적에, 못은 성에 비유했거니와, 사람이 성으로 호위를 삼았다 하여 어찌 가두어 둔다고 생각하겠는가? 고기의 경우에도 이와 마찬가지인 것이다."

최신崔愼이 아들을 원하다

전에 최신이란 자가 자식이 없어 안타까워하자, 어떤 스님이 이렇게 일러주었다.

"아내를 곱게 단장하여 절에 가서 스님들에게 공양을 올리되, 기쁘게 맞이하는 자를 택하여 정성스럽게 받들어 후하게 공양하고 공의 집에 태어나 주기를 부탁하시오."

무릇 출가자란 장차 도를 이루고 삼계를 벗어나 무한한 중생을 제도할 분인데, 이런 함정을 만들어 꼼짝없이 얽어매고 말았다. 그가 대도를 성취한 자라면 그런대로 상관없겠으나, 만약 한 분의 진실한 도인을 타락시켰다면 그 피해는 무슨 말로 다하겠는가? 최신과 이 스님이 모두 죄를 지었으나, 이 스님의 죄가 더욱 무겁다.

안타깝다, 이 스님이여! 어찌 자식을 얻는 올바른 방법을 일러주지 않았던가?

자식이 없는 것은 근심할 일이 아니다

세상 사람들은 누구나 자식 없는 것을 근심하는데, 그 가운데 부귀한 자가 더욱 심하다. 어떤 이가 물었다.

"'불효는 후손을 남기지 못하는 것보다 더한 것이 없다' 하였습니다. 어찌 근심이 되지 않겠습니까?"

내가 말하였다.

"그대의 말도 옳다. 그러나 고인의 말뜻을 잘 알아야 한다. 이 말은 부인을 두지 않고 자식이 없는 경우를 말한 것이지, 처를 두고서 자식이 없는 경우를 말한 것은 아니다. 처를 두었는데도 자식이 없다면 무슨 죄가 되겠는가?

우선 억조창생을 다스리는 임금만 해도, 힘으로는 희첩(姬妾)을 두지 못할 것이 없고 또한 방사(方士: 도사)나 기인(奇人)이 끊임없이 약석(藥石: 약과 침)을 바치고 있으나, 끝내 태자를 책봉하지 못하고 후손이 끊어지기도 한다. 이것은 운명이라 근심할 일이 아니다.

진정으로 근심해야 할 일은 다른 곳에 있다. 마구 불의를 행하여 남의 자식을 빼앗고, 후손이 끊어지게 하며, 아비와 자식이 이별하게 하고, 남의 아들딸을 능멸하고 학대하여 자기의 비복(婢僕)으로 삼는 등, 갖가지 슬프고 참혹한 일이 모두 자식을 얻지 못하는 원인이 되는 것이다. 이야 말로 진정 근심해야 할 일인 것이다.

이러한 인(因)을 짓지 않았는데도 자식이 없는 것은 운명이니 자신의 허물은 아니다. 그러므로 근심할 일이 아닌 것이다."

후신後身 1

어떤 서방(西方)을 예찬하는 자가 이렇게 적은 적이 있다.

"계(戒) 선사의 후신은 소동파요, 청초당(青草堂)의 후신은 증노공(曾魯公)이며, 손(遜) 장노의 후신은 이시랑(李侍郎)이요, 남암주(南庵主)의 후신은 진충숙(陳忠肅)이다.

또 지장사 아무개 스님의 후신은 장문정(張文定)이요, 엄수좌(嚴首座)의 후신은 왕구령(王龜齡)이다.

그 다음으로 승(乘) 선사는 한씨 아들이 되었고, 경사(敬寺)의 어느 스님은 기왕(岐王)의 아들이 되었다.

또 그 다음으로 선민(善旻) 스님은 동사호(董司戶)의 딸이 되었고, 해인(海印) 스님은 주방어(朱防禦)의 딸이 되었으며, 심지어 안탕산의 어느 스님은 진(陳)씨 아들 회(檜)가 되어 권세를 잡고 갖가지 악업을 저질렀다.

이 스님들에게 만약 전에 정성스럽게 정토를 구하게 했다면 어찌 이런 일이 있었겠는가?"

나는 말하고자 한다.

"큰 원력(願力)이 영수(靈樹)[1] 선사와 같은 이는 세세생생에 스님이 되었으나, 운문(雲門) 선사만 해도 세 번이나 국왕이 되었다가 마침내 신통을 잃어버렸다 한다. 지금까지 운문만 한 이는 몇 명이나 될 것이며 더

1 영수여민(靈樹如敏: ?~920) 선사를 말한다. 출가한 후 복주(福州) 장경대안(長慶大安)에게 참학하여 그의 법을 이었다. 남한(南漢) 국왕 유엄(劉龑)의 귀의를 받아 지성(知聖) 대사라는 호를 받았다.

욱이 영수 같은 분을 어떻게 쉽게 볼 수 있겠는가?

보통사람이 되고 여인이 되고 또 악인이 되어 갈수록 속되고 비열해졌으니, 명신(名臣)이 되는 것만도 쉽게 찾아볼 수 없는 일이다.

아! 당연한 일이구나, 서방에 가서 태어남이여!"

후신 2

어떤 이가 말했다.

"여러 스님들의 후신 중에 명신(名臣)이 된 것은 제호(醍醐)[1]가 연유[酥]로 된 것과 같으니 그런 대로 당연하다 하겠습니다. 그러나 보통사람이 된 것은 타락[酪]이 된 것과 같고 여인이 된 것은 우유와 같으며 더 나아가서 악인이 된 것은 독약과 같으니, 평생 수행한 것이 전혀 믿을 것이 못 됩니다. 수행이 어찌 귀하다 하겠습니까?"

그것은 그럴 만한 이유가 있었다.

무릇 수행인은 이력(二力)을 닦는다. 하나는 복력(福力)이니 계행을 굳게 지키며 갖가지 유위공덕(有爲功德)을 짓는 것이요, 또 하나는 도력(道力)이니 정관(正觀)을 굳게 지니며 모든 생각을 반야 가운데 두는 것이다.

순수하게 도력이 영수(靈樹) 선사 같은 이는 말할 필요도 없겠으나, 도력이 복력보다 나은 이는 부귀에 처해 있으면서도 미혹하지 않고, 복력이 도력보다 나은 이는 부귀에 미혹하여 도력을 보전치 못한다.

그중에서 탐욕이 무거우면 여인이 되고, 탐심(貪心)과 진심(嗔心)이 모두 무거우면 악인이 된다. 그것은 복력만 닦음으로 해서 도력이 점차 가벼워진 탓이다. 만약 스님들이 도력에만 전념했다면 어찌 이런 일이 일을 수 있겠는가?

1 우유를 제조하는 다섯 가지 과정 중에서 마지막 제5의 과정을 거친 가장 정밀한 것을 말한다. 다섯 가지 단계란, 유(乳)·락(酪)·생수(生酥)·숙수(熟酥)·제호(醍醐)이다.

그러나 부지런히 도력을 닦는 동시에 다시 원력으로 이것을 도와 모든 상선인(上善人)의 뒤를 따를 수만 있다면, 어찌 악인뿐이랴, 명신도 되지 않을 것이다.

아! 당연한 일이구나, 서방에 가서 태어남이여!

후신 3

한금호(韓擒虎)[1]가 이런 말을 하였다.

"살아서는 상주국[上柱國: 뛰어난 전공(戰功)을 세운 공신에게 주는 벼슬]이 되고 죽어서는 염라대왕이 된다면 참으로 영광스러운 일일 것이다."

그러나 염라왕이 왕의 부귀를 누리고 있긴 하지만, 또한 두 때에 고통[2]을 받고 있는 줄은 모르고 하는 말이다. 대체로 죄와 복을 겸한 자가 이 자리에 앉으니, 부러워할 일은 아니다.

옛날에 어떤 스님이 저승사자가 찾아온 걸 보고 그 까닭을 물으니, "스님을 맞이하여 염라왕으로 모시고자 합니다." 하였다.

이 스님이 몹시 두려워서 힘써 정념(正念)을 잃지 않았더니, 이윽고 저승사자가 찾아오지 않았다 한다.

1 수(隋)나라 사람. 자는 자통(子通). 어려서부터 강개(慷慨)하여 대담하다는 이름을 얻었고, 용모는 괴이하였다. 성품이 독서를 좋아하여 경사(經史) 백가(百家)에 자못 대지를 알았다. 개황(開皇) 초에 문제(文帝)가 강남을 병탄하고자 할 때, 금호가 문무(文武)의 재용(才用)이 있다 하여 특별히 여주(廬州) 총관(總管)에 배수해 진(陳)을 평탄할 임무를 맡겼다. 이윽고 군사를 크게 일으켜 진을 치는데, 금호가 선봉이 되어 정기(精騎) 5백으로 바로 금릉을 쳐서 진왕(陳王)를 잡아 돌아왔다. 그리하여 상주국(上柱國)이 되었다.

2 『장아함경』·『대루탄경(大樓炭經)』 등 여러 경전에 "염부제 남쪽, 대금강산 안에 염라왕궁이 있는데, 이 임금이 비록 지옥을 다스리지만 그곳에 있는 죄인과 마찬가지로 주야 두 때에 화열(火熱)의 고통을 받는다." 하였다.

고인이 말하기를 "수행인이 심지(心地)를 밝히지 못하면 흔히 수륙의 신령스런 귀신이 되기 일쑤다." 하였다. 반드시 다 그런 것은 아니지만 일리 있는 말이기도 하다.

그러나 하생(下生)[3]만 하더라도 천궁(天宮)보다 나아서 하늘도 어쩌지 못하는데, 더욱이 귀신이겠는가?

아! 당연한 일이구나, 서방에 가서 태어남이여!

3 극락세계 구품 연대(蓮臺) 중에서 마지막 하품하생(下品下生)을 말한다.

왕개보 王介甫[1]

개보(介甫)가 한산시(寒山詩)[2]를 흉내 내어 말했다.

내가 전에 소나 말일 때는
풀이나 콩깍지를 보고 좋아하더니
여인이 되어서는
남자를 보면 즐거워하였다.
내가 만약 진정으로 나라면
반드시 늘 이래야 할 것이니
구구하게 옮겨 가는 데서
다른 것을 나라고 오인하지 마라.

개보의 이 말은 진정 지견이 있는 말이라 할 만하다. 그러나 어찌 다음과 같이 말하지 않았을까?

내가 전에 아첨하는 말을 들을 때는
귀에 들리는 대로 즐겁더니

1 송나라 사람 왕안석(王安石)을 말한다. 자가 개보(介甫). 정치가이자 학자. 신종(神宗) 때 정승이 되어 신법(新法)을 행하고 부국강병의 정책을 썼다. 시문(詩文)에도 능하여 당송팔대가의 한 사람으로 꼽힌다.

2 1권. 한산(寒山)의 시송(詩頌)을 태주자사(台州刺史) 여구윤(閭丘胤)이 모은 것. 한산은 당나라 때 사람으로 성명은 알 수 없고, 항상 천태 시풍현(始豊縣) 서쪽 70리에 있는 한산의 깊은 토굴에 살았으므로 그렇게 불렸다.

바른 말을 들을 때는
기쁨은 사라지고 화가 치밀었다.
내가 만약 진정으로 나라면
반드시 늘 이래야 할 것이니
구구하게 옮겨 가는 데서
다른 것을 나라고 오인하지 마라.

그러나 아첨하는 말은 기뻐하고, 바른 말은 싫어하여 여전히 다른 것을 나라고 오인하지 않는가?

그러므로 총명한 자가 선(禪)을 말하는 것은 어렵지 않으나, 선을 얻는 것이 어려운 일임을 알 수 있다.

희로애락이 일어나기 이전 1

내가 처음 출가했을 때, 자사(子思)[1]가 희로애락이 일어나기 이전을 중(中)이라 했는데, 이 '중'이라는 것이 바로 공겁(空劫) 이전의 자기일 것이라고 생각한 것이다.

그 후 『능엄경』을 보니, "설사 모든 견문각지(見聞覺知)를 없애고 안으로 고요함[幽閒]을 지키고 있더라도 여전히 법진(法塵)[2]의 분별[3]인 그림자다." 하였다.

견문각지가 없어지면 희로애락이 아직 일어나기 이전의 상태인 것 같은데, '법진의 분별'이라고 말한 것은 무슨 까닭인가?

의(意)는 근(根)이요 법(法)은 진(塵)이다. 근과 진이 상대하여 순경(順境)을 만나면 기쁨[喜]과 즐거움[樂]이 일어나고, 역경(逆境)을 만나면 성내고[怒] 슬픈 마음[哀]이 일어난다. 이것은 의근(意根)이 법진(法塵)을 분별한 것이다.

아직 나타나기 이전이란 진(塵)이 밖에서 교섭하지 않고 근(根)이 안에서 일어나지 않은 상태이다. 고요하여 응당 본체인 것 같으나, 앞에서는 동요하는 경계[動境]를 반연하였고 지금은 고요한 경계[靜境]를 반연

1 공자의 손자 공급(孔伋)의 자.

2 육진(六塵) 가운데 하나. 의식(意識)이 반연하는 제법. 경에서는 항상 번뇌를 더러운 먼지에 비유하곤 하는데, 이러한 여러 가지 제법이 정식(情識)을 물들이기 때문에 법진(法塵)이라 한다.

3 추량사유(推量思惟: 추측하여 생각함)의 뜻이다. 곧 심(心)과 심소(心所: 정신작용)가 경계를 대하여 작용을 일으킬 때, 그 상(相)을 취하여 사유하고 헤아리는 것이다.

하였다. 앞의 것은 참으로 법진의 거친 분별[麤分別]이요 지금 것은 법진의 세밀한 분별[細分別]로서, 모두 그림자일 뿐 진실한 것이 아님을 알지 못하였다.

이것을 '고요함[幽閒]'이라고 표현하였는데, 다만 유(幽)가 뚜렷한[顯] 것보다는 낫고 한(閒)이 요란한[鬧] 것보다 낫다는 차이일 뿐, 공겁 이전의 자기와는 천양지차라 할 것이다.

이 점에 대해 다시 자세히 점검하고 살펴서 허술하게 생각해서는 안 된다.

희로애락이 일어나기 이전 2

자호(慈湖) 양(楊)씨[1]가 말하기를 "자사와 맹자를 자세히 살펴보니 잘못의 근원이 같다." 하였다.

그러나 자호가 "정(靜) 중에서 깨달은 것은 텅 비고 고요하며 아득하여 끝이 없다." 하고 스스로 서술했으니, 이것은 바로 자사가 말한 희로애락이 일어나기 이전의 기상인 것이다. 그런데 자사의 이 말을 불교의 이치로 자세히 궁구했기 때문에 "아직 공겁 이전의 자기가 아니다." 하고 말했거니와, 만약 유종(儒宗: 유교)의 경우라면 훌륭하게 공씨의 심법(心法)을 얻어서 그 말이 지극히 정미하고 지극히 당연하다 할 만하다. 무엇이 잘못되었기에 자호가 이를 거부하는지 모르겠다.

자호가 이미 공씨를 존중하여 도학을 주장해 왔으면서 여전히 자사를 허물하고 있는 것은 부자(夫子: 공자)도 본받기에 부족하다는 뜻일 것이니, 그렇다면 누굴 본받고 배우려는 걸까?

만약 자호가 부처님의 뜻을 깊이 깨달아서 그렇게 했다면, 반드시 유교와 불교의 같고 다른 점에 대하여 직언극론(直言極論)하여야 한다. 이 말을 애매하게 섞어서 해서는 안 된다. 그렇게 한 것을 보지 못했으니 자호의 평가는 근거가 없는 듯하다.

1 송나라 명주 자계(慈谿) 사람인 양간(楊簡)을 말한다. 심학(心學)을 발전시켜 자호(慈湖) 선생이라 불렸다.

중봉中峯 화상의 말씀

천목중봉(天目中鋒) 화상이 대중에게 말씀하셨다.

"너희가 만약 큰 힘이 없으면, 반 간 초옥에 몸을 의탁하여 누더기 한 벌로 밥을 빌면서 남의 밭에 곡식을 해치는 짓을 면하는 것이 더 낫다."

참으로 옳은 말씀이다.

요즘 출가한 자들은 흔히 유위공덕(有爲功德)을 지으며 일생을 분주히 보내면서, 자신의 근본 문제인 생사대사(生死大事)는 밀쳐 두고 본 척도 하지 않는다. 얼마나 잘못된 일인가?

어떤 이는 "누구나 모두 그렇게 하면 불상은 파손되고 법당은 무너질 것이며 스님들은 길거리에서 배를 주리지 않겠습니까?" 한다.

그것은 그렇지 않다. 너의 역량이 크다면 그렇게 할 수도 있을 것이다. 고인의 이 말씀은 우리들같이 역량이 없는 자에게 먼저 해야 할 일을 가르치신 것이다.

첫째는 생사의 큰일을 밝히지 못한 것을 부모의 상을 당한 듯이 한다면 그렇게 할 틈이 없을 것이다. 둘째는 철저하게 깨닫지 못했으면 인과가 서로 어긋나니, 소위 '유위공덕은 많은 허물이 있어서 천당에 가기 전에 먼저 지옥이 이루어진다' 한 것과 같이, 감히 할 수가 없는 것이다.

중봉 화상이 또 "일심이 근본이요 만행(萬行)은 그 다음이다." 하였으니, 참으로 옳은 말씀이다.

아득하다, 고풍이여! 새가 꽃을 물어 바위 위에 떨어뜨린 우두(牛頭)[1] 선사의 일이나, 전법원(傳法院)에서 법을 전한 마조 대사의 일[2]을 다시는 볼 수 없구나!

슬프다!

1 우두법융(牛頭法融: 594~657) 선사를 말한다. 수말(隋末) 당초(唐初) 스님. 우두종(牛頭宗)의 개조. 나이 19에 학문이 경사(經史)를 통달했으나 『대부반야(大部般若)』를 보고 진공(眞空)을 깨닫고, 하루는 "유도(儒道)의 학문은 구경법(究竟法)이 아니요, 반야 정관(正觀)은 세간을 벗어나는 나룻배다." 하고는, 마침내 강소성 모산(茅山)의 영(靈) 법사를 만나 출가하였다. 나중에 우두산(牛頭山) 유서사(幽棲寺)의 북암(北巖) 석실에 들어가니, 온갖 새가 꽃을 물어와 바위 위에 떨어뜨리는 이적이 있었다.

2 마조가 전법원(傳法院)에 머물면서 좌선하고 있을 때, 스승인 남악회양(南岳懷讓)과 나눈 유명한 문답이 있다.

초사醮事에 살생하여 장군에게 사례하다

도가(道家)에서는 초사(醮事: 도가의 제례의식)를 마치면 반드시 장군에게 사례하는데, 크게는 양이나 돼지를 잡고 작게는 삼생(三牲: 소 · 양 · 돼지)을 사서 지내기도 한다.

그들의 말로는 장군이 단장(壇場)을 지켜준 데 대해 은혜를 갚는 것인데, 그렇게 하지 않으면 벌을 받는다고 한다.

슬프다! 어제는 재를 올리다가 오늘은 육축(六畜: 소 · 말 · 양 · 닭 · 개 · 돼지)을 죽이고 있으니, "한 번 천당 업을 짓고 열 번 지옥 업을 짓는다." 한 것이 바로 이를 두고 말한 것이다.

무릇 장군이란, 다른 이는 내가 잘 알지 못하지만, 관운장(關雲長)같이 대의와 곧은 심지를 가지고 있고, 왕원수(王元帥)같이 한결같은 마음으로 충직한 분이 어찌 희생을 잡아 제사하는 것을 마음에 두겠는가?

오랫동안 이를 시행해 왔으나 도류(道流) 중에 어느 훌륭한 사람도 이를 제지하는 자가 없으니 참으로 애석한 일이다.

만약 장군에게 벌을 받을까 두려워서라면, 요즘 강호의 무뢰배들이 비를 빈다 하여 장군의 상을 꽁꽁 묶으나 장군은 아무 해도 입히지 않았으니, 소인과는 비교할 수 없는 도량인 것이다.

다만 구구하게 배를 채우기 위하여 도리어 공덕을 닦는 재가(齋家)에게 화를 씌웠을 뿐이니, 이런 이치가 있을 수 있겠는가?

감히 사리에 밝은 사군자(士君子) 들에게 고하노라.

재월齋月[1]에는 살생을 금하다

당나라 제도에 정월 · 5월 · 9월에는 관리가 새로 부임하지 않고 살생을 금하지만, 부임할 적에는 반드시 푸짐한 잔치를 베풀고 잔치에는 반드시 짐승을 잡았다.

이것이 세상에 와전되어 이 석 달을 나쁜 달이라 하여 모든 경사, 제사 · 혼례 · 환갑 등을 꺼렸으니, 이것은 그 연유를 잘 몰랐기 때문이다.

요즘도 정월 · 5월 · 9월과 십재일(十齋日)[2]에는 형을 집행하지 못하게 하니, 생명을 불쌍히 여기고 백성을 사랑하는 성왕의 마음은 한 가지라 하겠다.

비를 빌거나 청명하기를 빌 적에 관에서는 반드시 도살을 금하고 있는데, 이것은 살생하는 것이 불선한 짓임을 잘 알았기 때문이다. 그런데 옛 풍습을 따라 재월과 재일에 살생을 금하지 않고, 반드시 변고가 생긴 후에야 금하는지 알 수 없는 일이다.

아! 변고가 생기면 비로소 살생을 금하다가 변고가 풀리기도 전에 벌써 금하는 일을 그만두니, 참으로 통탄할 일이다.

1 음력 정월·5월·9월을 이르는 말. 계율을 지키고 음식과 언행을 삼가며 수행을 하는 기간이다. 일명 선월(善月)이라고도 한다.

2 매월 10개 일을 정하여 8재계(齋戒)를 지키는 날. 곧 1일, 8일, 14일, 15일, 18일, 23일, 24일, 28일, 29일, 30일.

살생을 금하고 수명을 연장하다

화정(華亭)에 사는 어떤 조씨 성을 가진 분이 청포(淸浦)에 사는 친척을 찾아보려고 길을 나섰다. 배가 떠나가는데 한 사람이 뱃전에 서 있기에 자세히 보니 죽은 하인이었다.

깜짝 놀라 연유를 물으니 "저는 현재 명부(冥府)에서 일하고 있습니다. 장차 세 사람을 데려가려 합니다." 하였다.

"그 세 사람이 누구누구인가?" 하고 물으니, "한 사람은 호광(湖廣) 사람이요, 또 한 사람은 공께서 찾아가는 친척입니다." 하고는, 세 번째 사람은 말하지 않았다.

이상하게 여겨 "그는 혹시 내가 아닌가?" 하니, "그렇습니다." 하였다.

조씨가 매우 놀라 친척집에 이르니, 이미 방안에서 곡소리가 들려오고 있었다. 더욱 놀라 어쩔 줄 모르다가 배를 타고 집으로 돌아오는 길에 다시 그 하인을 만났다.

"공은 두려워하지 마십시오. 밤에 제가 찾아오지 않으면 죽음을 면할 수 있을 것입니다." 하였다.

그 까닭을 물으니, "길에서 공을 위하여 해명하는 자를 만났는데 공의 온 집안 식구들이 모두 살생을 금하고 있다 하였습니다." 하였다.

과연 밤에 찾아오지 않더니 조씨는 마침내 무사할 수 있었다. 이것은 10년 전의 일로, 그는 아직도 건강하게 살고 있다.

만력(萬曆) 병오(丙午) 7월에 이 사실을 적는다.

송나라와 원나라의 오도한 거사

송나라부터 원나라까지, 거사로서 도를 깨달은 자는 한둘이 아니다.

그중에 송나라 때 거사 유흥조(劉興朝)는 그의 오도집(悟道集)에서 스스로 깨달은 곳을 자세히 기록했는데, 참으로 얻은 바가 있다고 할 만하다.

원나라 때 방우(放牛)[1] 거사가 무문(無門)[2] 노인의 '아니야! 아니야![不是不是]' 한 곳에서 깨닫고, 그 경지를 말한 『시비관횡설수설(是非關橫說竪說)』은 큰 지견을 갖춘 자가 아니면 능히 말하지 못할 것이었다.

이 두 노인은 행적이 매우 분명치 않으나 그중에서 홍조는 그런대로 『전등록(傳燈錄)』에 전하고 있으나, 방우는 아는 자가 흔치 않으므로 내가 일부러 지적하여 소개하는 것이다.

1 방유 여(放牛 余) 거사를 말한다. 무문 선사를 뵙고 묻기만 하면 따귀를 갈기고 밀치며 '아니야! 아니야!' 하자, 그의 제자인 취암(臭庵)에게 그 뜻을 물으니, 취암이 "내가 무문 아래에서 아무것도 얻은 법이 없고 아무것도 전해 받은 도가 없고 다만 두 글자를 얻었을 뿐이다." 하였다. 거사가 "두 글자란 무엇입니까?" 하니, 취암이 "아니야! 아니야!" 하였다. 거사가 이 말을 듣고 비로소 무문의 뜻을 알고는 『시비관(是非關)』을 지었다. 『오등엄통(五燈嚴統)』 제22권 483장 후에 그의 이름과 행장이 보인다.

2 무문혜개(無門慧開: 1183~1260) 선사를 말한다. 천룡굉(天龍肱)을 만나 출가하고 후일 여러 고승들에게 참학한 후, 강소성 평강부 만수사(萬壽寺)의 월림사관(月林師觀)에게서 6년 동안 참구한 후 그의 법을 이었다.

의미 없는 말

종문(宗門: 禪門)의 답화(答話: 응답, 대답) 가운데 이른바 '의미 없는 말'이라는 것이 있는데, 도리로써 알 수 없고 사유로써 통하지 않기 때문이다.

그러니 후인들이 사유심으로 억지로 도리를 말하려면 설할수록 더욱 멀어지니, 어찌 잘못 설하였을 뿐이랴. 설령 설하는 말이 지극하다 하더라도 뜻도 모르면서 말만 잘 하고 실천이 결여된 앵무새 학인의 말에 불과하다.

원오(圓悟) 노인이 말하기를 "너희는 정식(情識)으로만 알려고 하니, 일체 망상을 모두 버리면 자연히 이것을 깨닫게 된다." 하였다.

이것은 선덕이 이미 체험한 방법으로서 결코 빈 말이 아니다. 우리들은 깊이 믿고 힘써 실행해야 한다.

시주물은 삭히기 어렵다

등활거(鄧豁渠) 선사가 자신을 책망하며 말했다.

"스님이 된 것은 자신의 일인데 시방의 시주에게 폐를 끼치고 있으니, 참으로 보답할 길이 없다."

참으로 옳은 말씀이다.

스님이 자신의 생사를 위해 공부하는 것은 마치 선비가 자신의 과명(科名)을 위하는 것과 같으니, 자신의 과명을 위하여 이웃이나 친척들에게 필요한 물품을 공급받는 폐를 끼치고 있는 것이다.

그런데 명성을 이루면 족히 이들의 은혜에 보답할 수 있으나, 명성을 얻지 못하면 은혜를 저버리게 된다.

이런 뜻을 알지 못하고 시주물이 넉넉지 못한 것만을 탓한다면, 이러한 몰염치를 어떻게 설명할 것인가?

도를 알았으나 나아가지는 못하다

오대(五臺) 거사가 내게 이런 말을 한 적이 있다.

"저는 불도가 있는 줄은 알았으나 온 힘을 다해 애써 보지 못해 이 점이 참으로 안타깝습니다. 요즘 선비들 중에 불도가 있는 줄 모르는 자는 조그만 벼슬이라도 얻으면 오욕에 탐닉하여, 이것으로 즐거움을 삼습니다. 저는 이미 이런 이치를 알았으므로 감히 오욕을 좇지는 않습니다만, 국가의 일이나 가정의 일로 정신없이 세월만 보내 지금 이렇게 늙었습니다. 인간의 즐거움도 잃어버렸고 출세간의 즐거움마저 얻지 못했으니, 말년이 이렇게 우울합니다."

이것은 거사의 진실한 심정을 토로한 것이다.

그러나 이런 사실을 알지 못하는 자는 많고 자각하는 자는 적으니, 누가 이런 말인들 할 수 있겠는가?

거사는 참으로 어진 분이었다.

요즘 출가한 자들은 국가의 일이나 가정의 일도 없으면서 일생을 헛되게 보내며 이를 깨닫지 못하니, 가슴이 찢어지는 듯하구나!

'관官' 자를 멀리하라

나의 선군(先君: 돌아가신 아버지)께서는 비록 벼슬은 하지 않았으나 학문이 깊고 행실이 돈독하여 많은 격언을 남기신 분이다.

일찍이 내게 "벼슬 '관(官)' 자가 들어 있는 것을 삼가하여 가까이하지 말아야 한다." 하고 일러주셨다.

내가 "관 자가 들어 있는 것이란 무얼 말씀하시는 것입니까?" 하고 여쭈었더니, 선군께서 "관의 돈을 받아들이는 일이나, 관의 옷감을 짜는 일, 관의 소금을 중개하는 일, 관의 보증을 서는 일이나, 관부(官府)에 들어가 벼슬아치가 되거나, 관인(官人)과 사귀어 공사(公事)를 부탁하는 따위가 모두 이런 일이다." 하시니, 내가 두 번 절하고 가슴에 새겨 잠시도 잊지 않았다.

그 후 친지나 아는 이 중에 이런 일에 연루되어 낭패를 당하는 자를 여남은 명이나 보았으므로, 이로 인해 관리가 되는 것도 원치 않게 되었다.

출가 후에도 이 일을 부연해 확대하여 함부로 벼슬아치에게 간청하는 일을 삼갔다. 아울러 제자들에게도 경계하여 관가에 출입하여 시주를 요구하거나 관리의 세력에 의지하여 다른 사람과 송사를 걸지 말고, 가난하지만 편안한 마음으로 분수를 지켜 요행히 큰 허물을 면하게 하였다.

이것은 부처님의 계율에 따른 것이지만, 평소 부모님의 가르침에 따른 것이기도 하였다.

아! 지금도 그 흔적을 잊지 못하여 차마 슬픔을 억누를 길이 없구나!

염불경念佛鏡

도경(道鏡) · 선도(善道) 두 스님이 『염불경』이라는 글을 써서 염불과 갖가지 법문을 비교하면서, 매번 "염불 공덕에 비하면 백천 만억 분의 일에도 미치지 못한다." 하고 단정하였다. 참으로 독실하게 믿고 분명히 밝혀 정토에 대한 큰 공이 있다 할 만하다.

다만 선종에 대해서도 "마음을 관하는 자나 무생(無生)을 관하는 자도 염불 공덕에 비하면 백천 만억 분의 일에도 미치지 못한다." 하니, 학인들이 믿으려 하지 않았다.

내 생각에는, 이것은 사료간(四料簡)[1]에서 말한 '선만 있고 정토가 없는 자'의 경우를 말한 것이 아닐까 싶다. 이런 사람들은 관심(觀心)에만 집착하여 극락정토를 믿지 않거나, 무생(無生)에만 집착하여 정토에 왕생하는 사실을 믿지 않는다. 이것은 마음이 곧 국토요 생(生)이 곧 무생(無生)임을 알지 못하는 편공(偏空)의 견해니, 원돈(圓頓)의 선(禪)이 아니다.

1 영명(永明) 선사가 보인 정토 사료간. (1) 선도 있고 정토도 있으면 마치 뿔 달린 호랑이같이, 현세에 뭇사람의 스승이 되고 장래에 부처나 조사가 된다. (2) 선은 없고 정토만 있으면 만 사람이 닦아 만 사람이 모두 가나니, 단지 아미타불을 뵙기만 하면 어찌 깨닫지 못할까를 근심하랴. (3) 선만 있고 정토가 없으면 열 사람 중 아홉 사람은 길에서 넘어지나니, 저승이 눈앞에 나타나면 눈 깜짝할 사이에 따라 간다. (4) 선도 정토도 없으면 쇠 침대에서 구리 기둥을 껴안은 격이니, 만겁 천생이 지나도록 믿고 의지할 사람 하나 없다.

차라리 이성(理性)은 크게 깨닫지 못했으나 염불로 삼매를 이룬 것보다 못하니, 어찌 이 말을 괴이쩍게 생각할 것이랴.

만약 마음을 관하여 자심을 깨달았거나 무생을 관하여 무생법인(無生法忍)을 얻었다면, 이것이 바로 염불인이 말하는 상품상생(上品上生)이니, 무슨 우열이 있겠는가?

참구염불

명나라 홍영(洪永: 1368~1425) 때에 공곡(空谷) · 천기(天奇)[1] · 독봉(毒峯)[2] 세 큰스님이 염불에 대해 논한 적이 있었다.

그중 천기 · 독봉 두 스님은 모두 사람들에게 '염불하는 자가 누구인가?' 하고 관(觀)하기를 가르쳤고, 공곡 스님만은 "바로 염불만 해도 깨달을 길이 있다." 하였다.

이 두 가지는 제각기 근기에 따른 것이니, 모두 옳다 하겠다.

그런데 공곡이 "바로 염불만 해도 무방하다."고만 말하고, "참구하는 것은 잘못된 것이다." 하고 말하지 않은 것에 대해 내가 『소초(疏鈔)』[3] 중에서 이미 대강 밝힌 적이 있다. 그런데 아직까지 이 점에 대하여 의문을 갖는 자가 있는 듯하다.

그들은 "참구는 견성을 위주로 하고 염불만 하는 것은 왕생을 바라서다." 하면서, 참구를 버리고 염불에만 힘쓰려 하며, "경전에도 부처님의 명호를 집지(執持)하게 하였을 뿐, 참구해야 한다는 말씀은 없지 않은가?" 하기도 하였다.

이 말도 매우 일리가 있다. 이를 의지하여 수행하면 틀림없이 왕생할 수 있다. 다만 이것만 두고 저것은 버리는 것은 옳지 않다. 왜냐하면 염

1 남악하 30세. 보봉명선(寶峯明瑄) 선사의 법을 이었다.

2 독봉계선(毒峯季善) 선사를 말한다. 남악하 27세. 월계징(月溪澄)의 법을 이었다.

3 스님의 다른 저서인 『불설아미타경(佛說阿彌陀經) 소초(疏鈔)』 전 4권을 말한다.

불인의 견성은 바로 상품상생(上品上生)의 일이기 때문이니, 참구한다고 하여 왕생하지 못하리라고 염려하겠는가?

그래서 『소초』에서 둘 다 인정하면서 선택하기를 기다렸던 것이니, 의심하지 말기 바란다.

만약 '누구인가?' 한 것을 힘써 행하면서, 염불하는 자를 추구하는 것이라고 말하면, 이것은 삿되게 속여 사람을 그르치게 될 것이니 한량없는 죄를 짓는 것이다.

철저히 참구하여 깊이 깨달아야 한다

방우(放牛) 거사는 고항(古杭) 사람으로, 성은 여(余)씨다.

무문노인(無門老人)을 찾아뵙고 송나라 순우(淳祐: 1241~1253) 때 깨달음을 얻었다. 그의 어록(語錄)에 이런 말이 있다.

"총명한 자는 이 일을 들으면 금방 심의식(心意識)으로 알려고 한다. 이는 그림자를 본체로 오인하는 격이다. 납월 30일(죽음), 안광(眼光)이 떨어지려 할 때 염라노자에게 '내가 마음을 깨끗이 하고 생각을 가다듬은 후에 그대에게 갈 것이니 그때까지 기다려 달라' 한다면 가능하겠는가? 모름지기 철저히 참구하여 깊이 깨달아야 한다."

방우 거사의 이 말은 수행인을 위한 매우 요긴한 법문이라 할 만하다.

만약 철저히 깨달은 자라면, 평소에 안전하고 단단하고 떳떳하고 당당한 곳에 노닐며 방패나 창에도 당황하지 않을 것이요, 사방에서 적이 몰려오듯이 무상이 닥치더라도 편안하고 태연하여 두려워하거나 당황하지 않을 것이다. 어찌 마음을 밝히고 생각을 가다듬기를 기다려 억지로 나를 지탱하려 하겠는가?

이른바 '철저히 참구하여 깊이 깨달아야 한다'는 말씀을 우리들은 힘써 본받고 기억해야 한다.

선禪을 해석한 게송

온공(溫公)[1]이 지은 '선을 해석한 게송[解禪偈]'은 참으로 불법을 배우려 하면서도 그 이치를 잘 알지 못하는 자를 위한 구감(龜鑑)이라 할 만하다.

다만 그중에 "언행이 본받을 만한 것은 불괴신(不壞身)이요, 인의를 잃지 않으면 광명장(光明藏)이다." 하였으나, 이것은 잠깐 병을 고치는 말은 될지 모르지만 진정 변할 수 없는 논설이라고는 말할 수 없다.

언행을 삼가고 인의를 닦는 것은 세간에 있어서는 더없이 귀중한 일이라 하겠지만, 어찌 이것이 바로 금강불괴신(金剛不壞身)[2]일 것이며 신통대광명장(神通大光明藏)[3]일 수가 있겠는가?

어찌 이렇게 말이 가벼울 수 있는가!

또 "군자는 마음이 너그러워 늘 광대하니 이것이 천당이요, 소인은 항상 근심에 찌들어 있으니 이것은 지옥이다." 하였다. 이치로 보면 그럴 수도 있겠으나, 또한 이치에 집착하여 사실을 잊고만 허물이 있다.

"어리석은 것은 소나 양이요, 흉포한 것은 호랑이나 표범이다." 하고 할 수도 있겠으나, 이 밖에 다시 "털이 나고 뿔을 가진 것은 소나 양이요, 날카로운 이빨과 톱날 같은 발톱을 가진 것은 호랑이나 표범이다." 할 수도 있지 않은가?

나는 세상 사람들이 온공의 말이 기발하고 오묘한 것을 보고 매우 기

1 사마광(司馬光)을 말한다. 송나라 명신. 태사온국공(太師溫國公)을 증직(贈職) 받았으므로 사마온공(司馬溫公)이라 한다.

2 부처님의 몸을 말한다. 금강과 같이 견고하여 무너지지 않는 진리의 몸.

3 여래의 몸은 한량없는 신통과 광명을 갖추고 있기 때문에 그렇게 말한다.

빼하고 깊이 믿을 것으로 생각하지만, 그로 인한 폐단은 인과를 무시하거나 세상의 선(善)에 자족하며 이 밖에 더 훌륭한 일이 있는 줄을 알지 못할까 두렵다.

그렇게 되면 이 게송의 본의는 사람들을 깨우치려 한 것이었으나 도리어 사람들을 그르치고 말 것이므로, 불가불 여기서 밝혀 두는 것이다.

범경인范景仁[1]

경인이 스스로 말하기를 "나는 20년 동안 한 번도 잡념을 일으킨 적이 없었다." 하였다.

경인이 어진 사람인 것은 사실이지만, 20년이라는 긴 세월 동안 한 생각도 일으키지 않았다 하니, 과연 쉽게 그럴 수 있었을까?

안자(顏子)[2]는 겨우 석 달 동안 인(仁)을 어기지 않았다 하니, 그렇다면 석 달 외에는 간혹 잡념이 일어나기도 한 것이다. 조주(趙州) 스님도 40년 동안 공을 들여서야 겨우 한 덩이를 이룰 수 있었다 하니, 그렇다면 한 덩이를 이루기 전에는 간혹 잡념이 일어나기도 한 것이다.

경인의 경우에는 거친 생각은 없었지만 미세한 생각이 가만히 일어났으나 이를 자각치 못했던 것 같다.

내가 경인을 무시하는 것은 아니다. 작은 것을 얻고 만족할까봐 미리 내 스스로를 경책하는 것이다.

1 송나라 범진(范鎭)을 말한다. 자는 경인, 시호는 충문(忠文)이다. 왕안석(王安石)의 변법(變法)에 반대하여 사직하고, 신당서(新唐書)·인종실록(仁宗實錄)의 편수에 참예하였다.

2 안회(顏回)를 말함. 공자의 제자로서 십철(十哲)의 으뜸으로 꼽힘. 덕행으로 이름이 높다.

습관과 풍속

전에 어떤 분이 "습속은 사람을 변하게 한다. 지혜 있는 자라도 이를 면하기 어렵다." 하고 말하였다.

요즘은 옷이나 모자부터, 그릇 하나 물건 하나에 이르기까지, 심지어 글자나 말씨, 갖가지 행동거지 하나도 한 사람이 먼저 시작하면 떼를 지어 일어나 따르면서 이것을 '유행'이라고 말한다.

어떤 사람이 좌관(坐關)을 숭상하면 우르르 일어나 좌관을 하고, 한 사람이 예참을 숭상하면 우르르 일어나 예참을 하며, 우르르 일어나 경전을 업신여기거나, 준제주(準提呪)를 외고, 등운(等韻)[1]을 읽으며, 주소(註疏)를 버리고 원문만 전공하고, 10만 8천 명의 스님들을 모셔다 공양을 올리고, 글씨를 배우고 시를 배우고 사대부의 편지투를 배우는 등 우르르 바람을 일으키며 약속하지 않아도 하나로 합하곤 한다. 그런데 유독 마음에 새기고 뜻을 돈독히 하여 진실하게 참선하고 염불하는 자만큼은, 앞에서 제창하여 인도하는 이가 있건만 따르는 자가 없으니, 이것을 어떻게 설명하면 좋을까! 이것을 어떻게 설명하면 좋을까!

1 음을 성류(聲類)와 운류(韻類)로 구분하여 연구하는 음운학. 반절(半切)을 위주로 한 음운 연구에 반대하여 당말, 송초부터 시작되었다.

시끄러운 것을 싫어하고 고요한 것을 찾다

마음을 고요히 하고 깨끗하게 가지려고 수양하는 어떤 자가 홀로 조그만 방에 살며, 작은 인기척이라도 들리면 수행에 장애가 된다고 짜증을 내었다.

사람 소리는 금할 수 있으나 뜰에서 지저귀는 새소리는 어찌할 것이며, 새는 쫓을 수 있으나 숲속에서 울부짖는 짐승들은 어찌할 것이며, 짐승은 포수를 시켜 잡게 한다지만 바람소리 · 물소리 · 천둥소리 · 빗소리는 어찌할 것인가?

그러므로 "어리석은 자는 경계를 없애고 마음은 없애지 않으며, 지혜로운 이는 마음을 없애고 경계는 없애지 않는다." 하신 것이다. 경계를 없애려고 했으나 끝내 없앨 수 없다면 도(道)도 끝내 배울 수 없다.

어떤 이는 "세존께서는 5백 대의 수레소리도 듣지 못했다 합니다. 이것은 선정 중의 일이라, 범부로서는 가능한 일이 아닙니다." 한다.

그렇다면 고봉(高鳳)[1]은 독서할 적에 소나기에 보리가 떠내려가는 것도 알지 못했다 한다. 이때 고봉은 어떤 선정에 들었다는 것인가?

뜻이 견고하지 않은 것을 탓하지 않고 도리어 경계가 고요하지 않은 것을 꺼려 하니, 매우 잘못된 생각이다.

1 후한(後漢) 사람. 자는 문통(文通). 밤낮으로 독서를 쉬지 않아 마침내 명유(名儒)가 되었다. 원화(元和) 때에 서당(西唐)의 산중에서 제자를 가르치다, 임금의 부름을 마다하고 어조(漁釣)에 몸을 숨겼다.

섣달그믐

고인은 섣달그믐을 죽는 날같이 생각했으니, 그것은 한 해가 다하는 곳이 일생이 다하는 곳과 같기 때문이다.

그러므로 황벽(黃蘗) 화상은 "미리 철저하게 타파해 두지 않으면 납월 30일이 돌아오면 틀림없이 너희는 심란하고 허둥댈 것이다." 하였다.

그렇다면 정월 초하룻날 섣달그믐의 일을 알았다 해도 빠른 것이 아니요, 세상에 태어났을 때 죽는 날의 일을 알았다 해도 빠른 것이 아니다.

게다가 아무 하는 일 없이 세월을 보내면서 젊어서 장년이 되고, 장년에서 늙고, 늙어서 병들어 죽는 줄을 알지 못한다. 더욱이 장년이 되고 늙는 것에도 생각이 미치지 못하는 자가 있으니, 어찌 더욱더 안타까운 일이 아니겠는가?

오늘 섣달그믐, 응당 마음을 가다듬고 '명년에는 전처럼 때를 놓치는 잘못을 저지르지 않으리라' 하는 원을 세우고 다짐해야 할 것이다.

그러나 앞서 말한 '철저하게 타파해야 한다'고 한 이 말을 쉽게 지나쳐서는 안 된다. 이것은 몇 권의 경론을 이해한다고 해서 타파되는 것이 아니고, 몇 시간 좌선을 하여 마음이 동요하지 않는다고 해서 타파되는 것이 아니다. 또한 고인의 몇 가지 문답기연(問答機緣)을 이해하거나 몇 가지 송고염고(頌古拈古)를 지을 줄 안다고 해서 타파되는 것이 아니며, 몇 구절 구두삼매(口頭三昧)로 능란하게 대답할 줄 안다고 해서 타파되는 것이 아니다.

고인이 말씀하시기를 "이 일에 통 밑이 빠져 버린 듯이 환하고 악몽에서 깨어난 듯이 상쾌하여, 털끝만큼의 의심도 없어진 후에야 가능하다." 했다. 아! 감히 노력하지 않을 수 있겠는가?

정토는 믿기 어려운 법문 1

정토를 천시하는 자가 "이것은 어리석은 남녀들이나 행할 수행법이다." 하니, 천여(天如) 화상이 꾸짖었다. "어리석은 남녀들이나 닦을 수행법이라고 업신여기지 마라. 이것은 바로 마명이나 용수 · 문수 · 보현보살을 업신여기는 것이다."

그래서 내가 『미타경 소초(疏鈔)』를 지어 그 깊은 뜻을 밝힌 적이 있거니와, 이것을 보고 어떤 이는 "이 경의 해석이 지나치게 깊지 않습니까? 이것은 필경 어리석은 남녀들이나 행할 수행법입니다." 하였다.

아! 부처님께서 "이 경은 믿기 어려운 법문이다." 하시더니, 정말 빈말이 아니었구나!

정토는 믿기 어려운 법문 2

어떤 이가 "스님의 『미타경』 해석이 지나치게 깊다고 한 것은, 이 경의 내용이 본래 얕은 것인데 너무 깊게 천착했기 때문입니다. 이것은 옳지 않습니다." 하였다.

아! 『법화경』은 세상을 다스리는 언어를 사용하여 모두 실상에 맞게 했으나, 이 『미타경』은 생사를 가로질러 바로 불퇴(不退)의 지위에 오르게 한 것이다. 어찌 세상을 다스리는 언어보다 못하겠는가?

또 어떤 이는 "이 경은 본래 방등부(方等部)[1]에 속하는 것인데, 소(疏)에서 스님께서 원교(圓教)[2]로 교판(教判)하였습니다. 이것은 옳지 않습니다." 하였다.

아! 『십육관경(十六觀經)』도 방등부에 속했으나 천태지자 대사가 원교로 교판하였고, 『원각경』도 방등부에 속했으나 규봉 화상이 원교로 교판했거니와, 『미타경』을 내가 특별히 분원(分圓: 부분적인 원교)으로 교판했다 하여 무엇이 옳지 않다는 것인가?

부처님께서 믿기 어려운 법문이라 하시더니, 정말 빈 말이 아니었구나!

1 넓고 깊은 뜻을 널리 구체적으로 설명한 경전들. 방등(方等)은 대승경전을 의미하기 때문에 대승경전을 대승방등경전(大乘方等經典)이라고 한다.

2 원만하고 완전한 교란 뜻. 당의 법장(法藏) 스님은 부처님의 일대시교(一代時教)를 소승교(小乘教)·대승시교(大乘始教)·대승종교(大乘終教)·돈교(頓教)·원교(圓教)로 교판하였다.

정토는 믿기 어려운 법문 3

『화엄경』 제10에 "보발위광주약신(普發威光主藥神)은 염불하여 일체 중생의 병을 낫게 하는 해탈문을 얻었다."고 하였다. 이에 대해 청량 화상의 소(疏)에서 "한 부처님의 명호를 부름으로 해서 삼매를 쉽게 이룰 수 있다. 하나를 공경하는 마음이 깊음으로 해서 다른 것도 다 그러하기 때문이다. 하물며 마음이 깨달음의 길에 응결하여 대방(大方)의 땅을 밟은 자랴." 하였다.

앞에서 말한 여러 가지 말은 전념(專念)을 널리 찬탄하였고, 뒤의 두 가지 구절('하물며 운운' 한 대목)은 이치에 들어가서 깊이 해석한 것이다. 누가 정토가 천박하다고 말하겠는가?

또한 『행원품』에서 이루 말할 수 없는 세계해(世界海)[1]와 이루 말할 수 없는 부처님과 보살들의 공덕을 널리 열거하면서, 임종에 화장세계에 태어나기를 원하지 않고 극락에 태어나기를 발원했다. 누가 정토가 천박하다고 하겠는가?

성현의 가르치심이 이와 같은데도 사람들이 스스로 이를 천시하고 있으니, 부처님이 믿기 어려운 법문이라 하시더니 정말 빈 말이 아니었구나!

1 『화엄경』 오교장(五教章) 권3에서 십불경계(十佛境界)의 소의처를 국토해(國土海)와 세계해(世界海) 두 가지로 나누었다. 국토해란 십불(十佛) 자체가 거주하는 불가설 원융자재한 의보요, 세계해는 비로자나 십신(十身)이 교화하는 곳이다.

염불은 참선에 방애되지 않는다

고인은 "참선은 염불에 방애되지 않고 염불은 참선에 방애되지 않는다." 하기도 하고, 혹은 "서로 겸해서는 안 된다." 하기도 하였다.

그러나 선과 정토를 겸한 자가 있었다. 예컨대 원조 본(圓照 本)[1] · 진헐 료(眞歇 了)[2] · 영명 수(永明 壽) · 황용 신(黃龍 新)[3] · 자수 심(慈受 深)[4] 같은 이는 모두 선문의 대종장으로서 마음을 정토에 두었으면서도 선에는 아무런 장애를 받지 않았다.

그러므로 참선하는 자가 생각마다 자기의 본심을 참구하면서, 목숨이 마칠 때 극락에 왕생하기를 발원하는 것은 아무 방애가 되지 않음을 알 수 있다. 그 까닭은 무엇인가?

1 혜림종본(慧林宗本: 1020~1099) 선사를 말한다. 승천도원(承天道原) · 도승(道昇) · 천의의회(天衣義懷) 등에게 참학한 후, 천의의 법을 이어받았다. 시호는 원조(圓照) 선사.

2 진헐청료(眞歇淸了: 1089~1151) 선사를 말한다. 18세에 구족계를 받고 성도 대자사(大慈寺)에서 경론을 수학하였다. 그 후 단하자순(丹霞子淳)을 만나 참학하여 그의 법을 이어받았다.

3 황룡오신(黃龍悟新) 선사를 말함. 생몰연대 미상. 불타원(佛陀院) 덕(德)에게 귀의하여 출가 수계함. 여러 지방을 행각하다가 황용조심(黃龍祖心: 1025~1100)에게 참학하여 그의 법을 이어받았다. 스스로 사심수(死心叟)라고 하였다.

4 혜림회심(慧林懷深: 1077~1132) 선사를 말함. 14세에 삭발하여 장로숭신(長蘆崇信)에게 참학하고 그의 법을 이어받았다. 자수(慈受) 선사라고도 한다.

참선하여 깨달은 곳을 얻었더라도 만약 부처님께서 주하고 계신 상적광토(常寂光土)[5] 같은 곳이 아니거나, 또는 아라한이 능히 후세의 과보를 받지 않는 것과 같지 못하면, 이 보신(報身)이 다하면 반드시 태어나는 곳이 있게 마련이다. 인간 세상에 태어나 훌륭한 스승을 만나는 것보다 연화세계에 태어나 아미타 부처님을 가까이하는 것이 차라리 낫지 않겠는가?

그렇다면 염불이 참선에 방해되지 않을뿐더러 실제로는 참선에 도움이 된다 할 것이다.

5 우주의 진리를 국토로 보며, 여기에 주하는 부처님을 법신불(法身佛)이라 한다.

건강을 위해서도 살생을 삼가야 한다

도은군(陶隱君)[1]은 신선이 되어 하늘로 올라가기 위해 산 생명을 죽여 약을 만들었으나 끝내 뜻을 이루지 못했다 한다.

산 생명을 죽여 입맛을 돋우고 배를 불린다면 이는 정녕 옳지 못한 일이다. 다른 생명의 목숨을 빼앗아 사람의 목숨을 보전한다면 언뜻 생각하기에는 아무 죄도 없을 것 같지만, 사람은 소중히 여기고 축생은 천하게 생각하는 것이 보통 생각으로는 그럴 수 있을지 모르나 제불보살의 평등한 마음은 아니다.

하나의 생명을 죽여 또 다른 하나의 생명을 살리고자 하는 것은 어진 이가 차마 할 일이 아니다.

더욱이 죽고 사는 것은 그 분수가 정해져 있어서 반드시 살릴 수 있다는 보장도 없음에랴! 그렇다면 한갓 원보(怨報)만 더할 뿐이니, 병든 자나 의사들은 깊이 생각해야 한다!

1 도홍경(陶弘景)을 말한다. 남북조(南北朝) 시대의 본초가(本草家). 남제(南齊)의 고조(高祖) 때 제왕(諸王)의 시독(侍讀)이 되었다가, 구용구곡산(句容句曲山)에 숨어 스스로 화양도은거(華陽陶隱居)라고 하였다. 널리 음양오행(陰陽五行)·풍각성산(風角星算)·산천지리(山川地理)·의술본초(醫術本草)에 환하고 유·불·도(儒佛道)에 통했다.

감험勘驗

참선인은 깨달음이 있으면 반드시 눈 밝은 종사의 감험(勘驗: 조사하여 검증함)을 거쳐야 한다.

어떤 스님은 늘 사당의 지전(紙錢) 태우는 화로 속에서 잠을 자곤 했다. 남양충(南陽忠)[1] 국사가 이 말을 듣고 몰래 화로 속에 숨어 있다가, 그 자가 잠자러 들어오는 것을 기다렸다가 갑자기 멱살을 잡고 "어떤 것이 조사가 서쪽에서 온 뜻인가?" 하고 물었다.

그 스님은 기다렸다는 듯이 거침없이 "사당의 술 소반입니다." 하였다.

또 한 스님은 사람들이 깨달았다고 말하곤 하는 자였다. 이 말을 듣고 현사(玄沙)[2] 대사가 짐짓 함께 길을 갔다. 어느 날 물가에 이르러 갑자기 그를 물속에 떠밀어 처넣고는 "우두(牛頭)가 사조(四祖)[3]를 만나기 전에는 어떠했는가?" 하고 다그쳐 물었다.

1 남양혜충(南陽慧忠: ?~775) 선사를 말한다. 어려서 6조 혜능(慧能)에게 수학하고 그의 법을 이었다. 남방의 선승들이 경전을 중시하지 않는 선풍을 비판, 널리 경·율·론을 펼치고 교학을 중시하였다. 대종(代宗)이 대증(大證) 국사라는 시호를 내렸다.

2 현사사비(玄沙師備: 835~908) 선사. 부용산 영훈(靈訓)에게 출가. 개원사 도현율사에게 구족계를 받고 영훈의 은사인 설봉의존에게 의지하여 그의 법을 받았다.

3 우두는 우두법융(牛頭法融: 594~657)을, 사조는 사조도신(四祖道信: 580~651) 선사를 말한다. 우두는 사조의 법사(法嗣)이다.

이 스님의 대답은 천연스러웠다.

"다리를 펴는 것은 다리를 오므리는 데 있습니다."

이 두 스님이 만약 가슴속이 환하게 뚫려 소리치는 대로 응답하는 것이 빈 골짜기와 같지 않았으며 비치는 대로 나타나는 것이 밝은 거울과 같지 않았다면, 이렇게 초조하고 창졸하여 도무지 손발도 제대로 둘 수 없는 상황에서 어떻게 이렇듯이 적절하고 자재한 대답을 할 수 있었겠는가?

그들이 평소에 의식(意識)으로 이리저리 이치를 따지고 송을 지어 학인의 물음에 답하는 것이 매우 분명하여 볼 만했다면, 천둥소리에 미처 귀를 막을 겨를도 없을 때의 한바탕 부끄러움을 어쩔 수 있었겠는가!

참으로 신중히 생각지 않을 수 없다.

백법사의 어느 스님

가정(嘉靖) 때 오산(吳山) 백법사에 어느 스님이 계셨다. 그는 신도의 시주를 구하지 않고 제자 한 사람이 약을 캐어 팔아 충당하는 양식으로 살아가고 있었다. 하루 세 끼 죽 두 그릇과 채소 몇 가닥을 죽 냄비에 얹어 넣어 주면 방에 앉아 종일 말이 없었다.

어떤 염불 모임의 신도들이 그를 찾아뵙고 법문을 청하니, 그는 손을 내저으며 "그저 조용히 앉아 있고 싶으니 말을 시키지 마시오." 할 뿐이었다. 어쩔 수 없이 그냥 머뭇거리다가 돌아오면서 떡과 과일을 드렸더니 거절하고 받지 않으면서 말했다.

"다행히 죽이라도 먹으면서 허기를 면하고 있으니, 그러지 마시오. 이것들이 배 속에 들어가 더욱 보채면 어찌하려 하오."

그 당시에는 그가 어떤 도를 닦고 있는지 밝혀 보지 못했으나, 검소하고 소탈하여 세상 인연에 물들지 않는 점은 요사이 이런 자를 찾아보기 어렵다. 참으로 나도 그에게 미칠 수 없으므로 이를 기록해 두는 바이다.

출세간의 큰 효도

자식이 부지런히 일하여 부모님을 편안하게 봉양하는 것을 효도라고 하고, 입신출세하여 부모님의 이름을 드날리게 하는 것을 큰 효도라 한다면, 염불법문을 권하여 정토에 태어나게 하는 것은 큰 효도 중 큰 효도라 할 것이다.

나는 늦게 세상에 태어나 겨우 불법을 만나자마자 부모님이 돌아가시는 슬픔을 당했으니, 그 통한을 무엇에 비기겠는가! 비록 추모하려 하였으나 어쩔 수 없는 일이었다.

삼가 여러분들께 아뢰노니, 부모님이 살아 계시거든 하루빨리 염불을 하시도록 권해 드리고, 돌아가신 날에는 3년 동안 불사를 행할 것이다. 불가능한 경우에도 1주년이나 혹은 49일 동안은 누구나 할 수 있을 것이다.

자식이 자신을 낳아 길러 주신 부모의 은혜를 갚으려면, 반드시 이를 명심하라.

마음이 곧 부처

마조 대사가 "마음이 곧 부처다." 하니, 대매(大梅)[1] 화상이 그 뜻을 깊이 깨닫고 의심 없이 산에 머물렀다.

그 후에 다시 "마음도 아니요 부처도 아니다." 하는 법을 설한다는 말을 듣고, 대매는 "그 늙은이가 마음대로 '마음도 아니요 부처도 아니다' 하고 말하게 내버려 두려무나. 나는 여전히 '마음이 곧 부처'일 뿐이야." 하였다.

그러자 마조가 "매실이 잘 익었구나!" 하고 인가하니, 사람들이 대매가 깊은 깨달음을 얻었음을 찬탄하였다.

그러나 여기에 두 가지 뜻이 있을 수 있으므로, 이에 대해 밝히지 않을 수 없다.

바로 근본에 계합하여 한 번 믿으면 영원히 믿어 다시는 번다한 명상(名相)에 움직이지 않는 것을 '매실이 잘 익었다' 한 것이다.

그러나 자기 선입견을 주장하여 글귀 속에 집착하여 끝내 삼을 지고 금을 버리는 자라면, 이런 것은 썩어 곪은 상태의 익은 것이지 성숙한 상태의 익은 것이 아니다.

『법화경』에서 5천 대중이 자리를 떠난 적이 있거니와, 고인이 이들을 '삶은 싹, 썩은 종자'라 하였으니, 바로 이를 가리킨 것이다.

1 대매법상(大梅法常: 752~839) 선사를 말한다. 마조도일(馬祖道一) 회하에서 돈오발명(頓悟發明)한 후, 대매산(大梅山)에서 30년 동안 은거하였다.

총명의 허물

세상 사람들은 총명을 중히 여기고 박학을 자랑하며 문장을 다툰다. 그러나 이런 것은 아무 믿을 만한 것이 못 된다. 왜냐하면 언젠가는 잃어버릴 것이기 때문이다.

저들의 학문이 백가(百家)를 다하고 문장이 일세(一世)를 덮었더라도 내생에는 한 글자도 모른다. 더욱이 순(淳) 선사 같은 이는 문재(文才)로 이름을 날렸으나 한번 병으로 쓰러졌다 일어난 후에는 문득 멍청이가 되어 버렸으니, 이는 내생을 기다릴 것도 없는 일이다.

심지어 죽어 축생이 된다면 이른바 '물과 풀만 생각할 뿐, 다른 것은 전혀 알지 못한다' 하는 것이 되고 말 것이니, 믿을 만한 것이 어디에 있을 것인가?

오직 반야(般若)의 참다운 지혜만이 마음 밭에 남아 있다. 그것은 예나 지금도 변함없어서 깨뜨려도 없어지지 않고, 비록 중생계에 있더라도 인연을 만나면 금방 깨닫게 된다.

그러나 세상 사람은 이러한 뜻을 알지 못하므로 괴이쩍게 여길 일이 아니라 하더라도, 출가 사문마저 본분사(本分事)를 묶어 높은 다락 속에 넣어 두고 외학(外學)에만 힘을 쏟고 있으니, 참으로 탄식할 일이다.

기이한 것을 좋아하다

총명한 자는 기이한 것을 좋아하게 마련이요, 기이한 것을 좋아하는 자는 미혹에 빠지기 일쑤다.

기이한 것을 좋아한다는 소문이 나면 소위 연나라나 제나라의 황당무계한 선비들이 다투어 몰려든다. 그들의 방술(方術)로 귀신을 부리고 신선에 의탁하여 사람을 놀라게 하고 즐겁게 하니, 마침내 깊이 빠져 혹독하게 믿지 않을 수 없게 된다.

그러나 그들은 머리가 세도록 아무 이룬 것이 없고 죽음에 다다라도 영험을 본 것이 없으니, 이때에 비로소 원망하고 후회하더라도 때는 이미 늦다.

하지만 죽을 때까지 끝끝내 돌이키지 않는 자보다는 차라리 낫다. 왜냐하면 지금 후회하고 뉘우치면 내세에는 미혹에 빠지지 않을 것이기 때문이다.

명심할 일이다.

무상의 소식

속담에는 세상을 깨우치는 이야기가 많다.

어떤 노인이 죽어 염라대왕을 만나서는 "저승에 데려올 테면 진작 알려 줬어야 하지 않겠소?" 하고 항의하였다.

그러자 왕이 "내가 자주 알려 왔노라. 너의 눈이 점점 침침해져 가는 것이 첫 번째 소식이요, 귀가 점점 어두워져 가는 것이 두 번째 소식이며, 이가 점점 빠지는 것이 세 번째 소식이다. 그리고 너의 온몸이 날로 쇠약해져 가는 것으로 셀 수 없는 소식을 전해왔노라." 하였다. 그러나 이 이야기는 특히 노인을 위하여 말한 것이다.

이제 다시 이야기를 이어 보면, 한 소년도 왕에게 항의하였다.

"저의 눈과 귀는 밝고 이도 튼튼하며 온몸이 건강합니다. 왕은 어찌하여 저에게는 소식을 전하지 않았습니까?"

왕이 이렇게 대답하였다.

"그대에게도 소식을 전해 왔으나 그대가 살피지 못했을 뿐이다. 동쪽 마을에 나이 사오십 되어 죽은 자가 있지 않더냐? 서쪽 마을에 이삼십 되어 죽은 자가 있지 않더냐? 그 밖에 열 살 미만이나 두세 살 젖먹이로 죽은 자도 있지 않더냐? 어찌 소식을 전하지 않았다 하느냐?"

날쌘 말은 채찍 그림자만 보고도 내달린다. 반드시 송곳이 살갗에 꽂힐 때까지 기다리는 것은 둔한 말이다. 아! 애석한 일이다.

참선은 인간세상에서 할 수 있는 일이 아니다

선덕이 말하기를 "참선은 인간세상에서 설할 수 있는 일이 아니다." 하니, 어떤 이가 의심하여 말했다.

"배(裵) 승상[1]이 말하기를 '육도 중에서 마음을 단정히 하여 보리에 나아갈 수 있는 곳은 오직 인도(人道)라야 가능하다' 하였다. 정말 앞에서 말한 대로라면 선을 공부할 곳이 없지 않은가?"

배 승상의 말이 참으로 옳다. 그러나 지금 이 말은 고기를 배불리 먹고 스님을 찾아와서 선을 말하는 자를 두고 한 말이거나 스님으로서 입으로는 반야를 말하고, 몸은 아란야(阿蘭若)[2]에 있으면서 마음은 시중에 나다니는 자를 가리킨 것이다.

1 배휴(裵休: 797~870)를 말함. 당나라 때 거사. 자는 공미(公美). 규봉종밀(圭峰宗密)과 방외(方外)의 벗이 되었고, 또 황벽희운(黃檗希運)을 임지인 용흥사(龍興寺)와 개원사(開元寺)에 초빙하여 조석으로 문안하며 선법을 참구하며 널리 공부하였다. 『권발보리심(勸發菩提心)』을 지었고, 황벽과의 문답을 실은 『전심법요(傳心法要)』가 전해진다.

2 범어 아란야(araṇya)의 음역. 산림(山林), 황야(荒野)라 번역한다. 출가인이 수행하고 거주하기 적합한 후미지고 고요한 장소를 말한다. 또 원리처(遠離處), 적정처(寂靜處), 최한처(最閒處), 무쟁처(無諍處)라 의역한다. 일반적으로 절을 이르는 말로 쓰인다.

만약 오욕 속에 탐닉하면서 편안히 앉아 일승과(一乘果)를 얻을 수 있는, 세상에 이렇게 편리한 일이 있다면 누군들 이루지 못하겠는가? 이른바 "세상에 어찌 학을 타고 양주 목사가 될 수 있으랴."고 한 것이 아니겠는가?

그러나 이런 말로 스스로 위축되지 마라. 참선은 결코 인간세상에서 설할 수 있는 일이다.

다만 뜻이 없을까 염려될 뿐, 뜻이 있는 자라면 마침내 일을 이룰 수 있다!

출가 1

선덕이 "출가는 대장부의 일이라, 장수나 재상도 능히 하지 못한다." 하였다.

장수는 무공으로 화란(禍亂)을 평정하고 재상은 학문으로 태평(太平)을 이룬다. 따라서 천하의 큰일은 모두 장상의 손에서 이루어진다 할 수 있다. 그런데 출가는 그들도 능히 하지 못한다 하였으니, 출가가 어찌 사소한 일이겠는가?

머리 깎고 염의 입은 것으로 출가라고 말하고 있으나, 아! 이것은 두 조각 대문의 집에서 나온 것이지 삼계(三界) 화택(火宅)[1]의 집에서 나온 것은 아니다. 삼계의 집에서 나온 후에야 대장부라 할 수 있다.

그러나 이것도 오히려 미흡하다. 삼계의 중생과 함께 삼계를 벗어나야만 비로소 대장부라고 할 수 있다.

예전에 어느 큰스님이 이렇게 노래한 것이 있다.

> 가장 훌륭한 자 출가하니
> 출가라는 두 글자를 아는 이 드무네.

'가장 훌륭한 자'란 대장부를 가리키는 말이니, 대장부는 쉽게 되는 것이 아니다.

1 삼계(三界: 지옥·아귀·축생)에 번뇌가 많아 중생을 괴롭히는 것이 마치 불난 집과 같다는 것을 비유한 말. 『법화경』에 그 비유가 자세히 실려 있다.

'출가라는 두 글자를 아는 이가 드무네'라고 한 말이 어찌 빈 말이겠는가?

출가 2

처음 출가할 때는 정도의 차이는 있으나 누구나 큰 뜻을 갖지 않는 이가 없다.

그러나 세월이 흐르고 또 인연과 명리에 물들어, 마침내 자기 거처를 갖게 되고 의복을 꾸미며 농토를 사들이고 제자들을 모으며 재산을 쌓고 부지런히 세속적인 인연도 맺게 된다. 출가인이 세속 사람과 무엇이 다르겠는가?

경에 말씀하시기를 "한 사람이 출가하면 파순(波旬)[1]이 두려워한다." 하였으나, 이제 이런 경우라면 파순이 두려워하기는커녕 술잔을 들고 기뻐할 것이니, 큰 뜻을 품고 출가한 자는 깊이 눈여겨보고 간파해야 할 것이다.

전에 깊은 산 속에서 고행정진하던 한 스님이 한 번 산에서 내려오자 신심있는 남녀들에게 귀의와 공양을 받고 결국 일생을 거기에 매몰하고 마는 경우를 본 적이 있는데, 하물며 큰 명성이 있는 자랴!

예전에 어떤 스님이 "반드시 거듭 번뇌의 집에서 나와 재차 진로(塵勞)의 그물을 뚫고 나와야만 이것이 출가 이후의 출가다." 하였다.

앞의 집에서 나오는 것은 쉽다고 하겠지만 나중의 집을 떠나는 것은 어렵다.

나는 이를 생각하며 밤낮으로 황송하여 어쩔 줄 모른다.

1 살자(殺者)·악자(惡者)라 번역한다. 욕계 제6천의 임금인 마왕의 이름. 항상 악한 뜻을 품어 나쁜 법을 만들어 수행인을 요란하게 하고 혜명(慧命)을 끊는다고 한다.

깨달은 자는 당연히 정토에 왕생한다

어떤 이가 물었다.

"제가 전에는 정토를 닦았는데, 어떤 선자(禪者)가 '자기 부처를 깨달으면 그만이지 굳이 밖으로 다른 부처를 찾아 왕생을 원할 것은 아니다' 하였습니다. 이 점은 어떻게 생각하십니까?"

내가 대답하였다.

이것은 실로 최상승인(最上乘人)을 위하여 말한 것이니, 이것만을 고집하는 것도 잘못된 생각이다. 비유로 설명하리라.

어떤 사람이 있었는데, 그는 총명하기가 안자(顔子: 공자의 제자 안회) 같은 자였다. 그러나 그에게는 백 리나 천 리 밖에서 부자(夫子) 같은 성인이 틈틈이 길을 이끌어 주었고, 72 제자나 3천 현인[1]과 같은 자들이 서로 돌보아 주고 있었다.

네가 그들의 이름을 듣고 가서 만나 뵈려다가, 그들이 딱히 훌륭한 점이 없는 것은 아니지만 스스로 총명을 믿고 만나 뵙는 것을 거절한다면 옳겠는가?

그대가 "깨달으면 그만이지 왕생을 원할 것은 아니다." 하였으나, 노형께서 아직 깨닫지 못한 것을 감히 보장할 수 있다.

왜냐하면 천여(天如) 선사가 말하기를 "너희가 아직 깨닫지 못했을 따름이다. 만약 깨달았다면 너희가 정토에 태어나는 것은 만 마리의 소가 끌어당겨 제지하더라도 어쩌지 못할 것이다." 하였기 때문이다.

참으로 옳은 말씀이다.

1 공자의 제자 3천 인 중 육예(六藝)에 통한 자는 72인이라 하였다.

참선

스님들이 흔히 말하기를 "의심이 작으면 깨달음도 작고, 의심이 크면 깨달음도 크며, 의심이 없으면 깨달음도 없다." 한다.

의심한다는 것은 참구(參究)를 말한 것이다.

그런데 '참선(參禪)' 두 자는 어디서 온 말일까? 어떤 이는 경전에는 이런 말이 없다 하였으나, 내가 보기에는 분명히 있다.

『능엄경』에 "반드시 이 가운데서 미묘하고 밝은 참된 마음을 정밀히 연구하라[當在此中, 精研妙明]." 하였다. 또한 "안팎으로 연구하라[內外研究].", "깊이 연구하라[研究深遠].", "정밀히 연구하라[研究精極]."는 등의 말씀이 있으니, 이것이 참구의 의미가 아니고 무엇인가?

그 후로 존숙들이 사람들에게 공안(公案)[1]을 간(看)할 것을 가르치면서 의정(疑情)을 일으키게 하였으니, 이것들이 모두 여기서 비롯되었던 것이다. 그런데 이에 관한 말씀을 가장 자세히 하신 분은 아호대의(鵝湖大義)[2] 선사만 한 이가 없었다.

그의 말씀에 "만약 고요히 앉았기만 하고 공을 들이지 않으면 언제

1 원래는 국가의 법령을 뜻하는 '공부(公府)의 안독(案牘)'이라는 뜻이다. 준수해야 할 절대적인 규범을 말한다. 선문에서는 불조(佛祖)가 열어 보인 불법의 도리를 말한다. 공안의 형성은 당대(唐代)의 선문답에서 시작되었다. 화두(話頭) 혹은 고칙(古則)과 같은 뜻이다.

2 아호대의(鵝湖大義: 746~818) 선사는 당나라 때 스님이다. 출가한 후 20세가 되어 구족계를 받고, 강서성 홍주(洪州)의 마조도일(馬祖道一)에게 참학하여 그의 법을 이어받고, 강서성 신주(信州) 아호산(鵝湖山)에 머물었다. 효문제(孝文帝)의 부름에 응하여 법을 설하였고, 덕종(德宗)과 순종(順宗)에게도 법을 설하였다. 시호는 혜각대사(慧覺大師).

급제하여 마음이 공(空)함을 깨달으라." 하였다. 또한 "바로 취모리(吹毛利)[3]를 꺼내 들고 달마가 서쪽에서 온 높고 깊은 뜻을 베어 버려라!", "만약 어리석은 듯 묵묵하기만 하면 그대는 아직 공부를 지어갈 줄 모르는 것임을 알아야 한다.", "눈을 부릅뜨고 눈썹을 곧추세워 반복하여 '이 뭣고!' 하고 간하라." 하였다. 이와 같은 말씀이 한두 가지가 아니다. 참선하는 자는 반드시 가슴에 깊이 새겨야 한다.

그러나 만약 어구(語句) 중에서 추측하고 천착하거나 정식(情識)으로 생각하고 헤아린다면, 이른 바 '공을 들여라!' 한 것이라든지, '베어 버려라!', 혹은 '반복하여 이를 간하라!' 한 의미를 잘못 알고 있는 것이다.

그렇게 하면 고요히 앉아 묵묵한 것과 일은 같지 않을지 모르나 병통인 것은 마찬가지다.

부득불 이 점을 밝혀 두는 바이다.

3 예리한 칼을 이르는 말이다. 칼날 위에 터럭을 놓고 입으로 불면 끊어진다고 해서 붙여진 이름이다.

인종印宗[1] 법사

육조가 황매에서 심인(心印)을 전해 받은 후, 사냥꾼에게 숨어 고용살이 한 지 16년 만에 인종 법사의 강석(講席)에 갔다.

인종은 육조의 "바람이 움직이는 것도 깃발이 움직이는 것도 아니요, 그대의 마음이 움직이는 것이다." 하는 말을 듣고, 그를 맞이하여 머리를 깎이고 염의를 입히고는 예로써 자리에 올라 법을 설해 줄 것을 청하였다.

그러나 사람들은 용천(龍天)이 육조를 모셔 세상에 나가 법을 설하게 한 줄만 알았지, 인종 법사가 다른 사람으로서는 감히 따를 수 없는 법기(法機)가 있었음은 알지 못한다.

그가 스스로 말하기를 "저의 강경(講經)이 기와조각과 같다면, 그대의 논의(論義)는 진금과 같습니다."고 했던 것이다.

1　인종(印宗: 627~713) 법사는 당나라 오군(吳郡) 사람이다. 당 함형원년(咸亨元年: 670)에 서울에 가니 임금이 칙명으로 대경애사(大敬愛寺)에 거처하게 하였으나, 이를 거절하고 기춘(蘄春)에 가서 오조 홍인 대사를 참배하였다. 나중에 광주 법성사(法性寺)에서 『열반경』을 강의하다가 육조 혜능 대사를 만나 마침내 현리(玄理)를 깨닫고, 혜능으로 전법사(傳法師)를 삼았다. 그는 양(梁)나라 때부터 당(唐)나라 때까지의 제방의 현달(賢達)한 자의 말씀을 모아 『심요집(心要集)』을 저술하였다. 선천(先天) 2년(713) 2월, 회계산 묘희사(妙喜寺)에서 시적(示寂)하였다.

인종은 오랫동안 경론을 강설하여 이미 어엿한 대법사였다. 그런데 만약 아만을 버리지 못하고 승부심이 남아 있었다면, 어찌 어진 이를 존경하고 도를 귀히 여기며 자기를 버리고 다른 이를 추종하며, 한결같이 이렇게 할 수 있었겠는가?

육조는 참으로 고불(古佛)에 비견할 만한 자요, 인종도 육조에 짝할 만하다 할 것이다. 성현의 만남이 어찌 우연히 이루어진 일이겠는가?

스승을 가까이하라

고인은 심지(心地)를 밝히지 못했으면 천 리를 멀다 않고 스승을 찾아 도를 물었다. 이미 훌륭한 스승을 얻었으면, 곧 주장자를 꺾어 버리고 바랑을 높이 걸어 놓고 오랫동안 그를 가까이하였다.

옛날 일로는 아난 존자가 일생 동안 부처님을 모셨으며, 그 후로 역대 여러 어진 이들이 오랫동안 선지식을 참예한 사실은 일일이 다 열거할 수 없다.

예를 들면, 자명(慈明)[1] 노인 문하에 두 분의 존숙이 있었다. 한 분은 양기(楊岐)[2]로서 세상을 떠날 때까지 보좌하였고, 한 분은 청소(淸素)로서 13년 동안 가까이 모시면서 아침저녁으로 묻고 귀와 눈을 집중하여 마침내 도를 얻어 대기를 이루었다.

나는 늦은 나이로 출가한 데다 또 기력이 약하고 기운이 뜻을 따르지 못하여, 선사(先師)께 출가하여 득도한 후로 곧바로 스승 곁을 떠나 사방에 행각하여 이르는 곳에서 어떤 때는 뵐 기회가 막히기도 하고 또는 병마에 시달리기도 하여, 그때마다 뜻을 이루지 못하고 주저앉고 말았다.

1 석상초원(石霜楚圓: 968~1040) 선사를 말한다. 자명(慈明)은 그가 주석한 절 이름이다. 수계 이후 총림을 편력하다가 분양선소(汾陽善昭)에게 참학하여 그의 법을 이어받았다. 그의 선풍은 엄한 것으로 세상에 알려졌지만 문중이 번창하여 황용혜남(黃龍慧南)과 양기방회(楊岐方會)를 배출하였다.

2 양기방회(楊岐方會: 992~1049) 선사를 말한다. 임제종 양기파(楊岐派)의 개조(開祖). 양기는 주석한 산 이름. 어려서 출가하여 여러 지방을 편력하다 석상초원에게 참학하여 그의 법을 이어받은 후, 온건고담(穩建枯淡)한 선풍을 널리 선양하였다.

그러나 이제 머리가 희도록 지혜를 이루지 못하고 옹졸한 채 분복에 만족하고 있으니, 아! 내가 행단(杏壇)과 사수(泗水)[3]의 여러 지혜 있는 여러 사람 가운데서 심부름하는 동자도 되지 못하고, 이렇게 서너 집 사는 시골에서 교독사(敎讀師)[4] 노릇이나 하고 있으니, 참으로 애통한 마음 금할 길 없다.

3 행단(杏壇)과 사수(泗水)는 모두 공자가 제자를 모아 놓고 학문을 가르치던 곳.

4 법회에 강사가 경을 강의할 때, 경 제목이나 강경하는 제목을 읽는 일을 맡은 스님을 말한다.

『화엄경』

어떤 이가 물었다.

"여러 경전 중에서 『화엄경』에 비길 만한 것이 없다는 것은 무슨 뜻입니까?"

내가 대답하였다.

"전에 현장(玄奘)[1] 법사가 반야 600부를 번역하여 당 태종에게 바쳤더니, 태종이 묻기를 '『반야경』이 이렇게 방대한데 어찌하여 『화엄경』의 앞자리를 차지하지 못합니까?' 하였다.

법사가 말하기를 '『화엄경』이 한없는 문을 갖추고 있으니, 『반야경』이 비록 방대하기는 하지만 『화엄경』의 한없는 문 가운데 하나일 뿐입니다' 하였다.

또 어떤 스님이 여러 층의 서가(書架)를 만들어 경전을 모셨는데, 그 중에서 『화엄경』을 가장 위에 모셨다.

어느 날 경전을 읽고 난 후 무심히 『화엄경』을 중간층에 두었더니, 다음 날 아침에 보니 경전이 뜻밖에 윗자리에 도로 올라와 있었다. 이 스님은 매우 놀라고 기이하게 생각하였다.

1 현장(600~664) 법사는 불전 번역상 새 시기를 기록한 신역(新譯)의 대가이며, 법상종(法相宗)을 전한 분이기도 하다. 13세에 낙양 정토사에서 출가한 후, 약 15년간 여러 지방의 선지식을 접하여 『섭대승론(攝大乘論)』을 중심으로 『열반(涅槃)』, 『발지(發智)』, 『성실(成實)』 등 논을 공부하였다. 더욱 원전을 연구하고자 하는 뜻으로 인도 여행을 결심, 17년 동안 두루 다니다가 645년에 범어 경전 657부를 가지고 장안에 돌아와 태종의 후한 영접을 받았다. 귀국 후 이를 75부 1,335권으로 역출하였다. 당나라 인덕(麟德) 원년 2월에 대자은사에서 65세로 입적하였다.

이것은 대체로 이 경전의 위신력(威神力) 때문이기도 하지만, 또한 경전을 소지한 자의 정성으로 일어난 일이라 할 것이다.

또한 삼장(三藏)의 부처님 경전 중에 『화엄경』만이 천자와 같이 온 천하를 통치하여, 제후(諸侯) · 공경(公卿)과 대부(大夫), 여러 집사(執事)를 비롯하여 백성에 이르기까지 모두 그가 도맡아 다스리고 있다. 무엇이 이것에 비길 만한 것이 있겠는가?"

원袁 거사 어머니

원 거사 어머니 장(張)씨는 어려서부터 관세음보살에게 지극히 귀의하였다.

그 후 장성하여 시집갈 때 관음보살상을 모시고 갔고, 거사를 임신한 지 열 달 동안 하루도 예경을 게을리하지 않았다. 그래서 거사는 두세 살 먹던 어린아이 적부터 삼보(三寶)에 귀의할 줄 알았다. 이것이 이른바 태교(胎教)인 것이다.

부인으로서 마음을 기울여 부처님을 섬긴 자는 세상에 흔하다. 하지만 금방 결혼하려는 신부가 서둘러 화려하게 복식을 꾸미려 하지 않고 보살상을 경대 속에 모시고 갔으니, 이는 범부의 생각으로는 흔치 않은 일로 여태껏 듣지도 보지도 못한 일이다.

옛날 소자첨(소동파)은 남쪽으로 귀양 갈 적에 보살상을 그려 모시고 갔고, 갈대부(葛大夫)[1]는 보살상을 관공서에 모셔 놓고 다른 사람이 꺼려하는 것을 관계치 않으니 아는 자들이 칭찬하였지만, 지금 원 거사 어머니인들 어찌 걸출한 대장부가 아니겠는가?

1 송나라의 갈번(葛繁) 대부를 말한다. 젊어서 과거에 급제하여 벼슬이 조산(朝散)에 이르렀다. 관청이나 사가(私家)에 반드시 염불하는 집을 마련하여 불상을 모셨다. 일찍이 방에 들어가 예송하고 있노라니 사리가 허공에서 떨어진 적이 있었고, 평소 정업을 널리 사람들에게 권하여 많은 감화를 받기도 하였다. 어떤 스님이 정 중에서 정토를 여행하다 번(繁) 대부가 그곳에 있는 것을 보았다. 나중에 병 없이 서쪽을 향하여 단정히 앉아 죽었다.

유교와 불교를 화합하다

유교와 불교 두 종교의 성인은 교화를 베푸는 일에 각기 주장하는 바가 있었으므로 굳이 따로 나누어 생각할 것이 아니지만, 그렇다고 굳이 억지스럽게 하나로 합치시킬 일도 아니다. 왜냐하면 유교는 세상을 다스리는 일을 위주로 하고, 불교는 출세간의 일을 주장하기 때문이다.

세상을 다스리는 것으로 말하면, 『대학』의 격물(格物)·치지(致知)·성의(誠意)·정심(正心)·수신(修身)·제가(齊家)·치국(治國)·평천하(平天下) 같은 것이면 충분하거니와, 지나치게 높고 깊으면 삼강(三綱)·오상(五常)의 윤리가 성립되지 않는다.

출세간의 일은 높은 곳에 도달하고 심원한 뜻을 다해야만 비로소 해탈 할 수 있으므로, 가정과 나라와 천하의 일에 대해서는 다소 소홀한 점이 없지 않다. 이것은 이치의 추세로 봐서 자연스러운 일이므로 결코 괴이쩍게 생각할 것은 아니다.

굳이 유교가 바로 불교면, 육경(六經)이나 『논어』·『맹자』 등 모든 전적이 어엿이 갖추어져 있는데 어찌 석가가 세상에 태어나고 달마가 인도에서 중국으로 올 필요가 있었겠는가? 또한 굳이 불교가 바로 유교면, 어찌 『능엄경』이나 『법화경』으로 천하를 다스리지 않고 굳이 복희·신농·요순이 위에서 처음 제도를 만들고 공자·맹자 등 제현이 아래에서 도리를 밝힐 필요가 있었겠는가?

그러므로 따로 나누거나 하나로 합치시키는 것이 모두 잘못된 견해다.

그러나 특출한 자에게는 따로 나누어도 무방하고 하나로 합치시키는 것도 무방하다. 두 가지 다 아무 거리낌이 없다는 것도 반드시 알아 두어야 한다.

입선立禪

입선은 반주삼매(般舟三昧)[1]에서 나온 것으로 정진의 극치라 할 수 있다. 앉으면 혼침에 빠지기 쉬운 것을 염려한 수행법이었지, 서 있는 것으로 도를 삼은 것은 아니다.

그러나 이러한 뜻을 알지 못하는 자가 쇠 허리띠로 허리를 묶어 구부러지지 않도록 꼿꼿하게 떠받치는 자가 있으니, 참으로 우스운 일이다.

근래는 돌이나 벽돌로 담을 쌓아 몸을 단단히 에워싸고, 그 속에서 꼿꼿이 서 있는 것이 마치 칼이 칼집 속에 들어 있는 것 같이 하는 자가 있다. 어떤 자는 이를 빙자하여 신도들에게 시주를 요구하고, 어리석은 자는 무식하여 이를 공경하고 섬겨 결국에는 점점 그들이 하는 짓을 본받는 자도 있다.

삼가 고명(高明)한 이들에게 권하노니, 이런 자를 보거든 담 속에서 나오도록 권하여 말법에 이런 마군의 짓으로 승문(僧門)에 추태를 더하지 말게 하라!

1 반주(般舟)는 불립(佛立)이라고 번역한다. 부처님이 공중에 서 계시는 것을 관하는 수행법이다. 이것을 닦음으로 해서 부처님이 현전하는 삼매를 얻는다.

논소論疏

부처님이 설하신 경전에 보살이 논을 짓고 후세의 현인이 소를 쓴 것은 모두 경의 뜻을 꿰뚫어 중생들에게 보여 깨달음을 얻게 하기 위한 것이니, 그 공이 참으로 지대하다 할 것이다.

그러나 어떤 이는 "경전 자체에 본래 환하게 드러나 있으니 번거롭게 주석할 것 없다. 주석함으로 해서 도리어 뜻이 가리고 막힐 염려가 있다." 하면서, 나은 것이나 못한 것, 범부의 것이나 성인의 것을 막론하고 무턱대고 한편에 밀쳐 두고 본 척도 하지 않으려 한다.

그러나 이런 생각이 옳은 것 같지만 꼭 그런 것은 아니다. 왜냐하면 주석을 믿지 않고 경문을 믿는 것이 원칙이기는 하지만, 경을 읽는 자의 지견이 천박하여 깊은 경을 얕게 이해한다면 그 허물이 적지 않기 때문이다.

그렇게 하는 데는 대개 두 가지 마음의 병이 있기 때문이니, 첫째는 게으른 병이요 둘째는 경망한 병이다.

게으른 병이란, 널리 연구하는 것을 싫어하고 깊이 생각하는 것을 꺼려하여 간단하고 편리한 것만을 도모하고 힘을 들이려 하지 않기 때문이다. 경망한 병이란, 위로 고덕을 무시하고 아래로 요즘 사람들을 멸시하면서 오직 자기의 억견으로 제멋대로 생각하고 자부하기 때문이다.

새로 배우는 자는 지혜가 없어서 무턱대고 이를 본받아 즐겨 따르므로, 내가 이를 민망히 여겨 이렇게 입이 쓰도록 구업(口業)을 꺼려하지 않는 것이다.

정토가 없다고 말해서는 안 된다

어떤 이가 "내 마음이 바로 정토니[唯心淨土] 10만억 국토 밖에 따로 극락정토가 없다." 하였다.

이 '유심정토' 설은 원래 경전에서 나온 말씀이라 진실하여 잘못된 것은 아니지만, 인용하여 증거하는 자가 그 뜻을 잘못 안 것이 문제다.

마음이 곧 경계이니 결코 마음 밖의 경계가 없고, 경계가 곧 마음이니 또한 경계 밖의 마음이 없다. 이와 같이 이미 경계가 완전히 마음이라면 어찌 굳이 마음에만 집착하여 경계를 배척할 수 있겠는가? 경계를 버리고 마음을 말하는 자는 아직 마음을 깨달은 자가 아니다.

어떤 이는 또 이렇게 말하기도 한다.

"임종에 본 정토는 모두 자기 마음에서 본 것에 불과합니다. 그러므로 정토가 없다고 할 수밖에 없습니다."

그러나 고금에 염불왕생한 자의 임종에 많은 성인들이 와서 맞이해 가되, 하늘 음악과 기이한 향기와 깃발과 누각 등도 함께하였다는 것을 생각하지 않았다.

그런데 이런 사실을 저 한 사람만이 보았다면 자기 마음에서 본 것에 불과하다 하겠으나, 한꺼번에 온 대중이 모두 보았던 사례는 얼마든지 있다. 어떤 이는 하늘 음악이 은은히 서쪽을 향하여 사라져 가는 것을 들은 적도 있고, 어떤 이는 기이한 향기가 온 방안에 머물러 여러 날 흩어지지 않는 것을 본 자도 있었다.

하늘 음악이 다른 곳으로 가지 않고 서쪽을 향해 갔고, 저 사람이 이미 죽었음에도 향기가 아직 남아 있었으니, 이러고도 정토가 없다 하겠는가?

원조 본(圓照 本) 선사의 이름이 연품(蓮品)에 적혀 있는 것을 다른 사람이 본 적이 있었으니, 어찌 다른 사람의 마음으로 원조의 마음을 알 수 있었겠는가?

또 그대에게 묻노라.

"임종에 지옥의 모양이 나타나는 것은 마음이 아닌가?"

"그렇습니다. 마음입니다."

"그 사람은 지옥에 떨어지는가?"

"지옥에 떨어집니다."

"그렇다면 지옥이 있는 것이 분명하니, 어찌 유독 정토만이 없다 하겠는가? 마음에 지옥이 나타나는 자는 실제로 있는 지옥에 떨어진다면, 마음에 정토가 나타나는 자는 실제로 있는 정토에 태어나지 않겠는가? 차라리 수미산과 같다고 말할지언정, 개자(芥子)보다 못하다고는 말하지 마라."

깊이 생각해 볼 일이다.

어느 곳이나 정토

어떤 이가 말하였다

"저는 정토를 불신하는 것도 아니고, 또한 정토를 깔보고 가지 않으려는 것도 아닙니다. 다만 제가 가고자 하는 곳은 다른 사람과 다릅니다. 동방에 부처님이 계시면 동쪽으로 가고, 서방에 부처님이 계시면 서쪽으로 갈 것이며, 사방(四方)과 상하(上下), 천당이나 지옥이라도 부처님이 계신 곳이면 저는 어디든 따라 갈 것입니다. 천태지자 대사나 영명 선사, 그 밖에 여러 정토를 찾는 분들처럼 서방 극락세계에만 집착하지는 않겠습니다."

이런 논설은 그 말과 뜻과 명분이 매우 고상하고 깊고 오묘하다 하겠으나, 그렇다고 그대로 순종할 수는 없다.

경전에서 말씀하셨다.

"예를 들면 어린 새가 나뭇가지에 앉을 수 있는 것은 날개가 이미 다 자라 몸이 튼튼하고 기운이 왕성하기 때문이다. 그래야만 비로소 창공을 날아올라 사방팔방으로 마음대로 날아갈 수 있는 것과 같다. 처음 보리심을 발한 자는 결코 가능한 일이 아니다."

세존께서는 위제희(韋提希) 부인에게 열여섯 가지 관법(觀法)을 보이시면서, 먼저 석양에 북을 매달아 놓고 마음에 서방을 집중하게 하였다. 그리고 어떤 고덕은 앉고 누울 적에 반드시 서쪽을 향하는 것을 잊지 않았다. 어찌 어느 곳이고 모두 불국토인 것을 알지 못해서 그랬겠는가?

대해탈인이라면 임의대로 갈 수 있겠지만, 만약 그렇지 못하면 간절히 부처님의 가르침을 따르는 것이 옳을 것이다.

음양

어떤 이가 말했다.

“만법은 음과 양에서 비롯되니 음 · 양 앞에 다시 태극을 세우는 것은 옳지 않다. 그러므로 ‘천지가 있고 난 다음에 만물이 있으니 하늘은 양이요 땅은 음이다. 부부는 창생의 근본이니, 부(夫)는 양이요 부(婦)는 음이다’ 한 것이다.”

그런데 ‘천지가 있고 난 다음에 만물이 있다’ 한 것도 공자 말이요, ‘역(易)에 태극이 있으니 이것이 양의(兩儀: 음 · 양)를 낸다’ 한 것도 역시 공자의 말씀이다. 그중에서 하나는 취하고 하나는 버리는 것은 무엇 때문일까?

염계(濂溪)는 “무극(無極)이면서 태극이다.” 하여, 무극을 태극 위에 다 두었으니 하물며 음 · 양이겠는가?

규봉(圭峰) 화상은 『원인론(原人論)』에서 “무극이라 한 것도 오히려 그 근원을 다했다 하기에 부족하다.” 하였다. 『기신론』에서는 “진여와 생멸 이전의 이름을 일심(一心)이라 한다.” 하였다. 그러므로 앞의 이론은 천박하기 짝이 없다.

출태出胎와 격음隔陰[1]에서 미혹하다

고덕이 "성문도 오히려 출태에서 미혹하고 보살도 격음에서 어둡다." 하였다. 이에 내가 처음에는 "성문은 이미 6신통을 갖추었고 보살은 정(定)과 혜(慧)를 쌍수(雙修)하였는데, 어찌하여 모두 미혹을 면치 못한다 하신 것일까?" 하고 의심하였다.

그 후 나 자신과 다른 사람의 일을 살펴보고 그런 줄 알 수 있었다. 어제 저녁의 일도 날이 새면 금방 잊어버리는 수가 있는데 하물며 격음이겠는가?

또한 잠시 방을 옮겨 잠자리를 정했을 경우에, 한밤중에 일어나면 남북도 제대로 구분하지 못하는 경우가 있는데 하물며 출태겠는가?

그러나 저 성현들의 미혹은 잠깐 미혹했다가 금방 밝아지고, 갑자기 혼미했다가 도로 깨우친다. 하지만 우리 범부들은 종래 미혹하기만 하고 전혀 알지 못하여, 몸을 버리거나 몸을 받건 이롭거나 해롭건 간에 똑같이 이럴 뿐이다.

그러므로 우리들이 해야 할 일은, 바로 정념을 굳게 지켜 찰나에도 광명을 잃지 않거나 간절히 정성을 다해 정토에 태어나기를 구하는 것이다. 정토에 태어나면 미혹을 염려할 것은 없다.

마음을 방탕히 하고서 다시 정토를 버린다면 참으로 위태한 일을 면할 수 없다.

1 전음(前陰)과 중음(中陰)과 후음(後陰)으로 나눌 때, 출태(出胎)는 어머니의 태에서 나올 때 곧 전음이요, 격음(隔陰)은 후음에 해당되니 곧 다음 세상에 태어나는 것을 말한다.

유도원劉道原[1]은 불법을 믿지 않았다

사마온공[司馬溫公: 사마광(司馬光)]이 말하였다.

"유도원은 가장 불법을 믿지 않았던 자다. 그는 '인생이란 여관에 든 것과 같은 것이다. 여관에서 떠날 때는 지금까지 사용하던 물건들은 모두 놔두고 간다. 어찌 이것들을 싸가지고 따라갈 리가 있겠는가?' 하고 말하였다."

참으로 견해가 명쾌하고 결단이 용맹스럽다 할 만하다. 사람이 죽고 난 후에는 정신까지 없어진다는 논리인 것이다.

그러나 여관에서 묵은 후 떠날 때 주인의 물건은 내버려 두고 가는 것이 당연하겠으나, 자기의 돈주머니마저 버리고 가는 것은 아니지 않은가? 이른 바 '오직 업(業)만이 몸을 따라간다' 한 것이 바로 이 뜻이다.

온공이 도원에게서 취한 것이 무엇이었을까?

또 유원성(劉元城)[2]이 "노(老) 선생께서 이 일에 대해 깊이 깨닫고 계셨다." 하였으나, 원성이 온공에게서 취한 것은 또 무엇이었을까?

1 송나라 유서(劉恕)를 말한다. 자가 도원이다. 어려서 진사에 천거되어 벼슬은 비서승(秘書丞)에 이르렀다. 『자치통감』을 편차(編次)하였다. 저서에 『십국기년(十國紀年)』, 『통감외기(通鑑外記)』가 있다.

2 송나라 유안세(劉安世)를 말한다. 사마광의 제자. 벼슬은 간의대부. 강직하여 전상호(殿上虎)라고 불렸다.

부처님의 심인心印을 전하다

천태 문하의 존숙들은 "부처님의 심인을 전해 받은 이는 오직 천태에만 속한다." 하면서, 달마의 선종을 인정하지 않았다. 규봉은 "하택이 조계의 법을 이었으니 부처님의 심인을 이어받은 이는 오직 하택에만 속한다." 하면서, 남악(南嶽)과 청원(靑原) 두 종은 인정하지 않았다.

이에 대해 명교 숭(明敎 嵩) 선사가 『전법정종(傳法正宗)』에서, 가섭부터 조계까지 인도의 28조와 중국의 6조를 세우고 그 후에 남악과 청원 두 종을 법통으로 정하였다. 그리고 천태와 규봉 양가의 설은 모두 인정하지 않았다.

그런데 지금까지 천태 문하는 면면히 이어오고 있으나 규봉 문하는 단절되어 한적하다.

이 점에 대해 천태 문하의 어떤 스님이 말했다.

"사자는 해를 당하면 금방 자취가 끊어지고 말지만, 지인(至人)은 해를 만나더라도 마치 동산에 노니는 듯하다. 어찌 진리가 사람을 따라 멸하는 이치가 있겠는가?"

『전법정종』은 진정 종정(宗正: 왕실의 族籍을 관장하는 곳)의 일을 감당하였으니, 만세의 모범이라 하겠다.

전등傳燈

부처님이 꽃을 들어 보이시자 가섭 존자가 성스러운 뜻을 깨달으시고 6조가 방아를 찧으며 의발을 전해 받을 때까지, 서역과 우리나라에서 등불이 끊이지 않고 비치었다. 그때 5조 황매가 6조 조계에게 수기하기를 "이 후에 불법이 너로부터 크게 유행하리라." 하더니, 남악과 청원으로 오종(五宗)[1]이 찬란하게 빛나 당나라에서 크게 성행하였다. 그 아름다움이 송나라에 이어지고 원나라에 이르기까지만 해도 도인을 무수히 배출하였으나, 지금은 그 빛이 점차 사그라지려 하고 있다.

그 까닭이 무엇일까? 그러한 종자가 없기 때문이다.

조사가 말씀하기를 "네가 심지법문(心地法門)을 배우는 것은 종자를 뿌리는 것과 같고, 내가 법요(法要)를 설하는 것은 하늘에서 비가 내리는 것과 같다." 하였다. 그렇다면 이미 이런 종자가 없었으니 비가 내린들 무슨 소용이 있겠는가?

지금 머리를 깎고 염의를 입은 자가 온 나라에 가득하지만 모두 밖으로 유위사(有爲事)에 힘쓰고 있다. 그들을 가까이하고 따르는 신도들도 겨우 계율을 지키면서 몸을 삼가거나 경을 읽고 예참하는 데 불과하다. 누가 위없는 보리심을 내어 부지런히 이 일만을 참구하고 촌음을 아끼며 반드시 바른 깨달음만을 구하고 있는가?

빈 밭에서 곡식을 찾거나 돌기둥에서 꽃을 피우려 한들 이런 이치가 있을 수 있겠는가?

1 선종 오가(五家)를 말한다. 곧 위앙종(潙仰宗)·임제종(臨濟宗)·조동종(曹洞宗)·운문종(雲門宗)·법안종(法眼宗).

금단金丹[1]

어떤 이가 물었다.

"누군가 현종(玄宗: 도교의 심오한 뜻)에 대해 '금단법은 이승(二乘)의 좌선과 자못 같다' 했다 합니다. 이 말이 맞습니까?"

내가 이렇게 대답하였다.

"이것은 자양(紫陽)[2]이 한 말이다. 다르다고 하지 않고 같다고 했으며, 똑같다고 하지 않고 자못 같다 했으니 말이 구차하지 않다고 하겠다. 그러나 선(禪)을 익히는 자들이 이 말로 인하여 다른 견해를 내어서는 안 된다. 왜냐하면 대승을 배우는 자는 이승(二乘)도 피해야 하기 때문이다.

그러므로 『범망경』에서는 이승을 삿되고 조잡하다고 꾸짖었거든, 더욱이 같으면서도 같지 않음에랴."

또 물었다.

"단(丹)에 대해 말씀해 주십시오."

내가 그를 위해 이렇게 설명하였다.

1 도사들이 만드는 신약(神藥)을 금단이라 한다. 이 금단을 만드는 데 까다로운 절차가 있으므로 이를 좌선에 비유하였다.

2 장백단(張伯端)을 말한다. 송나라 천태(天台) 사람. 어려서부터 학문을 좋아하여 희령(熙寧) 때에 촉(蜀)을 여행하다 유해섬(劉海蟾)을 만나, 그로부터 금액(金液)과 환단(還丹)과 화후(火候)의 비결을 받고 곧 이름은 용성(用成), 자는 평숙(平叔), 자는 자양(紫陽)이라고 바꾸었다. 치평(治平) 때에 하동(河東)에서 부풍(扶風) 마처후(馬處厚)를 만나 자신이 지은 『오진편(悟眞編)』을 주며 "공은 이 책을 유포하시오. 반드시 뜻을 아는 자가 있을 것이요." 하였다. 원풍(元豊) 초에 가부좌하고 죽었다. 나이는 99세였다.

"납과 수은을 이겨 단을 만드니, 이것은 정과 혜를 닦아 도를 이루는 것에 비유할 수 있다. 그리하여 정신과 기운이 응결하면 대단(大丹)을 이루게 되는데, 지(止)가 극진하고 관(觀)이 원만하면 진인(眞人: 仙人)이 아니더라도 무얼 더 기다리겠는가? 이렇게 구경의 정점은 비록 다르지만 비유로 서로 밝힐 수가 있다.

현종에서는 오히려 몸의 정(精: 정기, 정액) · 기(氣: 호흡, 숨) · 신(神: 영혼)으로 외약(外藥)을 삼고, 사람들에게 내약(內藥)인 원정(元精: 하늘의 정기) · 원기(元氣: 우주 자연의 기) · 원신(元神: 영혼)을 구하게 했다. 그러나 저들은 다섯 가지 쇠[3]나 여덟 가지 돌[4]에 온 힘을 기울이거나 풀을 찾고 약을 달이는 데 급급하니, 또한 어리석은 노릇이라 할 것이다.

선종(禪宗)은 십지(十地)[5]에서 견성(見性)하는 것도 장막이 한 칸 가로막힌 것으로 여기면서, 반드시 "영원히 무명을 끊어야만 비로소 묘각(妙覺)이라 한다." 하였다.

저들은 화성(化城)[6]에만 머물러 있고 백척간두에서 서성대는 자들이

3 금·은·동·철·주석을 말한다.

4 주사(朱砂)·웅황(雄黃)·공청(空靑)·유황(硫黃)·운모(雲母)·계감(戒監)·초석(礎石)·자황(雌黃)을 말한다.

5 십성(十聖)이라고도 한다. 보살이 수행하는 계위를 52위로 나누는데, 41위부터 50위까지를 말한다.

6 『법화경』에 나오는 비유. 여러 사람이 보배가 있는 목적지를 찾아가다가 그 길이 험하여 사람들이 피로해 하므로, 그 대상(隊商)의 지도자가 한 계교를 내었다. 신통력으로 임시로 큰 성을 나타내어, 여기가 보배가 있는 곳이라 하니 사람들이 대단히 기뻐하여 이 변화하여 만든 성에서 잠시 쉬었다. 길잡이는 여러 사람의 피로가 회복되는 것을 보고, 화성을 없애 버리고 다시 진짜 보배가 있는 곳에 이르게 하였다. 이 화성을 방편교(方便教)의 깨달음에, 보배가 있는 곳을 진실교(眞實教)의 깨달음에 비유하였다.

었으니, 오히려 멀고도 멀다 할 것이다.

그런데 석자사문(釋子沙門)으로서 부처님 혜명을 이을 생각은 않고 이 따위 일에 깊이 빠져 『도덕경』을 외거나 『남화경』을 강의하고 있으니, 아! 어찌 이렇게 뒤바뀐 일이 있는가?

『사십이장경』과 『유교경』

한(漢)나라 명제(明帝)가 꿈에 금으로 만든 사람[金人]을 보고, 사신을 천축으로 보내 불경 마흔두 장을 가져왔다. 이것이 불교가 동쪽으로 중국에 유입하게 된 시초다.

그런데 지금은 이 경전의 말씀이 보잘것없다 하여 스님들도 지송하지 않고, 법사들도 자리에 올라 사람들을 위해 강연하지 않는다.

그러나 이 경의 말씀이 전혀 보잘것없기만 한 것이 아니라 깊은 것도 있고, 말씀은 보잘것없는 듯하지만 깊은 뜻을 담고 있음을 사람들이 살피지 못하고 있다.

또한 『유교경』은 부처님께서 입멸하실 때 설하신 최후의 요어(要語)로서, 세상의 이른바 유촉(遺囑: 생전 또는 임종에 죽은 뒤의 일을 부탁함, 또는 그러한 부탁의 말이나 글)과 같은 것이다.

만약 자손으로서 조상이 창시하신 근원에 어둡다면 이는 근본을 망각하는 것이요, 부모가 남긴 임종의 유촉을 저버린다면 이는 불효다. 스님네가 어찌 이를 깊이 생각하지 않겠는가?

내가 이 두 경전을 살펴보니 실로 말법에 병을 고칠 수 있는 양약이었다. 소홀히 하지 마라! 소홀히 하지 마라!

큰 깨달음과 작은 깨달음

전해 오는 말로, 대혜종고(大慧宗杲) 선사는 큰 깨달음은 열여덟 번이나 하였고 작은 깨달음은 수를 셀 수 없을 정도였다고 한다.

내가 생각해 보니, 도를 배우는 자가 때때로 알아차림이 있었다면 이것을 '살핌이 있었다'라고 부른다. 잠깐 살핀 것은 크게 깨달은 것이 아니니 이를 '작은 깨달음'이라고 부른다. 그렇다면 이것은 몇 번이라도 있을 수 있다.

큰 깨달음인 경우에는 세존이 새벽에 샛별을 보고 확연히 깨달으신 것과 같은 것으로, 한 번 깨달음에 모두 깨달으니 두 번 세 번이 있을 수 없다.

어떤 조사는 "바로 여기에 이르고 보니 다시는 아무 것도 의심치 않네." 하였다. 어떤 이는 "이로부터 지방과 나라가 편안하고 천하가 태평하다." 하기도 하고, 혹은 "원래 황벽 불법이 별것 아니었구나." 한 분도 있었다.

비록 부처님에게는 미치지 못한다 하더라도, 이것들도 역시 모두 큰 깨달음이다.

그런데 반드시 중중첩첩 이와 같아야 한다면, 전에 의심치 않겠다던 것을 다시 의심하게 될 것이요, 전에 태평하던 것이 다시 변란(變亂)하게 될 것이며, 전에 별것 아니던 것이 다시 부족하게 될 것이다. 이를 어찌 큰 깨달음이라 할 수 있겠는가?

설령 무명을 끊었으나 최후 지극히 미세한 무명을 끊고자 하며, 공안을 뚫었으나 최후 극칙의 공안을 뚫고자 하면 몇 번이고 큰 깨달음이 있을 수도 있을 것이다.

다만 많다고 하더라도 이것이 중복되어 열여덟 번에나 이를 수는 없다.

아랫사람을 불쌍히 여기다

『주씨기(周氏記)』에 전해지는 이야기다.

"당일암(唐一庵)[1] 선생이 여러 벗들과 밤늦도록 연회하다가 잠자리에 들 무렵에 '살펴 드려야 할 일이 있을까요?' 하고 물었다. 모두 만족해하자 '오늘은 몹시 추운 날씨로군요. 우리들은 매우 즐겁게 놀았으나 심부름하는 사람들은 아직까지 잠자리에 들지 못하고 있습니다' 하니, 벗들이 그의 생각에 미치지 못한 점을 부끄러워하였다.

왜냐하면 이때 모두들 하품을 하면서 잠 잘 생각만 하고 있었으나, 일암 선생만이 벗들이 미처 생각하지 못한 일을 몸소 염려해 주었기 때문이다."

참으로 어진이의 말이요, 불보살 같은 자비심이었다.

이 글을 읽고 생각해 보았다. 출가한 스님네가 승당(僧堂)에서 편히 지내면서 만사를 상관하지 않고 열 손가락에 물 한 방울 묻히지 않고는, 이제 잠자리에 들려 하면서 후원의 보살이나 행자들은 편히 쉴 틈이 없는 것을 생각해 본 적이 있는가? 또한 그들이 고된 일에 시달리면서 한시도 편히 쉬지 못하는 것은 무엇 때문인가를 생각해 본 적이 있는가? 대중스님들의 수행을 도와 주기 위함이었다.

고인의 말씀에 "도업(道業)을 이루지 못하면 어찌 은혜를 갚을 수 있으랴!" 했으니, 진정 한심하지 않은가!

1 명나라 당추(唐樞)의 존칭. 귀안(歸安)사람. 가정(嘉靖)에 진사가 되었다. 명사(明史) 206에 그 이름이 보인다.

보살

사람들은 여래께서 소승을 꾸짖고 대승을 찬탄하신 것을 보고는, 보살도를 반드시 행해야 할 것임을 알고 있다. 그러나 근본을 살피지 못하고 한갓 이름만 빌리고 있다면 그 피해는 더욱 심하다.

예컨대 자신을 제도하기 전에 먼저 다른 이를 제도하는 자가 보살이라 하여, 이를 핑계하여 자신의 일은 밝히지 못했으면서 남의 스승이 되기를 좋아한다.

육도만행(六度萬行)을 겸비한 자가 보살이라 하여, 이를 핑계하여 오직 유위사(有爲事)에만 힘쓰고 자신의 심지공부(心地工夫)를 팽개친다.

악명포(惡名怖)나 대중위덕포(大衆威德怖)[1]가 없어서 어떤 경우에도 태연하고 자연스러운 자가 보살이라 하여, 이를 핑계하여 나의 허물을 듣고도 고치려 하지 않고 세상을 우습게 보며 다른 사람을 업신여긴다.

살생하는 자에게는 자비를 가르치고 도적질하는 자에게는 보시를 이야기하며, 더 나아가 거짓말하는 이에게는 성실한 말을 하도록 하는 등 갖가지 방편을 써서 중생을 교화하고 일정한 틀에 얽매이지 않는 자가 보살이라 하여, 이를 핑계하여 남에게 해를 입히거나 빼앗고 속이며, 심지어 부처님의 율의를 파괴하고 인과를 부정하여, 이른바 '술 마시고 고기 먹는 것이 보리와는 아무 상관없고, 도적질하고 음행하는 것이 반

1 오악포(五惡怖)를 가리키는 말이다. 아직 진리를 체득하지 못한 자가 갖는 다섯 가지 두려움. 악명포(惡名怖)는 나쁜 일을 하고 숨기면서 이것이 발각되어 나쁜 소문이 세상에 퍼질까 두려워하는 것. 대중위덕포(大衆威德怖)는 여러 사람 앞에서 두려워하는 것. 곧 임금이나 지식인 앞에서 종지를 말할 적에 잘못이 있을까 두려워하여 마음이 침착하지 못하는 것을 말한다.

야에 방애되지 않는다'고 한다면 어떻게 되겠는가?

이것은 이름만 따랐을 뿐 근본을 잃어버린 것으로, 마치 유하혜(柳下惠)[2]를 깊이 배우지 않고 한단(邯鄲)에서 걸음걸이를 배우려는 격[3]이니, 대도를 이루지 못하고 업과(業果)만 먼저 성취한 자라 할 것이다.

신중히 하고 신중히 할 일이다.

2 춘추 때 노나라 사람. 공자 제자. 성지화자(聖之和者)라고 이름이 높았다.

3 한단(邯鄲)은 조나라 수도로 보행에 능한 습속이 있었는데, 연나라의 소년이 와서 그들의 보행법을 배우다가 이를 배우지도 못하고 도리어 자기 고유의 보행법마저 잊어버렸다는 고사가 있다.

원력

여문정(呂文正) 공은 매일 새벽에 일어나 부처님께 예를 드리고 이렇게 축원하였다.

"삼보(三寶)를 믿지 않는 자는 저의 집안에 태어나지 않게 하시고, 자손이 세세생생 봉록으로 불법을 보호하고 지키게 하소서."

그 후 여씨 소생으로, 공저(公著) · 호문(好問) · 용중(用中) 같은 이들이 모두 귀히 되어 부처님을 신봉하였다.

문정은 인간 세상의 좋은 원을 세웠을 뿐이었으나, 마침내 소원을 이루어 여러 대에 걸쳐 끊이지 않았다. 더욱이 정토에 왕생하기를 구하는 출세간의 대원을 세우는 것이랴.

또한 문정의 소원은 반드시 자손에게서 이루어지기를 바랐으므로, 그 원이 이루어졌는지 이루어지지 않았는지를 알 수 없다. 더욱이 정토에 왕생하기를 구하는 것은 반드시 자신에게서 이루어지기를 바랐음이랴.

그러므로 정토에 태어나는 원을 성취하지 못하는 것은 정성이 지극하지 못했을 뿐임을 알 수 있다.

옛날 어느 귀부인이 한 스님에게 공양하고는 "스님께서 돌아가신 후에 기꺼이 저의 집에 오실 수 있겠습니까?" 하고 물으니, 스님이 한 번 웃고는 그의 아들로 태어났으며, 근세의 일로는 총융(總戎)인 범군(范君)도 그의 아버지가 공양한 스님이 아들로 태어난 분이다.

이 두 사실이 정히 비슷한 경우라 할 것이니, 한때 가볍게 허락한 것으로도 세도 있는 집안에 태어났는데, 오랫동안 쌓은 정성으로 어찌 연품(蓮品)에 태어나지 못하겠는가?

인과가 역력하니 의심하지 마라.

생각을 일으키지 않다 1

이문정(李文靖)[1] 공은 마당 앞 작약 밭의 울타리가 쓰러진 것을 며칠이고 못 본 척 지나쳤다. 이를 보다 못한 근신(近臣)이 새로 고치기를 청하자, 공이 "어찌 이런 일로 나의 일념(一念)을 동요하겠는가?" 하였다 한다.

또한 혜적(慧寂)[2] 선사가 앙산(仰山)에 개산(開山)하고 새로 가람을 세웠을 때, 토지신(土地神)이 스님을 한 번 뵙고자 하였으나 오랫동안 뜻을 이루지 못하였다. 하루는 스님이 우연히 부엌에 들어갔다가 행자가 그릇 깨뜨리는 것을 보고 불각에 생각을 일으켜 "시주 물건인데…. 아깝구나!" 하니, 토지신이 그때야 비로소 스님을 뵙고 예를 올릴 수 있었다 한다.

그렇다면 스님은 평소에 한 번도 생각을 일으키지 않았던 것이다. 그러므로 "한 생각이 일어나지 않으면 귀신도 알지 못한다." 하고, 또한 "망념을 떠난 모습은 허공계와 같다." 한 것이다.

그러나 우리들은 아침부터 저녁까지 온통 허망하고 어지러운 생각이 중첩되어 나타나고 일어나, 이렇게 한 지 몇 천만억 겁인지 알 수 없으니, 그러고도 생사를 초월하고 열반을 증득하고자 하지만 가능하겠는가?

1 송나라 이항(李沆)을 말한다. 시호가 문정(文靖)이다. 진종(眞宗) 때 재상에 배수되었다.

2 앙산혜적(仰山慧寂: 803~887) 선사를 말한다. 17세에 출가하여 무명지(無名指)와 소지(小指) 두 개를 잘라 서원을 세우고 삭발하였다. 탐원응진(耽源應眞)·위산영우(潙山靈祐) 등에게 참학하고 위산의 법을 이어받았다.

생각을 일으키지 않다 2

옛날에 한 도자(道者)가 시냇가에 암자를 짓고 살았다. 한밤중에 창 밖에서 "내일 무쇠 모자를 쓴 자가 나를 대신할 것이다." 하는 말이 들려왔다.

도자는 귀신의 소리인 줄 알았다.

다음 날 어스름에 큰 비가 쏟아져 시냇물이 갑자기 불었는데, 한 사내가 쇠솥을 머리에 이고 비를 무릅쓰고 물을 건너려는 것을 도자가 급히 저지하였다.

밤이 되자 창 밖에서 다시 "3년 동안이나 한 사람을 기다렸는데 또 이 선생이 구해 주는구나! 반드시 앙갚음을 하리라." 하였다.

도자가 방 안에서 단정히 앉아 있노라니, 귀신이 방 주위를 맴돌며 두루 찾았으나 어쩌지 못하자 투덜대며 그냥 돌아갔다. 이것은 일념도 일으키지 않았기 때문이다.

대개 사람이 찾는 것은 형체요 귀신이 찾는 것은 마음이다. 마음이 공(空)하면 형체도 이와 함께 모두 공하는 것이다.

누가 도사가 없다 하는가? 우리들도 이를 본받아 더욱 힘써야 할 것이다.

구품왕생九品往生

정토를 천하게 여기며 이를 닦지 않는 어떤 선비가 "비유하면 우리들이 과거에 급제하여 벼슬을 하게 되면, 어찌 세공(歲貢)을 거둬들이는 관리 정도가 되어서야 되겠는가?" 하였다.

그러자 이 말을 듣던 다른 선비가 반박하였다.

"이 비유는 당치도 않네. 연대(蓮臺)에는 구품이 나누어져 있는데, 공은 어찌 그중에서 가장 높은 것을 얻으려 하지 않고 자진하여 하품이 되려 하는가?

지금 진사과(進士科)에서 3백 명을 뽑는데, 이를 상 · 중 · 하 구품으로 나눈다면 공은 어찌 저 장원이 되려 하지 않고 방 끄트머리에 붙을 정도에 만족하려 하는가? 상품상생(上品上生)이 바로 연과(蓮科)의 장원이네.

그러므로 '삼심(三心)[1]을 원만히 내어 진리를 깊이 깨달아야만 금대

1 정토에 왕생하기 위하여 닦아야 하는 세 가지 마음. 『관무량수경』에 "지성심(至誠心) · 심심(深心) · 회향발원심(回向發願心)의 세 가지 마음을 갖춘 자는 반드시 왕생할 수 있다." 하였다. 여기에 대해 여러 가지 해석이 있다. 그중에서 선도(善導) 대사의 「왕생예찬게(往生禮讚偈)」에서는 다음과 같이 해석했다.
"지성심(至誠心)이란 몸으로 저 부처님께 예배하고 입으로 저 부처님을 찬탄하며 마음으로 저 부처님을 관찰하여, 이러한 세 가지 행위가 반드시 진실하여야 한다. 심심(深心)이란 곧 진실하게 믿는 마음을 말한다. 무엇을 믿을 것인가? 자신은 번뇌가 두터운 범부여서 선근이 얇고 삼계에 유전하여 화택을 벗어나지 못하는 줄 믿고, 지금부터는 본래의 큰 서원으로 아미타부처님의 명호를 불러 하다못해 열 번이나 한 번만이라도 부르면 반드시 왕생하리라는 것을 믿어서, 단지 한 생각이라도 의심하는 마음이 없어야 한다. 회향발원심(回向發願心)이란 내가 지은 모든 선근을 모두 다 정토에 왕생하는 데 회향하는 것이다."

(金臺)에 올라 무생을 증득할 수 있네' 하고 노래했으며, 종문(宗門: 선문)으로 말하면 크게 깨달아 이른바 '마음이 공해야만 급제할 수 있다' 한 것이 바로 상품상생이네."

앞서 말한 선비가 무안해하며 "이제야 나의 의심이 풀렸네." 하였다.

천 명 스님 중에 한 사람의 납자가 없다

용흥사(龍興寺) 정(靖)[1] 스님은 설봉(雪峰) 대사에게서 재능을 인정받았던 분이다.

설봉이 정 스님에게 수기하기를 "그대가 훗날 한 산중의 주인이 되면 좌우에 반드시 천 명의 대중이 모일 것이다. 그러나 그중에 한 사람의 납자도 없을 것이다." 하였다.

후에 정 스님이 전왕(錢王)의 청을 받아 용흥사 주지가 되었는데, 과연 대중이 천 명이나 되었다. 하지만 모두 삼장(三藏)을 익히는 무리뿐이었으니, 낱낱이 설봉의 수기와 같았다.

예전에 마조 대사도 퍽 많은 대중을 두었는데, 그중에 큰 그릇을 이룬 자는 88명에 다다랐다.

정 스님이 마조 대사와 시대가 그리 멀지 않았는데도 천 명 대중에서 한 사람의 납자를 보기 어려웠거늘, 하물며 요즘이겠는가?

인간 가운데 십선(十善)을 닦는 이가 없으면 천상계가 쇠퇴하고, 스님들 중에 납자가 없으면 불종(佛種)이 끊어진다. 그런데 근래에는 '납자'가 무얼 말하는지도 모른다.

아! 마치 실이 끊어지려는 듯, 부처님 도법이 외롭게 공중에 매달려 흔들리는구나! 슬프다.

1 용흥종정(龍興宗靖) 선사를 말한다. 『오등회원(五燈會元)』에 법어 몇 가지가 보인다.

촌음을 아끼다

옛말에 "대우(大禹: 우임금)는 성인이었으나 촌음(寸陰)도 아끼셨다. 우리 같은 범부야 마땅히 분음(分陰)도 아껴야 하리라." 하였다. 그러나 부처님께서는 "사람 목숨은 호흡에 있다." 하셨다.

분음 중에서 여러 번 호흡을 할 수 있으니, 그렇다면 우리는 어찌 분음을 아끼는 데 그쳐서야 되겠는가? 일 찰나나 손가락을 한 번 튕길 정도의 짧은 시간도 아끼지 않으면 안 되리라.

예전에 이암권(伊庵權)[1] 선사는 날이 저물면 반드시 눈물을 흘리며 "오늘도 그냥 이렇게 헛되이 흘러가 버렸으니, 내일 공부도 어떨지 알 수 없구나!" 하고 탄식했다. 애써 정진하는 모습이 이와 같았다.

나도 새벽에 해가 뜨면 이암 스님의 이 말씀을 상기하며 "오늘도 또 하루가 바뀌었구나! 어제는 이미 헛되이 보냈으니 오늘 공부는 어떨지 알 수 없구나." 하곤 하였다.

그러나 나는 탄식하기만 할 뿐 눈물을 흘려본 적이 없으니, 이로써 도를 배우려는 마음이 고인의 멀고 깊은 것에 미치지 못함을 알 수 있었다.

참으로 부끄럽지 않은가! 더욱 힘써야 하겠구나!

1 이암유권(伊庵有權: ?~1180) 선사를 말한다. 임제종(臨濟宗) 양기파(楊岐派). 14세에 출가하여, 도량사의 무암법전(無菴法全)의 법을 이어 법전과 자리를 나누어 법을 설하면서 명성이 높았다.

만년사萬年寺

만년사는 천태산의 많은 절 가운데 하나다. 법당 앞에 해묵은 나무 십여 그루가 있는데, 간격이 고르고 일자로 쭉 뻗었으며 지엽이 무성하여 산문의 미관을 더욱 돋보이게 하였다. 그 곁에 누군가 돌을 쪼아 이런 글을 새겨 둔 것이 있다.

"이 나무들은 상선(上仙)이 심은 것이다. 이를 베는 자는 그 자리에서 죽을 것이다."

그런데 이 글을 본 어떤 사람이, "이 글을 쓴 자는 참으로 어리석다. 후일 힘센 자가 젊어지고 달아나지 않는다고 보장할 수 있는가? 그렇다면 왜 이런 것을 적었을까?" 하였다.

나는 그렇지 않다고 생각한다. 흉함이 있으면 반드시 망하게 마련이니, 고인도 이런 사실을 몰랐던 것은 아니다. 법으로 부득이 이와 같이 세웠던 것이다. 후대 사람들이 이 글을 믿고 삿된 마음을 내지 않든, 믿지 않고 악업을 짓든, 이것들은 이들에 달린 일이요 법을 세우는 자는 무심하여 이들에게 맡겨 둘 뿐인 것이다.

또 "화합승단을 파괴하는 자는 무간지옥에 떨어질 것이다." 한 것은 부처님의 예언이었다. 하지만 부처님이 돌아가시기도 전에 벌써 조달(調達)[1]이 기원정사의 대중 여러 명을 꾀어 달아났고, 부처님도 조달이 부처님을 배반하고 달아난 일을 능히 제지하지 못하였다. 그렇다면 부처님도 어리석다 하겠는가?

1 제바달다를 말한다. 번역하면 천열(天熱), 천수(天授)라고 한다. 곡반왕(斛飯王)의 아들로 아난의 형이며 부처님의 사촌동생이다. 출가하여 신통을 배워 몸에 32상을 갖추고 6만의 법장(法藏)을 외웠으나 이양(利養)을 위하여 삼역죄(三逆罪)를 짓고, 살아서 지옥에 떨어졌다.

부귀에 집착하는 사람

스님들 중에 수행이 높은 자는 평소에는 나름대로 부귀에 물들지 않는 듯하지만, 현생에 이런 마음을 지킬 수 있다 하여 반드시 내세에도 이를 잃어버리지 않는 것은 아니다.

나의 한 벗은 문장이 천하에 으뜸이었고, 사관(史館)에 관여하여 명성이 자자하던 자였다. 우연히 천목산(天目山)에 여행했다가 내게 들러 이런 이야기를 들려주었다.

"이 산 석실에 어떤 스님이 앉아서 죽었는데 아직까지 시체가 그대로 남아 있었습니다. 내가 예를 드리려 하다 문득 무서운 생각이 들어 감히 그러지 못했습니다."

내가 그 까닭을 물으니, "전에 어떤 사람이 석실의 스님을 보고 공경하는 마음으로 예배를 했는데, 절을 하자마자 그대로 땅에 넘어져 숨을 거두니 석실의 스님이 그제야 기지개를 켜며 정(定)에서 일어났다 합니다. 나도 혹시 그렇게 될까 두려워 감히 그러지 못한 것입니다." 하여, 서로 바라보고 크게 웃었다.

이분은 재주와 덕행이 훌륭하고 지혜가 밝았으며, 또한 평소에 부처님 법을 깊이 이해하고 있었다. 그러함에도 이렇게 한때 부귀에 애착하고 허망한 이 몸뚱이에 매달려 그가 깨어날까 두려웠으니, 다른 사람이야 더 말해 무엇 하겠는가?

농사짓는 늙은이는 댓 마지기 논밭을, 미천한 관리는 문지기나 야경하는 벼슬을, 가난한 스님은 두서너 집의 신심으로 공양하는 단월에 애착하여 이를 버리지 못하고 죽을 때까지 식전(識田)에 간직한다. 그러니 우수한 성적으로 과거에 올라 요직에 있으면서 세상의 온갖 영화를 누리고 있는 자야 그러한 애착을 어찌 괴이쩍게 여길 것이랴.

부귀에 애착하는 것은 비록 어질고 지혜 있는 이라도 능히 면하지 못한다.

아! 참으로 두려운 일이다.

거위 도인

어느 촌로는 거위를 보고 '거위 도인'이라 불렀다. 그 까닭을 물으니, 촌로가 대답했다.

"오리는 밭에 들어가 거머리나 마디벌레나 뿌리 잘라 먹는 벌레나 지렁이 따위를 남김없이 잡아먹지 않습니까? 그러므로 오리가 나다니는 것을 '대군이 지나간다'고 부르는 것입니다. 또 닭은 땅 속에서 지네의 독이나 귀뚜라미의 도망가는 재주도 그의 부리에서 벗어나지 못하게 합니다. 그러나 거위는 싱싱한 풀이나 겨나 쭉정이 따위만 먹으면서 비린 것은 가까이하지 않습니다. 그래서 '도인'이라고 부르는 것입니다."

내가 이 말을 듣고 눈물을 글썽이며 매우 슬퍼하였다.

닭이나 오리가 산 것을 잡아먹으니 사람들이 닭이나 오리를 잡아먹는다 하여 형평에 어긋나는 것 같지는 않다. 그런데 어찌하여 거위는 삶아서 그 고기를 먹을까? 거위는 도인이라는 이름을 얻었으나 사람은 사나운 범과 같은 짓을 하고 있구나! 아! 슬픈 일이다.

그러나 거위가 비린 것을 먹지 않는 것은 추우(騶虞)[1]가 살생을 하지 않는 것과 같으니, 스승이나 벗에게서 가르침을 받아 그런 것이 아니라 천성이 그럴 따름이다.

천성이란 숙세에 익힌 습관이 그렇게 하는 것이다. 그러므로 도를 배우는 자는 습관을 신중히 하지 않으면 안 되리라.

1 성인의 덕화에 감격하여 나타난다는 신령스런 동물.

생일

세상 사람들은 생일에 연회를 베풀거나 음악회를 열거나 그림을 그리거나 시회(詩會)를 열어, 이것으로 즐거움을 삼는다. 하지만 당나라 문황(文皇: 당 태종)만은 그렇게 하지 않았으니, 진정 보통 생각을 초월했다 할 만하다.

어떤 이가 "이날은 즐거운 잔치를 여는 것보다 경전을 독송하거나 부처님께 예참하면서 여러 가지 복된 일을 하는 것이 어떻겠습니까?" 하였다.

참으로 훌륭한 생각이다. 나를 낳아 길러 주신 부모님 은혜를 갚고 평생에 지은 나의 업장을 없애고자 하면, 당연히 이런 일로 정성을 다해야 한다.

그러나 이런 일도 부차적인 일이지 근본은 아니다.

선덕이 "부모에게서 태어나기 이전에 어떤 것이 너의 본래 모습인가?" 하였다. 이날, 즐거운 잔치를 마다하고 태어나기 이전의 본래 모습을 정념으로 관찰하는 자가 있는가?

만약 이 문제를 분명히 통찰하면 비단 금생의 부모님 은혜를 갚을 수 있을 뿐만 아니라 누겁(累劫)의 부모님 은혜를 갚을 수 있다. 또한 현생의 업장을 없앨 수 있을 뿐만 아니라 다생의 업장을 모두 없앨 수 있다.

인간 세상의 즐거움을 버리고 열반의 즐거움을 누림이여!

효성스럽다, 이 사람이여!

위대하다, 이 사람이여!

병 때문에 고기를 먹다

부처님 계를 받고 육식을 끊은 자라도, 갑자기 병이 들어 친우의 권유나 속의(俗醫)의 종용을 받으면 오랫동안 재계했더라도 하루아침에 버리기 일쑤다.

그러나 육식의 힘은 한갓 몸을 살찌우게 할 뿐 능히 목숨을 연장시키지 못하는 줄을 알지 못했으니, 지혜로운 자는 결코 그런 짓을 하지 않는다.

더욱이 고량진미를 먹는 부유한 자도 굶주린 양 야위고, 명아주잎이나 콩잎만 먹고 사는 농부도 부유한 듯이 살찐 자가 없지 않다.

그렇다면 몸이 살찌거나 야윈 것은 그렇다 하더라도, 목숨은 어떻게 보전하는가? 채식을 하다가 병이 들면 고기를 먹게 한다지만, 육식을 하다 병이 들면 무엇을 먹게 하려는가?

병든 자는 이런 이치를 깊이 살펴야 한다.

만약 손아랫사람이 위로 어른을 모시는 처지거나, 권세나 지위로 감시하여 어길 수 없는 경우에는 삼정육(三淨肉)을 먹게 하고, 산 생명을 죽여서 먹는 것은 옳지 않다.

자신의 소견에 집착해서는 안 된다

이치를 분석할 적에는 부득이 엄하게 따지지 않을 수 없고, 도에 들어가는 데는 힘써 한 문(門)만을 힘쓰지 않을 수 없다.

그렇다고 제 것만 고집하여 옳다 하고 다른 이의 것은 그르다 하면, 그것도 올바른 생각이 아니니다. 이것은 예전에도 이미 그래 왔던 일이었으나 오늘에는 더욱 심하다.

한 집만을 고집하는 자는 천태 이외는 아무도 그의 뜻에 맞는 자가 없고, 간편한 것만을 고집하는 자는 또 천태는 지루하고 천착하여 부처님의 본의가 아니라고 비방한다.

또한 이성(理性)에만 집착하는 자는 염불을 명상(名相)에 집착한다고 꾸짖고, 정업(淨業)에 국집하는 자는 또 염불하지 않는 자를 보면 외도라고 매도한다. 더 나아가서 방산(方山)[1]만을 고집하는 자는 청량(淸凉)이 전체 경전을 너무 쪼개어 놓았다고 비방한다.

또 주력(呪力)만을 고집하여 가지는 자는 현교(顯敎)[2]는 뒷사람의 입에서 나온 것이라고 의심하는 등 이 같은 일은 일일이 다 열거할 수 없다.

물과 불처럼 모순되고 서로 대립하며, 성을 굳게 쌓아 단단히 지키고 도무지 뜻을 바꿀 생각을 하지 않으니, 내가 이를 깊이 개탄하는 바이다.

1 이통현(李通玄: 635~730) 거사를 말한다. 당나라의 왕족이다. 『신화엄경론(新華嚴經論)』 40권과 『결의론(決疑論)』 4권, 『화엄회석론(華嚴會釋論)』 14권, 『약석(略釋)』 1권, 『십명론(十明論)』 1권 등 많은 논서를 저술하여 『화엄경』을 해석하였다. 청량 국사와 함께 화엄종의 양족(兩足)이라 불린다.

2 진리가 드러난 교라는 뜻이다. 이에 반하여 주력은 밀교(密敎), 즉 진리가 비밀스러운 가르침이라 한다.

삼가 모든 어진 이들에게 권하노니, 어찌 각기 자기의 고집을 버리고 자신의 마음을 비우지 못하시는지!

우선 지극한 이치를 참구하여 깨달음으로 목표를 삼으십시오. 그런 문제들은 크게 깨달은 후에 천천히 생각하여도 늦지 않습니다.

요소사姚少師[1] 1

부처님이 세상에 나오시기 전에는 사람들이 모두 하늘로 스승을 삼더니, 부처님이 세상에 나오신 후에야 비로소 부처님을 신봉할 줄 알게 되었다. 그러므로 부처님을 '인간과 하늘의 스승'이라고 부르니, 이것은 부처님만이 삼계(三界)의 주인이시어 아무도 필적할 자가 없다는 뜻이다.

요소사가 『불법불가멸론(佛法不可滅論)』을 지어 밝혔다.

"유교와 도교는 하늘을 본받아 교리를 세웠으니 감히 하늘을 거역하지 못하거니와, 부처님의 가르침은 모든 하늘이 봉행하니 감히 부처님을 거역하지 못한다."

이 말이 너무 지나친 것 같으나, 소사가 아니면 능히 천명하지 못했을 것이다.

1 명나라 요광효(姚廣孝: 1335~1418)를 말한다 명초(明初)의 선승이다. 14세에 출가하여 처음에는 천태교를 익혔으나 나중에 경산(徑山)의 지급(智及) 선사로부터 선지를 얻었다. 법명은 도연(道衍), 호는 독암(獨庵)이라 하였다. 연왕(燕王)이 그와 시국에 대해 담론하고서 매우 흡족하여 함께 북평(北平)으로 갔다. 항상 부중(府中)에 거처하며 함께 은밀한 모의를 도모하여, 건문(建文) 때 마침내 정난(靖難)의 변이 있었다. 그리하여 성조(成祖)가 왕위를 잇자 그의 공을 제일로 여겨 칙명으로 속성을 회복하고 태자소사(太子少師)에 배수하니, 당시에 '요소사'라 하였다. 임금은 또 머리를 기르고 관복을 입게 명하였으나 이를 사양하여 받지 않았으며, 집과 궁인을 주었으나 또한 받지 않았다. 일찍이 『태조실록(太祖實錄)』, 『영락대전(永樂大全)』 등을 감수하였다. 성(城)의 서불사(西佛寺)에 거처하며 법복과 예송을 평소대로 하였으며, 제자의 시봉을 받았다. 일찍이 「도여론(道餘論)」, 「불법불가멸론(佛法不可滅論)」을 지어 송나라 때 유가(儒家)가 불교의 잘못을 공격한 것에 대항하였으며, 「정토간요록(淨土簡要錄)」 등 정토교의 논서를 다수 저술하였다. 영락 16년에 입적하니 세수는 84세였다. 시호는 공정(恭靖)이다.

또 소사의 지위가 삼공(三公)에 이르렀으나 옷은 겨우 한 벌 누더기 뿐이었고, 죽을 때까지 스님 모습을 바꾸지 않았으니, 어찌 보통 생각으로 쉽게 짐작할 수 있겠는가?

다만 불도징(佛圖澄)[2]과 같이 신통을 보이지 않았으나, 그것은 도징은 난세를 만나서 부득불 신통을 빌려 교화를 폈던 것이요, 소사는 훌륭한 임금을 만나 신통을 보일 필요가 없었던 것이다. 능력이 없어서 하지 않은 것은 아님을 어찌 알겠는가?

그의 유거시(幽居詩)에,

> 제비는 새끼가 다 자라면 옛 보금자리를 떠나고
> 한낮의 닭은 울기를 그치면 어둔 둥지를 쪼네.
> 春燕雛成辭舊壘
> 午鷄嘹罷啄陰階

하였으니, 참으로 당대의 유후(留候)[3]라 할 것이다.

2 불도징(佛圖澄: 232~348), 혹은 불도등(佛圖磴)이라고도 한다. 서역 구자국 사람으로 영가 4년(310)에 낙양에 왔다. 어려서 출가하여 경문 수백만 자를 외웠고, 문리에 통달하여 많은 스승에게서 가르침을 받았다. 중국에 온 후에 대법을 널리 전포하기 위하여 여러 가지 신이(神異)를 나타내어 사람들을 교화하였다. 그때 후조(後趙)의 석륵(石勒)이 그에게 귀의하여 '대화상'이라 부르며 아들들을 절에 보내 양육케 하였다. 건평 4년(333)에 석륵이 죽은 뒤에 석호(石虎)가 임금이 되어 역시 스승으로 섬겼으며, 대전(大殿)에 올라 정사에 참여케 하였다. 업궁사(鄴宮寺)에서 입적하니 세수는 117세였으며, 제자는 1만여 명이나 되었다

세상에 그의 깊은 속뜻을 아는 이가 없으므로, 내가 여기에서 밝혀 두는 바이다.

3 장량(張良)을 말한다. 전한(前漢)의 공신. 한고조 유방의 모신이 되어 진(秦)나라를 멸망시키고 초(楚)나라를 평정하여 한업(漢業)을 세웠으나, 공을 사양하고 물러가 유후(留候)가 되었다가 나중에는 이것마저 버리고 은거하였다.

요소사 2

어떤 이는 말한다.

"소사가 천자를 도와 많은 살생업을 저질렀으니, 어찌 취할 점이 있겠습니까?"

그러나 소사에게서 취할 점이 세 가지가 있다.

첫째는 그가 신하로서 매우 귀히 되었으나 스님 모습을 바꾸지 않은 점이요, 둘째는 공을 이룬 후에는 물러가 숨어서 적절히 몸을 보전한 점이요, 셋째는 부처님 법을 찬탄하고 올바른 지견을 갖춘 점이다. 그러므로 굳이 살생한 업만을 가지고 논할 일은 아니라고 생각된다.

그리고 소사가 일찍이 정란(靖亂)[1] 중에서 효성스러운 자나 어진 이에게는 해를 입히지 않도록 임금께 상소한 적도 있었다. 이 한마디 말로 공과 허물이 서로 상쇄될 것이다.

나는 이런 점을 가지고 그를 취하는 것이다.

1　군사를 일으켜 왕실을 위해 난을 평정하는 것을 말한다. 여기서는 명나라 혜제(惠帝) 건문(建文) 원년(1399), 제후들의 세력을 몰아내고 왕조를 지킨 것을 말한다. 그 후 혜제는 즉위한 지 4년 만에 왕위를 성조(成祖)에게 물려주고 삭발 출가하였다.

죽창삼필

竹窓三筆

살생은 인간의 대악大惡

어떤 이가 "인간이 짓는 죄악 중에 어떤 것이 가장 큽니까?" 하고 물으니, 곁에 있던 자가 "빼앗거나 도적질하며, 부모님의 뜻을 거스르며, 남을 선동하여 나쁜 일을 하게 하는 것입니다." 하였다.

내가 말하였다.

"그것도 악한 일이기는 하지만 더욱 나쁜 짓이 있다. 생명을 죽이는 것보다 더 큰 죄악은 없다."

다시 물었다.

"짐승을 잡아먹는 것은 일상에 흔한 일입니다. 어찌 나쁜 일이라고 할 수 있으며, 더욱이 가장 큰 죄악이라 할 수 있습니까?"

아! 빼앗거나 도둑질하는 것이 비록 나쁜 일이기는 하지만 재물을 얻고자 하는 데 뜻이 있으니, 만약 기쁜 마음으로 내준다면 굳이 사람 목숨을 해치지는 않는다. 그러나 살생은 배를 가르고 심장을 쪼개며 간이나 뇌를 솥에 넣고 삶는다.

부모에게 불효하는 것은 간혹 내버려두고 봉양하지 않거나 태만하여 공경하지 않을 뿐, 반드시 아사세왕[1]이나 양광(楊廣)과[2] 같은 짓은 하지 않는다. 더욱이 아사세나 양광의 불효는 일세(一世)의 부모에 그칠 뿐이다. 그러나 부처님께서 말씀하시기를 "생명이 있는 것은 모두 숙세에

1 중인도 마갈타국왕. 부왕인 빔비사라왕을 죽이고 어머니를 옥에 가두고 왕위를 찬탈하였다.

2 수나라 양제(楊帝). 문제(文帝)의 둘째 아들로 아버지 문제를 죽이고 즉위하였다.

나의 부모였다." 하셨다. 살생하는 자는 젊어서부터 늙을 때까지 무수한 생명을 죽였으니, 그렇다면 그 해가 다생 부모에게까지 미친다.

남을 선동하여 나쁜 일을 하게 하는 것은 악한 일이 쌓이면 자연히 이름이 드러나 자주 관서(官署)의 사찰을 당하게 되므로 법망에서 벗어나기 어렵다. 그러나 저 살생하는 자는 누가 저들을 꾸짖는가? 그렇다면 남을 선동하는 해는 한계가 있으나 살생하는 해는 끝이 없다.

그러므로 천지간에 가장 큰 덕은 생명을 살려 주는 것이요, 가장 큰 죄악은 생명을 죽이는 것이라 하는 것이다.

밤낮으로 염불 십만 번을 하다

전해오는 말로, 영명 대사는 하루에 염불을 십만 번 하였다 한다.

내가 전에 이것을 시험해 본 적이 있는데, 새벽부터 다음날 새벽까지 24시간 동안 가까스로 십만 번을 채울 수 있었다.

그러나 내가 염불한 것은 넉 자 명호[아미타불]였으니, 만약 육 자[나무아미타불]였다면 수를 채우지 못했을 것이다.

또한 음식을 먹거나 대소변을 볼 적에도 빈틈없이 염불을 이어나갔다. 잠시 틈이라도 있었다면 수를 채우지 못했을 것이다.

잠을 자거나 다른 이와의 대화도 일체 멀리하였다. 잠시라도 방종했다면 수를 채우지 못했을 것이다.

그리하여 황급하고 촉박하기가 저문 길을 가는 사람처럼, 다른 세세한 일을 생각할 겨를이 없었다. 세세한 일에 시간을 빼앗겼다면 수를 채우지 못했을 것이다.

그래서 십만 번이라고 한 것은 대체로 잠깐 동안도 염불을 놓치지 않았다는 것을 극단적으로 표현한 말일 뿐, 굳이 십만이라는 숫자에 한정을 둔 것은 아니라는 것을 알 수 있었다.

신심으로 염불하는 자가 간혹 이것에 집착하여 도리어 폐단을 이루는 경우가 있는 듯하여, 내가 전에 손수 시험해 보았던 일을 가지고 말하는 것이다.

누가 만약 "이것은 대사께서 선정(禪定)에서 한 일이다." 한다면, 그것은 내가 알 바 아니다.

자신의 일을 마친 후에 비로소 남을 위하다

고인은 확철대오하여 선을 참구하고 도를 배우는 일을 마치고서, 물가나 나무 아래에서 성태(聖胎)를 기르면서 입가에 곰팡이가 끼는 것을 아까워하지 않다가, 용천(龍天)이 떠밀어 내고서야 비로소 다른 사람을 위하여 법을 폈다. 법석을 짐짓 사양하는 자는 세세생생 학지(學地)에 머물러 있으면서 스스로 단련하기만을 원하기도 하였다.

나도 처음 출가했을 때는 이 말을 독실하게 믿어 가슴에 새겼었는데, 나중에 병으로 산에 들어와서 오랫동안 생각지도 않게 차츰 총림을 이루게 되었다.

그래서 지금은 감히 방장(方丈) 자리에 있으면서 큰 입을 벌려 함부로 종승(宗乘)을 말하고 있으나, 대중과 함께 수행하려는 것이지 대중을 거느리고 도를 펴려 한 것은 아니다. 한 살이라도 나이를 더 먹었으니 서로 격려하고 권하고자 했을 따름이다.

모든 인자들은 벗의 도리로 나에게 선행을 권면해 주시기 바라노라.

자리自利와 이타利他

고인이 "자신을 위하기 전에 먼저 남을 이익하게 하는 것이 보살의 발심이다." 하였으니, 이 말은 실로 감로와 같은 귀한 말씀이라 할 것이다.

그러나 이 말을 올바르게 이해하지 못하면 도리어 독약이 되고 만다. 자신을 돌아보라. 내가 보살인가? 더욱이 발심했다 할 수 있는가? 실제로 그렇지는 못하다.

"자신의 깨달음을 충실히 한 후에 다른 이를 깨닫게 하는 것이 여래가 세상에 출현하신 본보기다." 하신 말씀을 듣지 못했는가?

어떤 이는 "자신을 충실히 한 후에 남을 이익하게 한다면 이는 영영 불가능한 일이 아니겠습니까?" 한다.

그러나 자신의 병을 고치지 못했으면서 남을 구하려는 것은 있을 수 없는 일이다. 그러므로 반드시 보살의 광대한 마음을 내고, 다시 부처님의 진실하고 간절한 가르침을 확고히 간직해야 한다. 그렇지 않으면 눈먼 자가 눈먼 자를 인도하는 격이 되고 만다.

보살을 자부하다가 나와 남을 모두 그르친다면 이것은 무엇이라 불러야 할 것인가?

살생은 사람으로서 할 짓이 아니다

호랑이나 표범은 뭇 짐승을 잡아먹고, 독수리나 매는 뭇 새를 잡아먹으며, 가물치나 수달, 가마우지나 해오라기는 물고기나 조개 등 모든 수족(水族)을 잡아먹으니, 무지한 축생으로서는 그럴 수도 있다.

그러나 사람 모습을 하고 사람 성품을 갖추었으면서, 이렇게 중생을 죽여 그 고기를 먹는 것이 과연 옳은 일이겠는가?

이것은 인간 중의 호랑이나 표범이며, 독수리나 매며, 가물치 · 수달 · 가마우지 · 해오라기다.

그러나 호랑이의 해는 공중에 날아다니는 중생에게는 미치지 않고, 수달의 해는 육지에서 달리는 중생에게는 미치지 않는다.

그런데 사람은 위로는 하늘에서 아래로 못이나 숲이나 들판의 온갖 짐승들에 이르기까지, 낚시나 주살, 그물이나 통발 등 온갖 방법으로 잡아 씨도 남기지 않으니, 사람의 해가 축생보다 더욱 심하다.

공자는 "인(仁)이란 인간이다." 했으며, 맹자는 "인이란 인간의 마음이다." 하였다.

사람으로서 어질지 않으면 어찌 사람이라 하겠는가?

기왕 사람이라 불렸으면, 반드시 산 것을 죽여 그 고기를 먹어서는 안 된다.

하늘에 제사 지내는 소

소를 잡아 하늘에 제사 지내는 풍습은, 전하는 말로는 상고 때부터 시작된 일이라 하는데, 역대로 어김없이 이를 전습해 오고 있다.

양무제(梁武帝)는 불교를 신봉했기 때문에 밀가루를 구워 희생을 만들어 썼으나, 이것도 태묘(太廟)[1]에만 사용하였을 뿐 남교(南郊)[2] 제사에는 쓰지 않았다.

이 사실에 대해 사가(史家)는 말한다.

"정월 상신일[上辛日: 그 달의 최초 신일(辛日)]에 소를 통째로 잡아 천황대제[天皇大帝: 별 이름. 북극대제(北極大帝)]에게 제사한다. 하늘에 제사하는 경우에도 조상에게 하듯이 소를 써야 한다. 어디에 밀가루를 사용한다는 말이 있는가? 나는 그러한 말을 듣지 못했다."

옛날 패공(沛公: 한 고조)이 태뇌(太牢)로써 공자에게 제사한 일에 대해 내가 일찍이 "한갓 태뇌로써 어찌 성사(聖師)의 은혜를 갚을 수 있겠는가?" 하고 말한 적이 있다. 그렇다면 상제의 은혜도 갚을 수 없는 것이 자명하다.

그러나 예로부터 오늘까지 국가의 성대한 의식에 누구 한 사람 이를 만류하여 그만두게 한 이가 없었다.

슬프다, 소여! 어쩌다 이렇게 업장이 깊고 두터워 이렇게까지 되었는가?

1 국가를 처음 세운 태조의 종묘(宗廟).

2 남쪽 교외. 옛날에는 하지에 남교에서 하늘에 제사지냈다.

복희씨와 그물

왕괴정(王槐亭) 선생이 이렇게 말한 적이 있다.

"그물과 덫을 사용하기 시작한 것은 복희 때부터였다. 그러나 이것은 짐승이 농사를 망쳐 놓는 것을 방비하기 위한 것이지 잡아먹으려 한 것은 아니다.

그러므로 사냥한다는 뜻의 '전(佃)' 자나 물고기를 잡는다는 뜻의 '어(漁)' 자에 모두 '밭 전(田)' 자가 은연중 들어 있다."

괴정의 이 말은 천고에 아무도 발견하지 못했던 이론으로, 참으로 세상의 도의에 큰 공을 세웠다 할 것이다.

어떤 이는 "염제(炎帝) 때 비로소 농사짓는 법을 알았다. 그래서 신농씨(神農氏)라고 부른다. 복희 때는 아직 농사짓는 법이 없었다. 그렇다면 그물이나 덫을 어디에 사용했겠는가?" 하였다.

내가 괴정의 뜻을 보충하여 이렇게 말하였다.

"상고에는 비록 농사짓는 법은 없었지만 초목의 열매 따위를 먹고 살았으니, 이것도 역시 농사와 같은 것이다. 더욱이 사람과 짐승이 힘이 강함과 약함으로 서로 다투던 시기였으니, 그물이나 덫을 설치하여 짐승이 두려워 피해 달아나게 했던 것이다.

그러므로 단지 백성들에게 짐승의 피해를 멀리하게 한 것이지, 백성들에게 짐승의 고기를 먹게 한 것은 아니다. 이것을 잡아먹게 한 것은 후세에 생긴 폐단으로, 성인의 뜻은 아니다."

목욕물

경기의 변융(辨融) 노사가 "목욕물도 맑히면 쌀을 씻어 밥을 지을 수 있다." 하고 말씀한 적이 있다.

이 말을 듣고 "농담으로 하신 말씀이다." 하기도 하고, 혹은 "분발하게 하기 위해 하신 말씀이다." 하기도 하였다.

그러나 나는 그렇지 않다고 생각한다. 그것은 사실이다. 내가 전에 식량을 실은 배를 따라 단양(丹陽)에 간 적이 있었다. 배가 10여 리나 연이어 머리와 꼬리가 서로 맞닿았는데, 운하는 좁고 물은 얕아서 옷을 빨래할 경우에도 늘 여기서 하였고, 발을 씻거나 대소변을 볼 경우에도 늘 여기서 할 수밖에 없었다. 그러니 더럽기가 이루 말할 수 없었다.

게다가 밥을 짓거나 반찬을 만들 경우에도 늘 이 물을 사용할 수밖에 없었는데, 부유한 자가 아니면 언덕에 올라가 샘을 찾아 물을 길어 올 엄두를 내지 못하였다. 그러니 개울물과 목욕물을 어떻게 따로 구별하겠는가?

경공(耿恭)[1]은 흉노에게 포위당하여 물이 끊어지자 말 오줌을 걸러 마셨고, 장성 북쪽 40리에 군량이 있었으므로 비가 내리기를 기다려 이를 대신 마셨으며, 수십 길 샘을 팠으나 끝내 물을 얻지 못했다.

아! 아귀들은 누겁(累劫)에 물이라는 이름조차 듣지 못한다고 한다. 그러나 스님들은 지금 흐르는 개울, 맑은 샘가에 살면서 차를 달이고 몸을 씻으며 매사를 뜻대로 하고 있으면서, 한 달에 여덟 번 목욕하는 것도

1 후한(後漢)의 장수. 무릉(茂陵) 사람. 자는 백종(伯宗). 영평(永平) 중에 무기교위(戊己校尉)가 되고, 흉노를 치고 와서는 기도위(騎都尉)가 되었다.

부족하게 여기고, 열다섯 번 목욕하는 것도 오히려 부족하게 생각하고 있다. 어찌 부끄러워할 줄 모르고 이렇게까지 할 수 있는가?

스님은 마땅히 검소하고 절약해야 한다

장자소(張子韶)[1]는 수재(秀才)로 있을 때부터 장원급제하여 지위가 추요(樞要)에 이를 때까지, 남루한 옷과 거친 음식을 먹었고 진기한 골동품도 갖지 않았으며 붓도 끝이 닳아 몽땅한 것을 사용하곤 하였다.

또 호극인(胡克人)[2] 거사는 관직에 있을 때 종신토록 채식을 하면서 종이로 된 장막 속에서 잠을 잤다.

저들은 재상의 몸으로 비구의 행을 실천하며 살았거늘, 더욱이 직접 비구인 자랴.

부처님 법에, 두타 비구는 걸식하여 먹고 헌옷을 기워 입으며 무덤 곁이나 나무 아래에서 자게 하였다.

그러나 지금 대중에서 단월의 공양을 받아 옷과 음식이 풍부하고 따뜻한 처소에 지내면서, 더 맛있고 화려한 것을 요구하는 것은 무슨 심사인지 알 수 없다.

한 벌의 발우를 네 번 꿰매 쓰고, 한 켤레의 신을 30년 동안 신었다는 고덕의 고풍이 사라지려 하는가?

내가 이를 부끄러워하며 나 자신을 꾸짖으면서, 아울러 동려(同侶)들에게도 아뢰는 바이다.

1 장구성(張九成)을 말한다. 송나라 사람. 자는 자소(子韶) · 무구거사(無垢居士) 또는 횡포거사(橫浦居士)라고도 한다. 예부(禮部)와 형부(刑部) 양부 시랑을 지냈다. 재상 진회(秦檜)의 미움을 사서 남안(南安)으로 귀양 갔다가, 진회가 죽자 온주(溫州) 자사가 되었다가 수개월 후에 죽었다. 불법에 귀의하여 대혜종고(大慧宗杲) 선사의 제자이기도 하다.

2 미상.

스님이 부모에게 절하다

부처님 법에는 '출가비구는 부모에게 절해서는 안 된다' 하였으나, 왕법(王法)에는 '스님이나 도사라도 부모에게 절해야 한다' 하였다.

이에 대해 어떤 이가 "부처님의 법을 따르면 왕법을 어기게 되고, 왕법을 지키면 부처님 법을 순종할 수 없습니다. 어떻게 하는 것이 좋겠습니까?" 하고 물었다.

내가 대답하였다.

"어려울 것 없다. 병행하면서 어기지 않을 방법이 있다. 비구는 부모님을 뵈면 반드시 절을 하면서 '이분은 나의 부모님이시지만 부처님 같은 분이다' 하고, 부모는 자식의 절을 받으면 피해 버리는 것도 한 방법이요, 아니면 답례하면서 '이자는 부처님 제자지 나의 자식이 아니다' 하고 생각하면, 양자가 모두 그 도리를 다하는 것이 되지 않겠는가?"

연소한 자의 폐관閉關[1]

폐관은 예전에는 없었던 일이고 후세에 생긴 것인데, 공부에 익은 자가 도업(道業)을 기르려는 것이 목적이었지 도를 처음 배우는 자가 할 일은 아니다.

더군다나 이미 큰 보리심을 낸 자는 마치 배를 타고 먼 바다를 건너거나 험한 산에 사다리를 놓고 오르듯이 천지에 갖은 풍상을 무릅써야 하고, 스승의 한 마디 말에 계합하지 못한 자는 다시 바랑을 지고 삿갓을 쓰고는 온 산으로 운수행각을 떠나야 한다.

조주 스님은 여든 늙은 나이로 분주히 행각했으며, 설봉 스님은 세 번 투자산(投子山)의 대동(大同) 화상께 참예하였고 아홉 번 동산(東山)에 올라 양개(良价) 화상을 찾아뵈면서 부지런히 애쓰는 것을 조금도 싫어하지 않았다.

그런데 너는 누구이기에 편안히 방 안에 앉아, 다른 사람은 나를 참예하는데 나는 다른 사람을 찾아 도를 묻지 않는가?

예전에 고봉(高峰) 화상이 장공동(張公洞) 사관(死關)에서 바위틈에 초막을 얽고 지낸 적이 있었는데, 마치 허공에 매달린 듯하고 새집 속에 사는 듯하여 그를 만나 본 사람이 드물었다.

그러나 이것은 크게 깨달은 이후의 일이다.

만약 한갓 안일함만을 도모하여 문을 닫아걸고 자기 편안대로 한다면, 이는 단연코 옳지 못한 일이다.

1 선종에서 하는 일로, 문을 닫아걸고 일체 거래를 끊고 도심(道心)을 기르는 것을 말한다.

팔순의 행각

고인의 이런 게송이 있다.

> 조주 노인은 팔순에도 행각했으나
> 마음은 여전히 편치 못했네
> 이윽고 집에 돌아와 아무 일도 없고서야
> 짚신 값만 허비한 줄 비로소 알았네.
> 趙州八十猶行脚 秖爲心頭未悄然
> 及至歸家無一事 始知虛費草鞋錢

그러나 요즘 사람들은 앞의 두 글자는 생각하지 않고 마지막 글귀에만 집착한다. 그리하여 '도는 눈앞에 있으니 행각은 부질없는 일이다' 하며, 현사(玄沙) 선사가 말한, "달마는 고개를 넘지 않았고, 이조(二祖)는 관문을 나가지 않았다."는 말만을 인용하며 증명하려 한다.

아! 깊이 자신을 돌아보라. 그대, 이미 집에 돌아왔는가? 그리고 아무 일도 없는가?

만약 아직 중도에 머물러 있거나 아직도 일이 번다하다면 어찌 나이 팔순뿐이겠는가? 설사 백 살, 천 살, 더 나아가 만 살이 될지라도 짚신을 많이 사 짊어지고, 천하를 편력하며 선지식을 찾아 발길을 멈추지 않아야 한다.

종문宗門을 강의하다

종문을 망치는 것은 종문을 강의하는 자다.

어떤 이가 물었다.

"강의를 함으로써 종지를 밝힐 수 있습니다. 어찌 종문을 망친다고 하십니까?"

내가 말하였다.

"경(經)과 율(律)과 논(論)은 이치로 헤아릴 수 있는 길이 있으니 강의하지 않으면 밝히지 못하지만, 종문은 이치로 헤아릴 수 있는 길이 없으니 이를 강의한다면 도리어 어둡게 하고 만다. 배우는 자가 스스로 참구하여 얻게 하는 수밖에 없다.

그러므로 '설사 창해가 변하더라도 결코 그대를 위해 통하게 하지 못한다' 했으며, 또 '내가 만약 너에게 알아듣도록 설명한다면 이후에 네가 나를 원망할 것이다' 하였다.

요즘 강의하는 자는 종문의 뜻을 도리어 진부한 말로 전락시키고 있으니, 서래의(西來意: 달마가 서쪽에서 온 근본 뜻)를 알지 못하는 것은 바로 이 때문이다."

참선을 가르치다

참선인을 그르치는 것은 참선을 가르치는 자다.

어떤 이가 물었다.

"사람들에게 참선을 가르치는 것은 꺼져 가는 등불이 장차 재가 되려는 요즘, 직지도[直指道: 바로 가리킨 도. 선도(禪道)]를 다시 일으키려 한 것입니다. 어찌 그르친다고 하십니까?"

내가 말하였다.

"도는 비록 사람마다 본래 갖추고 있으나 누구나 알 수 있는 것은 아니다. 만약 예리한 근기와 큰 지혜를 가진 자가 아니면 결코 종극에 이를 수 없다. 어찌 아무에게나 가르쳐서야 되겠는가?

비유하면 군사를 모집하는 자가, 나약하고 겁이 많아 겨우 깃대나 잡고 북이나 칠 수 있는 자에게 주해(朱亥)[1]의 추나 운장(雲長)[2]의 칼, 전위(典韋)[3]의 창을 쓰게 한다면, 휘두르자마자 거꾸러지지 않는 자가 드물 것이니, 어찌 장수의 목을 베고 우두머리를 사로잡으며 성을 공격하고 진을 파하는 공을 바라겠는가?

또한 상대인모을기(上大人丘乙己)[4]를 겨우 벗어났으면서, 다른 사람에게 제과문자(制科文字)[5]를 가르친다면 더욱 잘못된 일이 아니겠는가?"

누가 따지듯이 물었다.

"그렇다면 스님은 어떻습니까?"

"노승은 상대인을 읽기에도 아직 미숙하오!"

1, 2, 3 중국 역사상 용맹한 장수들의 이름.

4 어린아이를 뜻하는 말이다. 아이를 달래면서 부르는 노래에서 온 말이다. 곧, '상대인모을기 화삼천칠십자 이소아이삼세 가작인가지례[上大人丘乙己 化三千七十子 爾小兒二三歲 可作仁可知禮: 상대인(上大人) 공자께서는 그의 한 몸에서 3천의 제자와 70의 현인을 교화하셨으니, 우리 아기도 그를 본받아 인(仁)을 행하고 예(禮)를 알거라.]'라고 하였다.

5 이인(異人)을 뽑기 위하여 임금이 친히 시행한 과거. 과거에 응시하기 위한 공부.

『조론肇論』

공인(空印) 선사가 승조(僧肇) 법사의 「물불천론(物不遷論)」을 반박한 데 대해 내가 전에 해명한 적이 있거니와, 지금 다시 공인이 어떤 이유로 이러한 반박을 하게 되었을까를 생각해 보니, 두 가지 이유가 있을 것 같았다.

첫째는 이 논의 저의를 살피지 못한 것이요, 둘째는 너무 일반적인 상식에 집착했기 때문이다.

이 논의 저의를 살피지 못했다는 것은, 만약 누가 '사물이 무엇 때문에 변하지 않는가?' 하고 물으면, 응당 '성품이 본래 공(空)하기 때문이다' 하고 대답해야 하는데, 지금 승조 법사는 '예전의 물건이 지금까지 이르지 않았기 때문에 사물이 변한 것이 아니다' 하며 성품이 공했다는 것을 제멋대로 꺾어 버렸기 때문이다.

성품이 공했다는 것이 비록 부처님 말씀이기는 하지만, 이렇게 풀어 버리면 이는 기량이 미숙한 말이라, 근기에 맞는 정확하고 적절한 논설이 아니다. 작문한 자의 문장은 그럴싸할지 모르지만 본제(本題)에는 근접하지 못했다 하지 않을 수 없다.

너무 일반적인 상식에 집착했다는 것은, 어떤 스님이 대주(大珠)[1] 화상에게 "대열반이란 어떤 것입니까?" 하고 물으니, "생사업(生死業)을 짓지 않는 것이다." 하였으니, 이것은 일반적인 상식이다.

또 "그럼 생사업이란 어떤 것입니까?" 하니, "대열반을 구하는 것이

1 대주혜해(大珠慧海) 선사를 말한다. 생몰연대 미상. 월주 대운사 도지(道智) 화상에게 출가 득도하고, 마조도일(馬祖道一)의 법을 이었다. 저술로 돈오입도요문론(頓悟入道要門論)과 대주선사어록(大珠禪師語錄)이 있다.

다." 하였으니, 상식에서 보면 반드시 "망상을 따라 살아가는 것이 생사업이다." 하고 대답했어야 할 것이지만, 지금 "대열반을 구하는 것이 생사업이다." 한 것은 승조 법사가 '사물이 지금까지 이르지 않았기 때문에 변하지 않았다' 한 것과 뜻이 꼭 같다 할 것이니, 그러므로 이것을 가지고 반박할 일은 아닌 것이다.

또 공인이 "규봉은 달마의 직지선(直指禪)을 육바라밀 가운데 하나라고 하였다. 이것은 옳지 않다." 하였다. 규봉 스님의 어느 곳에 이런 말이 있는지 모르겠다.

그의 저서인 『선원제전집(禪源諸詮集)』에 "달마가 오기 전에는 제가(諸家)에서 이해하고 있는 것이 모두 사선팔정(四禪八定)[2]의 선(禪)뿐이었고, 남악과 천태가 세운 교의(教義)도 매우 오묘한 것이기는 하지만, 들어가는 문호와 차제도 역시 앞에서 말한 여러 가지 선의 행상(行相)에 불과하다. 그러니 오직 달마가 전한 선만이 직접 불체(佛體)와 같은 것으로, 여러 문파와는 판연히 다르다." 하고 분명히 말하였다.

그런데 직지선을 육바라밀 가운데 하나인 선정(禪定)이라고 했다는 것은 나는 이해할 수 없는 말이다.

그러므로 공인이 조공의 「물불천론」을 반박한 것과, 규봉이 달마에 대하여 논의한 것을 꾸짖은 것은 참으로 너무 지나친 듯하였다.

그러나 그가 말한 "규봉이 '하택만이 육조의 법을 이었다' 한 것은 잘못이다." 한 것과 "천태 문하의 논저(論著)는 거의 대사의 입에서 직접 나온 것이 아니다." 한, 두 가지 설은 확실한 견해라고 생각되었다.

2 사선(四禪)은 색계에서 닦는 네 가지 선(禪). 곧 초선(初禪)·이선(二禪)·삼선(三禪)·사선(四禪)을 말한다. 팔정(八定)은 사선과 무색계에서 닦는 사무색정(四無色定)을 말한다. 사무색정은 공무변처정(空無邊處定)·식무변처정(識無邊處定)·무소유처정(無所有處定)·비상비비상처정(非色非非想處定)이다.

화엄의 논論과 소疏

어떤 이가 물었다.

"『조론』에 대해서는 잘 알겠습니다. 그런데 어떤 거사가 청량 국사를 심하게 헐뜯은 것에 대해서는 어떻게 생각하십니까?"

내가 말하였다.

"그 거사는 오직 조백(棗柏: 이통현 거사)[1] 대사의 논만을 숭상했기 때문이다. 그가 청량을 헐뜯은 내용을 보면, 신(信)·해(解)·행(行)·증(證)으로 전체의 경을 분열하여 경전의 본지를 크게 잃어버렸다고 본 것이다.

그러나 경에서는 신(信)·주(住)·행(行)·향(向)·지(地) 등으로 나누어 그 분열이 더욱 심한 것은 생각지 않았다. 그렇다면 부처님도 옳지 않다는 것인가?

대개 항포(行布)[2]와 원융(圓融)[3]은 하나이면서 둘이며 둘이면서 하나다. 굳이 항포를 버려야 한다면 원융이란 어떤 것인가?

인(因)은 과해(果海)에 갖추어져 있고 과(果)는 인원(因源) 속에 통해 있어서 앞과 뒤가 한 곳으로 돌아가고 머리와 꼬리가 하나로 꿰어져 있다. 그래서 꿰맬 것도 없고 꿰맬 틈도 없다. 어디서 그 분열을 찾을 것인가?

더욱이 논(論)은 논대로 체제가 있고 소(疏)는 소대로 체제가 있다. 큰 뜻을 발명하는 데는 논만 한 것이 없고, 자세히 발명하고 더 깊고 미세한 부분까지 밝혀내는 것은 소(疏)와 초(鈔)의 공덕이 불가사의하다 할 것이다.

그러므로 두 분 대사(大士)는 모두 『화엄경』의 양 날개와 같은 현성(賢聖)으로, 우열을 가릴 수 없다."

내가 일찍이 편지로 그 거사에게 문의한 적이 있었는데, 거사는 아직까지 회답이 없으니 그의 심중을 헤아릴 길이 없다.

덧붙여 이 사실을 적어 둔다.

1 이통현(李通玄: 635~730). 당나라 거사. 당나라 종실(宗室)이라고 한다. 키가 7척 2촌으로 다른 사람과 달랐다. 스승 없이 유교와 불교에 정통하여 도회의 시끄러움을 피해 임천(林泉)에 들어가서 살았다. 개원 7년(719)에 태원부 수양(壽陽) 방산(方山) 토굴에 숨어 『신역화엄경』을 참구하였다. 토굴에 사는 몇 해 동안 매일 대추 열 개와 잣나무 잎으로 떡을 만들어 먹었으므로 사람들이 조백(棗栢: 대추와 잣나무) 대사라 불렀다. 개원 18년(730) 3월에 토굴에서 앉아 죽었다. 향년 96세. 송나라 휘종이 현교묘엄장자(顯教妙嚴長子)라는 이름을 내렸다. 『신화엄경합론』 40권, 『화엄경회석론』 14권, 『결의론』 4권, 『십명론』 1권 등의 저술이 있다.

2 화엄종에서 수행하는 계급에 십주(十住)·십행(十行)·십회향(十回向)·십지(十地) 등을 세워, 이 차례를 지나면 마지막 등각(等覺)과 묘각(妙覺)에 이른다고 보는 관찰법.

3 하나의 지위 가운데 일체 지위가 갖추어져 있어서, 낮은 지위에서도 이미 궁극의 깨달음을 완성하였다고 보는 관찰법.

선현先賢을 평가하다

내가 이미 『조론』과 『화엄경』 두 가지 일에 대해 나의 견해를 차례로 말하였다.

어떤 이가 물었다.

"그렇다면 성현을 평가하고 논의해서는 안 된다는 것입니까?"

"그렇지는 않다. 요즘 사람이 꼭 고인보다 못하다는 것은 아니다. 전에도 이런 말이 있었다. 나도 이 문제에 대해 생각해 본 적이 있다.

삼백편[三百篇: 시경(詩經)]은 대부분 시골이나 여염집에서 나온 노래였으나 후인 가운데 재능이 세상을 울리는 자도 이에 미칠 수 없었고, 육군비구(六群比丘)[1]는 성인의 무리에 끼지 못했으나 부처님이 돌아가신 후의 마명[2] 보살이나 용수[3]보살보다 현명하였다. 고인을 어찌 경시

1 부처님 당시의 발난타·난타·가류타이·천노·마사·불나발 등 6인의 악한 비구. 이들은 무리를 지어 다니며 위의(威儀)에 걸맞지 않는 행위를 많이 저질렀다. 부처님이 계율을 제정하신 것은 이들 육군비구들로 말미암아 비롯된 경우가 많았다.

2 중인도 마갈타국 사람으로 불멸후 6백년경에 출세한 대승 논사(論師). 본래 외도의 집에서 태어나서 논의를 잘하여 불법을 헐뜯었으나 협존자(脇尊者: 부나사 존자라고도 함)와 토론을 벌여 설복당하고 그의 제자가 됨. 그 뒤로부터 마갈타국을 중심으로 중인도에서 전도하다가 가니색가왕이 중인도를 정복했을 때 배상금 대신으로 마명을 데리고 갔다. 북쪽의 월지국으로 들어가 임금의 보호를 받으며 대승불교를 선전하였다 하여 그를 대승불교의 시조라고 한다. 저서로는 『대승기신론(大乘起信論)』 1권, 『대장엄론경(大莊嚴論經)』 15권, 『불소행찬(佛所行讚)』 5권 등이 있으며, 문학과 음악에도 조예가 깊어 마갈타국에 있을 때 〈나탁화라(賴吒和羅)〉라는 가곡을 지었고, 왕사성에서는 몸소 악사들과 어울려 가곡을 연주하여 무상(無常)한 이치를 가르쳐 성안의 5백 왕자들을 출가하게도 하였다.

할 수 있겠는가?

공인(空印)의 비판 중에 너무 지나치다고 생각되는 것은 『조론』의 '사물이 변하지 않는다' 한 것과 규봉이 달마를 논한 두 가지뿐이니, 청량국사를 비난하고 배척한 것에는 비할 것이 아니다.

어떤 자는 온능[溫陵: 계환(戒環)][4]을 꾸짖고 욕했으며 혹은 장수(長水)[5] 스님을 비난하였고, 천태를 숭상하는 자는 여러 문파를 모두 헐뜯으며 그들의 뜻에 하나도 옳게 여기지 않았다. 또한 묘희(妙喜)를 깨닫지 못했다고 평가하는 자와, 중봉(中峰)을 문자선지식(文字善知識)이라고 비웃는 자, 심지어 '육조는 영가에 미치지 못하였다. 한번 호되게 당했다'는 등, 이런 일들을 보고 내가 어찌 올바르게 가리지 않을 수 있겠는가?

3 불멸 후 6~7백 년경의 남인도 사람. 어려서부터 총명하여 일찍이 4베다·천문·지리 등, 모든 학문에 능통하였다. 처음에는 소승 삼장(三藏)을 배우다가 만족하지 못하고, 나중에 늙은 비구를 만나 대승경전을 공부하고, 후에 여러 곳으로 다니면서 대승경전을 구하여 깊은 뜻을 통달하였다. 그리하여 인도의 대승불교의 기초를 확립하여 이를 크게 선양하였다. 공종(空宗)의 시조이기도 하다. 주요한 저서로는 『중론(中論)』 4권, 『대지도론(大智度論)』 100권, 『십주비바사론(十住毘婆沙論)』 17권, 『십이문론(十二門論)』 1권, 『회쟁론(廻諍論)』 등이 있다.

4 송나라 때 스님. 월(越: 절강 소흥) 사람이다. 온릉(溫陵) 개원사(開元寺)에 살았으므로 흔히 온릉(溫陵) 대사라고 부른다. 선화(宣和) 때에 『묘법연화경해(妙法蓮華經解)』 20권을 지어 천태의 깊은 뜻을 천양하고, 또한 현수법장의 화엄교의 뜻에 정통하여 많은 강설을 통해 법장의 뜻을 개발하였다. 그 외 많은 저술이 있다.

5 장수자선(長水子璿: 964~1038) 선사를 말한다. 송나라 때 스님. 처음에는 수주 홍민(洪敏)에게 『능엄경』을 수학하였으나 선의 근본을 추구하고자 낭야혜각(瑯琊慧覺)에게 참학하여 깨달음을 얻었다. 그 후 장수사(長水寺)에 머물면서 화엄종을 널리 펼쳤다. 저서로 『금강경간정기(金剛經刊定記)』와 『수능엄경소(首楞嚴經疏)』가 있다.

슬프다! 고인은 이미 갔고 요즘 사람은 아직 살아 있으니, 내가 어찌 굳이 고인들을 위하여 무익한 일에 화를 내면서 현존한 자들이 좋아하지 않는 일에 골몰할 필요가 있으랴만, 이치에 당연한 말은 귀를 기울이겠지만 종래 가만히 있을 수 없는 일은 끝내 용서하지 않을 것이다.

명산은 여행하면서 서방西方은 원하지 않다

오대산을 여행하는 자는 '이곳에 문수보살이 계신다' 하고, 아미산을 여행하는 자는 '이곳에 보현보살이 계신다' 하며, 보타산을 여행하는 자는 '이곳에 관음보살이 계신다'고 말하면서, '서방 극락세계에는 아미타불이 계신다'고는 말하지 않는다.

또 세 분 보살은 한갓 아름다운 이름을 우러러볼 뿐이지만 아미타불은 현재도 법을 설하고 계시니, 친히 가르치는 아름다운 빛이 이들보다 더 크다고는 말하지 않는다.

또한 세 산을 오르는 데는 몇 년 몇 달이 걸려야 이를 수 있지만, 신심으로 염불하면 잠깐 동안에 왕생할 수 있다고는 말하지 않는다.

아, 참으로 애석한 일이다.

사리에 맞지 않는 시주를 받다

운서사(雲棲寺) 청규에 "사리에 맞지 않는 시주를 받는 자는 절에서 쫓아낸다." 하였다.

이것을 보고 한 스님이 따졌다.

"이것은 금해서는 안 됩니다. 이것을 금하면 중생의 복전(福田)을 뺏고 맙니다. 사리에 어긋나는 모화(募化: 신도들에게 시주를 받는 일)가 이 사람에게는 허물이 될지 모르나 중생에게는 욕심을 버리고 재물을 보시하는 이익을 얻게 합니다. 세속의 스님이 부처님 이름을 빌려 삶을 영위하고 있으나, 부처님이 어찌 이런 사람들 때문에 이를 금하도록 한 규정을 내신 적이 있었습니까?"

"그대의 말도 옳긴 하다. 그러나 하나는 알고 둘은 알지 못했다. 사리에 어긋나는 시주는 원인과 결과가 모두 불순하다. 보시하는 자가 이를 안다면 이것 때문에 도심이 사그라져 이후에는 영영 보시하는 마음을 내지 않을 것이니, 어떻게 능히 아끼는 마음을 버리게 하겠는가?

부처님 당시에 어떤 제자가 먼 곳에서 부처님께로 돌아오고 있을 때 일이다. 지나는 마을마다 모두 자기를 보기만 하면 대문을 닫아 버리는 것이었다. 이 스님이 이상하게 여겨 그 까닭을 물으니, 시주가 두렵기 때문이라는 것이다.

돌아와서 이 사실을 부처님께 아뢰니 부처님이 갖가지로 허물을 들어서 꾸짖으셨다. 어찌 이것을 금하는 규정을 내지 않았다 하는가? 신중히 생각해야 한다."

함부로 고덕의 기연機緣을 거론하다 1

운서사 청규에 "함부로 고인의 기연을 거론하는 자는 절에서 쫓아낸다." 하였다.

이를 보고 어떤 스님이 따졌다.

"이것은 금해서는 안 됩니다. 이것을 금하면 반야의 인연이 끊어집니다. 저 『법화경』을 비방했던 자도 지옥의 죄를 다한 후에 비방했던 인연으로 도리어 『법화경』과 인연을 맺게 되었습니다. 더욱이 함부로 말하는 것은 비방이 아니지 않습니까?"

"말인즉 그럴싸하다. 그러나 하나만 알았지 둘은 알지 못하였다. 『법화경』을 비방한 자가 지옥에서 나온 후에 좋은 인연을 맺게 된 것과 『법화경』을 믿고 공경한 자가 지옥에 들어가지 않고 바로 좋은 인연을 맺은 것 중에 어떤 것이 더 나은가?

또 함부로 거론하는 것은 비방이 아니라 하였으나, 알지 못하는 것과 억측으로 하는 말이 모두 대반야를 비방하는 것인 줄 알지 못하였다.

그러므로 스승의 말에 대해 함부로 거론했던 자가 스승의 점검을 당하고서 '선사께서는 이런 말을 한 적이 없다. 선사를 비방하지 마라.' 했으니, 이것은 스승을 존경한 것이지 비방이 아니다.

또한 일전어(一轉語)를 잘못 대답한 자가 죽어 여우 몸을 받은 사실도 있으니, 이것은 잘못이지 비방은 아니다. 어찌 두 사람이 모두 잘못이 되겠는가?

고인의 한 가지 질문이나 한 가지 대답은 모두 진실하게 깨달은 가운데서 나온 것이다. 그러나 요즘 사람들은 구두삼매(口頭三昧)로 마음을 치달리고 있으니, 눈 밝은 사람 앞에는 이런 것들이 마치 수은을 활활 타는 화로 속에 집어넣듯 하고, 요사(妖邪)가 백택(白澤)[1]을 만난 것과 같아서 전혀 피할 길이 없다.

만약 이런 짓들을 그만두지 않고 여기서는 주먹을 들어 보이고 저기서는 할(喝)을 하며, 어떤 때는 게(偈)를 짓고 어떤 때는 송(頌)을 설하면서, 미친 듯이 조롱하듯이 텅 빈 머리만 굴릴 뿐 실천이 따르지 않는다면, 그대는 이것을 종문을 부흥시킨다고 생각할지 모르나 나는 불법을 크게 망칠 장본이라고 생각한다."

1 전설상의 신비한 짐승. 능히 말을 할 줄 알고 만물의 정을 꿰뚫어 본다고 한다. 이것을 그려 벽에 걸어 두면 귀신이 접근하지 못한다고 한다.

함부로 고덕의 기연을 거론하다 2

이 스님이 불쾌하여 "그건 그렇다고 하겠습니다. 그러나 고인의 기연에 대하여 한 번쯤 입을 열어 평가할 수는 있지 않겠습니까?" 하였다.

"함부로 거론하는 것을 금한 것이지 전혀 거론하지 못하게 한 것은 아니다. 두 스님이 동시에 일어나 발을 걷으니, 고덕[법안(法眼)][1]이 '한 사람은 얻었고 한 사람은 잃었다' 하였다. 그대는 평가해 보라. 누가 얻었고 누가 잃었는가?"

이 스님이 말이 없었다.

"고인의 말씀에 '열 번 스승의 물음을 받고 아홉 번 대답하지 못했다 하여 해로울 것은 없다. 다만 알지 못하고 함부로 지껄여 영영 도가 향상하지 못할까 두려울 뿐이다' 하셨다. 신중히 생각해야 할 일이다."

1 법안문익(法眼文益: 885~958) 선사를 말한다. 당말(唐末) 오대(五代) 스님이다. 7세에 전위(全偉) 선사에게 귀의하여 삭발하고, 월주 개원사(開元寺)에서 구족계를 받았다. 장경혜릉(長慶慧稜)에게 참학한 후 나한계침(羅漢桂琛)에게 수년을 참학하고 그의 법을 이어받았다. 선교불이(禪教不二)를 주장한 법안종(法眼宗)의 개조이다. 후주(後周) 현덕(顯德) 5년(968)에 목욕재계하고 대중에게 고별한 다음 결가부한 채 입적하였다. 세수 74세, 법랍 54년. 저서로는 『종문십규론(宗門十規論)』과 『어록(語錄)』이 있다. 시호는 대법안(大法眼) 선사. 탑호는 무상(無相)이다.

직언直言

사리에 옳지 않은 시주를 하는 것과 함부로 고덕의 기연을 거론하는 두 가지 금약(禁約)을 해제하려던 스님들이, 내가 허락하지 않자 결국 이곳을 떠나고 말았다.

또 한 스님이 말하였다

"운서사 청규에는 보름마다 대중의 허물을 직언해야 하고, 매일 직언하도록 한 것도 있습니다. 그러나 이것은 오히려 대중이 서로 화합하지 못하는 실마리가 될 뿐입니다. 직언하는 청규를 없애는 것이 참으로 직언할 수 있는 방법이라고 생각됩니다."

내가 말하였다.

"그대는 승려가 아닌가? 승려라면 당연히 부처님 법을 따라야 한다. 부처님 법에 90일 동안 여름 안거를 하고 안거의 마지막 날을 '스님들의 자자일(自恣日)[1] 또는 '부처님이 기뻐하시는 날'이라 하여, 자유롭게 대중의 허물을 드러내어 숨기는 일이 없도록 하였으니, 이것을 자자(自恣)라고 한다.

운서사에서 보름마다 직언을 하게 한 것은 이것에 근거를 둔 것이다. 부처님도 기뻐하셨는데 그대만이 기뻐하지 않으니 어찌 옳은 일이

1 자자(自恣)란 '자유롭게', '허심탄회하게'라는 뜻이다. 이는 구역(舊譯)이고 신역(新譯)에서는 수의(隨意: '마음대로', '자유롭게'의 뜻)라 하였다. 하안거의 마지막 날, 곧 구율(舊律)에는 7월 16일, 신율(新律)에는 8월 16일에 정진하던 대중이 한 자리에 모여 견(見) · 문(聞) · 의(疑)의 세 가지 일에 대하여 자신이 범한 죄과를 고백참회하고, 미처 자신이 깨닫지 못한 잘못을 대중이 드러내 일러줄 것을 대중에게 청하는 스님들의 의식이다.

겠는가?

또 율장에, 어떤 스님이 잘못을 저질렀는데 곁에 있던 스님이 이 사실을 부처님께 아뢰었다. 부처님께서는 이 허물 있는 스님을 불러 갖가지로 나무라셨다. 이로 인하여 다른 이의 잘못을 보면 즉시 직언할 것을 계율로 제정하였다. 운서사의 매일 직언하도록 한 청규도 이것에 근거를 둔 것이다. 부처님께서도 허물을 드러내어 말하는 것을 용납하셨는데, 그대만이 용납할 수 없다니 어찌 옳은 일이겠는가?

또 세상 법에도 '임금에게는 임금의 잘못을 직간하는 신하가 있고, 어버이에게는 어버이의 잘못을 직간하는 자식이 있으며, 선비에게는 선비의 잘못을 직간하는 벗이 있다' 하였다. 그러므로 '나라를 번영하게 하는 임금은 직간하는 신하에게 상을 내리고 지혜와 덕행이 뛰어난 임금은 비방하는 인재를 등용한다' 한 것이다.

부자(夫子: 공자)는 자신의 허물을 일러주는 것을 다행으로 여겼고, 중유(仲由: 자로)는 자신의 허물을 말해 주는 것을 듣고 기뻐하였다. 더욱이 스님이 되어 출세간법을 닦는 이들이 벗을 의지하여 덕을 이루지 않겠는가?

그대가 직언하는 것을 싫어한다면 아첨하고 간사한 자들이 가까이할 것이다. 그들로 인하여 충간을 물리치고 거짓을 꾸미며 덕을 헐고 선업(善業)을 헤치게 하여 결국에는 손실이 적지 않을 것이다. 참으로 신중히 생각해야 한다."

마음의 자취

포효숙(包孝肅)[1] 공은 종일 안색이 엄숙하여, 사람들이 그의 웃는 모습을 비유하여 '황하가 맑아지는 것과 같다' 하였다. 진회(秦檜)[2]도 웃는 얼굴을 보기 드물었으나, 한번 웃는 것은 마치 계곡물이 마르는 듯하였다.

이와 같이 외모는 같지만 마음속은 하늘과 땅만큼이나 큰 차이가 있었다.

신정 인(神鼎 諲)[3] 선사는 가문이 높고 험하여 납자 중에 오래 선을 참구한 이가 아니면 감히 그의 문에 오르는 자가 없었으니, 이후의 선화자(禪和子)에도 또한 그런 자가 있었다.

임제와 덕산은 걸핏하면 봉(棒)과 할(喝)을 바람과 우뢰와 같이 휘날렸으나, 이후의 선화자에도 또한 그런 자가 있었다.

1 포증(包拯)을 말한다. 효숙(孝肅)은 그의 시호. 송나라 때 사람. 성품이 강직했으나 일을 할 적에는 돈후(敦厚)하였다. 인종(仁宗) 때 용도각직학사(龍圖閣直學士)가 되고, 누차 개봉부(開封府)의 지사가 되었으며 우사낭중(右司郎中)으로 옮겼다. 조정에서 강직하고 곧아서 귀척이나 환관이 모두 손을 내저었으며 그의 말을 듣는 자는 모두 자리를 피하였다. 당시 사람들은 그가 웃는 것을 비유하여 황하강이 맑아지는 것과 같다 하였고, 어린이와 부녀는 모두 그의 이름을 들으면 포대제(包待制)라고 불렀다. 나중에 예부시랑(禮部侍郎)이 되어 죽었다. '포청천(包青天)이' 바로 이분이다.

2 남송(南宋) 고종(高宗) 때의 재상. 자는 회지(會之). 악비(岳飛)를 무고(誣告)하여 죽이고 주전파(主戰派)를 탄압하여 금(金)나라와 굴욕적인 화약(和約)을 체결하였으므로 후세에 대표적인 간신으로 꼽힌다.

3 신정홍인(神鼎洪諲) 선사를 말한다. 출가 후에 수산성념(首山省念)에게 참구하여 그의 법을 이었다.

황룡과 묘희는 법좌에 오르기만 하면 제방의 선지식을 꾸짖고 허물했으나, 이후의 선화자에도 역시 그런 자가 있었다.

그러나 그 차이는 어떤가?

스님으로서 외학外學에 힘쓰다

선비의 학문은 육경(六經)과 『논어』·『맹자』 등으로 표준을 삼으며, 노장(老莊)이나 더 나아가 불경까지도 금기하여 배우지 않고 오로지 유업(儒業)만 전공한다. 이야말로 바른 도리라 이에 대해 뭐라 할 수는 없다.

스님들도 그렇게 해야 하는데, 불경은 읽지 않으면서 유서(儒書)를 읽는다.

유서를 읽는 것은 그나마 옳지 않다 할 수는 없으나 그것도 부족하여 심지어 『장자』나 『노자』를 배우고, 조금 총명한 자는 이것을 추종하여 주석을 낸다. 또한 시나 문장을 배우고 글씨를 배우며 편지 쓰는 법을 익히고 있으니, 이러한 갖가지 일들이 모두 법문(法門)이 쇠퇴해 가는 징조건만, 아, 말릴 방도가 없구나!

스님으로서 잡술에 힘쓰다 1

스님들 중에는 또 풍수 보거나 점치는 자, 관상 보는 자나 약을 써서 사람 병을 고치는 자, 부인과 병을 보는 자, 부적으로 재앙을 막는다는 자나, 단약(丹藥)을 구워 만드는 자들이 있으니, 이 모두 말법의 폐단이 갈 데까지 간 것이라 할 것이다.

어떤 이가 물었다.

"백장(百丈) 대사는 사마두타(司馬頭陀)에게 500명의 대중이 머물 수 있는 도량을 선택하게 하여 위산(潙山)[1]을 얻었으니, 이는 풍수가에서 하는 일입니다. 그런 후에 위산의 주인을 선택하게 하여 대우[大祐: 위산영우(潙山靈祐)] 선사를 얻었으니, 이는 관상 보는 자들이 하는 일입니다. 이에 대해서는 어떻게 생각하십니까?"

아! 이것은 옛 성현이 법을 전하여 중생을 이익되게 하려는 큰 기연(機緣)이었으니, 세상 사람이 추측으로 알 바가 아니다.

또 백장과 사마가 어떤 인품을 갖춘 분들인데, 요즘 술사들이 감히 함부로 이분들을 핑계한단 말인가?

1 호남성(湖南省) 장사부(長沙府) 영향현(寧鄉縣) 서쪽 140리에 있다. 산중에 동경사(同慶寺)와 밀인사(密印寺)가 있다. 위산영우(潙山靈祐)·장경대안(長慶大安) 등이 이 산에 머무르며 크게 교화를 폈다.

스님으로서 잡술에 힘쓰다 2

또 물었다.

"잡술은 진정 스님네가 할 일이 아닙니다. 그러나 의술은 생명을 보전하게 하는 공이 있으니 무방하지 않겠습니까?"

"잡술은 사람의 마음을 어지럽히니 당연히 버려야겠지만, 남을 구제하는 것이 목적이라면 또한 만행 가운데 한 가지다. 그러나 의술이 정미하지 않으면 생명을 보전한다고는 하지만 도리어 생명을 손상하니, 이는 정말 해서는 안 된다.

근래에 어떤 스님은 뜸으로 사람의 병을 고친다면서, 약을 이겨 떡처럼 만들어 그 위에 쑥을 얹어 태우며 만병을 고친다 하였다. 이런 법은 어떤 의서에서 나온 것이며 누구에게서 배운 것인지 알 수 없다.

진맥을 하여 혈(穴)을 살피고 혈을 따라 약 기운을 들여보내는 것이 쑥뜸의 일반적인 방법이지, 떡 너머로 뜸을 뜨는 것은 고통만 심할 뿐 아무런 효험도 기대할 수 없다.

그런데 이런 짓을 스님이 행하고 제자도 본받고 있으니, 사람의 병을 다스리는 일이 얼마나 깊고 소중한 것인지 잘 알지 못하고 있는 것이다.

주유周柳 노인

주유 노인이 나에게 "오늘날 불교계는 반드시 세 사람의 목을 베어 고가(藁街)[1]에 매단 후에야 크게 부흥할 수 있습니다." 하고 말하였다.

그때 어떤 관리가 곁에 있다가 "그 세 사람이 누구누구입니까?" 하고 물으니, "한 사람은 아무개요 한 사람은 아무개입니다." 하였다. "또 한 사람은 누굽니까?" 하고 물으니, 즉시 "바로 노형이시오!" 하는 것이었다.

이 관리는 평소 이 노인과 친분이 두터운 사이였다.

그 까닭을 물으니, "공이 이름은 아란야(阿蘭若)에 붙어살면서 마음은 함원전(含元殿)[2]에 있기 때문이오." 하였다.

이 관리는 화를 내지 않고 "옳은 말씀입니다." 할 뿐이었다.

이 늙은이는 강직한 성품으로 시대의 추세를 용납하지 않았고, 심지어 스님들 일까지 이렇게 정기(正氣)가 늠름하였으니, 참으로 놀랍고 존경할 만하였다.

요즘 스님들은 실제 아란야에 살고 있으면서 내생에 어사(御史)쯤이나 되기를 발원하고 있으니, 얼굴이 뜨거워 견딜 수가 없다.

1 한나라 때 장안에 만이(蠻夷)가 살던 곳.

2 당나라 궁전의 이름. 궁전.

뜨거운 물로 시식하다

자칭 서역(西域) 사문이라는 어떤 염구시식(燄口施食)[1] 법사는 쇄정(灑淨)[2]을 할 적에 찬물을 사용하지 않고 뜨거운 물을 병에 넣어 손에 들고 뿌리는데 그 물이 사람 얼굴에 닿아도 전혀 뜨겁지 않으니 사람들이 기이하게 생각하여 시식을 청하는 자가 끊임없다 한다.

그러나 이것은 그다지 귀하게 여길 일이 아니다. 세상에서 흔히 말하는 단공태보(端公太保: 남자무당의 속칭)라는 자도 벌겋게 달군 쇠사슬로 온몸을 꽁꽁 묶고 예리한 칼로 목구멍을 찌르니, 이런 뜨거운 물 정도야 어린애 장난에 불과하다.

부처님께서 시식법사(施食法事)를 만드신 것은 본래 아귀는 음식이 입에 들어가면 금방 불덩이로 변하기 때문에, '감로진언' 등을 말하여 뜨거움을 끄고 시원함을 얻게 하기 위한 것이었다. 그런데 도리어 뜨거운 물을 사용한단 말인가! 이것은 어떤 부처님이 설하셨으며 어떤 경에 이런 내용이 있는가? 혹세무민이 이보다 심한 것이 없으리라.

어떤 이가 "그가 능히 뜨거운 물을 찬물로 변하게 할 수 있으므로, 굳이 찬물을 사용할 필요가 없었던 것이 아니겠습니까?" 하였다.

진정 그럴 수 있었다면 또한 능히 진흙을 침단향(沈檀香)으로 변하게 할 수도 있었을 것이니 굳이 향을 쓸 필요가 없었을 것이요, 어둠을 광명으로 변하게 할 수도 있었을 것이니 굳이 등촉을 사용할 필요가 없었을

1 염구(燄口)는 아귀를 말한다. 아귀에게 공양을 베푸는 법사(法事).

2 진언종에서 물을 뿌려 공양구나 도량을 깨끗이 하는 법사(法事).

것이며, 기와 조각을 대추나 밤으로 변하게 할 수도 있었을 것이니 굳이 과일이 필요치 않았을 것이며, 지푸라기를 목단이나 작약으로 변하게 할 수도 있었을 것이니 굳이 꽃이 필요치 않았을 것이며, 흙을 벼나 보리로 변하게 할 수도 있었을 것이니 굳이 곡식을 쓸 필요가 없었을 것이다.

그런데 어찌 향이나 꽃이나 등촉이나 과일이나 곡식 따위는 낱낱이 보통 때와 같이 갖추면서, 유독 쇄정하는 한 가지 일만이 뜨거운 물을 사용한단 말인가?

사리에 밝은 자는 이에 대해 판단해 보시라.

육형肉刑

육체에 형벌을 가하기 시작한 것은 언제부터였으며, 그것은 과연 성인의 뜻이었을까?

어떤 이는 "『상서(尙書)』에 이런 말이 있습니다." 하였으나, 자세한 언급은 없는 듯하다. 혹시 후세에 백성들에게 위협을 주려 한 자가 만든 것이 아닐까?

죄인을 포락(炮烙)[1] 한 것은 상(商)나라 주(紂)가 자신의 위험을 느낀 나머지 자행했던 일이요, 사람의 눈을 뽑고 얼굴 가죽을 벗긴 것은 오(吳)나라 호(皓)가 나라가 전복될까 두려워한 짓이다. 또한 솥에 기름을 끓여 사람을 그 속에 넣어 삶아 죽인 것은 제(齊)· 초(楚) 등의 여러 임금이 마침내 망하게 된 계기가 되었으니, 성인이 이런 형벌을 만들었다고는 도무지 믿어지지 않는다.

어떤 이는 "'그 사람에게는 하늘도 코 베는 형벌을 내릴 것이다' 하고 『주역』에서도 말하고 있습니다." 한다.

그러나 『역경』은 법령이 아니요 점보는 책이니 형서(刑書)가 아니다. 이 책은 백성의 생활을 올바르게 인도하고자 하는 것이 목적이었지 백성의 죄를 벌주려 한 것은 아니다. '하늘도 코 베는 벌을 내릴 것이다' 한 것은 상징적으로 한 말이지 사실이 아니다.

더욱이 육형이 한(漢)나라 문제(文帝)에 이르러서 비로소 폐지되었는데, 후세에 와서 문제의 이런 처사를 글렀다 하는가, 현명했다 하는가? 만약 어진 처사였다면 육형이 그릇된 제도였음을 잘 알 수 있다.

그러나 문제는 진정 어진 임금이기는 했으나 안타까운 점이 있다. 궁형(宮刑)[2]을 폐지하지 못한 점이다.

아! 이 안타까움을 이루 다 표현할 길이 없구나. 업보의 순환은 멈추게 할 수 없으니, 어느 때 용화세계(龍華世界)[3] 를 만날 수 있을까!

1 구리기둥을 불에 달군 후 기름을 발라 죄인을 그 위를 걷게 한 형벌.

2 남자의 성기를 거세하는 형벌.

3 미륵보살이 성도한 후 중생을 제도하는 세계. 수많은 중생이 법문을 듣고 아라한이 된다고 한다.

심의식心意識

강자(講者) 몇 명이 모여 앉아 심·의·식(心意識)에 대해 논쟁을 벌였으나 끝내 해결하지 못하였다.

그래서 내가 여러 경론을 살펴보았다.

『문수문경(文殊問經)』에는 "심(心)은 모은다는 의미요, 의(意)는 기억한다는 의미요, 식(識)은 분명히 안다는 의미다." 하고, 『구사론(俱舍論)』에는 "모으고 일어나는 것[集起]을 '심'이라 하고, 헤아리는 것[籌量]을 '의'라 하며, 알고 구별하는 것[了別]을 '식'이라 한다." 하며, 『밀엄경(密嚴經)』에는 "갈무리하는 것[藏]을 '심'이라 하고, 나[我]에 집착하는 것을 '의'라 하며, 모든 경계에 집착하는 것을 '식'이라 한다." 하며, 이런 여러 가지 설이 거의 대동소이하였다.

영가(永嘉) 대사의 『증도가』에는 "법재(法財)를 손상하고 공덕(功德)을 없애는 것이 이 심·의·식으로부터 비롯된다." 하였다.

그러므로 교승(教乘)에서는 일일이 연구하고 살펴서 혼동해서는 안 되겠지만, 종문[宗門: 선문(禪門)]에서는 심원(心源)을 바로 가리키고 있으니 한 생각도 일어나지 않으면 전체가 나타난다. 어찌 굳이 세세하게 분별하여 논쟁을 벌일 필요가 있겠는가?

마음을 제어하다

어떤 이가 물었다.

"마음이 어지럽게 일어날 때는 어떤 방법으로 제어할 수 있겠습니까?"

"부처님이 말씀하시기를 '마음이 한 곳에 머물면 무슨 일이든 이루지 못할 것이 없다' 하셨다."

"그렇다면 고자(告子)[1]가 말한, 억지로 마음을 제어하여 움직이지 않게 하는 것과 같지 않겠습니까?"

"그렇지 않다. 고자가 말한 마음을 움직이지 않게 하는 것은, 마음이 일어나면 막아서 억지로 고요하게 하는 것이다. 그러나 지금 마음을 제어하는 방법은 마음을 제어하여 한 곳으로 돌아가게 하고 다른 용심을 하지 않는 것이다.

그렇게 보면 저것이 마음을 찬 재와 같이 하여 일어나지 않게 하는 것이라면, 이 방법은 용심을 따로 하지 않는 것이다. 그리고 저것이 '텅 비어 공(空)[豁達空]'한 것이라면 이것은 '사유하는 수행[思惟修]'이라 할 것이다. 그러므로 이 양자가 같을 수 없고 함께 논할 수도 없다.

마음이 한 곳에 머문 공을 이루면, 그 익힌 바에 따라 백천 가지 삼매를 구족하지 않음이 없다. 그래서 '무슨 일이고 이루지 못할 것이 없다'

1 전국(戰國)시대 사람. 성은 고(告), 이름은 불해(不害). 일찍이 맹자에게서 배웠고, 겸하여 유(儒)·묵(墨)의 학을 공부하였다. 그는 성리(性理)를 논하여 "사람의 성품은 변하기 쉬우니 선(善)이니 불선(不善)이라고 구분할 수 없다." 하여 당시에 일가를 이루었다.

하신 것이다. 저 억지로 제어하는 방법은 오직 단순한 완정(頑定: 어리석은 정)을 이룰 뿐이니, 어찌 이러한 공덕이 있겠는가?

그러나 이 방법도 학인이 처음 공부를 지어가는 방편일 뿐, 구경법은 아니다. '본래 한 물건도 없거늘, 어디서 먼지가 일어나겠는가?' 하셨으니, 무슨 제어할 것이 있으며, 무슨 소위 '한 곳에 머문다'고 하는 '한 곳'이 있겠는가?"

"'본래 한 물건도 없거늘, 어디서 먼지가 일어나겠는가?' 했으니, 이것은 바로 공적(空寂)한 경계를 두고 한 말이 아니겠습니까? 그렇다면 고자의 '마음을 움직이지 않는 것'과 다를 바 없을 것 같습니다."

"고자는 마음을 막고 눌러서 억지로 움직이지 않게 하는 것이지만, 조계(曹溪: 육조)는 움직일 만한 마음이 없어서 막고 누를 필요가 없다. 그러니 어찌 같을 수 있겠는가?"

선종과 정토의 더디고 빠름

참선을 자부하는 한 스님이 오로지 염불법문만을 수행하는 다른 한 스님에게 말하였다.

"그대의 염불은 반드시 서방에 태어나 아미타불을 친견한 후에 깨달을 수 있거니와, 우리 참선은 현생에 바로 깨달음을 얻을 수 있으니 더디고 빠름이 확실하다. 그대도 염불을 그만두고 참선을 하는 것이 어떻겠는가?"

이 스님이 마음을 결정하지 못하여 이 일을 내게 물었다.

내가 이렇게 대답하였다.

"근기에는 날카롭고 둔한 것이 있고 힘에는 부지런하고 게으른 것이 있다. 그러므로 이것은 당사자에 관한 문제로서 피차 서로 더디고 빠른 것이 있을 수 있다. 굳이 이것은 옳고 저것은 그르다 해서는 안 된다.

비유로 말하리라. 두 사람이 함께 보물이 있는 곳을 향하여 길을 떠났다. 한 사람은 말을 탔고 한 사람은 배를 탔다. 이렇게 비록 같은 날 도정에 올랐더라도 도착하는 것이 더디고 빠른 것을 쉽게 결정할 수 없다. 왜냐하면 날카롭고 둔하고 부지런하고 게으른 것이 각기 다르기 때문이다.

참선과 염불도 마찬가지다. 더딘 경우를 말하면, 염불하는 사람은 누겁(累劫) 만에 연꽃이 비로소 핀 경우요, 참선인은 다생(多生)에 부지런히 애를 썼으나 능히 성품을 보지 못한 경우다.

빠른 경우를 말하면, 참선인은 그 자리에서 단박에 깨달아 아승지겁[無數劫]을 지나지 않고 법신(法身)을 얻는 경우요, 염불하는 사람은 현생에 철두철미하여 임종에 상품상생에 태어나는 자의 경우를 말하는 것이다.

고인이 말하기를 '사람이 먼 길을 떠남에 목적지에 도달하기만을 기약할 것이요, 도중에 굳이 쉽고 어려움을 따질 것은 아니다' 하였다."

『육조단경』

육조 대사는 글자를 알지 못하여 일생 문필을 가까이하지 않았으니, 『단경』은 모두 다른 사람의 기록에 의하여 태어난 것이다. 그러므로 다소 착오된 부분도 있다.

그중에 '십만팔천(十萬八千)'[1]과 '동방서방(東方西方)'[2]과 같은 설은 내가 이미 오래전에 해명한 적이 있거니와[3] 그중에서 또한 "십선(十善)을 닦을 뿐, 구태여 다시 왕생을 원할 필요가 있겠는가?" 한 대목이 있다.

십선이란 천상에 태어나는 인(因)이니, 부처님이 세상에 오시기 전에 전륜성왕이 십선으로 중생을 교화하여 제도했던 것이다. 그렇다면 육조가 사람들에게 서방에 태어나 부처님을 친견하도록 가르치지 않고 단지 천상에만 태어나게 하였으니, 이것이 과연 옳은 일인가?

이것을 정말 육조가 설했으리라고 나는 믿지 않는다.

그러므로 『단경』에만 집착하여 정토를 비방하는 자는 더욱 잘못을 저지르고 있는 것이다.

1 『단경』에 "십만팔천(十萬八千)이란 곧 인간의 열 가지 악(惡)과 여덟 가지 사(邪)를 두고 말한 것이다." 하였다.

2 『단경』에 "사군(使君)이여, 동방인도 마음만 청정하면 곧 아무 죄가 없으며, 비록 서방인이라도 마음이 청정하지 못하면 또한 허물이 있는 것이다. 동방인이 죄를 지으면 염불하여 서방에 태어나기를 바라겠지만, 서방인이 죄를 지으면 염불하여 어느 국토에 태어나기를 바라겠는가?" 하였다.

3 스님의 다른 저서인 『불설아미타경 소초』에서 많은 지면을 할애하여 구체적으로 이에 대해 해명한 것이 있다.

산에 살다

고인이 "크게 숨는 것은 시중에 사는 것이요, 작게 숨는 것은 산 속에 사는 것이다." 하니, 이 말을 듣고는 진속(塵俗)에 빠져 있는 것으로 마음에 흡족히 여기는 자가 있다.

그러나 시중에 산다는 것은 세속에 섞여 살되 물들지 않고 시끄러운 가운데서도 고요함을 지키는 것임을 알지 못했으니, 도가 있는 자라면 그럴 수도 있겠으나 초심인이 쉽게 가능한 일이 아니다.

어떤 이가 "영가 대사는 '도를 얻기 전에 먼저 산에 살게 되면 산을 볼 뿐 반드시 도를 잃게 된다' 하였습니다. 이것은 산에 사는 것을 허락지 않은 것입니다." 하였다.

이 말도 나름대로 일리가 있다. 내가 산에 사는 것을 찬동하는 것은 진속에 빠져 있는 자를 경계하기 때문이다.

그러나 영가 대사가 한 말이 바른 이치다. 출가자가 아직 큰 일을 밝히지 못했으면 천리만리라도 스승을 찾아 도를 물어야 할 것이며, 선지식을 가까이하여 아침저녁으로 부지런히 가르침을 청해야 한다. 어찌 무지몽매하게 산만 지키는 귀신이 되어서야 되겠는가?

그러므로 먼저 해야 할 일은 행각(行脚)이요, 산에 거처하는 것은 나중의 일임이 옳다는 것을 알 수 있다.

그렇다면 나의 뜻도 영가 대사의 말과 어긋나는 것은 아니다.

불성佛性

경에는 "일체 중생이 모두 불성이 있다." 하셨으나, 맹자가 고자(告子)를 반박한 말에는 "그렇다면 개의 성품이 소의 성품과 같고 소의 성품이 사람의 성품과 같다는 것인가?" 하니, 어떤 이는 경의 말씀에 집착하여 맹자를 비난하였다.

나는 그럴 것이 아니라고 생각한다.

모두 불성이 있다고 하신 것은 출세간의 진리를 극명하게 표현하신 것이요, 사람과 축생이 같지 않다는 것은 세간의 현재 입장에서 논한 것으로, 양자가 서로 구애될 것이 없다.

그러므로 본원(本源)에서 추구하면 땅강아지나 개미나 모기가 바로 삼세제불과 평등하여 조금도 다르지 않으나, 현재 세간의 입장에서 보면 사람은 만사를 훤히 알거니와 축생은 오직 한 가지만을 아니, 어찌 같은 입장에서 논할 수 있겠는가?

어찌 사람이 축생과 다를 뿐이겠는가? 저 개는 밤을 지키면서 변고가 생기면 무섭게 짖어대지만, 소는 도적이 숨어들어 빗장을 벗기거나 구멍을 뚫으며 담을 넘거나 성문을 부수어도 아무것도 보지 못하고 듣지 못한 듯이 전혀 무심하기만 하지 않은가? 이렇게 개와 소의 성품도 다르거늘 하물며 사람과 같겠는가?

온갖 재목이 다 같은 나무지만 오동과 개오동, 탱자와 가시나무가 다르며, 온갖 냇물이 다 같은 물이지만 강과 호수와 시내와 도랑이 제각기 다르다.

그러니 같으면서 각기 다르고, 다르면서도 같지 않은 적이 없다.

만약 집착하여 통하지 않으면, 세존이 정각을 이루었을 때 "자세히 보니 일체 중생이 모두 정각을 이루었다." 하셨으나, 오늘날 어찌하여 중생이 아직 남아 있는가?

스님이 종을 두다

스님들 중에 종을 두고 일을 시키거나 심부름을 시키는 자가 있다.

출가인에게는 제자가 있어서 여러 가지 일을 도와주고 있는데, 어찌 종을 두어 이런 일을 시키는가?

어떤 이는 "제자는 도를 구하기 위해 왔습니다. 심부름꾼이 아닙니다." 하고 말한다.

아! 부자(夫子)는 다른 나라에 갔을 때 한 번은 염유(冉有: 공자 제자)가 심부름꾼이 되었고 한 번은 번지(樊遲: 공자 제자)가 마부가 되었다. 그리고 도연명이 벗의 초대에 갔을 때 문하생 두 사람이 그의 가마를 메고 갔으니, 후세에 이 광경을 그림으로 그려 고상한 운치로 여기고 있다.

요즘은 출가한 스님이 자기 제자를 부귀한 집 자식같이 총애하여, 돈을 들여 종을 사서 밥을 짓게 하고 땔감을 해 오게 하며, 양산을 바치게 하고 바느질을 하게 한다. 아, 말법의 폐단이 어느덧 여기까지 이르렀구나!

문문산文文山[1]

문산(文山)의 여섯 가지 노래 중에 이런 구절이 있다.

내생에 업연(業緣)이 남아 있으면
우리 형제가 반드시 옛날과 같을 수 있으리.

이것은 삼세(三世)가 있음을 믿은 것이다.

다만 마치 새가 한 숲속에 모여 잠자다가 날이 새면 동서남북으로 제각기 뿔뿔이 흩어져 날아가는 것과 같이 숙업의 인연이 이르면 모여서 일가가 되고 숙업의 인연이 다하면 뿔뿔이 흩어져 남남이 되고 마는 것임을 알지 못했으니, 어찌 옛날과 같기를 보장하겠는가?

문산의 절의와 재주와 학문은 백세에 걸출하였으나, 이런 말은 곧 '칠월칠일 장생전(七月七日長生殿)'[2]에서 한 말과 같다 하겠다.

이것은 일찍이 마음을 내전(內典: 불교)에 둔 적이 없었기 때문이다.

애석한 일이다.

1 문천상(文天祥: 1236~1282)을 말한다. 자는 송서(宋瑞), 호가 문산(文山), 남송(南宋) 말기의 충신이다. 원병(元兵)이 쳐들어 왔을 때 포로가 되었으나 굴하지 않고 정기(正氣)의 노래를 지어 그의 충절을 보이고 죽었다. 후에 그 노래를 듣는 자는 감동하여 공경심을 내지 않는 자가 없었고, 그 당시에 원 세조는 '진정한 남자'라고 칭송하였다.

2 백거이(白居易)의 「장한가(長恨歌)」에 나오는 싯구 중 한 대목. 당 현종과 양귀비의 사랑을 읊었다.

출가 사료간四料簡

집에 있으면서 출가한 자, 출가했으면서 집에 있는 자, 집에 있으면서 집에 있는 자, 출가했으면서 출가한 자, 이를 출가 사료간(四料簡)이라 부른다.

세속에 있으며 부모와 처자를 두고 살면서 마음은 항상 도에 머물러 세진(世塵)에 물들지 않는 자가 '집에 있으면서 출가한 자'요, 절에 있으며 부모와 처자의 번거로움이 없으면서도 명리에 골몰하여 속인과 다름이 없는 자가 '출가했으면서 집에 있는 자'며, 세속에 살면서 종신토록 이 속에 묶여 한 번도 해탈을 구할 생각을 내지 않는 자가 '집에 있으면서 집에 있는 자'요, 절에 있으며 종신토록 정진하여 잠시도 퇴보함이 없는 자가 '출가했으면서 출가한 자'다.

그러므로 고인의 신심출가(信心出家)[1] 네 가지 뜻도 역시 이와 같다.

그러나 출가했으면서 출가한 자는 덕이 훌륭한 자니 논외로 치거니와, 출가했으면서 집에 있는 자보다는 차라리 집에 있으면서 집에 있는 자가 더 낫다. 무슨 까닭인가? 가사를 입고서 사람 몸 잃는 것이 못난 자 중에 더욱 못난 자이기 때문이다.

1 사류출가(四類出家)를 말한다.
1. 몸은 출가했으나 마음은 출가하지 못한 경우(身出家心不出家).
2. 몸은 집에 있으나 마음은 출가한 경우(身在家心出家).
3. 몸과 마음이 모두 출가한 경우(身心俱出家).
4. 몸과 마음이 모두 출가하지 않은 경우(身心俱不出家).

시간을 헛되이 보내서는 안 된다 1

세상 사람들이 탐닉하고 집착하는 곳은 밤낮을 가리지 않는다. 어떤 글에 이것이 잘 드러나 있다.

낮은 짧고 괴로운 밤은 기니
어찌 등불을 밝히고 놀지 않으랴.

이것은 즐겨 구경하는 것에 집착한 경우다.

백년 3만6천 날
날마다 3백 잔의 술을 마시자.

이것은 술 마시는 일에 탐착한 것이다.

야객〔野客: 은자(隱者)〕이 모여 앉아 시가를 읊조리니
오밤중의 등불도 꺼지려 하네.

이것은 시부(詩賦)에 집착한 것이다.

긴긴 여름날을
오직 한 판 바둑으로 보내네.

이것은 바둑놀이에 탐닉한 것이다.

고인의 가르침에 "오늘도 이미 다 지나갔으니 목숨도 따라서 줄어들었다. 마땅히 부지런히 정진하여 마치 머리에 붙은 불을 끄듯이 하라." 한 말씀이 있다.

요즘 출가자가 술 마시는 일에 탐착하는 경우는 다소 드물다 하겠으나, 앞뒤 세 가지 일에는 아직도 손을 놓지 못한 듯하다.

머지않아 시간이 부질없이 흘러가리니, 아, 얼마나 애석한 일인가!

시간을 헛되이 보내서는 안 된다 2

선덕이 대중에게 "너희들이 출가하여 자기가 해야 할 일을 미리 분명히 해 두지 않으면 금방 삼사십 년이 지나가 버린다." 하였다.

우리들은 이러한 간절하고 통렬한 말씀을 듣고는 마땅히 마음이 떨리고 머리끝이 쭈뼛 서는 아픔을 느껴야 할 것인데, 여전히 젊음을 다 바쳐 무익한 일을 하는 데만 골몰하고 있다.

어떤 이는 남북으로 부지런히 뛰어다니며 "나는 명산을 두루 참예하였다." 하기도 하고, 어떤 이는 불상을 조성하고 장식하는 일로써 "나는 삼보를 흥성하게 한다." 하며, 혹은 대중을 모으고 법회를 여는 것으로 "나는 중생의 교화를 돕는다." 하고 말한다.

이러한 일들은 얼른 보면 모두 장한 일들이어서 비록 위에서 말한 놀고 술 마시고 시부(時賦)에 집착하는 일 따위에는 비할 것이 아니지만, 헛되이 일생을 보내기는 마찬가지다. 어느 날 문득 전의 잘못을 크게 뉘우친들 이미 늙고 병들었으니 이제 와서 무슨 소용이 있겠는가?

그러므로 "젊어서 노력하지 않으면 늙어서는 한갓 한탄만 할 뿐이다." 했으니, 아! 죽음에 이르더라도 편안하여 전혀 한탄하지 않는 자가 있겠는가?

거친 음식으로 손님을 대접하다

어떤 귀인은 나이가 많을뿐더러 벼슬도 높은 분이었다. 어느 날 귀한 손님에게 식사 대접을 하게 되었는데, 손은 성찬을 내오리라고 기대했으나 차려 오는 음식은 현미밥과 나물국 한 그릇이 고작, 두 가지 이상의 요리나 반찬이 없으니 이 손이 매우 탄복했다 한다.

요즘 부유한 집에서 손을 접대할 때는 새나 짐승·물고기·조개 등 온갖 중생을 지지고 삶고 볶는다. 매우 옳지 않은 일이다.

어떤 이가 따지듯이 물었다.

"『주역』에 푸짐하게 음식을 차려 성현을 봉양하라 하였습니다. 어떻게 생각하십니까?"

아! 또한 『주역』에 "두 접시의 음식이면 제사 지내기에 충분하다." 하고 가르치신 말씀을 듣지 못했는가?

그러나 승가(僧家)에서는 비록 짐승을 잡지는 않지만 소찬이라도 가짓수가 너무 많은 듯하니, 이도 역시 옳지 않다.

또 물었다.

"우란분재[1]에 맛있는 음식을 골고루 준비하여 스님들께 공양하는 것은 어떻습니까?"

1 부처님의 제자인 목련 존자가 그의 어머니를 아귀도(餓鬼道)에서 구제하기 위해, 부처님의 가르침을 받아 7월 15일 안거자자일(安居自恣日)에 여러 가지 음식이나 과일, 초 등 공양구를 갖추어 여러 스님들께 공양하고 어머니를 아귀도에서 구한 고사에 따라, 매년 7월 15일에 현세의 부모와 과거 부모를 위해 올리는 불사(佛事)를 말한다.

아! 가난한 노파가 먹고 남은 죽을 벽지불[2]에게 공양하고 하늘에 태어나는 복을 얻었다는 경전의 가르침을 듣지 못했는가?

마음에 있는 것이지 물건에 있지 않기 때문이다.

2 구역에서는 연각(緣覺)이라 하고 신역에서는 독각(獨覺)이라 한다. 꽃이 피고 잎이 지는 등의 외연(外緣)에 의하여 스승 없이 혼자 깨달은 자.

이탁오李卓吾[1] 1

어떤 이가 물었다.

"이탁오는 부귀영화를 버리고 머리를 깎고 스님이 되었으며, 그의 저술은 천하에 널리 전하고 있습니다. 스님께서는 그분이 어떤 사람이라고 생각하십니까?"

"탁오의 출중한 재주와 호기로운 기개를 나는 중히 여긴다. 그러나 중히 여길 점도 거기에 있지만 애석한 점도 바로 거기에 있다.

사람이 이와 같은 재주와 기개를 갖추고 있으면서, 성인의 말씀으로 기준을 삼고 영구히 변하지 않는 바른 길로 삼아 의지하지 않거나, 후한 덕으로 이를 억누르고 조심하고 삼가는 마음으로 이를 가지지 않으면, 반드시 세상을 놀라게 하고 세속을 속이는 논리로 스스로 유쾌하게 여기기를 좋아한다.

우선 몇 가지 실례를 들어 보리라.

탁오가 '세상의 사람이나 동물은 모두 음양에서 비롯되었다' 하고, 태극에서 음양이 생겼다는 것을 거짓말이라 하였다.

1 이름은 지(贄), 자가 탁오(卓吾)다. 명나라 진강(晉江)사람. 만력(萬曆) 중에 요안(姚安)의 지부(知府)가 되었다. 요안에 있을 때는 스님들과 교유하기를 좋아했으며 매양 절에 기거하며 지부의 일을 처리하였다. 나중에 스님이 되어 법좌에 올라 법을 설하면 귀의하는 남녀가 수만이나 되었다. 저서로는 『고도록(古道錄)』, 『심경제강(心經提綱)』 등 23권이 『이탁오 총서』에 전한다. 후에 난도(亂道)를 제창하여 혹세무민했다는 탄핵을 받아 옥에서 죽었다.

『역전(易傳)』[2] 에 의하면 '천지가 있고 난 다음에 만물이 있다' 하였으나, 탁오는 '하늘은 음이요 땅은 양이며 남자는 음이요 여자는 양이니, 이것이 최초의 원본(元本)이라 이보다 앞서는 것은 없다' 하였다.

『주역』에서는 '태극이 양의(兩儀: 음 · 양)를 낸다' 하여, 똑같이 부자(夫子)의 전역(傳易)에서 나왔는데, 한쪽은 지극히 당연한 이론이라 하고 한쪽은 거짓말이라 하니 어떻게 된 일인지 알지 못하겠다.

심지어 포악한 진시황을 가장 훌륭한 임금이라 하고, 정의를 잃어버린 풍도(馮道)[3]를 대호걸이라 했으며, 형가(荊軻)[4]가 섭정(聶政)에게 죽임을 당한 것을 가장 의로운 죽음이라고 하고, 고래로 현인군자라고 일컬어 오던 자들의 허물을 가끔씩 지적하기도 하였다.

2 주역의 여러 가지 해석서로 공자가 지었다고 한다. 단전(彖傳) 상하편, 상전(象傳) 상하편, 계사(繫辭) 상하편, 문언(文言), 서괘(序卦) 등 십익(十翼)이 있다.

3 오대(五代)의 주(周) 경위(景威) 사람. 당의 천우(天祐) 때는 유수광(劉守光)을 섬기다가 수광이 폐하자 장승업(張承業)을 섬겼다. 후당(後唐)의 장종(莊宗) 때는 벼슬이 호부시랑(戶部侍郎)이 되었고 명종(明宗) 때는 서명전학사(瑞明殿學士)가 되었다. 진(晉)이 당을 멸한 후에는 진을 섬겼고 진이 거란에 멸하자 거란을 섬겼고 후한의 고조(高祖)가 즉위하자 후한으로 돌아갔다. 후한이 주에 망하자 또 주를 섬겼으니 무려 사성십군(四姓十君)을 두루 섬겨 재상에 있은 지 20년이나 되었다. 스스로 호하기를 '장락노인(長樂老人)'이라 하였다.

4 전국시대의 자객. 연(燕)의 태자 단(丹)을 위하여 진왕(秦王)을 죽이려 하다 실패하여 도리어 죽임을 당하였다.

연극에 관한 언급에서도 〈비파기(琵琶記)〉[5]나 〈형차(荊釵)〉[6] 와 같은 의리와 절개를 부각한 이야기를 권장해야 할 것인데, 오히려 〈서상기(西廂記)〉[7]나 〈배월정(拜月亭)〉[8] 따위를 인간의 천성에 따른 상도라 하였다.

아! 『대학』에서 말하기를 '남의 불행을 좋아하고 남의 행복을 시기하면 재앙이 반드시 자신에게 미친다' 하였으니, 바로 탁오를 두고 한 말이 아닐까? 애석한 일이다."

5 학식이 높은 채옹(蔡邕)은 그의 처 조오랑(趙五娘)과 부모를 봉양하고 있었는데, 옆집 장태공(張太公)의 권유로 서울에 가서 과거에 장원하여 부귀를 얻었으며 칙명으로 우승상(牛丞相)의 딸을 맞이하였다. 이때 고향에서는 기근이 들어 한 톨의 양식조차 얻기 어려웠는데 조오랑은 이러한 어려움 속에서도 부모를 잘 봉양하였다. 부모가 죽자 뜻을 정하여 장태공에게 말하고 비파를 들고 걸식하면서 남편을 찾아 장안에 왔다. 살길이 막연하던 차에 우씨 딸의 구함을 받고 남편을 만났다. 이렇게 하여 채옹은 두 처를 거느리게 되었으나 매우 화목하였다는 줄거리. 원나라 고칙성(高則誠) 지음.

6 남송의 시인 왕십붕(王十朋)과 전옥련(錢玉蓮)의 고사를 극화한 것이다. 두 사람이 형차(荊釵: 가시나무로 만든 비녀)로 예물을 대신하여 혼례를 치르고 부부가 되었다. 그 후 십붕이 상경하여 과거에 응시하였는데, 몇 차례나 집으로 안부 편지를 보냈으나 재주(財主)인 손여권(孫汝權)이란 자가 이혼장으로 변조하여 전해 주지 않았다. 그리하여 옥연은 물에 뛰어들어 자살을 기도했으나 다행히 구조되고, 그 후 갖은 고초 끝에 두 사람이 다시 합하였다. 원나라 가단구(柯丹邱)의 작품.

7 서락(西洛)의 서생 장모(張某)와 최앵앵(崔鶯鶯)이라는 여자와의 연애담. 원나라 왕실보(王實甫) 지음.

8 장세융(張世隆)과 그의 여동생인 서련(瑞蓮), 그리고 승상 해아(海牙)의 아들 흥복(興福)과 왕상서(王尙書)의 딸 서란(瑞蘭)이 금나라와 원의 전란에 몇 번이나 이별하고 만났다가 결국 혼인하게 되었다는 이야기. 원나라 시혜(施惠)의 작이라 한다. 규원가인배월정(閨怨佳人拜月亭), 또는 유규기(幽閨記)라고도 한다.

이탁오 2

또 물었다.

"그렇다면 스님은 성공하고 실패하는 것으로 사람을 평가하는 것입니까?"

"그렇지는 않다. 부자(夫子)가 '자로는 제 죽음을 하지 못할 것이다' 하고 예언한 것은 자로가 어질지 않다는 것이 아니요 자로를 아끼지 않았던 것도 아니다. 자로는 남보다 곱절이나 의지가 굳세고 강했으니, 거기에 죽음을 부르는 길이 있었던 것이다.

그런데 탁오는 자로의 용기를 끌어안았고, 또한 계율을 어기면서 짐승을 함부로 죽였으며, 산림에 처하지 않고 시중에 놀았으며, 마음을 내전(內典)에 두지 않고 외서(外書)를 즐겨 저술하기도 하였다.

그러나 정도(正道)를 가까이하고 근본을 잊지 않았다면 요행히 죽음을 면할 수 있었을 것이라고 나는 생각된다.

그러나 그가 세운 유약(遺約)에서 제자를 가르친 내용을 보면 모두 고행과 청정한 수행을 근본으로 삼고, 깊이 은거하여 때를 보아 세상에 나오기를 가르쳤으니, 이 점은 스님들이 마땅히 본받아야 할 점이라고 생각된다.

소자첨(소동파)은 범증(范增)[1]을 악평하면서도 인걸임을 허락하였다. 나도 탁오에 대하여 역시 같은 생각을 갖고 있다."

1 초나라 항우의 모신(謀臣). 나중에 항우로부터 의심을 받자 벼슬을 내놓고 물러나 등창을 앓다가 죽었다.

중용中庸의 성性 · 도道 · 교敎의 뜻

묘희(妙喜) 선사가『중용』의 성· 도· 교로 불교의 청정법신(淸淨法身)· 원만보신(圓滿報身)· 천백억화신(千百億化身)과 짝을 맞추면서 핵심의 섬세한 곳까지 화합하니, 참으로 교묘하다 할 만하였다.

그러나 자세히 살펴보면, 잠시 비교해 보는 방편어(方便語)일 뿐, 만대에 변함없는 정론(定論)은 아니다. 이것을 변하지 않는 진리라고 이해해서는 안 된다.

왜냐하면, 저기서는 인· 의· 예· 지로써 성(性)을 말했으니 어찌 청정(淸淨)이 아니리만, 법신(法身)의 가는 먼지도 용납하지 않는 청정은 아니다.

또 저기서는 사물의 당연한 이치로써 도(道)를 말했으니 어찌 원만(圓滿)이 아니리만, 보신(報身)의 만덕을 넉넉히 소유한 원만은 아니다.

또 저기서는 제도와 법을 처음으로 세워 백성과 풍속을 교화하는 것으로 교(敎)라고 했으니 어찌 천백억의 묘용(妙用)이 없으리만, 한 몸의 묘용일 뿐 몸을 천백으로 나누는 묘용은 아니다.

이와 같이 대체적인 것은 같지만 자세히는 다르다. 이 점을 살피지 않으면 안 된다.

어떤 이가 물었다.

"인·의·예·지는 맹자의 말이요, 『중용』에서는 단지 천명(天命)이라 했을 뿐입니다."

"『중용』에 '오직 천하의 지극히 성실한 사람만이 자기의 성을 다 발휘할 수 있다' 하고, 이어서 관유온유(寬裕溫柔) 등 16자[1]를 말한 것이 인·의·예·지가 아니고 무엇이겠는가?

그러므로 '맹자는 자사(子思)에게 수업한 문인이다' 한 것이다. 이 점도 살피지 않으면 안 된다."

1 관유온유(寬裕溫柔: 관대하고 온유함), 발강강의(發强剛毅: 힘차고 꿋꿋함), 제장중정(齊莊中正: 장중하고 정당함), 문리밀찰(文理密察: 조리있고 세밀히 관찰함)의 16자. 이를 각각 인·의·예·지에 배대한 것이다.

조청헌趙清獻[1]

공이 일찍이 이렇게 말한 적이 있다.

"나는 낮에 한 일을 반드시 밤에 향을 피우고 하늘에 고하고, 감히 고할 만하지 않은 일은 아예 하지 않았다."

나는 이런 사람이어야만 참으로 도를 배울 수 있다고 생각한다.

나중에 장산 천(蔣山 泉)[2] 선사에게서 법을 얻고 말하였다.

우레 한 소리에 정수리가 열려
이전의 자기 면목을 일깨우네.
一聲霹靂頂門開
喚起從前自家底

1 조변(趙抃)을 말한다. 송나라 사람. 자는 열도(悅道). 경우(景祐) 초에 전중시어사(殿中侍御史)가 되어 권신(權臣)에게 탄핵을 꺼리지 않으니, 당시 사람들이 '철면어사(鐵面御史)'라고 하였다. 여러 벼슬을 거처 신종(神宗)이 즉위하자 참지정사(參知政事)가 되고 나중에는 태자소보(太子少保)가 되어 죽었다. 시호는 청헌(清獻). 나이 40에 성색(聲色)을 물리치고 불법에 귀의하였다. 그때 마침 불혜 선사가 구(衢)의 남선사(南禪寺)에 거처하자 공이 찾아뵙고 법문을 청하였으나 불혜는 한 마디 말도 하지 않았다. 나중에 청주지사(青州知事)가 되었는데 정사하는 여가에는 거의 좌선으로 보냈다. 그러다 홀연히 우렛소리를 듣고 크게 깨닫고는 '공당(空堂)의 텅 빈 자리에 묵묵히 앉았으니 심원(心源)이 동요치 않아 마치 물같이 고요하구나. 우레 한 소리에 정문(頂門)이 열려….' 하였다.

2 장산법천(蔣山法泉) 선사를 말한다. 생몰연대 미상. 송나라 때 스님. 어려서부터 총명하다는 이름이 있었는데, 용거산(龍居山) 지문원(智門院)의 신기(信玘)에게 출가하였다. 구족계를 받은 후 운거효순(雲居曉舜)에게 참학하여 그의 법을 이었다. 시호는 불혜(佛慧) 선사. 수많은 독서를 한 탓에 흔히 '천만권(泉萬卷)'이라 부른다.

이렇게 정성스러운 심지로 자심(自心)을 참구했으니, 그의 깨달음은 우연이 아니다.

몸은 비록 부처님께 귀의하였으나 마음이 하늘에 합하지 않으면 다만 부처님 법문에 한가히 노닐 뿐이다.

경채經債

오진(烏鎭) 이제사(利濟寺)에 스님 두 분이 있었다. 모두 신중하고 돈후하다는 소문이 인근에 자자하여 경문을 읽거나 예참불공을 부탁하는 자가 날로 많았다.

이로 인하여 많은 재물을 모았으나 사람됨이 인색하여, 자신이 쓸 줄도 몰랐고 그렇다고 남에게 보시하지도 않았다.

나중에 병이 들어 가족들이 세속으로 데려가서 병을 치료하였는데, 얼마 후에 세상을 떠나자 평생에 모은 재산은 모두 가족의 소유가 되고 말았다.

10년 후에 친척 꿈에 나타나 말했다.

"내가 전에 돈만 받고 미처 경을 읽어 예참불공을 해 주지 못했던 자들이 지금 저승에서 예전의 일을 몹시 추궁하고 따지고 있으니 여간 고통스럽지 않구나!"

세상에 흔히 전하는 말에 "반짝하는 번개 속에서 경을 읽더라도 제 값어치를 해야 한다."더니, 참으로 속이는 말이 아니다.

이 일을 기록하여 경참 법사를 행하는 스님들을 경계하노라.

정토에서 죽은 후

어떤 이가 물었다.

"법장(法藏) 비구의 48원(願)[1] 중 두 번째 원에 '이 국토에 태어나는 자는 목숨이 다하더라도 다시는 3악도에 떨어지지 않아지이다' 했습니다. 그렇다면 나고 죽음이 있으나 다만 악도에 떨어지지 않을 뿐입니다. 그런데 어찌하여 저 국토에 태어나는 자는 모두 목숨이 한량없다 하신 것입니까?"

"뒤에 또 말하지 않았던가? '이 국토에 태어나는 자는 목숨이 모두 한량없으나 본원(本願)을 세운 자만은 제외하리다' 하였다. 본원을 세운다는 것은 세상에 나가 중생을 제도하기를 서원한 자를 두고 한 말이다.

『십의론(十疑論)』[2]에도 '저 국토에 태어나서 무생법인(無生法忍)을 얻은 후에 이 세상에 다시 와서 고통받는 중생을 제도한다' 하였다. 그렇다면 비원(悲願)으로 중생을 교화하는 것은 이 세상의 나고 죽는 것에 비할 일이 아니다."

1 아미타불이 법장 비구로 있을 때 세운 48가지 서원.

2 수(隋)나라 지의(智顗)가 지은 『정토십의론(淨土十疑論)』의 약칭. 정토왕생에 관한 열 가지 의심을 문답을 통하여 정토왕생의 요긴한 뜻을 설명한 책이다.

용서龍舒의 왕생

어떤 이가 물었다.

"용서(龍舒)[1] 거사는 임종에 자리에 선 채로 죽었다 하니, 그가 왕생했다는 일은 의심할 여지가 없겠습니다.

다만 그가 편집한 『대미타경(大彌陀經)』은 불과 앞의 것을 간추려 뒤에 붙이고 뒤의 것을 간추려 앞에 붙이는 정도였습니다. 이것이 첫째 과

1 왕일휴(王日休: ?~1173) 거사를 말한다. 남송 용서 사람. 자는 허중(虛中), 또한 호를 용서(龍舒) 거사라고도 한다. 원래는 고종 때 국학진사(國學進士)가 되어 『육경훈전달(六經訓傳達)』 수십만 언(言)을 지었으나, 하루는 "이것들은 모두 업습(業習)일 뿐 구경법이 아니니 능히 생사를 해결할 수 없다. 나는 이제부터 염불로 정토에 태어나는 길을 찾으리라." 하고는 베옷을 입고 채식만 하며 하루 천 배의 절을 하며 서방정토를 닦았다. 소흥(紹興) 30년(1160)에 『대아미타경(大阿彌陀經)』을 교정하여 3년 만에 완성하였다. 또 『용서정토문(龍舒淨土門)』 10권을 지었다. 건도(乾道) 9년(1173) 정월, 죽기 사흘 전 두루 친지와 작별하고 죽는 순간까지 염불과 절을 평상시와 같이 하였다. 때가 되자 "부처님이 오셔서 나를 맞이하신다." 하고는, 큰 소리로 염불하며 그대로 선 채 죽었다.

2 송렴(宋濂: 1309~1380) 거사를 말한다. 자는 경렴(景濂), 호는 잠계(潛溪) 또는 무상(無相) 거사라고 하였다. 어려서 오래(吳萊)·유관(柳貫)·황잠(黃潛) 등으로부터 배워서 경사(經史)에 박통하였다. 원(元) 지정(至正: 1341~1367) 때에 한림학사가 되고, 나중에 용문산에 숨어 10여 년간 저술에 몰두하였다. 명초(明初)에 『강남유학제거(江南儒學提擧)』를 서술하고 『원사(元史)』를 정리하고 성학(聖學)의 여러 서적들을 깊이 연구했으며, 명나라 일대의 예악(禮樂) 제정은 대부분 그의 손에서 나온 것이다. 항상 대장경을 열람하고 틈틈이 선관(禪觀)을 익혀 불경의 깊은 뜻을 논구(論究)하였다. 홍무 13년(1380), 그의 장손 송신(宋愼)이 죄를 지어 온 집안이 무주(茂州)로 귀양가는 도중 구당(瞿塘)을 지나다가 밤에 한 스님과 대화를 나누다 단정히 앉아 편안히 죽었다. 무종(武宗) 때 문헌(文憲)이라고 추시(追諡)하였다. 나중에 운서주굉(雲棲袾宏)이 그의 글을 편집하여 『호법록(護法錄)』을 펴내었고, 이 밖에 『송학사전집(宋學士全集)』 33권, 『용문자(龍門子)』, 『포양인물기(浦陽人物記)』, 『편해유편(篇海類編)』, 『잠계집(潛溪集)』 등의 저술이 있다.

실이라 생각됩니다.

또 송경염(宋景濂)[2] 이 말하기를 '거사는 『금강경』에서 소명(昭明)[3] 태자의 32분(分)을 인정하지 않은 것은 물론, 천친과 무착의 27단의(斷疑)와 18주(住)[4] 도 따르지 않고 따로 품제(品第)를 만들었다' 하니, 이것이 두 번째 과실입니다. 이것은 『관경(觀經)』에서 말한 '대승경(大乘經)을 독송하는 것이 왕생의 정인(正因)이다' 하신 말씀에 맞지 않는 것 같습니다. 그런데도 선 채로 입적한 것은 무엇 때문입니까?"

"이것들이 모두 허물이기는 하다. 그러나 그가 평소에 염불하여 정토를 구한 마음이 더없이 진실하고 간절했으며, 더없이 정성스럽고 돈독하여 자리이타(自利利他)의 공덕이 적지 않았으니, 이러한 조그만 허물로야 그의 큰 선행을 족히 가리지 못할 것이다.

더욱이 왕생에 뜻을 둔 자라면 용서에게서 무엇을 의심하겠는가? 능히 상상(上上)의 품위가 되지 못하면 그의 뜻을 알 수 없는 것이다."

3 소명태자(499~529)는 남조 양무제 소연(蕭衍)의 장자니, 이름은 통(統), 자는 덕시(德施)라 하였다. 태어날 때부터 총명하여 3세에 효경과 논어를 배우고 5세에 오경(五經)을 두루 읽었다. 무제가 불교를 크게 일으키자 태자도 또한 불교를 깊이 신봉하여 보살계를 받고 여러 경전을 두루 읽고 깊이 교의 뜻을 연구하였다. 그리하여 궁내에 따로 혜의전(慧義殿)을 세우고 고승을 초대하여 강론하게 하였다. 일찍이 『해이제의(解二諦義)』를 지어 진·속과 미·오의 경계를 논하였다. 태자는 사람됨이 효경독실(孝敬篤實)하여 법(法)과 옥(獄)으로 죄인을 다스리지 않으니 세상 사람들이 모두 그의 어짊을 칭찬하였다. 20여 년 동안 성기(聲伎)를 가까이하지 않았고, 누차 문학에 밝은 선비들을 초청하여 전적을 토론하니 동궁에 장서가 3만 권이나 되었다. 이는 실로 진송(晉宋) 이래 드문 일이었다. 대통 3년 3월에 병이 들어 4월에 죽으니 나이는 31세였다. 저술로 『문집(文集)』 20권이 있고, 또 『고금전고문언정서(古今典誥文言正序)』 20권, 『영화집(英華集)』 20권, 『문선(文選)』 30권 등을 편찬하였다.

4 소명 태자의 32분(分), 세친의 27단의(斷疑), 무착의 18주(住)는 『금강경』에 관한 대표적인 분과(分科)다. 자세한 내용은 생략한다.

보살계를 바로 받다

나의 저서인 『계소발은(戒疏發隱)』[1] 중에서 "반드시 먼저 5계·10계와 250계를 받은 후에 보살십중(菩薩十重)과 사십팔경계(四十八輕戒)[2]를 받아야 한다." 하였더니, 어떤 강사가 버럭 화를 내며 못마땅해하면서 말했다.

"어찌 보살계를 바로 받도록 하지 않고 이와 같이 비뚤어지게 가르치는가? 부처님께서 예언하시기를 '말법 중에는 마왕이 나의 법에 숨어들어서 나의 법을 파괴할 것이다' 하시더니, 바로 이 자를 두고 하신 말씀이다."

그러나 나는 아무런 대꾸도 하지 않았다.

그 후 이 강사가 죽자 그의 제자들이 앞서 한 말을 규명하기 위해, 스님들과 재관(宰官) 거사들을 모아 반대하고 비난하는 대회를 열려고 하였다.

그러나 나는 역시 아무 대꾸도 하지 않았다.

나를 대신하여 대답하는 자가 이렇게 말하였다.

1 스님의 다른 저술인 『범망경심지품보살계의소발은(梵網經心地品菩薩戒義疏發隱)』 5권을 말한다. 『범망경심지품보살계의소』(천태지자 대사 지음, 문인관정 모음)에 대한 연지 대사의 주석. 「사의(事義)」와 「문변(問辯)」이 부록으로 들어 있다.

2 『범망경(梵網經)』에서 말한 대승보살이 범해서는 안 되는 10가지 무거운 금계(禁戒)와 48가지 가벼운 금계를 말한다.

“그래서는 안 된다. 거기서 인용한 『보살선계경(菩薩善戒經)』을 보지 못했는가? 경에서 말씀하시기를 ‘고층 누각을 오르려면 아래서부터 올라가는 것이 당연하다. 순서를 건너 뛰어오를 수는 없다. 계를 받는 것도 마찬가지다’ 하셨다. 결코 그래서는 안 된다.”

그랬더니 그들이 곧 그만두었다.

형계刑戒

『형계』는 대장자 여숙간(呂叔簡)[1]이 쓴 책인데, 추남고(鄒南皐)[2] 선생이 이를 출판하였고 내가 발문(跋文)을 썼다.

여기에 한 가지 매우 기이한 일이 적혀 있으므로 이를 소개하려 한다.

어떤 관인이 있었는데, 이 자는 평소에 매우 난폭하여 걸핏하면 끌려온 사람들을 수십 차례나 매질하였다. 슬프고 처량한 소리가 천지에 진동하더라도 들은 척도 하지 않았다.

어느 날 어떤 도인 차림의 노인이 대문을 밀치고 들어와 청사에 우뚝 서서 눈을 부릅뜨고 이 자를 손가락질하며 나무랐다.

이 관인이 대노하여 군사를 불러 매우 치게 하였더니, 갑자기 후당에서 "공자가 귀격(鬼擊: 병의 원인을 알 수 없는, 붓고 어혈이 생기는 증세)으로 거의 죽게 되었습니다." 하며 큰 소리로 울부짖는 소리가 들려왔다.

이 관인이 깜짝 놀라 황급히 내당으로 들어가 보니, 아들이 살이 찢기고 터져 피가 낭자한 채 "귀신이 와서 몽둥이로 마구 후려쳤어요. 아파서 견딜 수가 없어요." 하고 울부짖었다.

급히 사람을 청사로 보내 보니, 매 맞던 노인은 이미 간 곳이 없었다.

그제야 목을 놓아 큰 소리로 울며 온몸을 땅에 짓찧으니 머리고 얼굴

1 여곤(呂坤)을 말한다. 명나라 영릉(寧陵) 사람. 자는 숙간(叔簡), 호는 심오(心吾), 거위재(去僞齋)라고 하였다. 만력(萬曆)에 진사가 되어 형부시랑(刑部侍郎)을 지냈다. 저서로 『거위재문집(去僞齋文集)』 등 여러 권의 저술이 있다.

2 추원표(鄒元標)를 말한다. 명나라 길주(吉州)사람. 자는 이첨(爾瞻), 별호는 남고(南皐). 만력에 진사가 되어 희종(熹宗)때 좌도어사(左道御使)가 되어 엄정(嚴正)으로 이름이 있었다.

이고 상하지 않은 곳이 없었다.

아! 저 도인은 천신(天神)이었을까?

사람들은 누구나 부모가 있고 남의 자식이나 내 자식이 다 같이 소중한 존재다. 그런데 어찌하여 내 자식은 이처럼 애지중지하면서 남의 자식은 초개같이 여겼던 것일까? 이와 같이 하고서도 마음이 편안할 수 있었을까?

또 한 존관(尊官)은 어린 자식을 사랑하여 매일 백정을 시켜 돼지 창자를 바치게 하였다. 어느 날은 창자가 상했다며 크게 노하여 백정을 심하게 때리니, 상처가 깊어 치료한 지 두어 달 만에야 나았다 한다.

또 어떤 집에서는 엄한 형벌로 비복(婢僕)을 다룬 이야기도 있다.

내 생각에는 이 『형계』라는 책을 온 천하에 널리 펴고 영원히 전했으면 좋겠다 싶다.

서방에 태어나기를 원하지 않다 1

어떤 이가 한 스님에게 물었다.

"스님께서는 서방에 태어나기를 원하십니까?"

"나는 원하지 않소. 나의 소원은 내생에 녹포(綠袍)[1]를 입고 처와 첩을 두고 세속에 사는 것이요. 이것이 바로 나의 극락국이오."

묻던 자가 아무 말도 하지 못하고 이 사실을 내게 말하였다.

나는 이렇게 말하였다.

"사람은 제각기 나름대로 포부가 있기 마련이다. 포부가 부귀에 있으면 서방이 무슨 필요가 있겠는가?

그러나 부귀란 것이 도인이 취할 만한 아름다운 일은 아니더라도, 또한 평범한 복이나마 닦아야 얻을 수 있다. 만약 복을 닦지 않으면 녹포랑(綠袍郎)[2]이 되기 전에 녹의인(綠衣人)[3]이 되고 말며, 명문에서 숙녀를 배필로 맞이하기 전에 혼인을 평민과 치르게 된다.

이뿐만 아니다. 만약 업(業)이 있으면 녹의인이 되지도 못하고 금의공자(金衣公子)[4] 따위가 될지도 모를 일이다. 또한 평민과 예를 치르지도

1 귀인이 입는 옷. 귀인.

2 녹포를 입은 벼슬아치

3 녹색은 간색(間色)이므로 천인.

4 꾀꼬리의 별칭.

못하고 마부나 교인(校人)[5]이나 백정에게 빌붙어 살지도 모를 일이다.

또 이뿐만 아니다. 만약 업이 중하면 금의(金衣)가 변하여 적엽(赤鍱)[6]이 될지도 모를 일이며, 마부 · 교인 · 백정이 변하여 지옥의 귀졸이 될지도 모를 일이다. 슬프다."

5 연못이나 저수지의 관리를 맡은 벼슬아치.

6 아비지옥의 이름.

서방에 태어나기를 원하지 않다 2

또 한 스님에게 물었다.

"스님께서는 서방에 태어나기를 원하십니까?"

"나는 원하지도 않고 원하지 않지도 않소. 동방에 부처님이 계시면 나는 동방으로 갈 것이고 서방에 부처님이 계시면 나는 서방으로 갈 것이오. 남북이든 상하든 어디든지 마찬가지오. 어찌 서방에만 집착하겠소."

또 한 스님에게 물었다.

"스님은 서방에 태어나기를 원하십니까?"

"팔금강(八金剛)[1]이 나를 끌어 동방으로 가게 해도 나는 가지 않을 것이요, 사천왕(四天王)이[2] 나를 끌어 서방으로 가게 해도 나는 가지 않을 것이오. 나는 소위 동이든 서든 알 바 아니오."

이것들을 합하여 살펴보면 앞의 한 사람은 오탁악세(五濁惡世)에 골몰한 자요, 여기서 말한 두 사람은 한 사람은 아무 곳에나 태어나겠다는 자요 한 사람은 아무 곳에도 태어나지 않겠다는 자다.

그러나 아무 곳에나 태어나겠다고 말하지만 능히 주재하여 업(業)의 이끌림을 받지 않을 수는 없다. 또한 아무 곳에도 태어나지 않겠다고 말

1 팔대명왕(八大明王) 이라고도 한다. 8방을 수호하는 명왕이다. 8대 보살이 변하여 나타난 것이라 한다.

2 불법을 옹호하며 또한 불법에 귀의하는 사람을 수호한다. 욕계 6천의 제1인 사왕천(四王天)의 주인으로 수미산의 사주(四洲)를 수호한다.

하지만 반드시 무생법인(無生法忍)을 얻어서 늘 상적광토(常寂光土)[3]에 머물 수는 없다.

만약 그럴 수 없다면 희론(戲論)[4]에 불과하다. 또한 능히 그럴 수 없다면 큰소리로 장담하는 것은 참회할 곳도 없다.

참으로 어려운 일이다.

3 법신불(法身佛)이 머무는 정토. 진리의 절대적인 세계.

4 희롱(戲弄)의 담론(談論)이라는 뜻. 부질없이 희롱으로 하는 아무 뜻도 이익도 없는 말.

평 시자平侍子

평 시자[1]는 태양(太陽)[2]선사를 오랫동안 모시고서 깨달음을 얻었다고 일컫던 자다.

그런데 어찌하여 나중에 제자들 중에서 가장 먼저 다른 의견을 제창하여 스승인 태양의 탑을 헐고 그의 유체를 꺼내 머리를 부수는 참혹한 짓을 자행하여, 살아서는 범한테 물려죽고 죽어서는 지옥에 떨어지는 과보를 받았을까?

이를 미루어 그가 깨달은 곳은 보잘것없는 견해에 지나지 않아서, 작은 것을 얻고 만족했을 따름임을 알 수 있다. 참으로 크게 깨달은 자라면 어찌 이런 대역무도한 짓을 저지를 수 있겠는가?

몇 푼어치 안 되는 견해로 깨달음을 감당했으므로 그 화가 이렇게 지극한 데까지 미친 것이다.

참으로 경계해야 할 것이다.

1 태양경현(太陽警玄)의 제자. 태양에게 입실하여 뜻을 얻었다. 태양산에 주하다 환속하여 황수재(黃秀才)라 일컬었다. 유랑 중에 범한테 물려 죽었다.

2 태양경현(太陽警玄: 943~1027) 선사를 말한다. 송나라 때 스님. 속가의 숙부인 지통(智通)에게 출가, 사천성 정주(鼎州) 양산연관(梁山緣觀) 선사 문하에 참학하여 그의 법을 이었다. 58세에 태양산에 머물면서 조동종 종지를 널리 선양하였다. 이 스님으로 인하여 조동종의 주류가 조산파(曹山派)에서 운거파(雲居派)로 바뀌었다.

사과四果

자양진인(紫陽眞人)이 이런 말을 하였다.

"사과인(四果人)[1]은 탈사(奪舍)[2]하여 죽은 영혼이 다른 몸을 빌려 다시 세상에 태어나면 몸이 썩어 버리고 만다. 그래서 한 집을 버리고 한 집으로 들어가는 것을 면치 못한다."

그러므로 그의 말에, "만약 용을 항복시키고 범을 복종시킬 줄 알면 진금으로 집을 세운 격이니 언제 마를 날이 있으랴." 하였다.

무릇 초과(初果)는 일곱 번 생사를 반복하고, 이과(二果)는 '한 번 가고 온다'라고 부르니, 다른 몸을 빌려 태어나면 썩어 버린다고 말할 수도 있다.

그러나 삼과(三果)는 이미 '오지 않는다'라고 부르고, 사과(四果)는 견혹(見惑)과 사혹(事惑)[3]을 다하고 후유(後有: 後陰. 다음 세상에 태어나는

1 사과(四果)를 얻은 사람. 사과는 소승 증과(證果)의 네 가지 계위를 말한다. 구역에서는 범어로 수다원과(須陀洹果)·사다함과(斯陀含果)·아나함과(阿那含果)·아라한과(阿羅漢果)라 하고, 구역에서는 앞의 3과를 번역하여 예류과(豫流果: 聖流에 參預함)·일래과(一來果: 한 번 왕래함)·불환과(不還果: 돌아오지 않다)라 하고, 아라한과는 구역대로 한다. 자세한 내용은 생략한다.

2 도가의 법. 남의 시체에 자신의 영혼을 옮겨 다시 살아나는 일.

3 혹(惑)은 마음의 미혹, 곧 번뇌의 별명이다. 견혹(見惑)은 견도위(見道位)에서 소멸하는 혹이라는 뜻이요, 사혹(思惑: 修惑이라고도 한다)은 수도위(修道位)에서 소멸하는 혹이라는 뜻이다. 구사종(俱舍宗)에서는 사제(四諦)의 진리를 알지 못하는 혹을 견혹, 현상적인 사물에 집착하는 미사(迷事)의 혹을 수혹이라고 한다. 유식종(唯識宗)에서는 후천적인 번뇌를 견혹, 선천적인 번뇌를 수혹이라고 한다.

것)를 받지 않으며 삼명육통(三明六通)[4]을 얻었으므로 아라한(阿羅漢)[5]이라고 부른다. 어찌 탈사 같은 짓을 하랴.

자양의 선학(仙學)은 무리에서 초월하여 그가 저술한 『오진편(悟眞編)』은 이성(理性)에 대하여 많은 언급을 하기도 하였다. 그러나 이런 말을 한 것을 보면 불교 경전은 깊이 연구하지 않은 듯하다.

아! '진금으로 집을 세운 격이어서 마를 때가 없다' 하였으나, 금도 불에는 견디지 못한다는 사실을 어찌 생각했으랴!

4 아라한이 갖고 있는 불가사의한 힘. 신족(神足)·천안(天眼)·천이(天耳)·타심(他心)·숙명(宿命)·누진(漏盡)의 6가지 신통을 육통(六通)이라 하고, 천안·숙명·누진을 특히 삼명(三明)이라고 한다.

5 응공(應供: 공양을 받을 만한 분), 살적(殺賊: 번뇌의 도적을 죽인 분), 무생(無生: 다시는 태어나지 않는 분)이라고 번역한다. 일반적으로 소승불교의 최고의 깨달음을 얻은 이를 가리킨다.

『유교경遺敎經』

사람이 임종에 자손에게 남겨 주는 말을 유촉(遺囑)이라 하는데, 자손은 이를 잘 지니고 의지하여 대대로 지켜 어기지 않는다. 더욱이 삼계(三界)의 큰 스승이시고 사생(四生)[1]의 자비하신 어버이께서 49년 동안 설법하신 최후의 유촉이랴.

불교도들은 마땅히 아침저녁으로 읽고 익히며 스승과 제자가 전하고 받아서 종신토록 받들어 하루라도 잊어버려서는 안 될 말씀이다.

그러나 어린애나 보는 책으로 취급하여 아무 데나 밀쳐 두고 누구도 논의하고 연구하지 않으니, 어찌 여래의 불효자가 아니며 불법의 미련한 백성이 아니겠는가?

1 삼계(三界)는 중생이 생사에 유전하는 미혹의 세계를 셋으로 나눈 것[欲界·色界·無色界]을 말하고, 사생(四生)은 생물이 태어나는 네 가지 형태[胎生: 모태에서 태어나는 것, 卵生: 알에서 태어나는 것, 濕生: 습기에서 태어나는 것, 化生: 스스로의 업력에 의하여 갑자기 化成하는 것]를 말한다.

『사십이장경四十二章經』 1

『사십이장경』은 가섭마등(迦葉摩騰)[1], 법란(法蘭)[2] 두 스님이 번역한 것으로 재역(再譯)이 없고, 지금 전하는 두 본[3]도 대동소이하다.

그런데 다른 것은 논할 필요도 없겠고, 다만 공양을 베푸는 우열을 비교한 부분에서 차이가 있다. 장본(藏本)은 범부에서 시작하여 양친을 교화하는 데에서 마쳤거니와, 수수(守遂)[4]스님의 해석본은 악인에서 시작하여 닦을 것도 없고 증득할 것도 없는 데에서 끝마쳤다.

그 문장과 뜻을 살펴보면, 장본은 다소 부족한 점이 있고 수본(遂本)이 문장과 뜻을 모두 갖추었다.

장본에서 또 "벽지불에게 공양하는 것이 그의 부모를 교화하는 것보다 못하다." 했으면서, 어찌하여 또 "선인(善人)에게 공양하는 공덕이 가

1　축섭마등(竺葉摩騰), 또는 섭마등(攝摩騰)이라고도 한다. 중인도 사람으로 대소승의 경·율에 정통하고 『금강명경』을 강설하여 이름을 날렸다. 축법란(竺法蘭)과 함께 중국에 와서 백마사(白馬寺)에서 『사십이장경』 1권을 번역하여 중국 역경의 시초가 되었다. 낙양에서 입적하였다.

2　축법란(竺法蘭)을 말한다. 중인도 스님. 후한(後漢) 영평 10년(67)에 가섭마등과 함께 중국 낙양에 와서 불교를 전파하였다. 가섭마등과 『사십이장경』을 번역하고, 가섭마등이 죽은 후에는 특히 역경에 주력하여 『소불본행경(所佛本行經)』 등 5부 13권을 번역하였다. 낙양에서 60세로 죽었다.

3　이 경은 모두 3종의 이본(異本)이 있다.
① 송장(宋藏), 원장(元藏), 고려장경(高麗藏經)에 수록되어 있는 것.
② 명장(明藏)에 수록되어 있는 것.
③ 선가(禪家)에서 전하는 것. 수수본(守遂本)은 이것을 말한다.

4　북송(北宋) 인종(仁宗) 때 스님. 저서로 『사십이장경주(四十二章經註)』, 『유교경보주(遺敎經補註)』, 『위산경책주(潙山警策註)』가 있다.

장 크다." 하였을까? 이미 공덕이 가장 크다면 어찌하여 또 "선인(善人)에게 공양하는 것이 한 사람의 오계(五戒)를 가진 자에게 공양하는 것보다 못하다."고 하였을까?

이와 같이 앞뒤 문장과 뜻이 서로 모순된다.

또 "천지 귀신을 섬기는 것이 그의 부모에게 효도하는 것보다 못하다." 했으니, 벽지불을 섬기는 것도 부모에게 효도하는 것에 미치지 못하거늘 어찌 천지의 귀신이랴.

그렇다고 해서 수수 스님이 스스로 불경을 찬술했을 리가 없으니, 그 본은 반드시 의지한 곳이 있었을 것이다.

그러므로 장본 이외의 것을 유통하려는 자는 좋은 본이 없는 것도 아니니 굳이 장본에만 집착하여 절충하려 할 것은 없다.

내가 『범망발은(梵網發隱)』을 지을 적에도 어느 고사(古寺)에서 한 본을 얻었는데, 천태의 소문(疏文)과 부합하였고 장본과는 반대로 어긋나는 곳이 있었다.

이 점을 『발은(發隱)』의 범례(凡例) 중에서 밝혔거니와, 이제 다시 순전히 장본만을 의지하려는 자를 위하여 이 점을 밝혀 두는 바이다.

『사십이장경』 2

전에 남도(南都)의 어떤 스님이 『사십이장경』을 가지고 무림(武林)에 와서, 예전의 관례에 따라 사대부들에게 각각 한 줄씩의 글씨를 받아서 돌에 새기겠다고 하였다.

나의 형이 그때 부모님을 봉양하며 고향집에 있을 때였으므로, 형에게도 글씨를 부탁하여 받아 갔다.

몇 년 후에 그 글씨를 팔러 다니는 장사치가 항주에 왔는데, 보니 글씨를 쓴 이가 어떤 지위가 높은 관리 이름으로 바뀌어 있었다.

또 몇 년 후에 나의 형이 남통정(南通政: 강소성 남통을 다스리는 직위)의 명을 받고 근무하고 있었는데, 책방에서 전의 글씨를 발견하고 보니 다시 형의 이름으로 바뀌어 있었다.

이 사실을 탄식하며 시를 쓴 것이 문집에 실려 있다.

사롱(紗籠)의 일이 거짓이 아니었구나.[1]

내가 형에게 "이 스님의 소행은 참으로 못난 짓입니다만, 적공(翟公)[2]이

1 312쪽 참조.

2 한(漢)나라 하규(下邽)사람. 적공이 정위(廷尉)가 되었을 때는 방문객이 앞을 다투어 모여들더니 퇴관(退官)한 후에는 방문객이 뚝 끊어졌다. 후에 다시 정위가 되니 또 많은 객이 몰려들었으므로 대문에 '한 번 죽었다가 살아나면 우정을 알 수 있고, 한 번 가난했다가 부유해지면 친분을 볼 수 있으며, 한 번 귀히 되었다가 천하게 되면 우정을 거기서 볼 수 있다[一死一生乃知交情 一貧一富乃知交態 一貴一賤交情乃見]'고 크게 쓰고, 인정이 경박한 것을 탄식하였다.

대문에 방을 써 붙이고 손님을 물리친 일을 듣지 못했습니까? 손님은 말할 필요도 없지만 공도 후한 덕을 잃은 것입니다." 하였다. 형이 "스님의 말이 옳습니다." 하고는, 마침내 문집에서 이 시를 삭제하였다.

아! 이 스님은 어찌 부지런히 자기의 본분사(本分事)를 판단하려 하지 않고, 분주히 귀인의 문에나 찾아다니며 부질없는 짓을 하여 남의 웃음거리가 되었을까?

애석한 일이다.

오조五條 가사

내가 처음 출가할 때만 해도 오조 가사는 모두 간편하고 꾸밈없이 지어 입는 것을 볼 수 있었다. 이것은 오조의 큰 뜻에 따랐던 것으로, 이 옷의 원래 이름이 '일할 때 입는 옷'이기 때문이다.

지금은 모두 칠조(七條)나 이십오조(二十五條)의 방식에 맞추고 있으니, 비록 가사의 고제(古制)에는 어긋나지 않으나 여간 불편한 것이 아니다.

이런 옷을 입고서는 좌선을 하거나 경을 읽거나 예불을 할 수밖에 없으니, 어떻게 감히 노동이나 운동을 할 수 있겠는가?

이것은 오조가 칠조의 쓰임새로 만들어진 것이다.

부자(夫子: 공자)도 "삼으로 만든 관면(冠冕)이 예법에 맞는 것이지만, 지금 명주로 만든 것을 사용하는 것은 절약하기 위해서다. 나는 여러 사람들을 따르겠다." 하였다. 그럼에도 굳이 고제를 고집하는 것으로 고상하게 여긴다면, 문자가 만들어진 후에 결승(結繩)[1]을 사용하는 것이며, 의자를 마련한 후에 다시 자리를 사용하는 격이다. 그러니 고제를 따르겠다는 것이 과연 옳은 일이겠는가?

요즘은 사발과 젓가락이 있는데도 밥 먹을 때는 반드시 발우를 사용하거나, 숟가락이 불편하다 하여 다시 젓가락을 나란히 쓰는 자가 있다. 우스운 일이다.

1 글자가 없던 시대에 노끈으로 매듭을 맺어 일을 기록하거나 의사를 소통하였다.

발우를 사용하는 것은 부처님의 법을 잊지 않으려는 의미이니 옳은 일이라 하겠으나, 일상에서 굳이 이런 일까지 집착할 것은 아니다.

『선문구결禪門口訣』 1

대장경에 『선문구결(禪門口訣)』이라는 책이 있다.

여기에서 말하고 있는 내용은 주로 수식법문(數息法門)[1]이고, 겸하여 배꼽 아래를 관하는 따위의 이야기도 포함되어 있다.

그런데 겉으로는 천태지자(天台智者) 대사의 저술로 표제하고 있으나 경문에 들어가서는 대사를 비난하기도 하고, 또 관정(灌頂)[2], 형계(荊溪)[3] 등 여러 큰스님들의 기(記)도 비난하고 있다. 믿을 수 없는 일이다.

대사가 스스로 대소지관문(大小止觀文)[4]을 지었는데, 끝에 가서 간단하게 병을 다스리는 한 방법을 열거한 것은 이 책과 흡사하다. 그러나 몸을 보호하는 보잘 것 없는 방법일 뿐 불법을 배우는 큰 도는 아니다. 그런데 이것에 구결(口訣)[5]이라는 거창한 표제를 붙였고 게다가 감히 대사의 이름을 빌려 자신의 형세를 높인 것이다.

이로 인하여 황관도류(黃冠道流: 도사)들은 이것을 근거로 자기네들의 법을 인증하면서 "이것은 대사가 친히 설하고 비밀히 전한 비결이다." 하고, 어리석은 자들은 "불법이 모두 여기에 들어있다." 하니, 그 피해가 여간 큰 것이 아니다.

선문에는 원래 구결이 없다!

부득불 밝혀 두는 바이다.

1 불도 수행의 5종 관법 중 하나. 나고 드는 숨을 세어서 마음을 가라앉히는 관법으로 정정(正定)에 들어가기 위하여 이를 닦는다.

2 장안관정(章安灌頂: 561~632) 법사를 말한다. 천태종 제5조. 7세에 장안 섭정사 혜증(慧拯)에게 출가하여 20세에 비구계를 받았다. 23세에 천태지자 대사를 친견하고 항상 그 곁에 있으면서 그의 설법을 자세히 기록하여 천태교의의 근본이 되는 법화현의(法華玄義) · 법화문구(法華文句) · 마하지관(摩訶止觀)의 삼대부(三大部)와, 관경묘종초(觀經妙宗鈔) · 금광명경현의습유기(金光明經玄義拾遺記) · 금광명경문구기(金光明經文句記) · 별행관음현의기(別行觀音玄義記) · 별행관음의소기(別行觀音義疏記)의 오소부(五小部)를 만들었다. 지자가 입적한 뒤에는 그의 유언에 따라 국청사에서 강설하였고, 수(隋)나라가 쇠함에 은퇴하여 많은 책을 저술하였다. 정관 6년 국청사에서 72세로 입적하였다. 저서에 『열반경소(涅槃經疏)』 20권, 『열반현의(涅槃玄義)』 2권, 『관심론소(觀心論疏)』 2권, 『국청백록(國淸百錄)』 5권 등이 있다.

3 형계담연(荊溪湛然: 711~782) 법사를 말한다. 천태종 제9조. 좌계현랑(左溪玄朗)을 스승으로 하여 천태에 입문하고, 율(律) · 선(禪) · 화엄(華嚴) · 유식(唯識)에 대하여 깊이 이해하고, 천태 대사 저술의 연구와 교화에 힘썼다. 만년에는 천태산 국청사에서 보냈다. 저서에는 천태 대사의 삼대부에 주석을 달았고, 『법화현의석첨(法華玄義釋籤)』 20권, 『법화문구기(法華文句記)』 10권, 『마하지관보행전홍결(摩訶止觀補行傳弘決)』 40권을 비롯하여 『지관의례(止觀義禮)』 2권, 『지관대의(止觀大意)』 등 천태교학 연구의 기본적인 것이 많으며 천태종의 부흥에 크게 기여하였다.

4 천태지자 대사가 지은 『마하지관(摩訶止觀)』 20권과 『소지관(小止觀: 修習止觀坐禪法要)』 2권을 말한다.

5 입으로 전하는 비밀스런 가르침이란 뜻. 스승이 우수한 제자를 뽑아서 구술(口述)하는 방법으로 불법의 깊은 뜻을 전해 주는 것을 말한다. 고대 인도에서는 불전(佛典)을 붓으로 기록하는 것을 신성(神聖)을 모독하는 일로 여겼기 때문에 입으로 외우는 방법을 채택하였다.

『선문구결』 2

어떤 이가 물었다.

"선문에는 진정 구결이 없습니까?"

불법은 광명정대하여 한 사람이 연설하면 백천만억의 수많은 인간이나 천상이 누구나 함께 들으니, 어찌 구결 같은 것이 있겠는가?

굳이 말한다면 한 가지가 있다. 즉 한 마디나 두 마디로 말은 간단하지만 의미가 깊은 것을 비결이라 할 것이요, 글이 너절하고 복잡하며 가지를 찾고 줄기를 인용하는 따위는 비결이 아니다.

그러므로 "마땅히 머문 바 없이 그 마음을 써야 한다." 한 것은 『금강경』의 구결이요, "오직 일승법(一乘法)일 뿐, 둘도 셋도 없다." 한 것은 『법화경』의 구결이며, "지혜의 몸을 성취하는 것은 다른 사람으로 인하여 얻어지는 것이 아니다." 한 것은 『화엄경』의 구결이다.

또한 "부처님 명호를 집지(執持)하여 일심불란하게 하라." 한 것은 『미타경』의 구결이요, "이 마음이 부처를 이루니 마음이 곧 부처다." 한 것은 『십육관경』의 구결이다.

이러한 비결을 믿지 않고 다른 비결을 믿는 것은 옥을 버리고 무부(碔砆: 옥 비슷한 돌)를 잡는 것과 같다.

염불로 깨달은 자를 보지 못하다

어떤 이가 물었다.

"참선을 통하여 깨달음을 얻은 자는 여러 전적에서 수없이 볼 수 있습니다. 그러나 염불하여 깨달았다는 자는 어찌하여 그 이름을 전혀 들을 수 없습니까?"

아! 있기는 하지만 그대가 보지 못했을 뿐이다.

참선인은 이치를 얻은 후에 분수없이 스스로 큰소리치지 않고, 용천(龍天)이 떠밀어 낸 후에야 소문이 당시에 진동하고 명성이 후세에까지 전한다.

저 조계만 해도 이미 황매의 심인(心印)을 전해 받았으나, 바람과 깃발에 대해 실언[1]하지 않았다면 한갓 사냥꾼의 그물이나 지키는 일꾼에 불과했을 것이다. 청소(淸素)도 자명(慈明)의 밀기(密記)를 받았으나, 만약 여지(荔枝)를 만나지 않았다면[2] 한갓 총림의 볼품없는 노인에 불과했을 것이다. 그대가 어찌 스스로 이들을 알아볼 수 있겠는가?

더욱이 진실한 마음으로 염불하는 자가 사바세계에서 벗어나 극락정토에 태어나기를 매 순간 마치 머리에 붙은 불을 끄듯이 하는 것은, 본성(本性) 미타를 깨닫고 유심(唯心) 극락을 밝히려는 것이다. 그들이 만약 종신토록 숨어 나오지 않는다면 그대가 어찌 쉽게 알아볼 수 있겠는가?

무릇 상상품(上上品)에 태어나는 자는 모두 깨달음을 얻은 자다.

『왕생전(往生傳)』[3]을 읽어 보도록 권하고 싶다.

1 육조대사 혜능이 오조 홍인에게서 법을 얻은 후에 사회현(四會縣)에서 난을 피하여 사냥꾼에게 몸을 의탁하여 15년 동안 지내다가, 법을 펼 인연이 도래했음을 알고 마침내 광주(廣州) 법성사(法性寺) 인종(印宗) 법사 회상에 갔다. 그때 마침 바람이 불어 깃발이 펄럭이자 이를 본 두 스님이 논쟁을 벌였다. 한 스님은 바람이 움직인다 하고 또 한 스님은 깃발이 움직인다 하였다. 이를 본 육조가 "이것은 바람이 움직이는 것도 깃발이 움직이는 것도 아니요, 다만 스님들의 마음이 움직이는 것일 뿐입니다." 한 고사.

2 『종문무고(宗門武考)』에 이런 이야기가 있다. "청소(淸素) 수좌는 민(閩) 사람이다. 자명(慈明) 선사를 13년 동안 의지하다가, 나이 여든에 호상(湖湘)의 녹원(鹿苑)에 우거하였는데, 사람들과 교제를 나눈 적이 없었으므로 아무도 그를 아는 자가 없었다. 마침 종열(從悅) 수좌가 처주(處州) 사람이어서 그와 이웃하여 살고 있었다. 열이 어느 날 꿀에 버무린 여지(荔枝: 과실 이름)를 먹다가 소(素)가 문 앞을 지나가는 것을 보고 그를 불러 '이것은 노장님의 고향 과실입니다. 같이 드십시오' 하니, 소가 '선사(先師)께서 돌아가신 후로 오랫동안 이것을 먹어 보지 못했소' 하였다. 열이 '선사가 누구십니까?' 하고 물으니, '자명이요' 하였다. 열이 놀라고 의심하며 남은 과실을 주며 차츰 친숙해졌다. 뒷날 소가 물었다. '자네는 어떤 사람을 만나 보았는가?' '동산 문(洞山文) 화상입니다' '문(文)은 누구를 만났는가?' '남(南: 黃龍慧南) 화상입니다' '남 납작머리는 선사를 친견한 지 얼마 되지 않아서 나중에 법도가 이렇게 크게 떨치게 되었지' 하니, 열이 더욱 이상하게 생각하였다. 하루는 향을 들고 소에게 나아가 예를 드리니, 소가 '나는 박복하여 선사께서도 수기하여 사람을 가르칠 것을 허락하지 않았소' 하며 자리를 피하였다. 이렇게 달포 여 지난 후, 열의 정성을 가상히 여긴 나머지 '자네의 평생 공부를 나에게 말해 보게' 하여, 열이 얻은 바를 자세히 말씀드렸다. 소가 '부처의 경계에는 들어갈 수 있겠으나 마군의 경계에는 들어가지 못하겠군!' 하고, 또 '말후일구(末後一句)여야만 비로소 관문에 도달할 수 있네' 하였다. 이렇게 반년 동안 지난 후, 소가 비로소 인가하고는 '문이 자네에게 보인 것은 모두 올바른 지견이다. 내가 비록 자네를 위해 설파하여 자네로 하여금 수용이 자재하게 하였으나, 혹시 자네가 스승을 떠난 것이 너무 빨라 그의 도를 다하지 못할까 걱정이네. 뒷날 절대 나의 뒤를 잇지 마라.' 하고 경계하였다. 나중에 세상에 나와 진정(眞淨)의 법을 이었다. 바로 도솔 열(兜率 悅)이 이분이다."

3 스님의 또 다른 저술. 전 3권 이미 번역 출판되었다.

스님도 부모님에게 효성을 다해야 한다

스님으로서 부모에게 불효한 자를 내가 크게 나무란 적이 있었다.

어떤 이가 물었다.

"출가함으로써 이미 부모를 떠나 애정을 끊었는데, 이를 나무라시면 도리어 은애(恩愛)의 마음을 부추기는 것이 아니겠습니까?"

아! 이게 무슨 말인가? 대효(大孝)인 석가 세존께서는 다겁(多劫)에 부모님의 은혜를 갚으시고 그 공덕을 쌓아 정각(正覺)을 이루셨다. 또한 『범망경』에는 "계율에 비록 여러 가지 행이 있지만 그 가운데 효도가 근본이 된다." 했으며, 『관경』에는 "부모에게 효도하고 봉양하는 것이 정업(淨業)의 올바른 바탕이 된다." 하였다.

고인 중에는 집을 따로 지어 어머니를 모시기도 했으며, 어떤 이는 매양 어머니를 등에 업고 걸식하기도 하였다. 그럼에도 일찍이 은애에 얽힌 적이 없었으니, 어찌 부모와의 애정을 끊었으랴.

그러나 시주 집과 교분을 맺고 끊임없이 음식이나 물품을 주고받으며, 부모나 형제보다 제자에게 더한 애정을 느끼고 있으니, 이것은 부모가 없으면서 부모가 있는 것이요 하나의 애정에서 벗어나 또 다른 애정 속으로 빠져든 것이다.

어찌 이렇게 뒤바뀐 경우가 있을 수 있는가?

또 자신은 시방(十方) 시주의 공양을 받아 배부르고 따뜻이 살면서, 부모님이 주리고 추위에 떨며 외롭게 지내시는 것을 못 본 척하고도 너의 마음이 편안하면 그렇게 하라!

벼락

소명윤(蘇明允)[1]이 말했다.

"부모님의 뜻은 거역하면서 귀신을 섬기는 자는 벼락이 내리칠 것이다. 그렇다고 해서 벼락이 이런 자를 모두 내리치지는 못한다. 그래서 그 때가 언제인지 모른다."

명윤의 이 말은 악한 일을 저지른 자에게 두려운 마음을 내게 하려는 것이었으나, 벼락이 치는 것을 혹 면할 수도 있다고 하여 결국 저들로 하여금 두려워하지 않게 하기도 하였다.

그러나 악한 일을 저지르고서 과보를 받는 데는 여러 가지 경우가 있다. 나쁜 병에 걸려 죽는 자도 있고, 법을 범하고 죽는 자, 범을 만나 물려 죽는 자, 물에 빠져 죽는 자, 불에 타 죽는 자, 칼이나 도끼에 맞아 죽는 자, 비상이나 짐독으로 죽는 자, 담이 무너지고 돌무더기에 깔려 죽는 자들이 있으나 그 과보는 모두 마찬가지다. 사람을 죽였다 하여 어찌 모두 벼락만 내리치겠는가?

더욱이 금생에 과보를 받는 경우도 있고, 내생에 받는 자도 있으며, 인간 세상에서 받기도 하고 명부에서 받는 경우도 있다. 그러므로 벼락을 치지 않는다 하여 빠뜨리고 과보를 받지 않는다고 말해서는 안 된다.

1 소순(蘇洵)을 말한다. 송나라 학자. 자는 명윤(明允), 호는 노천(老泉)이다. 아들 소식(蘇軾: 소동파), 소철(蘇轍)과 함께 당송팔대가의 한 사람이다.

진정한 벗

중봉 선사가 경책하시기를 "선을 참구하면서 반드시 스승이 될 만한 벗을 찾기를 기다리는 자가 있으니, 감히 보증컨대 이런 자는 금생 공부가 끝장이다." 하시고, 또 "비록 석가나 달마를 가까이하더라도 벌써 낡은 격식에 불과하다." 하기도 했다. 진정 제호(醍醐)와 같은 지당한 말씀이라 할 것이다.

그러나 어리석은 자에게 들려주어서는 안 될 말씀이기도 하다. 왜냐하면 이 말에 집착하여 제 생각대로 하고 되는 대로 행동하여 벗을 가까이하는 이익을 알지 못하면, 도리어 이 말이 독약이 되고 말기 때문이다.

벗을 얻는 것이 어려운 일이 아니라 훌륭한 벗을 얻는 것이 어려운 일이다. 음식이나 재물을 서로 구하고 좇는 자는 나쁜 벗이요, 선행을 서로 권하고 나쁜 짓을 서로 경계해 주는 자는 좋은 벗이다.

그러나 나를 올바른 수행 길로 인도하고 나에게 최상승법(最上乘法)을 보여 주며, 나의 등불이 되고 나의 눈이 되며 나의 길잡이가 되고 나의 의왕(醫王)이 되는 자는 진정한 선지식과 같은 벗이니, 하루도 멀리해서는 안 된다.

배우는 데는 정통하는 것이 중요하다

고인이 배울 적에는 3년 동안 뜰을 바라보지 않던 자도 있었고, 문을 닫아걸고 담 밖을 넘지 않던 이도 있었으며, 어떤 자는 집에서 온 편지를 받고 '평안' 두 자만을 보고는 물에 던져 버리고 더 펴 보지 않은 자도 있었다. 참으로 외곬으로 한 가지 일에만 뜻을 쏟고 다른 일은 돌아보지 않았던 사례들이다.

그런데 스님네는 출세간의 법을 배우면서 도리어 세간의 일로 마음을 어지럽혀서야 되겠는가?

우리들은 고인의 이러한 마음 씀을 보고, 마땅히 땀을 흘리고 두려워하며 깊이 가슴에 새겨야 할 것이다.

전등傳燈

『전등록(傳燈錄)』[1]에 수록되어 있는, 6대에 걸쳐 전승한 여러 스님들과 오등(五燈)[2]에 빛을 나누어 전하신 여러 대존숙(大尊宿)들은 모두 천하 고금에 가장 훌륭한 인물들이었다. 소위 "비로소 주공(周公)이나 공자 밖에 따로 영웅호걸이 있는 줄 알겠다." 한 것이 바로 이들을 가리켰으니, 어찌 경솔히 한 말이겠는가?

그러나 요즘 사람들은 조그만 지견을 알았거나 약간 편안함을 얻었으면 그것을 스스로 크게 깨달았다고 생각하고, 안목이 없는 장로는 또 동과인자(冬瓜印子)[3]로 인정하여 한 사람의 맹인이 많은 눈먼 자를 인도하고 있다. 이것은 아무 이익도 없을뿐더러 그 피해가 적지 않다.

아! 애석한 마음 금할 길 없구나!

1 송나라 승천도원(承天道源)이 엮음. 전 30권. 원대(元代) 간본인 정앙(鄭昻)의 발문(跋文)에 의하면 호주(湖州) 철관음원(鐵觀音院)의 공진(拱辰)이 지은 것이라고 하였다. 경덕(景德) 원년(1004)에 이루어져 양억(楊億)이 교정하고 진종(眞宗)에게 상진(上進)하여 대장경에 수록되었다. 이 책은 선종 사전서(史傳書) 중 가장 대표적인 문헌이다. 과거 7불로부터 서천의 28대, 동토의 6대를 거쳐 법안문익(法眼文益)의 제자에 이르기까지 대략 53세 1,701인(그중에서 951인만 전기가 있음)의 전기를 적고, 다시 권말에 게찬(偈贊)·송명(頌銘)·가잠(歌箴) 등을 기록하였다. 이 책은 최초의 본격적인 선종 사서(史書)일 뿐만 아니라, 유가(儒家)에도 큰 영향을 미쳤다.

2 오등록(五燈錄)을 말한다. 『경덕전등록(景德傳燈錄)』·『광등록(廣燈錄)』·『속등록(續燈錄)』·『연등록(聯燈錄)』·『보등록(普燈錄)』을 말한다.

3 동과(冬瓜: 박과의 1년생 재배식물)로 만든 도장. 실제로 쓰지 못하는 도장이므로 깨닫지 못했으면서도 애매하게 인가받은 것을 비유한 말.

유공劉公은 진정한 보살이었다

유공(劉公)의 이름은 관(寬)[1]이니, 그가 군을 다스릴 적에 잘못을 저지른 자가 있으면 부들회초리로 욕을 보이곤 하였다.

어느 날 부인이 남편의 노여움을 시험해 보기 위해 시비(侍婢)를 시켜 일부러 국을 쏟아 조의(朝衣)를 더럽히게 하였다. 그러나 공은 "손을 데이지 않았니?" 할 뿐, 종래 노여워하지 않았다.

이 두 가지 사실로 미루어 그가 진정 보살과 같은 사람이었음을 알 수 있으니, 참으로 아무나 할 수 있는 일이 아니다.

요즘, 백성을 다스리는 자는 상상을 초월한 엄한 형벌을 쓰면서도 도리어 옥을 없애지 못하고 있으나, 부들회초리로 다스리면서도 백성들이 저절로 교화되었으니, 큰 위신력이 아니면 어찌 이렇게 될 수 있었겠는가?

또 요즘, 하인을 부리는 자는 조금이라도 뜻에 맞지 않으면 걸핏하면 형벌을 가하고 있으나, 국을 쏟아 조의를 더럽혔음에 도리어 측은히 여기고 꾸짖지 않았으니, 큰 자비력이 아니면 어찌 이럴 수 있었으랴. 조회할 시간이 임박하였으나 조용히 옷을 갈아입으면서 조금도 마음에 동요가 없었으니, 큰 선정력(禪定力)이 아니면 어찌 이렇게 할 수 있었으랴.

화택(火宅) 가운데서 이와 같은 절개와 지략과 그릇과 용량을 갖추

1 유관(劉寬)은 동한(東漢) 사람으로 자는 문요(文饒)다. 환제(桓帝) 때 상서령(尚書令)이 되고 남양태수(南陽太守)로 옮겼으며, 삼군(三郡)을 두루 다스렸다. 온화하고 인자함으로 이름이 높았다. 영제(靈帝) 때 벼슬이 광록훈(光祿勳)에 이르렀다.

었으니, 출가사문이 포단(蒲團)[2] 위에서 30년 동안 공부한 것보다 더 낫다 하겠다.

우리들은 이것을 보고 부끄러워하지 않을 수 있겠는가?

더욱 애쓰지 않을 수 있겠는가?

2 부들로 만든 좌구(坐具). 포(蒲)는 좌구의 재료인 부들을 말하고, 단(團)은 좌구의 둥근 모양을 말한다.

『속원교론續原教論』

명나라 초 한림원 대조(待詔)인 심사영(沈士榮)[1] 거사가 『속원교론(續原教論)』을 지었다.

그 가운데 '이름난 선비로서 불교를 공부했던 이를 평가함[品名儒學佛]' 일편을 자세히 살펴보면, 당·송의 군자였던 백향산(白香山: 백락천)·소내한(蘇內翰: 소동파)을 위시하여 배승상(裵丞相: 배휴)과 양대년(楊大年: 양억, 양문공) 등 여러 이름난 선비들을 일일이 열거하여, 선학(禪學)에 대한 얕고 깊은 정도를 가장 날카롭고 엄격하게 평가하였다.

그중에 "배승상과 양대년은 깨달음이 없었다고 할 수는 없으나, 도를 보호하여 기르고 마음에 깊이 새겨 잊지 않은 점에서는 꼭 그렇다고 말하기는 어렵다. 몸이 명리 속에 묻혀 있었고 또 과위(果位) 보살이 아닌 만큼, 어찌 미세한 번뇌에 물들지 않을 수 있겠는가? 그 밖에 법문에 유희할 뿐인 자는 굳이 말할 필요도 없다." 하였다.

우리들은 출가사문인 만큼 이 점에 대해 깊이 생각해 보아야 한다.

1 명나라 거사. 홍무(洪武) 중에 한림원 대조가 되었다. 불교와 유교에 박통하고 일찍이 『속원교론』 14편을 지어 이가(二家: 불교와 유교)를 조화하여 대승(大乘)의 극리(極理)로 돌아가게 하니, 명나라 일대 사대부에게 깊은 영향을 주었다.

세 분의 어진 여인

여인으로서 정도(正道)를 구하며 어질다고 칭찬할 만한 자를 나는 세 분 목격하였다.

엄(嚴) 비구니는 청정히 고행하면서 종신토록 부유하고 권세 있는 집을 찾아다니지 않았으며, 조(趙)씨 성을 가진 어느 부인은 손수 『화엄경』 81권을 썼으며, 어느 주(朱)씨 부인은 남편에게 고기잡이를 그만두게 하기 위해 스스로 물속에 몸을 던지기도 하였다.

아! 말법의 비구니들은 흔히 부귀한 집을 드나들고 있으나, 종신토록 고행한 이로는 누가 엄 비구니만 한 이가 있으며, 시주를 얻기 위해 경을 쓰는 것은 혹시 인과를 그르칠 수도 있건만 자력으로 스스로 경을 쓴 이로는 누가 조 부인만 하며, 중생을 교화하기 위해 신명을 돌아보지 않으며 결국 남편까지 교화한 이로는 누가 주씨만 한 이가 있었는가?

나는 이 세 여인을 세 장부라 하며, 세 대장부라고 부르노라.

시식법사施食法師

염구시식(燄口施食)[1]은 본래 아난 존자로부터 비롯된 것인데, 대체로 유가부(瑜伽部)[2]에 속한다.

1 염구(燄口)는 아귀(餓鬼)의 이름이다. 『구발염구아귀다라니경(救拔燄口餓鬼多羅尼經)』에 근거하여 시행하는 아귀에게 시식하는 법사(法事). 예전에 아난 존자가 숲속에서 정(定)을 닦고 있다가, 형상은 고목처럼 마르고 얼굴은 추악하며 머리카락은 산발이고 손톱은 길고 날카로우며 배는 산과 같이 크고 목구멍은 바늘과 같고 얼굴에서 불을 뿜는 염구라고 부르는 아귀를 보았다. 아난이 깜짝 놀라 그 까닭을 물으니, 아귀가 "생전에 마음이 탐욕스러워 만족한 줄을 몰랐기 때문에 죽어서 아귀도(餓鬼道) 중에 떨어져 몸이 이렇게 변하고 오랫동안 배고픈 고통 등 수많은 고통을 받고 있소." 하였다. 이어 아난에게 "3일 후에 죽어 반드시 아귀도에 떨어질 것이요." 하였다. 아난이 크게 놀라 급히 부처님께 달려가 슬피 울며 구원해 주기를 애걸했더니, 부처님이 『염구경』과 시식하는 법을 일러주었다.

2 범어 'yoga'의 음역(音譯)으로 상응(相應)이라 번역한다. 조식(調息: 호흡을 조정함) 등의 방법으로 마음을 한 곳에 집중하여 지(止)와 관(觀)을 주로 하는 관행을 닦음으로서 정리(正理)에 상응하는 것을 말한다. 이 유가의 관행을 닦는 사람을 유가사(瑜伽師)라고 하고, 이러한 교의를 설한 경전군을 유가부(瑜伽部)라 한다. 밀교(密敎)를 말한다.

3 금강지 삼장(671~741)은 중국 밀교의 초조다. 중인도 사람으로, 10세에 나란타사의 적정지(寂靜智)를 따라 출가하고 20세에 구족계를 받았다. 6년 동안 대승율(大乘律)·소승율(小乘律)과 「반야등론(般若燈論)」·「백론(百論)」·「십이문론(十二門論)」·「유가(瑜伽)」·「유식(唯識)」 등을 배우다, 그 뒤 31세에 남인도의 용지(龍智)에게 가서 7년 동안 오부(五部)의 관정(灌頂)을 받아 밀교의 깊은 뜻을 통달하였다. 당 개원 8년(720)에 중국 낙양에 들어가 밀교를 크게 떨치고 가는 곳마다 단을 모으고 관정의 도량을 차렸다. 장안 자성사와 천복사에서 8부 11권의 비밀경을 번역하였다. 낙양 광복사에서 71세로 죽었다.

유가는 당나라의 금강지(金剛智)[3], 광대불공(廣大不空)[4] 두 법사에게서 크게 일어났는데, 능히 귀신을 부리고 산과 바다를 옮기니 그 위신력이 불가사의하였다.

그 후 몇 대에 걸쳐 이 법이 전해진 후 이를 이어받은 자는 없어지고 남은 것은 단지 시식하는 한 가지 법뿐이다. 손으로 결인(結印)[5]을 하고 입으로는 주문을 외며 마음으로는 관(觀)을 하여, 이렇게 몸과 입과 마음[三業]이 서로 부합한 것이 유가였으니, 이 일이 결코 쉬운 것은 아니다.

요즘은 결인이나 주문을 외는 것도 정성스럽지 못한데, 더욱이 관력(觀力)이랴! 이렇게 삼업이 서로 부합하지 않고 있다. 서로 부합하지 않으면 중생을 이롭게 하지 못할 뿐더러, 도리어 자신에게 해가 미치는 수도 있다.

4 불공 삼장(705~774)은 진언종 부법(付法) 제6조. 남인도 사자국 사람으로 어려서 아버지를 여의고 숙부를 따라 남양의 여러 나라를 다니다가 자바에서 금강지 삼장의 제자가 되었다. 720년(개원 8년) 16세 때 스승과 함께 중국으로 왔다. 724년(개원 12년)에 광복사 계단(戒壇)에서 유부율(有部律)을 받고, 그 뒤부터 금강지 삼장을 모시고 역경(譯經)을 도왔다. 밀학(密學)을 닦아 양부(兩部)의 대법과 밀교의 깊은 뜻을 계승하여 부법의 조사가 되었다. 731년(개원 19년) 금강지 삼장이 죽은 후에 그의 뜻을 이어 『금강정경(金剛頂經)』을 구하기 위하여, 다시 인도의 아릉국(阿陵國)을 거쳐 사자국의 불아사(佛牙寺)에 있으면서 보현 아사리에게 비밀교의 대법을 전해 받았다. 746년(천보 5년) 여러 논과 경을 가지고 다시 중국에 왔다. 현종이 그에게 귀의하고 궁중에 단을 만들고 관정(灌頂)을 받았다. 이후부터 양주의 장원사, 장안의 대흥선사 등 여러 절로 다니면서 밀교를 선전하고 경론 번역에 종사하였다. 765년(영태 1년) 홍려경(鴻臚卿)이 되고, 광지삼장(廣智三藏)이라 하였다. 771년(대력 1년) 번역한 경전 77부를 임금께 바치니 대장경에 넣었다. 대력 9년에 입적하니 나이는 70세였다. 시호는 대변정광지불공삼장화상(大辨正廣智不空三藏和尙)이라 하였다.

전에 산중에 한 시식법사(施食法師)가 병이 위독하였다. 그날 저녁, 밖에서 한창 시식을 집전하는데 문병 온 자에게 하는 말이, "귀신이 나를 끌고 함께 나가서 음식을 먹자고 하였다. 내가 사양하고 가지 않았더니 조금 후에 다시 와서 '법사가 정성을 보이지 않아서 우리들이 헛걸음만 하고 돌아가오. 반드시 보답이 있을 것이오.' 하였다. 이후 내 팔을 끌고 함께 가더니 귀신들이 쇠갈고리와 올가미를 가지고는 '이 법사를 끌어다 땅에 내동댕이 쳐 버리자' 하였다. 내가 매우 놀라 '사람 살려!' 하고 고함을 쳤더니 일시에 흩어져 버렸다." 하더니, 며칠 뒤에 죽었다 한다. 이것은 생전에 이미 귀신들과 가깝게 했던 탓으로, 미리 고함을 치지 않았던들 시식을 집전했던 스님이 위험할 뻔하였다.

이뿐 아니다. 어떤 스님은 시식법사를 정성들여 하지 않았던 탓으로 귀신이 둘러메고 가서 개울에 처넣어 버림을 당하였고, 어떤 스님은 옷궤 열쇠를 잃어버리고 법사 하는 도중에 열쇠를 생각했더니 음식이 모두 쇳조각으로 보여 귀신들이 전혀 음식을 먹을 수 없었다. 또 한 스님은 털옷을 햇볕에 내 널었다가 미처 걷지 못하고 비가 왔는데, 법사 중에 이 옷을 걱정했더니 음식이 모두 짐승 털로 보여 귀신들이 음식을 먹지 못하고 각각 과보를 받았다 한다.

5 인계(印契)를 맺는 것. 진언종의 수행자가 두 손의 손가락을 구부리거나 펴서 법덕(法德)의 표시인 인(印)을 맺는 것. 인계를 맺는 것은 반드시 스승에게서 친히 배우고 다른 이에게는 보이지 않는다.

또 이런 이야기도 있다. 어떤 사람이 저승에 갔는데 캄캄한 방안에 수백 명 스님들이 몸이 수척하고 안색이 파리한 채 심한 고통을 당한 모습으로 모여 앉아 있는 것을 보았다. 누구인가 하고 물었더니 모두 시식법사라는 것이다.

시식법사가 참으로 쉽지 않은 일임을 알 수 있다.

강법사講法師

어떤 이가 물었다.

"경전을 강의하는 법사는 중생을 교화하는 공덕이 있고 귀신과 사귀는 책임이 없으니 그 허물이 적을 듯합니다."

"그렇지 않다. 자못 클 수도 있다. 시식은 한 가지 법뿐이기 때문이다. 법이 한 가지면 오히려 정성을 다하기 쉽지만, 경론은 번다하여 일일이 정미롭게 하려면 여간 어려운 일이 아니다.

그러므로 고인은 한 가지만을 전공하는 경우가 많았다. 예컨대 『법화경』만을 공경한다든지 『화엄경』만을 가까이하는 경우다.

그러나 요즘은 어떤 경전이나 논이든지 강설하지 않는 것이 없다. 정말 선철(先哲)을 초월하는 지견을 갖추었기 때문일까?

어떤 경우에는 스승에게서 배운 바도 없이 제멋대로 주관적 관점을 보이는 경우도 있고, 새로운 학설을 좋아하여 함부로 이전의 현인을 평가하는 자도 있으며, 대강 글자나 해석하면서 전혀 자신의 뜻을 발휘하지 않는 자도 있다. 이런 것들은 모두 허물을 면치 못한다.

평소에 늘 정성을 기울여 연구하고 견줄 만한 상대가 없을 정도로 박학하여 오직 도를 밝히는 것으로 목적을 삼고 명예를 탐하는 짓은 하지 않아야 한다. 그래야 거의 공은 있고 허물은 없을 것이다."

또 물었다.

"지자 대사가 '경을 널리 전하는 데 유리하다면 보살의 이름을 빌리는 것도 무방하다' 한 것은 어떻습니까?"

"아! 이것은 보살의 자비를 갖추었으나 보살의 실행에 미흡한 자를 위하여 한 말일 뿐, 명예를 탐하는 자를 위하여 한 말은 아니다. 이런 뜻을 살피지 못하면 거의 허물을 면치 못할 것이다.”

한 번 넘어지면 백 번 넘어진다

고인이 "금생에 수행하지 않으면, 한 번 넘어지면 백 번 넘어진다." 하였다.

한 번 잘못으로 백 번까지 이른다 하니, 어찌 이렇게 많은 실패를 거듭한다는 것일까?

경에도 "악도(惡道)를 버리고 사람 몸 얻기 어렵고, 사람 몸 받고서도 불법 만나기 어렵다." 했으나, 염불법문을 만나 믿고 지니기는 더욱 어려운 일이다.

경에 "개미가 칠불(七佛) 때부터 아직 개미 몸을 벗지 못했다." 한 말씀과 같이, 언제 사람 몸 받고 또 언제 불법을 만나며, 또한 언제 염불법문을 만나 믿고 가질 수 있을런지 알 수 없는 일이다.

어찌 백 번 잘못될 뿐이겠는가? 천 번 만 번 때를 놓쳐 다할 때가 없을 것이다. 슬프다!

도살을 금해야 한다

세상 사람들은 온갖 산 생명을 죽여 조석으로 부모를 봉양하고 푸짐한 상으로 조상의 제사를 받들면서 모두 이치에 당연한 일이라고 생각한다.

그렇게 당연한 일이라면 어찌하여 가뭄이 들거나 홍수가 나면 관에서 짐승을 잡는 것을 금하는가? 이를 미루어 짐승을 잡는 것이 잘못된 일인 줄 알 수 있다.

그러나 가뭄에 시달리다 몇 방울 비라도 내리거나 수재에서 반짝하고 잠시 날이 들기만 하면, 벌써 돼지다리나 양다리를 시정에 높이 내달아 걸어 놓고 있다.

또 항주 풍속에는 반드시 회해사(會海寺) 스님들을 청하여 관음보살에게 기도하며 온 성이 떠들썩하게 짐승을 잡곤 하니, 성의는 대체 어디에 있단 말인가! 참으로 개탄스런 노릇이다.

만약 항상 살생을 삼가고 집집마다 계율을 지킨다면, 반드시 하늘이 감응하여 비와 햇볕이 순조롭고 곡식이 풍성하여 온 천하가 편안하여 갈천씨(葛天氏)[1]의 무위(無爲)의 풍속을 오늘에 볼 수 있을 것이다.

아! 대대로 전하여 온 습속을 구할 길이 없구나! 슬프다.

1 상고의 제왕. 무위도(無爲道)로써 천하를 다스렸다 한다.

물고기와 학을 기르다

금붕어를 기르는 자는 지렁이나 새우 따위를 먹이로 하고, 학을 기르는 자는 작은 물고기를 먹이로 한다.

그런데 학을 기르는 데는 한 번 주는 먹이가 걸핏하면 백 마리가 넘고, 금붕어는 천 마리도 넘는다. 이렇게 날이 가고 달이 가고 해가 바뀌어 살생하는 업도 끝이 없다.

누에를 치고 가축을 기르는 것은 배불리 먹고 따뜻한 옷을 입기 위해 이런 살생업을 짓는 것이지만, 고기나 학은 한갓 보고 즐기기 위해 하는 짓이다.

슬프다! 이런 짓을 그만두게 할 수는 없을까?

오늘에야 비로소 한가하다

내 고향 항주에 이름은 잊어버렸으나 노(魯)씨 성을 가진 자가 있었는데, 얼굴에 마마자국이 있어서 사람들이 '노 곰보'라고 불렀다.

중년에 자식들을 불러 놓고는 "내가 이제 너희들 혼인도 다 치렀으니 너희들도 이젠 자립할 수 있을 것이다. 나는 나대로 한가한 길을 갈까 한다." 하고는, 곧 관곽(棺槨)[1]과 혼교(魂轎)[2]와 명정(明旌)[3]과 악기 따위를 준비하게 하였다.

이윽고 아들들은 상복을 입고 질(絰)[4]을 쓰고 막대기를 잡고 관을 인도하고, 자신은 가마를 메고 그 뒤를 따라 서호(西湖) 별장까지 와서 관을 마당에 두고 아들들을 돌려보냈다.

그러고는 대문에 방을 써 붙이기를 '이제야 비로소 한가하게 되었구나!' 하고는, 죽을 때까지 성에 들어가지 않았다.

아, 이것도 어찌 보면 달관한 일이라 할 수 있겠구나!

세속인은 가족과의 인연을 끊을 수 없으니 일상이 바쁜 것은 어쩌면 당연한 일이리라. 그런데 이렇게 바쁜 생활을 벗어던지고 '오늘에야 비로소 한가하다' 한 것이다.

그러나 출가한 자는 본래 한가하면서도 몸과 마음을 수고롭게 하고

1 관과 곽. 속 널과 겉 널.

2 혼백을 모시는 가마.

3 죽은 사람의 이름을 적은 기.

4 상복을 입을 때 머리에 쓰는 수질(首絰)과 허리에 두르는 요질(腰絰).

이익과 명예를 좇아 종일 분주하여 쉴 줄을 모른다. 그러니 마땅히 이런 방을 써 붙여야 하겠구나.

'오늘에야 비로소 바쁘게 되었구나!' 라고.

입태入胎

경전에는 '태어나기 10달 전에 태에 들어간다' 하였으나, 세상에 전하는 말로는 태어날 임시에 저기에서 죽어 여기에 태어난다고 한다.

산중에 사는 어느 스님을 지극히 공경하던 자가 있었는데, 그 스님이 내실에 들어오는 것을 보고 잠시 후에 부인이 해산할 시기가 되어 아들을 낳았다는 소식을 들었다. 급히 산중으로 가서 알아보니 스님이 이미 돌아가셨다는 것이다.

그렇다면 경에서 하신 말씀과 다른 것은 무슨 까닭일까? 10달 전에 태에 들어가는 것은 일반적인 경우요, 태어날 임시에 태에 들어가는 것은 천만 명 중에 한둘이 있을까 말까 한 일이다. 세상 사람들은 이 한두 가지 일만 보았을 뿐, 일반적인 경우는 보지 못한 까닭일 것이다.

그러나 일찍 태에 들어갈 경우에 몸을 나타내는 것을 보지 못하는 것은 무슨 까닭일까? 혹시 태어날 임시에 태에 들어가는 자는 능히 몸을 나타낼 수 있으나, 일찍 들어가는 자는 몸을 나타내지 못하는 것은 아닐까?

경에는 이 문제에 대해 설명한 곳이 없으니 감히 함부로 단정할 수는 없다.

중생이 태에 들어가는 문제는 참으로 불가사의한 일이다. 천안(天眼)을 갖춘 성인이 해결해 주시기를 기다릴 수밖에 없다.

호법護法

사람들은 불법을 옹호하는 책임이 임금이나 신하에게 부여된 사실은 알고 있으나, 스님들이 그 외호하는 자에 대하여 신중히 하지 않으면 안 되는 사실에 대해서는 알지 못하고 있다.

불법을 외호하는 데는 세 가지가 있다. 첫째는 절을 세우는 일이요, 둘째는 부처님의 교법을 유통하는 일이요, 셋째는 스님들을 보호하고 권장하는 일이다.

신중히 해야 한다는 것은 무슨 뜻인가? 절을 외호하는 경우에는, 원래 절 재산인 것을 권세 있는 자가 강제로 차지했다면 이를 빼앗아 도로 돌려주는 것은 당연한 일이다. 그런데 지적도나 문서를 살펴보아도 분명하지 않은 점이 있고, 전해온 지도 오래되어 이 사람 저 사람이 서로 번갈아 차지해 온 것을, 권세로 억지로 빼앗아 절에 돌려주는 것은 옳지 못하다. 기쁜 마음으로 보시하는 것은 '길상한 땅'이라 부르고, 힘이 부족하여 억지로 주는 것은 '원수의 늪'이라 한다.

스님 입장에서는 힘 있는 자들을 권화(勸化)하여 폐찰을 복구하는 것을 대공덕주라 하겠지만, 부처님께서는 진정 평등하게 중생을 보신다는 것을 생각하지 않은 것이다.

예를 들면 라후라가 백성들에게 폐를 입혀 가면서 절을 지었으니 넓이는 천경(千頃)이 넘고 높이는 하늘에 닿았으며 전단나무로 재목을 쓰고 구슬이나 옥으로 장식하니, 부처님이 이를 보고 매우 안타까워하시며 기뻐하지 않았던 것과 같다. 허물만 있고 공덕은 없다. 이것이 신중히 하지 않으면 안 되는 첫 번째다.

부처님의 교법을 외호하는 자는, 그 저술이 정말 멀리는 부처님 마음에 합하고 가까이는 경전의 뜻에 맞다면 이를 찬탄하고 널리 전하는 것이 당연하다. 그러나 외도의 현실에 맞지 않는 논설이라든지 자기 나름대로의 편벽된 소견을 지나치게 찬양하는 것은 옳지 않다.

스님 입장에서는 이름난 관리에게서 서문이나 발문을 청탁하기만 하고 후학을 그르치고 의심케 할 것을 생각지 않는다면, 허물만 있고 공덕은 없다. 이것이 신중히 하지 않으면 안 될 두 번째다.

스님을 외호하는 자는 그 스님이 정말 올바르게 참구하여 진실하게 깨달아 큰 지견을 갖춘 자이면, 존경하고 예우하여야 한다. 마음과 행실이 진실하여 후덕하고 순박한 심성을 가졌으면, 믿고 가까이하는 것이 당연하다. 그러나 머리가 텅 빈 선객이나 어리석고 용열한 무리를 존경하고 믿어서는 안 된다.

스님 입장에서는 존귀한 가문에만 친 근하게 붙어 그들의 비호를 얻기 위해서 솜이나 비단으로 종기를 싸매주는 일도 서슴없이 한다면, 해독만 더할 뿐 허물만 있고 공덕은 없다. 이것이 신중히 하지 않으면 안 될 세 번째다.

이렇게 하면 왕과 신하는 불법을 외호하고 있으나 스님들은 도리어 불법을 망하게 할 것이다.

슬픈 일이다.

선비가 불교를 배척하다

선비가 불교를 배척하는 양상이 겉보기에는 비슷한 것 같으나 실제로는 사뭇 다르니, 일률적으로 생각해서는 안 된다.

선비에는 세 부류가 있다. 성실한 선비, 편벽된 선비, 초탈한 선비다.

성실한 선비란, 원래 불교에 대해 악심이 없었으나 그들의 학문이 삼강(三綱)·오상(五常)[1]의 윤리를 위주로 하고, 그들이 힘쓰는 것은 격물(格物)·치지(致知)[2]·성의(誠意)·정심(正心)·수신(修身)·제가(齊家)·치국(治國)·평천하(平天下)[3]에 있으니 이것은 세간의 정도(正道)다. 그러나 불교에서는 출세간법을 말하고 있으므로 서로 합치하지 않는 것은 당연한 일이다. 그리고 합치하지 않으면 다투게 마련이며, 다투다 보면 비방하게 되는 것은 이상하게 여길 일이 아니다. 이천(伊川: 程頤)이나 회암(晦菴: 朱子) 같은 이가 여기에 속한다.

편벽된 선비란, 타고난 성품이 경솔하고 고루한 데다 선입견이나 와

1 유교의 기본이 되는 세 가지 벼리[綱: 임금과 신하, 어버이와 자식, 남편과 아내 사이에 지켜야 할 도리]와, 사람으로서 지켜야 할 다섯 가지 도리[常: 인(仁)·의(義)·예(禮)·지(智)·신(信)]을 말한다.

2 지식을 극도로 배양[致知]하여, 사물이 가진 이치를 남김없이 깨달아 아는 것[格物].

3 『대학』에서 논한 여덟 가지 조목. 『대학』에 "명덕(明德)을 천하에 밝히고자 하는 자는 먼저 제 나라를 다스리고, 나라를 다스리고자 하는 자는 먼저 제 집을 다스리며, 제 집을 다스리고자 하는 자는 먼저 제 몸을 닦고, 제 몸을 닦고자 하는 자는 먼저 제 마음을 바르게 하며, 제 마음을 바르게 하고자 하는 자는 먼저 자신의 뜻을 성의있게 하며, 자신의 뜻을 성의 있게 하고자 하는 자는 먼저 치지(致知)할지니, 치지는 격물(格物)에 있느니라." 하였다.

전된 말만을 믿고서 지독하게 훼방하고 비방하면서 전혀 잘못된 줄을 모르는 자들이다. 장무진(張無盡: 張商英)이 말한 '불교를 들으면 도둑이나 원수같이 생각하고, 스님 보기를 뱀이나 지네같이 여기는 자'가 이들이다.

초탈한 선비란, 지식이 정미하고 사리에 밝아서 불교를 배척하지 않을뿐더러 깊이 믿으며, 깊이 믿을뿐더러 힘써 행하기도 하는 자들이다. 이들이야말로 진정한 선비라 할 것이다.

그러나 법문에 노닐면서 실제로는 귀경하는 마음이 없으며, 겉으로는 귀경하는 척하면서도 마음속으로는 이심(異心)을 품고 있는 자가 있다. 안목을 갖춘 자는 이들을 잘 구별할 수 있어야 한다.

거사가 가사를 입다

'둥근 머리에 네모난 가사'라는 말이 있다. 이것을 미루어 삼의(三衣)[1]는 원래 스님들의 옷이니, 거사가 머리를 길렀으면서 옷은 스님과 같이 입는 것은 부처님의 법에 맞지 않음을 알 수 있다.

고인이 "허물이 있는데도 비판 없이 따르며 옛 사람의 가르침으로 여기건만, 세상 사람들은 미처 살펴보지 못하고 스님들도 깨우쳐 주지 않는다. 안타까운 노릇이다." 하였다.

내가 소시 적에 소경사(昭慶寺) 계단(戒壇)에서 우바새계와 우바이계[2]를 받는 자들이 모두 삼의를 입는 것을 본 적이 있다.

이것은 예부터 내려온 관습이 그대로 풍습이 되어 전혀 잘못인 줄 알지 못하기 때문이니, 이것은 재가자만의 허물이 아니라 출가승이 분명히 시정해 주지 않고 그저 인정에 따라왔기 때문이다.

그러므로 여기서 특히 이 사실을 밝혀 두는 바이다.

1 출가비구가 입는 세 가지 옷. (1)은 승가리(僧伽梨)니 9조(條)로부터 25조까지가 있다. 마을이나 궁중에 들어갈 때 입는다. (2)는 울다라승(鬱多羅僧)이니 7조다. 예불·독경·청강·포살할 때 입는다. (3)은 안타회(安陀會)니 5조다. 작업할 때 또는 잠잘 때 입는다.

2 남녀 신도가 받는 계(戒)를 말한다. 오계(五戒: 불살생·불투도·불사음·불망어·불음주)를 받는다.

숙명宿命

세상에는 우연히 숙명을 아는 자가 있으니, 반드시 도를 얻은 자만이 숙명을 통하는 것은 아닌가 보더라. 고금에 이런 일이 흔히 있었다.

총융(總戎)인 양군(楊君)이 내게 이런 이야기를 들려주었다. 죽은 형이 열서너 살 먹었을 적에 어느 날 갑자기 북쪽 사람 말씨로 "평소에는 그저 남방이 좋다, 남방이 좋다고만 했지!" 하더니, 두 손을 펴고는 "금생에는 여기가 훨씬 좋군, 훨씬 좋아!" 하는 것이었다.

그 까닭을 물으니 "나는 산동 아무 곳에 있는 홍묘(紅廟)의 스님이었다." 하였다.

총융의 아버지가 요망하다 하여 때려죽이려 하니, 다시는 감히 아무 말도 하지 못하다가 일 년 후에 죽고 말았다 한다.

옛날 영수(靈樹) 대사는 세세생생 스님이 되어 신통을 잃지 않았으나, 운문 선사는 3생에 국왕 노릇을 하다 이로 인하여 숙명을 알지 못했다. 그렇더라도 어찌 운문 선사의 현명함이 요즘 사람들보다 못하다 하겠는가? 그러므로 우연히 전생 일에 어둡지 않은 것은 신통이 아니라고 하는 것이다.

요즘 스님들은 온통 생각이 세상 법 가운데 묻혀 있으니, 입태 · 출태의 과정에서 어찌 전생의 일을 기억할 수 있겠는가?

서방에 태어나기를 응당 힘써야 하겠구나!

용안龍眼[1]

종백(宗伯)[2] 육공(陸公)은 나이 아흔 일곱이 되도록 용안을 즐겨 먹으니, 이로 인하여 용안 값이 폭등하여 그쪽에서는 매우 귀한 물건이 되었다 한다.

또한 내 고향에 어떤 늙은이는 종백보다 나이가 여섯 살이나 많았으나 찐 돼지고기를 좋아했다. 나의 두 노모께서는 한 분은 미음을 좋아하셨고 또 한 분은 산초를 즐겨 드셨으면서도 모두 연세가 아흔 이상이나 사셨으므로, 곁에서 보는 이들도 이를 본받으려 하였다.

또 어떤 노인은 새벽마다 꿀물 한 그릇씩을 마셨다. 만약 이 노인이 더 오래 살았다면 벌들은 먹이가 떨어져 모두 굶어 죽을 뻔했다.

아! 섭생이 군자로서 버릴 수 없는 일이기는 하지만, '죽고 사는 것은 운명이다' 하신 성인의 가르침도 기억해야 한다.

1 열대지방에서 나는 상록 교목. 흰 꽃이 피고 핵과(核果)가 열리는데 그 살을 용안육(龍眼肉)이라 하여 약재로 쓴다.

2 벼슬 이름. 육경(六卿)의 하나. 예의(禮儀)·신기(神祇)에 관한 일을 맡아 보았다. 예부시랑(禮部侍郎)의 별칭이기도 하다.

그러므로 공자는 겨우 일흔밖에 살지 못했으나 어찌 그가 양생을 게을리했겠으며, 안회는 서른에 요절했으나 대그릇의 밥으로 목숨을 해치지는 않았다.

그런데 어떤 백 살 먹은 늙은이는 물건을 지고 길에 다니며 팔면서 죽도 제대로 먹어 본 적이 없었다.

그렇다면 종백은 덕을 쌓아 수명을 연장한 것일 뿐, 용안과는 아무 상관이 없는 줄 알 수 있다.

더욱이 우리 부처님의 장생이랴!

소련燒煉[1]

어떤 이가 물었다.

"소련의 속임수는 모르는 자가 없으나, 한편 늘 마음속에서 잊지 못하고 있는 것은 무엇 때문입니까?"

선성(先聖)이 말씀하시기를 "지혜로운 이는 이런 일에 미혹하지 않으니, 이런 일에 미혹하는 자는 지혜가 부족한 탓이다." 하였다.

그러나 세상 사람들은 나무랄 수가 없겠으나, 출가승도 여기에 미혹한 자가 있으니 참으로 통탄스런 일이다.

세상 사람은 재산을 생명처럼 소중히 여기니 단사(丹砂)로 황금을 만들 수 있다면 임금일지라도 방사[方士: 술사(術士)]의 말에 유혹되지 않는 이가 드물다. 그러고 보면 세속 사람이 거기에 미혹하는 것은 어쩌면 당연한 일이라 할 것이다.

그러나 출가한 자는, 부처님 말씀에 "백호상 중의 8만 4천 광명에서 일분 광명을 말법 제자들에게 빠짐없이 고루 나누어 주었으니, 이것만 해도 다 쓰지 못하리라." 한 것을 기억하지 않는가? 어찌 소련 같은 짓을 하랴!

소성(蘇城)의 어떤 노승은 법당을 짓기 위해, 하루에 『법화경』 일곱 권을 독송하고 부처님 명호를 만 번 부르면서 단사(丹事)가 하루빨리 성취되기를 빌었다고 한다. 그러고는 누차 실패를 거듭하면서도 후회하지 않고, '뜻을 굽히고 후회하면 진선(眞仙)을 이룰 수 없다' 하고, 본래 품은

1 단사(丹砂: 수은과 유황의 화합물)를 굽고 금을 단련하여 선약(仙藥)을 만드는 도가(道家)의 술법.

뜻을 돌이키지 않을뿐더러 처음 기울인 정성이 더욱 확고했으나, 끝내 아무 일도 이루지 못했다 한다.

부처님 법당을 짓기 위해서라면 의도는 훌륭하다 할지 모르나, 이 법당이 일이 만 금으로 불가능하다 하여 단(丹)을 성취하여 법당 짓기를 바라는 것은 옳은 방법이 아니다.

아! 단을 구하는 마음으로 도를 구하며, 단객(丹客: 단약을 굽는 方士)을 받드는 비용으로 천하 선지식을 섬기며, 새 법당을 지으려는 정성으로 영원히 변하지 않는 천진불(天眞佛)을 돌이켜보며, 일곱 권『법화경』을 독송하고 만 번 부처님 명호를 부르는 노력으로 서방에 회향했다면, 서까래 하나 세우지 않고도 범찰(梵刹)을 이룰 수 있으련만, 도저히 이룰 수 없는 일에 마음을 쏟고, 도무지 믿을 수 없는 이에게 공경을 다 바치고 있었으니, 애석한 마음 금할 길 없다.

남악혜사의 서원문

대장경에 『남악선사입서원문(南岳禪師立誓願文)』(남악 선사가 서원을 세운 글)이 있는데, 이 글 끝에 "원컨대 먼저 단(丹)[1]을 얻은 후에 도를 얻어지이다." 한 부분이 있다.

이것은 이 몸이 세상에 오래 머물러 장생불사하며 현세에 성과(聖果)를 이루고 다른 생을 기다리지 않겠다는 뜻이거나, 남악은 응화(應化)한 성현이시니 그의 입에서 정말로 이런 말이 나왔다면 반드시 그럴 만한 까닭이 있어서일 것이니, 범부로서는 추측할 일이 아니다.

만약 후인이 보탠 말이라면 믿어서는 안 된다. 어리석은 자들이 이 글을 보고 혹시 그릇된 견해를 내면 이 발원문이 사람을 그르치기 때문이다.

신란(神鸞)[2]은 선경(仙經)을 불사르고 『관경(觀經)』을 닦았거늘, 남악

1 원래는 파촉(巴蜀) 지방에서 나는 일종의 광물로 수은과 유황이 화합한 것이나, 도가에서 이것을 원료로 장생불사의 영약을 만들려고 하였으므로 후에는 장생불사의 영약을 지칭하는 말이 되었다.

2 담란(曇鸞: 476~542)을 말한다. 양나라 때 스님. 어려서 고향 근방인 오대산에 출가, 널리 내외의 전적을 연구하여 구마라집이 번역한 사론(四論), 즉 「중론(中論)」·「백론(百論)」·「십이문론(十二門論)」·「대지도론(大智度論)」의 불성의 뜻에 조예가 깊었다. 『대집경(大集經)』의 주석을 달다 병이 들어, 장생불사의 법을 찾아 남방의 도사인 도홍경(陶弘景)에게 도술을 닦았으며 선경(仙經)을 받아가지고 북으로 돌아왔다. 낙양에서 보리유지를 만나 『무량수경』 1권을 받은 뒤부터 정업(淨業)을 닦아 정토에 왕생하기를 발원하였다. 위왕(魏王)이 그를 존경하여 신란(神鸞: 훌륭한 담란 스님)이라 존칭하고 대암사에 있게 하였으나 만년에 석벽의 현중사로 옮겼고, 흥화 4년 평요 산사에서 67세의 나이로 죽었다. 저서로 『왕생론주(往生論註)』, 『찬아미타불게(讚阿彌陀佛偈)』 등이 있다.

은 단도(丹道)를 닦으면서 불도를 구했으니 어찌 양자가 이렇게 서로 어긋나는가?

저 남악의 『지관』이 『기신론』을 인용하면서 '악(惡)' 한 자를 더하여 "모든 선악을 구족하였다." 하였으니, 이것은 필시 남악의 뜻이 아니고 후인 가운데 이 글을 연구하는 자가 '악' 자를 더했을 수도 있다. 그러므로 이 발원문인들 어찌 순수하게 믿을 수 있겠는가?

이것은 『선문구결』과 마찬가지 경우일 것이다.

천태가 부처님의 심인心印을 전해 받다

대장경에는 또 『지자대사전불심인(智者大師傳佛心印)』(지자 대사가 부처님의 심인을 전해 받다) 한 권이 있다.

부처님의 심인을 천태도 전해 받았다는 사실을 굳이 부인하려는 것은 아니지만, "천태만이 전해 받았을 뿐, 달마의 여러 스님들과는 상관없는 일이다." 한 것은 당치 않은 말이다.

또 "사자(師子)[1] 존자가 박해를 받음으로써 그 심전(心傳)이 끊어지고 말았다. 그래서 여섯 대에 걸쳐 의발을 전해 받았다는 사실은 전혀 근거 없는 일이다." 한 것도 당치 않은 말이다.

사자 존자의 색신(色身)은 박해할 수 있었으나 도는 해칠 수 없었으며, 사자의 설법은 이미 끊어졌지만 전법은 끊어지지 않았던 것이다.

1 사자(師子: ?~259) 존자는 중인도 스님으로 부처님의 법장(法藏)을 이은 제24대 조사다. 바라문 출신. 학륵나(鶴勒那) 존자의 법을 이어받아 계빈국에서 교화하는 동안 바사사다(婆舍斯多)를 만나 그에게 정법안장을 부촉하고, 그에게 다른 나라로 가서 근기에 따라 중생을 교화하게 하고는 "난은 구차스럽게 면하려 할 것이 아니다. 난 혼자 계빈에 남으리라." 하였다. 그때 본국에 외도 두 사람이 있었으니, 한 사람은 마목다(摩目多)라고 하고 한 사람은 도락차(都落遮)라고 하였다. 이들은 거짓으로 승려의 형상을 하고 불교를 파괴시킬 생각으로 난을 일으키고는 "성공하지 못하면 죄가 불교로 돌아갈 것이다." 하였다. 이것이 발각되자 왕이 크게 노하여 "나는 평소 삼보에 귀의하였는데 어찌하여 나를 해치려 하는가?" 하고는, 곧 절을 파괴하고 승려들을 내쫓았다. 그러고는 또 존자를 찾아가서 칼을 빼들고 물었다. "스님은 오온(五蘊)이 공하였음을 깨달았습니까?" "이미 오온이 공하였음을 알았노라." "생사를 여의었습니까?" "이미 생사를 여의었노라." "이미 생사를 여의었다면 나에게 머리를 줄 수도 있겠습니다." "몸은 내 것이 아닌데 어찌 머리를 아끼겠는가?" 그러자 왕이 칼을 휘둘러 존자의 머리를 베니, 흰 젖이 몇 자나 솟아올랐다. 동시에 왕의 오른 팔이 땅에 떨어지고 7일 만에 죽었다.

이런 일들은 모두 후인들이 천태를 추앙하기 위해 한 짓이었으나, 진정 천태를 추앙하는 올바른 태도는 아니다.

또 후인이 "『법화경』이 근본이요 『화엄경』은 지엽이다." 했으나, 천태가 어찌 이런 말을 한 적이 있었겠는가?

또 "성구(性具)[2]의 뜻은 천태 일가(一家)에만 있으니, 다른 가문은 미칠 바가 아니다." 하였으나, 일가의 설이라 하여 어찌 널리 사람에게 보이지 않을 리가 있겠는가?

성구의 이치는 모든 경전에 나타나 있고 모든 조사들이 발양한 것인데, 이런 이치를 알지 못하고 일가만의 것으로 함부로 단정하는 것은 천태 자신도 듣기에 즐겁지 않을 것이다. 천태는 성사(聖師)이긴 하지만 도를 앙모했을 뿐 철저하게 성취한 자는 아니었다. 그래서 자신의 처지에 대해 "나는 나 자신의 문제에는 소홀하면서 지나치게 다른 사람만을 이롭게 함으로써 겨우 5품[3]밖에 오르지 못했다." 하고 술회한 적도 있거니와, 후인이 지나치게 찬양함으로써 도리어 천태의 겸양한 마음을 잃

2 성(性)은 법성(法性), 혹은 진여(眞如)를 말하고, 구(具)는 구족(具足)의 뜻이다. 진여법성은 미오제법(迷悟諸法)에 본래 구족하였음을 말한다. 천태종의 교의(敎義)이다.

3 오품제자위(五品弟子位)를 말한다. 천태종에서는 원교(圓敎)의 수행 지위를 여덟 가지로 나누는데, 그중에서 오품제자위가 제1위다. 10신(信) 이전의 외범위(外凡位)를 오품(五品)으로 나눈 것. (1)수희품(隨喜品)은 실상원묘(實相圓妙)한 법을 듣고 신해수희(信解隨喜)하는 지위. (2)독송품(讀誦品)은 신해수지하는 반면『묘법경』을 독송강설하는 지위. (3)설법품(說法品)은 정확하게 법을 설하여 다른 사람을 인도하고 다시 이 공덕으로 자신의 수행을 관조하는 지위. (4)겸행육도품(兼行六度品)은 마음을 관찰하는 여가에 보시·지계 등 육바라밀을 보조적으로 닦는 지위. (5)정행육도품(正行六度品)은 관심(觀心) 공부를 정진할 때 자행(自行)과 화타(化他)의 사리(事理)가 구족하여야 하기 때문에 여기서 반드시 육바라밀의 실천을 위주로 해야 하는 지위.

게 하였다.

앞의 한 가지 일과 합하여 생각해 보면, 고인이 "책을 모두 믿는다면 책이 없는 것이 차라리 더 낫다."[4] 한 뜻을 음미하게 한다.

4 『맹자(孟子)』 진심장(盡心章)에 나오는 말.

『수륙의문水陸儀文』

세상에 전하는 말로 『수륙의문』은 양무제(梁武帝)에게서 비롯되었다 한다.

옛날 백기(白起)[1]가 장평(長平)에서 조나라 군사를 격파하고 항졸 40만을 구덩이에 묻어 죽인 극악무도한 죄를 지어, 이로 인하여 오랫동안 지옥에서 벗어날 기약이 없더니, 어느 날 무제의 꿈에 나타나 이런 사정을 하소연하였다.

무제가 지공(志公) 등 여러 스님들을 모셔다 이 자를 구할 방법을 상의하다가, 대장경에 『수륙의문』이 있는 것을 알고 이 사람을 위해 기도했더니 광명이 온 방안에 가득하였다. 이로부터 이 의식을 거행하여 후세에까지 전해져 온 것이 이 책이라는 것이다.

그러나 지금 장경에는 이런 글이 없고, 금산사(金山寺) 본도 앞뒤가 뒤섞여서 시종의 실마리를 볼 수 없다.

그나마 이 의식을 집전하는 스님도 자기들 뜻에 맞도록 적당하게 개작하여 약간씩 다르고, 남도(南都)에 그린 상하당(上下堂)의 모습은 화사(畫師)가 전하는 데 따라 받들어 일정한 표준을 삼으니, 자못 확실하지가 않다.

또한 수륙도량을 건립한 자는 돈을 거둬들이기 위해 몇 달 몇 년 만에야 재를 마치기도 하고, 거창한 글을 내보이며 남녀노소들을 끝없이

1 전국시대의 진나라 명장. 용병을 잘하여 적국의 70여 성을 빼앗고, 장평(長平)에서 조나라 대군을 격파하여 40만의 항졸을 생매장하였다. 후에 응후(應侯) 범저(范雎)와 사이가 틀어져 파면당하였다가 다시 사사(賜死)되었다.

끌어들인다. 그리하여 깃대만 보고 봄나들이를 하는 격으로 발이 꼬이고 어깨가 서로 마주치는 무질서한 남녀가 하루에 몇 천 명은 될 듯싶다.

이런 짓은 성현을 모독하고 귀신을 충동질하여, 잃는 것이 많고 허물이 무거우며 재앙을 불러들일 뿐 아무 공덕이 없다. 또한 도량을 꾸며 이 일을 마치지도 못하고 나쁜 과보를 받으리니, 참으로 두려운 일이다.

오직 사명(四明) 지반(志磐)[2] 법사가 편집한 의식문만은 매우 정밀하고 매우 간편하되, 정밀하지만 번잡하지 않고 간편하면서도 누락된 곳이 없다. 이 본은 사명에만 있고 다른 곳에서는 본 적이 없는 것으로, 내가 오류를 바로잡아 다시 판에 새겨 널리 유포하였다.

그렇다고 경솔히 불사를 거행하거나 자주 치러서도 안 된다. 경솔히 행하면 반드시 자주하게 되고 자주하다 보면 저절로 경솔해지기 마련이다.

이로 말미암아 정성과 공경이 소홀하고 과실과 허물이 커서, 복을 구하려다 도리어 화를 부르게 된다.

서로 신중히 해 주기 바란다.

2 남송(南宋) 스님. 고향과 생몰연대를 모두 알 수 없다. 호는 대석(大石). 사명(四明) 복천사(福泉寺)에 살았다. 천태 교관(敎觀)을 배우고 역대 여러 조사의 정통을 계승하여 대교를 현양하였다. 『종문존조의(宗門尊祖儀)』 1편을 짓고, 종감(宗鑑)의 『석문정통(釋門正統)』을 다시 수정하고 편찬하였다. 위에서 열거한 저술 외 『법계성범수륙승회수재의궤(法界聖凡水陸勝會修齋儀軌)』 6권이 있다.

선지식을 가까이하라

월(越) 땅의 정(定) 스님은 중년에 출가하여 떨어진 옷으로 걸식하며 구름이 흘러가듯 새가 공중을 날 듯 명리에 담박하더니, '맑게 갠 하늘에 해가 뜬다' 하는 사구(四句)를 힘써 참구하여 문득 깨달음이 있었다.

그때 선지식 중에서 그를 위해 엄하게 질책해 주는 이는 없고 인정하는 자만 있었으므로, 그는 마음에 승복하지 않고 화를 내며 떠나버렸다.

일찍이 내게 "요즘 스님으로서 누가 감히 저를 인정하겠습니까?" 하고는, 석가여래에게나 인정받으리라는 태도였다.

이로 말미암아 작은 것을 얻은 것으로 만족하게 여기고 놋쇠를 금으로 오인하여, 라도(羅道)[1]를 숭배하고 그 교조가 지은 5부 6책 등의 책에 주석을 달더니 결국 당시 사람들의 비웃음을 샀다. 전에 그에게 올바른 스승과 훌륭한 벗을 얻게 하였다면, 반드시 크게 성취할 수도 있었을 것이다.

그러므로 스승을 찾고 벗을 가까이하는 공(功)은 도를 배우는 자의 중요한 임무임을 알 수 있다. 이 스님은 원인만 있고 결과가 없었으므로 초심(初心)을 상실하고 말하였던 것이다.

참으로 애석한 일이다.

1 명나라 가정(嘉靖) 연간에 라인(羅因: 1442~1527)이 창립한 민간신앙의 한 가지. 무위교(無爲教)라고도 한다. 무위교의 종지는 선종(禪宗)에 가까우나 문자를 세우지 않고 불상과 사찰을 부정하기 때문에 오공교(悟空教)라고도 한다.

바다를 통해 보살을 뵙다

승속을 막론하고 남해 관음보살을 친견하려 가는 자들 중에, 어떤 이는 사명산(四明山)으로 해서 가는 바른 길을 택하지 않고 따로 바다나 별자문(鼈子門: 전당강이 바다로 흘러들어가는 곳)을 통하여 들어가서 뜻하지 않은 고생을 하는 자들이 있다. 더구나 태풍이 일어 배가 전복되어 익사하는 자가 몇 십 명, 혹은 몇 백 명이나 되는 때도 있다고 한다.

아! 수백 리, 수천 리를 멀다 않고 지극한 정성으로 찾아가서 보살을 뵙고자 하니 어찌 장한 뜻이 아니며 훌륭한 일이 아니랴만, 목숨을 잃는 지경에 이르면 반드시 임종에 정념(正念)을 갖지는 못하리니, 이를 어찌 하면 좋단 말인가!

경에는 "보살은 어디든지 몸을 나타내지 않는 곳이 없다." 하셨으니, 굳이 멀리 다른 곳으로 물을 건너갈 필요가 없을 것이요, 대자대비하신 것이 이 보살이 보살일 수 있는 까닭이니, 보살의 자비심을 마음에 새기고 보살의 자비행을 실천한다면, 이것이 문밖을 나가지 않고 늘 보타산(普陀山)을 직접 뵙는 길이며 자비의 얼굴을 쳐다보지 않고도 항상 관자재를 직접 공경히 모시는 방법인 것이다.

또 어떤 이는 범람하는 물결 속에 뛰어드는 것으로 '몸을 바친다[捨身]'고 생각하면서, 보살이 인도하여 맞이해 주기를 바랐다. 그러나 죽음에 이르면 반드시 화를 내고 원망할 것이니, 이것은 도리어 타락하는 길이 되고 만다. 아! 어찌 슬픈 일이 아닌가!

이뿐만 아니다. 태산(泰山)의 정상에는 '사신애(捨身崖)'라는 낭떠러지가 있는데, 후세에 어진 사람이 여기에 담을 쌓고 '가엾고 어리석다'

하는 글을 크게 새겨 두었다. 이것도 한량없는 음덕(陰德: 남모르게 행하는 덕행)이리라.

서방을 멸시하다

포(鮑)씨 성을 가진 어떤 거사는 날마다 『법화경』과 『능엄경』을 독송하였다. 이렇게 오래하다 보니 지해(知解)가 밝아져서 마침내 서방에 관한 글인 『답객문(答客問)』 세 편을 지었다.

처음 한 편은 그런 대로 바른 이치를 말하더니, 갈수록 서방은 갈 만한 곳이 못 된다는 투의 언사를 늘어놓았고, 다음 두 편에서는 서방에 태어나기를 원하는 자의 그릇됨을 심하게 나무랐으며, 어떤 곳에서는 내게 이 점에 대해 반박할 것을 권하기도 하였다.

나는 공곡(空谷) 선사가 말한 "사람을 속이는 말은 나무꾼이나 목동의 노랫가락쯤으로 취급해 버린다." 하는 말을 기억하며 굳이 변명하려 하지 않았다.

그런데 요즘은 포씨의 논의가 모두 선문(禪門)의 바른 이치로 인식되어 쉽게 사람들이 접근하고 있으니, 이로 인하여 중생들이 의혹을 갖거나 왕생의 원을 버린다면 그 피해가 적지 않을 것이므로 부득이 입을 다물고 있을 수만은 없다.

처음 한 편에서는 세 등급의 서방을 나누었으니, 하나는 문수 · 보현 · 마명 · 용수 등 보살이 태어나는 서방이요, 두 번째는 혜원 법사 · 영명 선사 등 선지식과, 소동파 · 양차공(楊次公)[1] 등, 현인이 태어나는 서방이며, 세 번째는 범부와 악인 · 축생 등이 가는 서방이 따로 있다고 말하였다.

1 송나라 양걸(楊傑)을 말한다. 호는 무위자(無爲子), 자가 차공(次公)이다. 소년에 급제하여 관직이 상서주객랑(尙書主客郎)이 되어 양절(兩浙)의 형옥(刑獄)을 다스렸다. 불법을 깊이 믿어 선종에도 깨달음이 있었다.

이 이야기는 아주 비슷하여 이치에 타당한 것 같지만, 구품(九品)으로 왕생하는 것은 경전에 분명한 문장이 있어서 마치 해와 달이 중천에 떠 있듯이 뚜렷한데, 어찌 그가 따로 세 가지 등급을 나눌 필요가 있었을까? 임금이 법도를 제정하면 온 천하가 이를 받들고 지키는 법인데, 시골의 일개 필부가 따로 조약을 세우려는 일이 과연 가당키나 한 일인가? 이것이 그의 첫 번째 잘못이다.

부처님께서 구품을 밝히신 것은, 서방에는 원래 여러 가지 국토가 없으나 사람들 근기가 같지 않기 때문에 왕생하는 자가 스스로 아홉 가지를 이룬 것이다.

그런데 포씨의 설은 서방에는 원래 세 등급의 국토가 만들어져 있어서 세 등급의 사람을 기다린다고 하니, 경의 내용과는 맞지 않다. 이것이 그의 두 번째 잘못이다.

또 "혜원 법사와 영명 선사 등 여러 선지식과 현인들이 왕생하려는 목적은 자신의 이익을 위해서가 아니라 순전히 남을 이익 되게 하려는 것이다." 하였다.

저 국토에 왕성하려는 것은 바로 여래를 직접 뵙고 여래의 설법을 듣고서 무생법인이라는 큰 이익을 얻고자 해서이다. 대보살은 그만두더라도, 소동파나 양차공 같은 현인이 어찌 모두 보살지를 다 이룬 후에 특별히 극락에 가서 극락 중생을 제도하기 위함일 뿐, 자리(自利)와는 무관한 일이라는 말인가!

『행원품』 송(頌)에 "여래 무량광을 직접 뵙고, 목전에서 내가 보리기(菩提記)를 받아지이다." 하였으니, 수기를 구한 것은 자리가 아니고 무엇인가? 이것이 그의 세 번째 잘못이다.

또 "성인과 범부가 한 몸이나 미혹하고 깨달은 차이로 우열이 잠깐 나뉘었을 뿐이다. 회광반조(回光返照: 자아성찰)하면 손바닥을 뒤집듯이 성인과 범부가 엄연히 다르다." 하였다.

이미 반조하였다면 어떻게 도리어 엄연히 다를 리가 있으며, 또한 '한 몸'이라 할 수 있는가? 이렇게 한 입에서 나온 말이 앞뒤가 서로 맞지 않다. 이것이 그의 네 번째 잘못이다.

또 "아상(我相)에 집착하여 저 국토에 태어나려 하지 마라." 하였다. 부처님께서는 정토에 태어나기를 발원할 것을 신신당부하셨다. 그렇다면 부처님이 사람들에게 아상에 집착하도록 가르치신 것이란 말인가? 이것이 그의 다섯 번째 잘못이다.

제2, 제3 편에서는 더욱 격렬하게 비방하여 더 많은 잘못을 저지르고 있다. 그중에 "요즘 불법을 가르치는 자들은 오직 정토만을 일삼고 이 일만을 진실하게 여긴다." 하였다. 그렇다면 정토가 거짓이라는 말인가? 부처님께서 정토를 말씀하신 것이 속이는 말을 하였다는 것인가? 금색세계(金色世界)가 있음을 믿지 않는 것을 『능엄경』에서도 꾸짖으셨다. 포씨는 날마다 『능엄경』을 독송하면서도 이런 단견(斷見)을 가지고 있으니, 이것이 그의 여섯 번째 잘못이다.

또 "'일심불란하게 하라' 하신 것은 부처님 명호를 집지(執持)하여 순간순간 온 생각을 한 곳에 집중하라는 뜻의 말씀이 아니다. 만약 부처님 명호를 집지하는 것을 말했다면, 몇 사람은 밤낮으로 염불하여 여러 노선지식으로부터 인정을 거쳤으면서도, 나중에 모두 마의 덫에 걸려 구원할 길이 없게 된 경우를 내가 누차 직접 목격하였다." 하였다.

부처님 명호를 집지하게 한 것은 경에 설하신 분명한 부처님 말씀이다. 그렇다면 부처님이 이 몇 사람들을 그르쳐서 마의 덫에 걸리게 했다는 말인가? 염불하지 않고 참선하는 자들 중에도 마에 걸린 경우를 수없이 볼 수 있는데, 이것은 무엇 때문인가?

경에 말씀하시기를 "염불 왕생한 자가 불퇴전을 얻으면 반드시 성인의 무리에 들어갈 것이다." 하시어, 부처님께서도 성인의 무리에 들어갈 수 있음을 허락하셨다. 그런데 포씨는 마의 덫에 걸릴 것이라고 생각했으니, 이것이 그의 일곱 번째 잘못이다.

또 "소위 일심(一心)이란 사람마다 본래 가지고 있는 마음이다. 이 마음은 본래 영묘(靈妙)하고 본래 구족(具足)하였으니 이 밖에 다른 법이 없다." 하였다.

경에서는 분명히 "부처님 명호를 집지하여 일심불란하게 하라[執持名號 一心不亂]." 하셨다. 그런데 포씨는 어찌하여 위의 네 글자는 빼버리고 '일심(一心)'만 말하였는가? 만약 이런 경문이 없었다면 실속 없이 입으로만 하는 고상한 말이기는 하지만, 이렇게 마음을 말하는 것이 틀린 것은 아니다. 이것은 부처님의 진어(眞語)이며 실어(實語)이다. 그런데 부처님이 잘못 설했다 하여 지금 포씨가 바르게 고치려는 것인가?

『법화경』에도 "일심으로 관세음보살을 칭명(稱名)하라." 하셨다. 그렇다면 이 말씀은 또 어떻게 해석하려 하는가? 이것이 그의 여덟 번째 잘못이다.

또 "이 법에 의지하여 수행하면 반드시 사도(邪道)에 떨어질 것이다." 하였다. 앞에서는 마의 덫에 빠질 것이라더니 이제는 사도에 떨어질 것이라고 하였다. 염불하는 피해가 정말 이렇게 막심하단 말인가? 그렇다면 부처님께서 어찌 사람들에게 염불법을 금하게 하지 않으시고, 포씨가 금할 때까지 기다리신 것일까? 이것이 그의 아홉 번째 잘못이다.

또 "고인은 사람들에게 먼저 근본을 얻도록 권한 후에 왕생하기를 권하였다." 하였다.

염불 왕생하는 것은 원래 밑에서부터 배워 위로 통달하는 일이니, 먼저 위에서 통달한 후에 아랫것을 배운다는 것이 이치에 옳다는 말인가? 먼저 장원급제하여 지위가 재보(宰輔: 재상)에 이른 후에, 육경(六經)과 논어 · 맹자를 익히고 과거 문자를 배우는 일이 있을 수 있는 일인가? 이것이 그의 열 번째 잘못이다.

또 "만약 불법이 이것뿐이라면, 『미타경』 한 권을 소화하면 그만일 것이다. 단지 이 경을 의지할 뿐이라면, 누가 인천(人天)의 스승이 되지 못하며 누가 선지식이라는 이름을 듣지 못하겠는가?" 하였다.

『법화경』이나 『능엄경』, 『화엄경』, 『반야경』 등의 대승경전을 독송하지 않은 날이 없고 강의하지 않은 날이 없는데, 누가 『미타』 한 경에만 집착하여 다른 경은 버리게 하였는가?

진실하게 오로지 한 가지 경에만 의지하지 않는 것이 염려될 뿐이니, 한 가지 경전에만 전념하여 염불삼매를 얻는다면 선지식이라는 이름을 얻는 것이 어찌 허물될 리가 있겠는가? 이것이 그의 열한 번째 잘못이다.

또 "부처님의 세계는 한량없다. 그런데 사람들에게 오로지 한 세계에만 태어날 것을 가르친다면 다른 부처님 세계는 찬바람만 불어 쓸쓸할 것이다." 하였다.

미진 중생이 모두 한 세계에 태어나더라도 많거나 더하는 것을 볼 수 없고, 미진 중생이 한 사람도 저 국토에 태어나지 않더라도 적어지거나 줄어드는 법이 없음을 어찌 알았으랴! 어찌 찬바람이 불거나 따뜻할 리가 있으며 쓸쓸하거나 시끄러울 리가 있겠는가? 어린애 소견이요 사리에 맞지 않는 편벽된 말이다. 이것이 그의 열두 번째 잘못이다.

아! 온갖 경론이 서방을 찬탄하였고 모든 성현이 저 국토에 왕생하기를 발원하였건만, 포씨 한 사람만이 유독 헐뜯고 비방하고 있으니 어찌 구업을 두려워하지 않는가?

거사가 처음에는 신심이 돈독하여 내가 매우 기특하게 여겼더니, 지금은 이런 망담(妄談)을 늘어놓고 있으니 내가 매우 걱정하노라.

송고염고頌古拈古[1] 1

어떤 이가 "고인들은 모두 송고염고를 하였으나 스님께서만 유독 이런 일이 없습니다. 이는 무슨 까닭입니까?" 하고 물었다.

이것은 감히 할 수 없었기 때문이다. 고인은 확철대오한 후에 반 마디 게송을 읊거나 한 마디 말을 발양하였으나, 모두 진실 심지의 대광명장(大光明藏)에서 자연스럽게 유출된 것이어서 사유나 조작에 의지하지 않았다. 과연 요즘 사람들도 능히 이와 같을 수 있겠는가?

명나라 초 존숙들이 공안에 대해 말한 것에 두 가지 등급이 있었다. '구자무불성(狗子無佛性)[2]'이나 '만법일귀(萬法一歸)[3]'에 대해 말한 따위가 하나요, 다른 하나는 최후에 복잡하여 매우 알기 어려운 곳[誵訛極則處]이 있으니 이를 '뒤통수에 한 방 먹인다' 하는 것으로, 지극히 뚫기 어렵다.

나는 앞의 '구자'나 '만법'에도 아직 의심이 없지 않은데 하물며 최후의 공안이랴. 그러므로 감히 억견을 마음대로 하여 함부로 송(頌)이나 염(拈)을 하지 못하는 것이다.

1 고인들이 제자를 지도하기 위하여 제시한 공안(公案: 古則)에 대하여 그 본령을 알리기 위해 간결하게 참뜻을 가르친 것을 말한다. 송(頌)은 시의 형식을 빌린 것이고, 염(拈)은 평(評)으로 자기의 견해를 보인 것이다.

2 조주종심(趙州從諗)에게 어떤 스님이 "개도 불성이 있습니까?" 하고 물으니, 선사가 "없다." 하였다.

3 어떤 스님이 조주에게 "만법이 하나로 돌아가니 하나는 어디로 돌아갑니까?" 하고 물으니, 선사가 "내가 청주(靑州)에 있을 때 장삼 한 벌을 만들었는데 무게가 7근이었다." 하였다.

송고염고 2

또 물었다.

"스님께서는 겸손하신 것입니까, 아니면 정말 하지 못하여 하지 않는 것입니까?"

겸손한 것이 아니다. 이것은 사실대로 한 말이다.

『능가경』에는 종통(宗通)과 설통(說通)[1]을 말했고, 교문(敎門)에는 드러난 뜻이 많고 종문(宗門: 禪門)에서는 흔히 비밀스런 뜻을 말하고 있다. 그러므로 또한 '의미 없는 말[無義味語]'이라 부르기도 한다. 나는 교문의 깊고 현묘한 이치도 아직 다 통하지 못했는데, 하물며 종문 가운데 말이겠는가?

또한 종문의 문답기연(問答機緣)을 '의미 없는 말'이라 하지만 아직 얼마만큼 '뜻의 길[義路]'이 있어서 마음으로 생각하거나 입으로 표현할 수 있는 것도 있다. 뜻의 길이 완전히 끊어져서 구멍 없는 방망이와 같이 전혀 뚫고 들어갈 수 없는 것도 있고, 허공과 같아서 도저히 잡을 수 없는 것도 있고, 마름쇠와 같아서 깨물거나 씹을 수 없는 것도 있고, 큰 불덩이와 같아서 가까이할 수 없는 것도 있고, 작열하는 태양과 같아서 눈을 뜨고 쳐다 볼 수 없는 것도 있으며, 비상이나 짐독(鴆毒)[2]과 같아서 도저히 혀를 댈 수 없는 것도 있으니, 어찌 함부로 논의하겠는가?

대강 한두 가지 고인의 공안을 들어 사실 여부를 생각해 보리라.

1 종지(宗旨)에 통달하는 것을 종통(宗通)이라 하고, 다른 사람을 위해 자유자재로 법을 설하는 것을 설통(說通)이라 한다.

2 짐새의 깃을 술에 담근 매우 강력한 독.

세존이 꽃을 드시자 가섭이 파안미소하였다 하니, 나도 지금 가섭과 같이 부처님 마음을 깨달았는가?

객이 『금강경』 외우는 소리를 듣고 6조가 즉시 깨달았다 하니, 나도 지금 6조와 같이 경의 깊은 뜻을 알았는가?

임제 선사가 대우 화상을 만난 후 '황벽 불법이 몇 푼어치 안 되는군!' 하였다 하니, 나도 지금 몇 푼어치 안 되는 이치를 실제로 보았는가?

조주 스님은 나이 80이 되도록 행각하였지만 '마음이 아직까지 편안하지 못했다' 하였으나, 나는 지금 이미 마음이 편안한가?

향엄(香嚴)[3] 화상은 기와조각이 대나무에 부딪히는 소리를 듣고 '한 번 부딪치는 소리를 듣고 모든 아는 것을 잊어버렸네' 하였으나, 나도 지금 모든 아는 것을 잊어버렸는가?

영운(靈雲)[4] 선사는 복숭아꽃을 보고 '곧장 여기에 다다라서 아무것도 의심치 않네' 하였으나, 나도 지금 분명히 의심치 않는 곳에 이르렀는가?

고봉(高峰) 화상은 설암(雪巖)의 '깊은 잠이 들어 꿈도 없을 때 주인공은 어디에 있는가?' 하는 질문을 받고 아무 대꾸도 하지 못했으나, 나는

3 향엄지한(香嚴智閑: ?~898) 선사를 말한다. 당나라 때 스님. 어려서 백장회해(百丈懷海) 선사에게 출가하여 위산영우(潙山靈祐)에게 참학함. 남양혜충(南陽慧忠) 국사의 도량에서 돌이 대나무에 부딪히는 소리를 듣고 홀연히 깨달아 위산의 법을 이어받음. 그 후에 향엄사에 머물며 위산의 종풍을 널리 선양하였다. 시호는 습등(襲燈) 대사.

4 영운지근(靈雲志勤) 선사를 말한다. 생몰연대 미상. 당나라 때 스님. 위산영우의 제자. 위산에 있을 때 복숭아꽃을 보고 깨닫고는 "30년 동안 칼 찾던 자여, 얼마나 잎 지고 가지에 움 돋았나. 한 번 봉숭아꽃 본 이후로 지금까지 아무것도 의심치 않네[三十年來尋劍客 幾回落葉又抽枝 自從一見桃花後 直至如今更不疑]." 하였다.

지금 이 질문에 대해 능히 대답할 수 있는가? 그리고 3년 후에 목침이 땅에 떨어지는 소리를 듣고 대오했으니, 나도 지금 이렇게 대오하였는가?

이런 일은 일일이 다 열거할 수 없다. 만약 하나라도 아직 분명히 알지 못했으면 그 외의 것도 모두 분명하지 못하다. 도솔 열(兜率 悅)[5] 화상이 장무진(張無盡) 거사에게 한 말도 이것이었다.

고인의 공안뿐만 아니라 요즘 사람의 공안에 대해서도 감히 경솔하게 옳고 그름을 평가하여 함부로 논박해서는 안 된다. 왜냐하면 당상(堂上)에 앉은 자라야 당하(堂下) 사람의 옳고 그름을 판단할 수 있고, 아직 성현의 지위에 오르지 못했기 때문이기도 하다.

아! 일전어(一轉語)를 잘못 대답했다가 백 겁 동안이나 여우의 몸을 받은 일도 있고,[6] 눈 밝은 사람의 답화(答話)를 비웃었다가 30년 동안 구역질하는 병에 걸렸던 경우도 있다.[7]

깊이 자신을 헤아려 보면 너무나 분명한 일이니, 참으로 신중히 하지 않을 수 있겠는가!

5 도솔종열(兜率從悅: 1044~1091) 선사를 말한다. 송나라 때 스님. 처음에는 불교를 배척하였지만 『유마경』을 읽고 발심하였다. 늑담극문(泐潭克文)에게서 법을 이어받고 홍주 도솔사에 머물렀다. 승상 장상영[無盡居士]은 처음에는 동림상총(東林常總)에게 참학하였으나 나중에 종열의 득법 제자가 됨. 세수 48. 휘종 3년에 장상영의 주청으로 진적(眞寂) 선사라는 시호를 내림.

6 백장야호(百丈野狐)의 고사를 말한다.

7 향엄(香嚴) 선사와 그의 사제인 소산(疎山) 선사와의 일. 향엄이 소산에게 "설사 그대가 그렇더라도 30년 동안 구역질하는 병에 걸리리라." 하더니, 과연 향엄의 예언과 같았다.

장경藏經에 수록되어야 할 큰스님의 저서

고래로 우리나라에서 대장경에 수록하는 저술은 모두 장경에 수록하는 일정한 양식을 따르고 있었다.

곧 인도스님 약간 명, 중국스님 약간 명, 불법에 통한 재관 약간 명이 함께 모여 공동으로 수록 대상을 심의하였다.

그러나 당연히 수록되어야 할 것임에도 누락된 것이 있다. 원나라 『천목고봉선사어록(天目高峰禪師語錄)』과 명나라 초의 『기초석선사어록(琦楚石禪師語錄)』[1]은 보물 창고에서 빠진 보배들이다.

근래에도 대장경에 40여 함의 경론을 새로 수록하였으나 두 스님의 어록은 여전히 빠진 채였고, 들어가지 않아야 할 것이 도리어 들어간 것이 있었다. 그것은 아마 한두 사람, 때나 엿보는 스님들이나 몇 명의 환관 따위가 대강대강 스스로 결정한 것이었고, 고명한 자는 그 일에 참여하지 않았기 때문일 것이다.

아! 천태 법사의 갖가지 저술이 100년이 지난 후에야 대장경에 수록된 적도 있었으니, 또한 시절인연 탓이라고 해야 할까!

이후에 다시 대장경에 수록해야 할 대상을 정리할 경우에, 두 스님의 어록은 가장 먼저 취급되어져야 할 것이다. 특별히 밝혀 두는 바이다.

1 천녕범기(天寧梵琦: 1296~1370) 선사의 어록 20권을 말한다. 천녕은 주석 사명, 자는 초석(楚石), 이름은 범기(梵琦)였다. 9세에 절강성 해염 천녕사의 눌옹모(訥翁模)에게 출가해, 16세에 항주 소경사에서 구족계를 받고 경산의 허곡희릉(虛谷希陵) 등에게서 참구한 후, 경산의 원수행단(元叟行端)의 법을 이어받았다.

남악과 천태의 자언自言

남악과 천태 두 스님이 "나는 대중을 거느림으로 해서 남에게는 이익을 주었을지 모르나, 나 자신의 문제에 대해서는 적잖은 손해가 있었다." 하고 술회하면서, 한 분은 철륜위(鐵輪位)[1]를 증득하였을 뿐이라 하고, 한 분은 겨우 오품(五品)[2]에 올랐을 정도였다고 하였다.

이것은 방편으로 하신 말씀일까? 아니면 숨김없는 고백이실까?

나의 생각으로는 방편인지 사실인지 후학으로는 헤아릴 길이 없지만, 우리들로서는 우선 방편으로 하신 말씀일 것이라는 생각은 접어두고 사실을 고백한 말씀으로 받아들여, '성현도 그럴진대 더욱이 범부들이랴!' 하고 생각한다면 더욱 정진에 힘쓸 수 있지 않을까 한다.

이 두 스님만 그런 것은 아니다. 어떤 이는 "나는 스승의 곁을 너무 빨리 떠났기 때문에 그분의 오묘한 경지를 다 맛볼 수 없었다." 하기도 하고, 혹은 "나는 너무 일찍 한 곳에만 머물러 능히 여기에는 이르지 못하였다." 하기도 하여, 신중하기가 이와 같았다.

더욱이 천태 법사는 수행 정도가 아직 신위(信位)[3]에도 미치지 못했

1 곧 십신(十信)을 말한다. 수행점차를 여섯 윤왕(輪王)으로 비유하니, 천태는 철륜위(鐵輪位)는 십신(十信), 동륜위(銅輪位)는 십주(十住), 은륜위(銀輪位)는 십행(十行), 금륜위(金輪位)는 십회향(十回向), 유리윤위(琉璃輪位)는 십지(十地), 마니윤위(摩尼輪位)는 등각(等覺)에 각각 배대하였다.

2 오품제자위(五品弟子位)를 말한다. 수행 정도가 십신(十信) 이전의 다섯 가지 계급.

3, 4 수행의 계위 가운데 가장 낮은 십신위(十信位)와 그 다음 계위인 십주위(十住位)를 말한다.

는데, 요즘 사람들이 크게 깨달았다고는 하지만 정말 수행이 주위(住位)[4]에 들어가서 능히 팔상성도(八相成道)[5]했다는 것인지 묻고 싶다. 그렇지 못했다면 성과(聖果)를 증득했다는 망언의 큰 죄를 어떻게 감당하려는가!

공자가 말하기를 "나는 나면서부터 아는 자가 아니다." 했으며, 또한 "성인이나 인(仁)에 관한 것이라면 내가 어찌 감히 그와 같을 수 있겠는가?" 하고, 또 "내게 지혜가 있다고? 내겐 그런 지혜가 없다." 하기도 했으니, 곧 두 분 스님의 뜻이라 할 것이다.

그러나 저 당당하게 높이 스승의 자리를 차지하고 큰소리치면서 조금도 부끄러워하지 않는 자가, 과연 이 두 분 스님보다 나을까?

참으로 두려운 일이다.

5 석가 부처님 일생을 여덟 단계로 나눈 것. 곧 도솔내의(兜率來儀: 도솔천에서 내려오심)·입태(入胎: 마야 부인의 태에 들어오심)·주태(住胎: 태중에서 열 달 동안 머무심)·출태(出胎: 태에서 나오심)·출가(出家: 출가하심)·성도(成道: 도를 이루심)·전법륜(轉法輪: 법륜을 굴리심)·입열반(入涅槃: 열반에 드심)이다.

도사가 스님을 꾸짖다 1

어떤 도사가 내게 이런 말을 한 적이 있다.

"우리들은 관을 쓰고 상투에 비녀를 꽂고 있으나 스님들은 머리를 깎았습니다. 머리를 깎은 자는 응당 세속을 멀리 떠나야 합니다. 그런데 어찌하여 온 길에 발길이 끊이지 않을 정도로 널리 시주 다니는 자들 중에, 도사는 만나기 어렵고 늘 먹물 옷 입은 스님들뿐입니까?

어떤 이는 손에 연부(緣簿: 시주자와 시주물건을 적은 장부)를 들고 있는 것이 마치 토지신 앞에 서 있는 판관 같고, 어떤 자는 목탁을 치며 큰 소리로 서로 노래하고 화답하면서 인연을 짓도록 부르짖는 것이 마치 소경 악사 같습니다.

또 어떤 자는 보살상과 신상을 높이 들고 악기를 쳐대면서 시주하기를 권하니, 이는 노래를 파는 광대 꼴입니다.

어떤 자는 반쪽 징을 들고 대나무 막대기로 두들기고 있으니, 이는 마치 어린애들이 장난하고 있는 것 같습니다.

또 어떤 자는 무게가 수백 근이나 되는 쇠줄을 끌어당기고 있는 꼴이 죄인과 같으며, 혹은 돌을 들어 자신의 몸을 내려치고 있는 꼴이 한을 품고 하소연하는 듯한 자도 있습니다. 그뿐 아닙니다. 어떤 자는 옷을 단정히 차려입고 향을 들고 연도에서부터 예배하면서 가가호호 방문하고 있으니, 이는 부역을 매기기 위해 집집마다 방문하고 있는 관리 같습니다.

청정히 수행하는 법문(法門)에서 어느 쪽이 명성을 더럽히고 있습니까?"

내가 아무 대꾸도 하지 못하다가 천천히 이렇게 말하였다.

"시주를 하는 것이 꼭 같지는 않습니다. 이치에 맞는 것도 있고 그렇지 않은 것도 있습니다. 또한 인과(因果)가 올바른 것도 있고 인과(因果)를 거짓으로 속이는 자도 있습니다. 모두 한통속으로 꾸짖거나 허물해서는 안 됩니다. 수행에 힘쓰지 않고 오로지 이양(利養)만 구하는 것이 안타까울 뿐입니다."

이 일로 인하여 이러한 사실을 적어 두노니, 서로 경계해 주기 바라노라.

도사가 스님을 꾸짖다 2

이 도사가 또 말하였다.

"궁관(宮觀)과 도원(道院)과 모든 신묘(神廟)는 모두 우리들의 거처입니다. 그런데 어찌하여 스님들이 이곳에 많이 살고 있고, 도사가 절에 살고 있는 것은 볼 수 없습니까? 부처에게 귀의한 자는 절에 살아야 하고, 도에 귀의한 자는 궁관이나 도원이나 신묘에 살아야 합니다. 요즘 스님들이 이곳에 살고 있는 것은 삼청(三淸)[1]의 제천존(諸天尊)[2]이나 진인(眞人)[3]·신인(神人)께 귀의하기 위한 것입니까? 아니면 우리들의 재산이나 사업을 빼앗거나 점유하려는 것입니까?"

그의 말이 일리가 있어서 내가 아무 대꾸도 하지 못하다가 천천히 이렇게 대답하였다.

"빛을 감추고 숨어 사는 자는 간혹 낡고 영험 있는 곳에 은거하기도 합니다. 어찌 도사만이 이곳에 살겠습니까?"

"이곳은 재가인이 수행하여 천성을 보전하려는 자들이 우거하는 곳입니다. 비록 벼슬하는 자들과도 함께 할 수 없는데, 더욱이 삭발염의한 스님들이 주인 노릇하겠습니까?"

그의 말이 일리가 있어서 내가 종래 아무 대꾸도 하지 못하였다.

아! 요즘 스님들은 어떤 때는 총림에 머물기도 하고 조용히 난야에

1 선인(仙人)이 사는 곳인 옥청(玉淸)·상청(上淸)·태청(太淸)을 말한다.

2 도교에서 말하는 세 신(神). 곧 옥청원시천존(玉淸元始天尊)·상청영보도군(上淸靈寶道君)·태청태상로군(太淸太上老君).

3 본성을 함양하거나 깊은 진리를 깨달은 사람. 또는 신선이 된 사람.

살기도 하며, 혹은 바위틈에 의지하여 방을 만들거나 나무에 떳집을 얽기도 하여, 어느 곳이든 뜻대로 하지 못할 것이 없는데, 하필이면 저 도사들에게 얹혀 식객노릇을 해야 하는가?

출가 이익

고덕은 "가장 훌륭한 자 출가하네." 하고, 세속에서는 흔히 "한 아들이 출가하면 구족(九族)이 하늘에 태어난다."고도 한다.

이것은 출가를 찬탄한 것이었으나, 출가가 어떻게 해서 이익이 되는지는 밝히지 않았다.

농사짓거나 베 짜지 않으면서도 의식이 풍족하니 이것이 이익이라는 말인가? 집을 사거나 방을 세내지 않아도 편히 살 수 있으니 이것이 이익이라는 말인가? 임금과 신하가 불법을 외호하고 신심 있는 신도들이 공경하며, 위로는 관에 부역하지 않고 아래로는 백성들에게 시달리지 않으면서도 한가롭고 안락하게 지낼 수 있으니 이것이 이익이라는 말인가?

고인이,

시주의 쌀 한 톨
크기가 수미산만 하네.
만약 도를 깨달아 빚을 갚지 못하면
가축이 되어서라도 갚아야 하리.

하는 게(偈)를 말하고, 또 "훗날 염라노인이 너에게 밥값을 계산하려 할 것이다. 보라! 너희는 장차 어떻게 대처하려는가?" 하였으니, 이것은 출가가 큰 화근덩어리임을 말한 것이다. 그런데도 이익을 말할 수 있겠는가!

이른바 출가 이익이란, 번뇌를 타파하고 무명을 끊으며 무생법인을 얻고 생사고에서 벗어나는 것이다. 이야말로 천상이나 인간에서 가장 훌륭한 자며 부모와 친척들에게도 그 은택을 입게 하는 길인 것이다.

그렇지 않으면 천 상자의 보물을 쌓아 둘 정도로 부유하고 일곱 천자의 스승이 될 만치 귀히 되더라도 무슨 이익이 있겠는가?

나는 실로 매우 근심하고 두려워하면서, 아울러 동업(同業)에게도 간절히 고하는 바이다.

소원을 들어주다

세상 사람들이 자식을 얻기 위해 기도하거나, 수명을 연장하기 위해 기도하거나, 혹은 병을 낫게 하기 위해 빌거나, 재난을 해소하기 위해 빌거나, 공명을 누리기 위해 빌거나, 집안이 편안하기 위해 빌거나, 재산을 불리기 위해 비는 등 이런 갖가지 인간사 소원을 이루기 위해 기도하는 방법 중에서, 가장 옳지 않은 것은 짐승을 잡아 희생으로 바치면서 기원하는 것이다.

이런 짓은 '나쁜 소원'이라 부르니 업만 지을 뿐 아무 공덕도 이루지 못하고, 비록 소원을 이루었다 하더라도 좋은 일은 잠시뿐 고보(苦報)가 곧 뒤따른다.

그 밖에 옷을 바치거나 깃발을 바칠 것을 약속하고, 법당을 지어 줄 것을 약속하거나 그릇을 비치할 것을 약속하는 등 이러한 것들이 비록 앞의 냄새나는 제사와는 같지 않으나, 대비평등하신 분이 부처님이시고 정직하여 치우치지 않는 자가 신(神)일진대, 어찌 뇌물로 인하여 복을 내리실 리가 있겠는가?

설사 소원을 성취했다 하더라도 본인의 운명으로 저절로 이루어진 것이지 소원을 들어주신 것은 아니다.

사실대로 말하면, 오직 널리 여러 가지 선업(善業)을 짓는 데 달렸다. 임금에게 충성하고, 어버이에게 효도하며, 가난한 이를 돕고, 노인을 불쌍히 여기며, 재난과 고통에 신음하는 이를 구하고, 살생을 금하고 죽어가는 생명을 살려 주는 등 갖가지 음덕과 여러 가지 방편으로 힘닿는 데까지 힘써 행하면, 좋은 공덕이 감응하여 반드시 상서가 내릴 것이다.

이렇게 하고서도 소원을 이루지 못하면 천명(天命)에 돌리거나 숙연(宿緣)에 맡기고 원망하거나 탓하지 말고, 더욱더 선행을 행하여 결코 물러서거나 후회해서는 안 된다.

출세간의 대효

세간의 효도에는 세 가지가 있고 출세간의 효도는 한 가지다.

세간의 효도는, 첫째는 뜻을 맞추어 드리고 좋은 의복을 해 드리며 맛있는 음식으로 부모님을 봉양하는 것이요, 둘째는 과거에 오르고 벼슬에 나아가 작록으로 부모님을 영광되게 해 드리는 것이요, 셋째는 덕을 닦고 힘써 실행에 옮겨 성인이 되고 현인을 이루어 부모님 명성이 세상에 드러나게 해 드리는 것이다. 이 세 가지가 소위 세간의 효도다.

출세간의 효도는, 부모님께 권하여 계를 지키고 도를 행하며 일심으로 염불하여 극락국토에 왕생하기를 바라며, 영원히 사생(四生)을 벗어나고 길이 육취(六趣)를 떠나 연화대(蓮花臺)에 태어나 아미타부처님을 친근하여 불퇴전을 얻게 하는 것이니, 자식이 어버이 은혜에 보답하는 길이 이보다 더 큰 것이 없다.

나는 전에 막 입도(入道)했을 무렵에 양친께서 돌아가셨으므로 '불효를 애통하는 글[自傷不孝文]'을 지어 슬프고 애통한 마음을 달랜 적이 있었다.

지금 와서 재가나 출가 두 대중 중에 양친이 모두 살아 계신 이들을 보면, 더욱 비감이 북받쳐 하염없이 눈물을 흘리곤 한다.

삼가 머리 조아려 권하노라.

위조『부모은중경』

가짜로 만든 두 가지 경전이 있으니, 제목은『부모은중경』등이라고 하였다. 그런데 그것들의 내용은 다 같지 않고, 옛날 역경하는 스님의 이름을 빌리기도 하였다.

내 친구 두 사람이 각각 한 가지씩을 판에 새겼는데, 이들은 충효순정(忠孝純正)한 선비로서 효도를 권장하기 위한 것이었을 뿐, 그것이 가짜로 만든 것이라는 사실은 전혀 모르고 있었다.

어떤 이가 "이 경전의 효도를 권면한 점만 취하면 그만이지 굳이 진위를 따질 일은 아닌 것 같습니다." 하였다.

내가 대답하였다.

"그대는 단지 한 가지 이익만 알았지 두 가지 피해는 알지 못하였다.

한 가지 이익이란, 진정 그대 말과 같이 사람들에게 효성을 권하니 아름다운 일임에 틀림없다. 그러므로 하나의 이익이라 하는 것이다.

하지만 두 가지 피해란 무엇인가? 하나는 평소에 부처님을 믿지 않던 자가 이것을 보면 '부처의 말이 이와 같이 천하고 속되다면 다른 경전도 알 만하다' 하고, 더욱 비방할 수도 있지 않겠는가? 그렇게 해서 대장경의 깊고 무상(無上)한 법보도 똑같이 취급해 버린다면 그에게 허물만 더하게 하지 않겠는가? 이것이 한 가지 피해다.

두 번째는 평소에 부처님을 믿긴 했으나 한갓 신심만 있을 뿐 아직 두루 내전(內典)을 읽지 못한 자가, 이 속되고 천한 내용을 보고는 '불교를 비방하는 것이 반드시 그른 것만은 아니었구나!' 하고 의심한다면 그에게 무명혹장(無明惑障)만 더하게 될 것이다. 이것이 두 번째 피해다.

그대가 굳이 진위를 따질 일이 아니라 하였으나 피해는 많고 이득은 적음을 어찌하랴!

더욱이 효도를 권장한 경전 중에는 『대방편보은경(大方便報恩經)』과 『우란분경(盂蘭盆經)』 등 갖가지 진실한 부처님 말씀이 현재 세간에 유통되고 있는데, 무엇하러 굳이 가짜로 만든 것을 취하겠는가?”

수행은 출가에 있지 않다

예전에 내가 출가하기 전의 일이다. 내가 머지않아 출가하려는 마음을 먹고 있다는 것을 알고 어떤 도사가 이런 말을 하였다.

"굳이 출가할 필요는 없습니다. 훌륭한 스승을 만나는 것이 더는 합니다."

내가 그때는 출가할 마음이 다급하여 그 말을 귓전으로 듣고 더는 논의하지 않았다.

출가 한 후에 생각해 보니, 그 사람은 오래 살기 위해 색신(色身)을 수양하는 것으로 공부를 삼던 자였으니, 훌륭한 스승을 만나 몸이 오래 세상에 머물기만 하면 그뿐이지, 굳이 출가할 필요가 있겠는가 하는 뜻이었다.

그러나 스님이 되고자 하는 것은, 번뇌를 타파하고 지혜를 증득하여 위로 불과를 구하고 아래로 중생을 교화하고자 하는 것이니, 고덕들도 모두 집을 버리고 세속을 떠나 사문이 되었던 것이다.

또한 그 사람이 금단대도(金丹大道: 불로장생 법)를 구하는 데 뜻을 두었더라도 반드시 출가했어야 할 것이다. 그렇다면 그 사람 말이 꼭 옳은 것만은 아니었다.

다만 요즘 사람들이 출가하기 전에는 자못 몸과 마음이 청정하였으나, 머리를 깎고 염의를 입은 후에는 점점 세속 인연에 물들어 도리어 타락하는 것을 보면, 차라리 집에서 부모님을 봉양하고 자식을 교육시키면서 훌륭한 스승을 만나 정법을 지도받고 이것에 의지하여 수행하는 편이 더 나으리라는 생각이 들기도 한다. 이것이 여래의 진실한 재가제자(在家弟子)니, 어찌 구차하게 아란야(阿蘭若)에 이름을 빌리는 짓을 하랴!

이런 점에서 보면 그 사람 말도 깊은 뜻이 있다 할 것이다.

불가불 밝혀 두는 바이다.

영원히 전할 수 있는 계책

세상 사람들은 평생에 지은 시나 문장을 한 권의 책으로 펴내려 하면서, 명인(名人)의 서문이나 발문을 받아 두고는 "이것이 영구히 전할 수 있는 계책이다." 하고 말한다.

아! 옛날 사람 중에 그 이름이 천하에 떠들썩하여 사람의 이목에 분명히 새겨져 있는 자만이 비로소 그의 저술이 지금까지 전해 오고 있을 뿐, 그보다 못한 자는 죽은 지 수십 년 만이면 글을 썼던 종이는 된장단지 뚜껑으로 쓰이고 글을 새겼던 나무판은 불쏘시개로 변하고 만다. 어디에 영구한 것이 있단 말인가!

종묘의 솥이나 비석에 새겨 두어야만 안전하다고 하지만, 수백 년이 지난 후에 남아 있는 것은 흔치 않다.

공자의 문장이나 이제삼왕(二帝三王)[1]의 전모훈고(典謨訓誥)[2]는 만세

1 당요(唐堯)·우순(虞舜)과 하우(夏禹)·은탕(殷湯), 주(周)의 문왕(文王)·무왕(武王). 문왕과 무왕은 부자이므로 한 사람으로 친다.

2 상서(尚書)의 전·모·훈·고를 아울러 이르는 말. 경전이나 법도가 되는 말을 이르기도 한다. 전은 요전(堯典)과 순전(舜典)의 이전(二典), 모는 대우모(大禹謨)·고요모(皐陶謨)·익직모(益稷謨)의 삼모(三謨), 훈은 이훈(伊訓), 고는 탕고(湯誥)·대고(大誥)·강고(康誥)·주고(酒誥)·소고(召誥)·낙고(洛誥)·강왕지고(康王之誥).

까지 전하여 없어지지 않는다 할지 모르나, 삼재(三災)[3]가 일어날 때는 대지와 수미산과 모든 하늘의 궁전마저도 깡그리 부서져 먼지가 되고 말며, 한꺼번에 쓸어 없어져 허공처럼 되고 만다. 어디에 영원한 것이 있단 말인가!

참으로 영원한 것은 태어나지도 않고 죽지도 않는 본심(本心)이다! 이 마음은 하늘보다 먼저 생겨 이보다 앞선 것이 없고, 천지보다 나중까지 남아 있어서 없어지지 않는다.

신란(神鸞) 법사는 "이것이 우리 금선씨(金仙氏: 부처님)의 장생이다." 하였으나, 나는 "이것이 우리 대웅씨(大雄氏: 부처님)의 영구히 전할 수 있는 계책이다." 하고 말하노니, 어찌 세상에서 반드시 없어지고 말 부질없는 노리개 따위를 버리고 참으로 영구히 변하지 않는 정지견(正知見)을 구하지 않는가?

이러한 계책이 아니면 부질없이 마음만 수고로울 뿐, 옳은 계책이 되기에는 아득히 먼 일이다.

3 세계는 성겁(成劫: 성립기)·주겁(住劫: 존속기)·괴겁(壞劫: 파괴기)·공겁(空劫: 공막기)의 4기가 무궁하게 순환하는데, 그 가운데 주겁의 일정기에는 중생계에 소삼재(小三災)가 있으며 괴겁이 종말기에는 대삼재(大三災)가 있다. 소삼재란 서로 흉기로 찔러 죽이는 도병재(刀兵災), 나쁜 질병이 유행하는 질역재(疾疫災), 가뭄으로 굶주리는 기근재(饑饉災)를 말한다. 대삼재란 뜨거운 불에 의해 초선천(初禪天)까지 타 없어지는 화재(火災)와 큰 수해에 의해 제2선천까지 유실되는 수재(水災), 큰 풍해에 의해 제3선천까지 파괴되는 풍재(風災)를 말한다.

중생의 살을 먹어서는 안 된다

경전에 "가죽신이나 갖옷 따위를 착용하지 말라."고 말씀하였다. 이것은 착용하는 날부터 축생과 가까워지기 때문이다.

이것은 몸 밖에 착용할 뿐이지만, 더욱이 살을 먹으면 몸 안에까지 배여 들어옴이랴.

요즘 사람들은 소나 개나 돼지·소·양·거위·물고기·자라 따위를 음식으로 먹으면서도 죽을 때까지 그릇된 줄을 모르니, 이는 무엇 때문일까?

음식이 위에 들어가면 정기(精氣)가 흘러 비장으로 들어가고, 그 찌꺼기나 썩은 물은 대·소장을 통해 나온다. 그리고 영양분은 오장육부를 살찌우고 뼈와 살을 기른다. 그러나 이것들이 쌓여 오래되면 온몸이 모두 개나 소·양·돼지·거위·물고기·자라 따위의 몸이 되고 만다. 부모가 낳아 준 몸이 현생에 축생이 되고 만다면 내생에는 어떠하랴.

내경(內經)[1]에서 말하기를 "다섯 가지 곡식은 기르고, 다섯 가지 채소는 살찌우며, 다섯 가지 과실은 돕는다."고 하였다. 이렇게 인간이 먹을 수 있는 음식이 풍족한데 어찌 굳이 중생의 살로 음식을 삼는단 말인가!

기왕 사람이라는 이름을 얻었으면 사람답게 반드시 중생의 살을 먹지 않아야 한다.

1 『소문(素問)』과 『영추(靈樞)』 2종의 책.

세 사람의 정토에 대한 질문

한 사람이 물었다.

"석가여래가 발가락으로 땅을 누르니 금방 금색세계가 되었다 합니다. 부처님이 이와 같은 신통력을 갖추셨다면 어찌 이 흙과 돌과 산과 모든 추악한 것으로 충만한 사바세계를 변화시켜 칠보로 장엄한 극락세계를 만들지 아니하시고, 굳이 중생들로 하여금 저 아득한 10만억 밖의 불토로 좇아가게 하였습니까."

아! 부처님께서도 인연 없는 중생은 제도하지 못한다는 사실을 그대는 알지 못하는가? 청정한 인연으로 정토를 감응할 수 있으니, 중생의 마음이 청정하지 못하면 정토가 있을지라도 어떻게 태어날 수 있겠는가?

비유하면 십선(十善)을 닦아 하늘에 태어나면 지옥이 변하여 천당이 되거니와, 저 십악(十惡)을 저지른 중생은 여래께서 금색 팔을 펴시어 이들을 이끌지라도 저들은 끝내 아무도 문지방에 오르지 못하는 것과 같다.

그러므로 찰나에 금색세계였다가 여래께서 신력(神力)을 거두시자 여전히 사바였던 것이다.

또 한 사람이 물었다.

"경에서 말씀하시기를 '지극한 마음으로 한 번 아미타불을 부르면 80억 겁의 생사중죄(生死重罪)를 없애리라' 하였습니다. 이 말씀은 사실을 말한 것입니까? 아니면 이치적으로 그렇다는 것입니까?"

아! 경에 말씀하시기를 "한 번 '나무불(南無佛)' 하고 부르면 모두 이미 불도를 이루었다." 하시고, 또 "부처님께 한 번 예배하는 순간 그 발이 금강계(金剛界)에 이르러 한 걸음에 한 번 전륜왕의 지위를 얻으리라." 하셨으니, 지금 바로 사실인지 이치를 말한 것인지를 따질 필요가 없지 않겠는가?

다만 '지극한 마음'이라는 말에 주목하여 마음이 지극하지 못할까를 염려할 일이지, 죄가 소멸되지 않을 것이라고 염려하지 마라. 사실이 이와 같다면 이치도 이와 같을 것이요, 이치가 이와 같다면 사실도 이와 같을 것이다. 무엇을 의심하겠는가?

또 한 사람이 물었다.

"어떤 사람은 일생 동안 정성을 다해 부지런히 염불하였으나, 임종에 잠깐 주저하며 후퇴하는 마음을 내었던 탓에 끝내 왕생하지 못했다 합니다. 또한 어떤 자는 평생 악한 일만 저지르다가, 임종에 잠깐 마음을 내어 염불하여 마침내 왕생할 수 있었다 합니다. 그렇다면 착한 자는 어찌하여 뜻을 이루지 못하고 악한 자가 도리어 이익을 얻었습니까?"

아! 악한 일만 저지르다가 임종에 바른 생각을 갖는 자는 천만 명 중에 한 사람일 뿐이다. 숙세의 선근이 아니었으면, 임종에 고통이 절박하여 마음이 혼미하고 산란한 지경에 어떻게 능히 바른 생각을 낼 수 있겠는가?

또 착한 사람이 임종에 주저하며 후퇴하는 경우도 천만 사람 중에 한 사람일 뿐이다. 만약 정말로 이런 자가 있다면 그는 반드시 일생 태만하게 염불했던 자였으니, 이른바 '정성을 다해 부지런히 염불한 자'는 아니다. 정성을 다했으면 마음에 산란이 없고 부지런히 하면 마음에 잠깐의 틈도 없다. 어찌 주저하며 후퇴하는 마음을 내겠는가?

그렇다면 악한 자는 하루빨리 반성하고 수행하여 임종에 이러한 요행이 있을 것이라는 망상을 해서는 안 될 것이요, 진심으로 정토를 찾는 자는 더욱 정성을 다하고 부지런히 염불하여 임종에 주저하고 후퇴할까 근심하지 마라.

콩을 헤아리며 염불하다

어떤 스님이 신도들에게 염불 한 번 할 때마다 콩 한 낱을 따로 담아 이 콩을 모아 절에 시주하게 하였다. 한 사람이 이렇게 하니 다른 사람도 이를 본받아 그렇게 하였다. 이 스님을 '콩 부처 스님'이라 불렀다.

부처님께서는 사람들에게 염주를 사용하여 염불하도록 가르치셨다. 그런데 어찌하여 부처님 가르침을 따르지 않고, 더욱이 손쉬운 방법을 쓰지 않고 이런 힘든 방법을 택했는지 알 수 없다.

백팔염주는 한 바퀴 돌리면 다시 시작할 수 있어서 백천만억 번이라도 끝없이 사용할 수 있다. 지금 한 홉의 콩도 한 그릇을 비우고 나면 그 콩으로 다시 시작하여 끝없이 반복할 수 있는데, 어찌하여 한 번 헤아렸던 콩은 다시 쓰지 않고 새 것으로 바꾸는지 알 수 없다.

그 사람 말로는 "염불한 콩이 한 말이 되고 한 섬이 되면 암자나 절에 보내 두부를 만들어 대중스님들이 공양하게 합니다." 하였으나, 그다지 적합한 것 같지는 않다.

어떤 이는 "예전에도 그렇게 한 분이 있습니다. 『왕생집』에 그런 이야기가 실려 있습니다." 하였다.

그러나 『왕생집』의 이야기는 염불할 적마다 콩을 헤아렸던 것은 아니다. 곁의 사람이 그가 염불한 것을 헤아려 보니 너무 많아서 도저히 헤아릴 수 없고 대략 두 배에 가득 실을 수 있을 만큼이었다 한 것이다. 요즘 곡식 싣는 배는 큰 것은 쌀 천여 섬을 실을 수 있으니 두 배라면 극히 많은 것을 말했을 뿐, 요즘 사람들처럼 콩을 세고 있는 것은 아니다.

또 실제로 콩을 세고 있었더라도 그 마음이 요즘 사람 같지는 않았다.

진고眞誥[1]

『진고』라는 책의 내용에서 다른 것은 논하지 않겠거니와, 조조 같은 자가 옛날의 성군인 요·순·우·탕 같은 분과 더불어 동등한 지위의 천신(天神)이 되었다는 대목에서 나는 의심하지 않을 수 없다.

어떤 이는 "염라대왕은 보전(寶殿)에 오를 때는 시위(侍衛)가 삼엄하고, 철환(鐵丸)을 삼킬 때는 온몸이 불에 데어 문드러진다 합니다. 조조가 아침에는 천당에 있고 저녁에는 지옥에 있다는 것을 표현한 말이 아니겠습니까?" 하였으나, 그것은 그렇지 않다.

염라대왕은 생전에 복도 닦고 죄도 지었으므로 이와 같은 과보를 받았거니와, 조조의 사람됨은 악행만 저지르고 선행은 없었으니 어찌 염라왕과 같이 죄와 복을 함께 받을 수 있겠는가?

어떤 이는 다시 무슨 논설을 늘어놓았으나 그것은 내가 알 바 아니다. 사실대로 평가한다면, 정말로 그럴 수가 있으면 어떻게 나라를 어지럽히고 임금을 죽이는 악인의 간담을 서늘하게 하여 교활하고 간사한 자에게 경책을 보일 수 있겠는가?

이 또한 "책을 다 믿는다면 책이 없느니만 못하다."[2] 한 따위일 뿐이다.

1 양나라 도홍경(陶弘景)이 지었다. 20권, 7편으로 나뉘어져 있다. 주로 신선의 진결(眞訣)을 전하고 받은 사실을 기록하였다.

2 『맹자』 진심장(盡心章) 하(下)에 나오는 글. 원문의 '서(書)'는 『서경(書經)』을 말하지만, 여기서는 일반적인 경우를 말하여 '책'이라고 번역하였다.

현보現報 1

과보에는 세 가지가 있다. 하나는 금생에 악한 짓을 하여 금생에 과보를 받는 것, 둘째는 금생에 악한 짓을 하여 바로 다음 생에 과보를 받는 것, 셋째는 금생에 악한 짓을 하여 바로 다음 생에 과보를 받지 않고 수많은 생을 지난 후에 과보를 받는 것이다. 선행도 마찬가지다.

과보가 이렇게 더디고 빠른 것은 각각 그럴 만한 인연이 있었기 때문인데, 세상 사람들은 흉악한 죄를 저지른 자가 과보를 받지 않고 어떤 때는 전에 보다 더욱 융창한 것을 보고는 분통을 터뜨리며 불평한다. 이것은 삼세설(三世說)을 알지 못하기 때문이다.

뒤에 두 가지 과보는 사람들이 미처 보지 못하여 오직 현세 과보만을 중히 여기므로, 지금 우선 현세에 과보를 받은 몇 가지 사실을 적어 보려 한다. 이것은 내가 직접 목격한 사실로 남에게 전해 들은 것이 아니다.

어떤 자는 종들에게 매질을 하면서 걸핏하면 몇 백 대에 이르곤 하였다. 하루는 종을 끌어다, 목은 동쪽 기둥에 묶고 발은 서쪽 기둥에 묶어 꼼짝하지 못하도록 해 놓고는 쉬지 않고 심하게 매질을 하였다. 그 자의 아버지가 이 광경을 보고 크게 노하여 얼른 가서 풀어 주고는 "빨리 도망하여라. 그놈이 네가 도망한 것을 관에 고하면 나는 그 놈이 에비의 뜻을 거역한 것을 고하겠다." 하여, 마침내 살아날 수 있었다. 그 후에 이 자도 자기 아들을 남의 집에 팔아 버리고 자기는 시골 관청의 문지기가 되었다.

또 한 사람은 평생 관청에서 하듯이 사람을 매질하더니, 나중에 관의 형벌을 받고 감옥에서 죽었다.

한 사람은 평범한 가정주부였는데 낭비가 극심하더니, 후에 자녀가 다 죽고 늙어 의지할 곳이 없어 남의 삯바느질로 겨우 살아갔다.

한 사람은 벼슬살이하던 귀한 집 자식이었는데, 교만하고 사치하여 쓸데없는 곳에 뭉텅뭉텅 돈을 뿌리고 다니면서 전혀 부끄러운 줄을 모르더니, 나중에 어떤 동냥중을 따라다니면서 사방으로 밥을 빌고 다녔다.

한 사람은 천신(天神)의 상을 때려 부수고도 전혀 거리낌이 없더니, 나중에 마을 사람들에게 구타당하여 병들어 죽었다.

한 사람은 부처님과 현성을 욕하고 헐뜯어 사람들이 차마 들을 수 없을 정도였는데, 나중에 외지에서 객사하고 돌아오지 못했다.

한 사람은 그의 어머니가 재산을 모두 넘겨 주지 않는다고 화가 나서 어머니가 모시고 있던 관음보살의 한 쪽 팔을 분질러 버렸다. 나중에 호당(湖塘)에서 말을 타고 달리다가 말에서 떨어져 팔이 부러지고 거의 죽을 뻔하였다.

또 한 사람은 딸 일곱과 아들 일곱을 두었는데 딸은 낳기만 하면 금방 물에 빠뜨려 죽여 버렸다. 그런 후에 아들 일곱도 앞서거니 뒤서거니 하며 모두 죽고 마니, 아들딸 열 넷이 하나도 남지 않고 모두 죽고 늙은 부부만 서로 붙들고 울 뿐이었다.

또 몇 사람 출가한 스님들은 아만이 탱천하여 서로 잘난 척하며 당시 사람들의 언론에 무턱대고 꾸짖고 비방하거나, 또한 선철(先哲)들까지도 무시하여 함부로 헐뜯고 비방하더니, 나중에 모두 오래 살지 못하고 죽었고 어떤 자는 몹쓸 병이 들어 죽었다.

우선 이러한 사실을 적어 오만함을 경계하노라.

현보 2

어떤 이가 물었다.

“여래의 신통력은 불가사의하십니다. 그런데 어찌하여 악인으로 하여금 현생에 나쁜 과보를 받게 하여, 날마다 조심하여 감히 악행을 저지르지 못하게 하지 않으십니까? 또한 선인은 현생에 좋은 과보를 받게 하여, 날마다 더욱 선행에 힘쓰게 하지 않으십니까? 그렇게 되면 자연히 천하가 태평할 것입니다. 어찌 이렇게 되지 않는 것을 걱정하겠습니까?”

아! 업보에 빠르고 더딤이 있는 것은 중생의 업보로 자연히 그렇게 되는 것일 뿐, 비록 대성인일지라도 능히 빠른 것을 돌려 더디게 하지 못하고, 더딘 것을 앞당겨 빠르게 하지 못한다.

오직 인과는 헛되지 않고 빚 갚음은 피할 수 없는 것임을 입이 쓰도록 가르치실 뿐이다. 듣고도 믿지 않으면 어쩔 도리가 없는 일이다.

또 물었다.

“영가 대사가 말하기를 ‘깨달으면 업장이 본래 공(空)하다’ 하였습니다. 공하다면 어찌 인과나 빚 갚음 따위가 있겠습니까?”

“그대가 지금 깨달음을 얻었는가?”

“그렇지 못했습니다.”

“그렇다면 응당 묵은 빚을 갚아야 한다!”

염불하는 사람은 오직 일심불란할 뿐이다

어떤 이가 물었다.

"묘희(妙喜) 대사가 말하기를 '어리석은 자는 종일 염주를 들고 정업을 구한다' 하였습니다. 염불이 진정 어리석은 자나 하는 일입니까?"

아! 이 일에 대해서는 전에 일찍이 밝힌 적이 있거니와, 묘희는 다만 "어리석은 자는 종일 염주를 들고 정업을 구한다."고 하였지, "어리석은 자는 종일토록 일심불란하게 정업을 구한다."고는 말하지 않았다.

또 물었다.

"고덕의 게(偈)에

> 성불한 사람은 드물고 염불하는 자는 많으나
> 오랜 세월 염불하더라도 마(魔)를 이룰 뿐이네.
> 그대 지금 쉽게 성불하고자 하는가?
> 무념(無念)의 마음은 많은 것으로 비교하지 못하네.

하였으니, 무념(無念) 염불도 어찌하여 유념(有念) 염불이라 하였습니까?"

이것은 산란한 마음으로 염불하며 마음을 관(觀)하지 않는 자를 권발하기 위해 한 말이니, "오랫동안 일심불란하여도 마를 이룬다."고는 하지 않았다.

아직 염불해 본 적도 없으면서 미리 유념(有念)일까 걱정할 것은 없다. 이것은 마치 주린 자가 밥을 먹으려 하면서 미리 소화불량이 될까 염려하여 먹지 못하는 것과 같다.

또 물었다.

"육조대사께서 '동방에 사는 사람이 악한 일을 저지르면 염불하여 서방에 태어나기를 구한다지만, 서방에 사는 사람이 악한 일을 저지르면 어느 곳에 태어나기를 구하랴' 하였습니다. 이 뜻은 무엇입니까?"

육조는 "악인이 염불하여 태어나기를 구하면…"이라고 하였지, "선인이 일심불란하게 염불하여 태어나기를 구하면…"이라고는 하지 않았다.

또한 악인은 반드시 염불을 하지 않을 것이요, 설령 염불하는 자가 있더라도 가식이거나 진실한 염불이 아니다.

마치 악인이 십선을 닦아 천당에 태어나기를 구한다면, 악인은 반드시 십선을 닦지 않을 것이므로 십선을 닦는다는 것은 거짓이거나 올바른 수행을 하지 않는 것과 같다. 선인이 일심으로 염불하면서 서방에 태어나지 않은 적이 없었다.

또 물었다.

"고덕이 말하기를 '더러운 것을 버리고 깨끗한 것을 취하는 것이 생사업(生死業)이다' 하였습니다. 어찌 사바를 버리고 극락을 찾겠습니까?"

저기서는 "더러운 것을 버리고 깨끗한 것을 찾는 것이 생사업이다." 하였지, "일심불란하게 정토를 구하는 것이 생사업이다." 하지는 않았다. 그대는 아직 더러운 것도 버리지 못했으면서 미리 깨끗한 것을 취할까를 걱정하는가? 앞에서 말한 유념(有念)을 근심하는 경우와 같다.

또 물었다.

"선종에서는 '부처라는 말을 나는 듣기 좋아하지 않노라' 하기도 하고, 또 '부처가 와도 죽이고 마가 와도 죽인다' 하였습니다. 그렇다면 어찌 부처를 생각합니까?"

아! 저기서는 "'부처'라는 말을 듣기 좋아하지 않노라." 하였지, "'일심불란'이라는 말을 듣기 좋아하지 않노라." 하지는 않았다.

또 저기서는 "부처가 와도 죽이고 마가 와도 죽인다." 하였지, "일심불란이 오면 그도 마저 죽여 버린다."라고는 하지 않았다.

근원에 돌아가면 두 가지가 없으나, 방편으로 여러 가지 문이 있는 것이다. 그러므로 집으로 돌아가는 것은 누구나 마찬가지지만, 각자 편리한 대로 배나 수레를 이용하는 것이다. 만약 배를 타고 가는 사람이 수레를 비웃거나, 수레를 타고 가는 사람이 배를 비웃는다면 모두 의미 없고 이치에 맞지 않는 언론이 될 것이다.

이렇게 이치가 분명하지 않은가? 번거롭게 더 군소리하지 마라!

또 물었다.

"근래 어떤 이가 이런 말을 하였습니다. '나는 염불을 하지 않는다. 왜냐하면 안으로 능념(能念)의 마음이 있고 밖으로는 소념(所念)의 부처가 있어서, 능(能)과 소(所)가 없어지지 않았으니 어찌 도라고 할 수 있겠는가?'라고요."

아! 그는 공정(空靜)을 지키고 있는 것만을 도라고 생각하는가 보다. 안으로 능정(能靜)의 마음이 있고 밖으로 소정(所靜)의 경계가 있다면, 이도 능·소가 뚜렷하지 않은가?

어찌 "일심불란하면 어떤 것이 능이며 어떤 것이 소일 것이며, 어디가 안이고 어디가 밖이겠는가?" 하고 말하지 않는가?

내가 그대와 함께 벌써부터 정토를 닦아왔으나, 다만 일심불란한 경지에 이르지 못한 것을 안타깝게 여길 뿐이었다. 만약 일심불란하다면 저들의 온갖 비방에 마치 태산과 같이 당당하여 흔들리지 않을 것이다. 더 무엇을 의심하랴.

복福을 닦다

고인의 게(偈)에,

지혜를 닦고 복은 닦지 않아서
나한은 응공(應供)이 박하고
복만 닦고 지혜는 닦지 않아서
코끼리는 몸에 영락(瓔珞)을 걸었네.[1]

한 것이 있다. 그러나 앞의 두 구절에만 집착하는 자는 종일 분주하게 오직 시주를 권하기만 하면서, "나는 불상을 조성한다. 나는 불전을 세운다. 나는 스님들께 공양한다." 하고 말한다.

이런 일들이 비록 만행(萬行) 가운데 한 문이기는 하지만, 두 가지 문제점이 있다.

하나는 인과가 분명하지 않으면 안 될 것이요, 또 하나는 자신의 일을 미리 이루지 않으면 안 되는 것이다.

어떤 이는 "스님 말씀대로라면 불상이 부서지면 누가 고치고, 탑이나 법당이 무너지면 누가 일으켜 세우겠습니까? 또한 스님들이 길바닥에서 굶주리며 밥을 먹지 못하면 누가 이들에게 공양을 드리겠습니까?

1 『지도론(智度論)』에 나오는 이야기. 두 형제가 함께 출가하여, 형은 수도에만 전념하여 나한이 되었으나 응공이 박하였고, 아우는 수계예불(守戒禮佛)·보시작복(布施作福)에만 전념하더니 죽어서 코끼리가 되어 온몸을 금·은으로 장식하고 목에 영락을 걸고 있었다.

사람마다 오직 자신의 일만 이루려 한다면 삼보(三寶)가 황폐해지고 말 것입니다." 하고 말한다.

그것은 그렇지 않다. 일체삼보(一切三寶)[2]가 황폐할까 염려될 뿐, 세간삼보(世間三寶)[3]는 불법이 우리나라에 들어온 이후로 불상을 조성하고 법당을 건립하며 스님들에게 공양하는 자가 때때로 끊이지 않았고 곳곳에서 서로 희망하였다. 어찌 번거롭게 그대가 걱정할 일이랴. 지나친 염려다.

나는 이 일을 꾀하는 스님들이 인과를 속이고 죄와 복을 두려워하지 않는 것을 개탄할 뿐이다.

또한 상주물(常住物)을 축내고 시주물을 감추는 자는 더 말할 나위도 없거니와, 비록 분수를 지키는 스님일지라도 계율에 밝지 못하여, "내 개인적으로 쓰지 않으면 그만이다." 하면서, 동쪽 것을 서쪽으로 옮기고 이것을 저기에 채우며, 혹은 저기에서 급한 빚을 갚기도 하고 속가에 물건을 보내기도 하며, 벽돌을 살 돈으로 기와를 사고 대중스님들의 양식으로 승당을 지으며 헛고생만 할 뿐 도리어 악보(惡報)를 받을 줄은 알지 못한다. 이렇게 하면 천당에 가기 전에 먼저 지옥에 떨어질 것이니, 소위 "아무 공덕은 없고 재앙만 남는다." 하는 경우가 되고 만다.

중봉(中峰) 대사가 대중에게 훈계하기를 "일심(一心)이 근본이요 만행(萬行)은 그다음 일이다." 하였으니, 소위 "자신의 일을 먼저 성취해야 한다."는 뜻이다. 자신의 일을 성취한 후에 복업을 닦으면 하는 일마다

2 의미상으로는 불보·법보·승보 셋으로 구분되지만 그 본질은 다름이 없는 일체인 것을 말한다.

3 세간에 불교가 머물 수 있도록 전하여 가는 삼보라는 뜻으로, 불상(불보)과 경전(법보)과 출가비구(승보) 등을 말한다. 주지삼보(住持三寶)라고도 한다.

자연히 옳을 것이다.

너무나 지극하다, 이 말씀이여!

스님네들은 이 말씀을 가슴속 깊이 명심하기 바라노라.

시험

전하는 말로, 종리진인(鐘離眞人)[1]은 동빈(洞賓)[2]에게 열 가지 일로 시험한 후에 선도(仙道)를 주었다고 한다. 그중 몇 가지 일을 대략 들어 보면, 처음은 재물로써 시험하였고, 다음은 여자, 다음은 목숨으로써 시험하였다는 것이다.

그러나 이런 정도는 세상에서 진실하게 수행하는 자에게는 그다지 어려운 일도 아니다.

또 어떤 진인(眞人: 신선)은 재료를 구하여 단약(丹藥)을 만들었는데 누차 기이한 일이 나타나 확실히 단사(丹事)가 이루어지는 듯하더니, 어린아이가 땅에 넘어져 실성(失聲)하는 소리를 듣고는 그만 실패하고 말았다 한다. 이것도 세상의 정을 잊은 자는 능히 할 수 있는 일이다.

세존께서는 옛날 보살이었을 때, 어떤 바라문이 자신의 종이 되어 줄 것을 간청하였다. 그때 세존은 태자 몸이었으면서 비와 함께 각기 남녀 무리에 들어가, 충성을 바치고 힘을 다하여 갖은 고초를 겪으며 온갖 괴로움을 당하면서도 그를 원망하지 않았다.

또 어떤 때는 살을 베어 매한테 먹였고, 눈을 뽑아 연등불(然燈佛)께 공양하며 법을 구하셨다. 이런 일은 세상에서 누구나 하기 어려울 뿐만 아니라 초심(初心) 보살도 미치지 못한다.

1 종리권(鍾離權)을 말한다. 당대(唐代) 사람. 유명한 선인(仙人). 함양 사람. 호는 화곡자(和谷子), 또는 정양자(正陽子)라고 한다.

2 당말(唐末) 사람. 유명한 도사. 선술(仙術)을 얻은 후에 항상 호상(湖湘)에서 노닐었다.

그러므로 사리불도 눈을 구걸하는 사람을 만나서는 결국 큰 것을 사양하고 작은 것에 나아가지 않을 수 없었으니, 보살도를 성취하기 어려운 것이 이와 같다.

요즘은 동빈의 시험 따위를 겪더라도 열에 열 사람은 퇴보하고 마니, 하물며 종이 됨이랴! 더욱이 살을 베고 눈을 뽑는 갖은 고행이랴!

아! 이것은 인욕보살의 경계라 범부에게서는 기대하기 어렵지만, 이것으로 범부의 마음을 달래려 해서는 안 된다.

육군비구六群比丘

육군비구는 여래에게서 꾸지람을 당한 자들이었고, 부처님 큰 제자 중에 끼지 못했던 자들이었다.

그런데 옛날부터 "부처님 당시의 육군비구는 부처님이 돌아가신 후의 마명이나 용수 등 여러 보살들보다 덕행이 오히려 뛰어났다." 하고 말하는 것은 무엇 때문일까?

슬프다! 공자는 일찍이 중유(仲由)를 천하다 하고, 염유(冉有)를 나무랐으며, 번수(樊須)를 소인이라 하고, 유(由)와 구(求)[1]를 숫자나 채우는 쓸모없는 신하라 하였다.

그러나 지금 보면, 세상에 드문 어진 수령(守令)이나 예전의 훌륭한 재상보다 뛰어나, 소하(蕭何)나 조참(曹參)·공수(龔遂)·황패(黃霸)[2]와 방교(房喬)·두여회(杜如晦)·요숭(姚崇)·송경(宋璟)[3], 한기(韓琦)·범중엄(范仲淹)·구양수(歐陽修)·부필(富弼)[4] 등이 능히 미치지 못하는 이들이었다.

이런 사실을 미루어 생각해 보면 어찌 육군비구에 대하여 의심하랴.

1 모두 공자의 제자들이다.

2 한(漢)나라의 관리들.

3 당(唐)나라의 현명한 재상들.

4 북송(北宋)의 명신들.

그러므로 처음 오백 년, 다음 오백 년, 또 다음 오백 년인 해탈(解脫)부터 투쟁(鬪爭)[5]까지 갈수록 더욱 경박하고 하열해진다. 우가(羽嘉)와 봉황(鳳凰)과 서조(庶鳥)[6]가 헛된 말이 아니었으니, 어찌 탄식하지 않으랴!

그러나 『맹자』에 "호걸한 선비는 비록 문왕이 없더라도 오히려 분발한다." 하였으니, 정말 이 말대로라면 중생에게는 더 다행한 일이 없으리라.

나는 날마다 이렇게 되기를 바랄 뿐이다.

5 불멸 후의 2,500년간을 5개의 500으로 끊어서 불교의 성쇠를 나눈 것. 제1의 500년은 해탈견고(解脫堅固)라 하여 이 사이에 지혜를 얻어 깨달음을 얻고 해탈하는 이가 많았고, 제2의 500년은 선정견고(禪定堅固)라 하여 이 사이에 선정을 보전하는 이가 많았으며, 제3의 500년은 다문견고(多聞堅固)라 하여 불법을 열심히 청문(聽聞)하는 이가 많았고, 제4의 500년은 탑사견고(塔寺堅固)라 하여 열심히 절이나 탑을 건립하는 이가 많았으며, 제5의 500년은 투쟁견고(鬪爭堅固)라 하여 이때는 서로 자기의 설만이 훌륭하고 다른 이의 설은 못하다고 다투어 가면서도, 이와 같은 상태로 불교가 전승되어 가는 기간이다.

6 점차 하열하여 가는 새의 모양을 세 가지로 말한 것이다. 우가(羽嘉)는 새의 시조라고 한다. 『회남자』에 "우가는 비룡(飛龍)을 낳고 비룡은 봉황을 낳고 봉황은 난조(鸞鳥)를 낳고 난조는 서조를 낳았다." 하였다.

돈을 받으며 수행하다

어떤 선비가 내게 이런 말을 하였다.

"우리들이 책상(冊箱)을 지고 타지에 가서 유학할 때는 반드시 스승에게 묶은 포육(脯肉)을 예물로 바치고 학교에는 곡식을 내며 주인에게는 숙박비를 내놓습니다.

그런데 요즘 경전을 공부하는 스님들은 상주물을 바치는 법도 없고 편안히 앉아 공양을 받으며, 게다가 매 철마다 5전씩의 돈을 받는다고 합니다. 이것은 어떻게 된 일입니까?"

내가 웃으며 대답하였다.

"그대는 공부하는 기간 중에 해야 하는 일에 대해 잘 모르는 듯하군요. 한겨울 동안에는 먼저 쌀 한 섬 씩을 상주물로 바치면서 밤낮으로 극진히 염불하여 잠시도 쉬지 않습니다. 그리고 매일 반드시 땔나무를 해오고 혹은 멀리 10여 리 밖에까지 나가 일곱 집에 밥을 빈 후에 잠시 이런 일을 면할 수 있습니다.

어찌 아무 대가도 없고 아무 공도 들이지 않고서 도를 이루려는 일이 있을 수 있겠습니까? 그러나 요즘 스님들은 뭔가 잘못되어 가는 것이 사실입니다. 한 곳에서 이렇게 하니 도처에서 모두 그렇게 하고 있습니다. 저 역시 어떻게 이해해야 할지 모르겠습니다."

꿈

옛말에 "세상살이란 큰 꿈과 같다." 하였고, 경에는 "돌아와서 세상을 보니 마치 꿈속 일과 같다."고 하였다.

여기서 '같다'고 한 것은 부득이 비유로 말한 것이라는 뜻이지만, 사실대로 말하면 정말 꿈이지 비유가 아니다.

사람이 태어나서 유년기를 지나 성인이 되고, 성인이 된 후에 늙고 병들고 죽는다. 그리고 다시 하나의 모태에 들어가서 잠시 후에는 하나의 모태에서 나온다. 그러고는 다시 들어가고 다시 나와서 끝날 때가 없다.

그뿐만 아니라 태어나도 온 곳을 모르고 죽어도 가는 곳을 모르니 캄캄하고 아득하여 천생만겁(千生萬劫)토록 스스로 알지 못한다. 잠시 후에는 지옥에 떨어지고 잠시 후에는 아귀가 되고 축생이 되고 인간이 되고 천상에 태어나서, 올라갔다가 내려오고 내려갔다가 올라가서 당황하고 다급하여 천생만겁토록 스스로 알지 못하니, 정말 꿈이 아니겠는가?

고시(古詩)에 이러한 것이 있다.

베갯머리 잠시 춘몽 중에서
강남의 수천 리를 쏘다녔네.

요즘 명리에 이끌려 만 리를 오가는 자들은 어찌 베갯머리에서만 그렇겠는가?

그러므로 장생(莊生: 장자)이 나비를 꿈꾸었다 하였으나 나비가 되는 꿈을 꾸기 전에도 꿈이었고, 공자가 꿈에 주공(周公: 周의 文王)을 만났다 하였으나 주공을 만나기 전에도 역시 꿈이었으니, 광대겁(曠大劫) 동안 일시 일각도 꿈속에 있지 아니한 때가 없었음을 알 수 있겠다.

무명(無明)을 완전히 타파하고 훤출히 크게 깨달으시어 "천상천하에 오직 나만이 존귀하다." 하신 분! 이분을 '꿈 깬 사나이'라고 부르는 것이다.

성性과 상相[1]

전하는 말로, 부처님께서 멸도하신 후에 성(性)과 상(相) 두 종(宗)의 학자들이 제각기 저들의 소견에 집착하여 강을 나누어 물을 마실 지경이었다 한다. 그들의 분쟁이 이와 같았으니 과연 누가 옳고 누가 그른 것일까? 집착하면 모두 그르고, 집착하지 않으면 모두 옳다.

성이란 상의 성이요, 상이란 성의 상이니, 분명히 두 가지로 나뉘는 것이 아니다.

비유하면 몸뚱이와 같다. 몸이 주인이면서 귀 · 눈 · 입 · 코와 오장육부와 몸에 있는 모든 뼈가 모두 몸이다. 이 몸은 귀 · 눈 등의 몸이며, 귀 · 눈 등은 몸의 귀 · 눈 등이다.

또한 집으로 비유할 수도 있다. 집이 주인이면서 대들보 · 용마루 · 서까래 · 기둥 · 담장 · 벽 · 창문 따위도 모두 집이다. 이 집은 대들보 · 용마루 등의 집이며, 대들보 · 용마루 등은 이 집의 대들보 · 용마루 등이니, 어찌 하나하나 따로 나누어 생각하랴. 다투어서는 안 될 뿐만 아니라 서로 다투어야 할 이유도 없다.

어떤 이가 말하였다.

"영가 대사는 '바닷가에서 모래를 세는 격이니, 한갓 스스로 피곤할 뿐이다' 하고, 또 '잎을 따고 가지를 찾는 따위의 짓을 나는 하지 않는다' 하였습니다. 성을 옳게 여기고 상을 그르다 한 것이 아니겠습니까?"

1 성(性)이란 불변(不變) · 평등(平等) · 절대(絶對) · 진실(眞實)의 본체나 도리, 또는 사물 그 자체를 말하고, 상(相)은 변화(變化) · 차별(差別) · 상대(相對)의 현상적인 모습이나 상상(相狀)을 말한다.

영가 대사는 무엇이 옳고 그르고를 가리자는 것이 아니다. 성은 근본이요 상은 지말이다. 그러므로 "근본을 얻으면 지말은 근심하지 않는다." 하였지, "지말은 없애 버려야 한다."고 말한 적은 없다.

그러므로 성에만 치우쳐 말하는 것도 옳지 않지만, 상에만 치우쳐 말하는 것은 더욱 옳지 않다. 성에만 치우쳐 말하는 것은 근본은 급히 하면서 지말은 느슨하게 한 것이므로, 옳지 않은 중에서도 오히려 옳다고 하겠다. 하지만 지엽을 힘쓰면서 근원을 잃어버리면, 옳지 않은 중에서도 더욱 옳지 않다.

대감大鑑과 대통大通 1

대감 혜능(慧能) 선사는 세상에서 남종(南宗)이라 부르고, 대통 신수(神秀) 선사는 북종(北宗)이라 한다.

그런데 황매(黃梅: 五祖)의 의발을 "때때로 부지런히 털고 닦는다." 한 대통에게 부촉하지 않고, "본래 한 물건도 없다."고 한 대감에게만 부촉하였는데, 『종경록(宗鏡錄)』에서는 어찌하여 "대감은 단지 한쪽 눈을 갖추었을 뿐이요, 대통이 두 눈이 뚜렷하고 밝았다." 하였을까? 정말 이 말대로라면 어찌하여 의발을 얻지 못했을까?

조계(六祖)는 황매에게서 친히 법을 받아 멀리 달마를 이었고, 또 멀리로는 가섭을 이었으며, 더욱 멀리로는 석가를 이었다. 그리고 영명 선사는 천태 소(天台 韶)[1] 국사에게서 도를 전해 받았으면서 이런 말을 한 것은 무슨 까닭일까?

당시의 폐단을 구하려 한 것이었다.

고인이 이렇게 분석한 적이 있다.

"진 · 송(晉 · 宋) 이래로 다투어 선관(禪觀)을 고상히 여길 뿐, 바로 사람의 마음을 가리켜 성품을 보아 부처를 이루는 뜻은 알지 못하고 있었다. 그러므로 초조(달마)가 서쪽에서 온 이후로, 영명 선사 때에 와서는 한 번 깨달으면 그만이라는 생각이 만연하고 있었다. 그리하여 『종경록』

1 천태덕소(天台德韶: 891~972) 스님을 말한다. 당말 송초 스님이다. 17세에 출가하여 18세에 구족계를 받고, 50여 선사들에게 두루 참배한 후 법안문익(法眼文益)의 법을 이어 받았다. 천태산에 들어가 지자 대사의 도량 수십 곳을 부흥하였다.

과 『만선동귀집(萬善同歸集)』 등의 책에서 실제적인 수행을 힘써 찬탄하였던 것이다."

이렇게 보면 남종은 돈오(頓悟)에만 전념하는 듯하고, 북종은 돈오(頓悟)와 점수(漸修), 지(智)와 행(行)을 두루 갖춘 듯하므로, 한쪽 눈이니 두 눈이니 하는 비유를 말했던 것이다.

그러나 만송노인(萬松老人)[2]만이 붓을 들어 사실대로 기록하여 "이 한쪽 눈이란 말은 '온 대지가 사문의 한쪽 눈이다' 한 뜻이며, '하늘과 땅을 묶은 눈'을 말하며, '정수리의 금강안(金剛眼)'[3]을 말한 것이다.

처음 배우는 이들이나 소견이 얕은 자들이 『종경록』에서 한 말에 집착하여 불변의 진리라고 생각한다면, 대감은 다만 공제(空諦)[4]일 뿐이요 대통이 비로소 중도제일의제(中道第一義諦)[5]가 될 것이니, 그럴 리가 있겠는가?" 하였다.

어떤 이가 물었다.

"조계는 6대의 조사로서 의발을 전해 받은 것은 온 세상이 다 아는 일입니다. 그런데 그 당시에 어찌하여 양경(兩京)의 법주(法主)와 이

2 만송행수(萬松行秀: 1166~1246) 선사를 말한다. 남송대(南宋代) 스님. 어려서 하북성 형주 정토사의 빈윤(贇允)에 의해 머리를 깎았다. 대명사(大明寺)의 설암만(雪巖滿) 선사에게 참례하고 2년간 머물면서 개오하였다. 나중에 원(元) 태종의 칙명에 의해 중도 만수사(萬壽寺) 주지로 머물다가 종용암(從容庵)으로 옮겨 『종용록(從容錄)』을 썼다. 저술로 『조등록(祖燈錄)』, 『석씨신문(釋氏新聞)』, 『명도집(鳴道集)』, 『변종설(辨宗說)』 등이 있다.

3 정수리에 있는 금강과 같은 지혜의 눈을 말한다. 제3의 눈이다.

4 공허한 진리라는 뜻으로 말했으니, 본래의 뜻과는 다르다.

5 일체의 미망(迷妄)을 벗어난 참된 진리를 말한다.

제(二帝)의 문사(門師)[6]가 될 뿐이었고, 북종은 온 천하에 이름을 드날렸을까요? 또한 그런데 어찌하여 6조에게 미치지 못했을까요?"

조계는 이미 5조의 인가를 받은 후에 18년 동안이나 의발을 감추어 사냥꾼의 그물을 지키는 자가 되어 광채를 숨겨 왔다. 그동안 대통의 도는 천하에 드날렸지만 조계의 이름은 아직 드러나지 않다가, "바람도 깃발도 아니다." 하는 대답이 있은 후에 비로소 그의 도가 온 세상에 전파되기 시작했던 것이다.

조계는 깊은 못에 잠긴 용이어서 스스로 광채를 발휘하지 않았다면, 대통은 밭에 나타난 용이어서 스스로 한껏 만족하게 여기지 않았던 것이다. 그는 "조계는 우리 스승의 의발을 전해 받은 분이다." 하였으니, 선지식이 서로 화목한 것이 이와 같았다.

6 6조 혜능 대사는 생전에 중종(中宗)과 측천무후(則天武后)의 귀의를 받았고, 사후에는 헌종(憲宗)·태종(太宗)·인종(仁宗)·신종(神宗)이 각각 시호를 내렸다.

대감과 대통 2

또한 내가 종문(宗門)의 평가와 인가에 대해 생각해 보니, 칭찬과 헐뜯음, 그리고 주고 뺏는 것이 격식과 상식에서 초월하여 세상의 옳고 그름으로 판단할 수 있는 일이 아니었다. 석공(石鞏)이 마조에게서 법을 전해 받고는 "30년 동안 활을 장전하여 겨우 반 개의 성인을 쏘았을 뿐이다." 하였으니, 조계의 한쪽 눈이 바로 반 개의 성인을 말한 것이다.

또한 중봉(中峰)이 그의 스승인 고봉(高峰)의 진영(眞影)을 그리고는,

나의 생김새는 부사의하여
불조도 능히 볼 이가 없네.
다만 어리석고 변변찮은 녀석이
나의 반쪽 코를 볼 수 있을 뿐이네.

하고 찬(贊) 하니, 조계의 한쪽 눈이 바로 반쪽 코를 말한 것이다.

보화(普化)[1] 존자가 임제에 대하여 "하양(河陽)[2]은 새 각시요, 목탑(木塔)[3]은 늙은 할미 선(禪)이다. 임제 이놈이 오히려 한쪽 눈을 갖추었다." 하였다. 조계의 한쪽 눈이 바로 임제의 한쪽 눈인 것이다.

1 진주보화(鎭州普化: ?~861) 선사를 말한다. 당대(唐代) 스님. 마조 문하. 보화종(普化宗)의 개조. 많은 기행을 남겼다. 한때 임제의현을 도와 교화에 힘썼다. 당(唐) 함통 초에 스스로 입적을 예고하고 온몸을 탈거(脫去)하는 이적을 보였다.

2, 3 두 분 장로는 『전등록(傳燈錄)』이나 『종파도(宗派圖)』에 모두 전기가 실려 있지 않다.

대중스님들께 공양할 돈으로 승당을 짓다

어떤 이가 물었다.

"승량(僧糧)은 스님들이 먹을 양식이고 승당(僧堂)은 스님들이 거처할 처소입니다. 거처하고 먹는 두 가지는 모두 스님들이 수용할 것인데, 어찌 스님들께 공양할 돈으로 승당을 지었다 하여 지옥의 과보를 받습니까?"

이것은 두 가지로 생각할 수 있다.

첫째는 곡식과 채소는 사람의 배고픔을 면하게 할 수 있으나, 대들보나 기둥 · 담장 · 벽 따위가 능히 배고픔을 면하게 할 수 있는가? 그렇게 보면 물건의 종류가 서로 다르기 때문이다.

둘째, 시주는 대중스님들께 공양을 올리고자 하였으나 그대는 지금 집을 지었다. 벽돌을 살 돈으로 기와를 사는 것도 시주의 마음을 어긴 것이다. 이렇게 보면 인과가 서로 맞지 않기 때문이다.

또 물었다.

"스님들께 공양할 돈으로 법당을 지은 것이 허물이라면, 따로 돈을 화주하여 스님들께 공양한다면 허물을 기준할 수 있겠습니까? 저 사람(나중에 돈을 시주한 사람)이 스님들께 공양하였으니 저 사람이 복을 지은 것입니다. 앞 사람(처음에 스님들께 공양할 돈을 낸 사람)과는 무관하지 않겠습니까? 이럴 경우에 어떻게 하는 것이 옳겠습니까?"

승당을 지은 돈만큼 스님들께 공양하여야 한다. 그런 후에 지옥의 과보를 면한 여러 가지 증거가 있다.

또 물었다.

"불상을 조성할 돈으로 법당을 지었다면 상관없지 않겠습니까? 모두 부처님께 공양하는 것입니다."

이것도 옳지 않다. 기둥에 단청을 하고 대들보에 조각을 새긴다 하여 여래의 상호에서 광명이 날 리가 있겠는가?

"경을 찍을 돈으로 경을 넣어 둘 함을 만들었다면 상관없지 않겠습니까? 모두 경전에 공양하는 것입니다."

이것도 옳지 않다. 비단주머니나 보석으로 장식한 궤에서 여래의 금구옥음(金口玉音)을 들을 수 있겠는가?

"방생할 돈으로 방생할 못을 판다면 어떻겠습니까? 모두 중생을 이롭게 하는 일입니다."

이도 옳지 않다. 저수지나 못이 아무리 크다 한들 구하는 때를 놓치면 솥에 삶아지고 칼에 찔리는 백천만억의 생명을 구할 수 있겠는가? 더욱이 돌려쓰고 바꾸는 것은 인과에 어긋나는 것임이랴.

"불상을 조성하고 남은 돈으로 불전의 공기(供器)를 장만하는 것은 어떻습니까?"

이에 대해서는 율장에 허락한 글이 있다. 그 밖에 다른 복 짓는 일에 대해서는 허락한 글이 없다. 신중히 하고 신중히 하여 자기 소견에 따라 마음대로 처리하여 도리어 업보를 초래하는 일이 없도록 하라.

『능엄경』의 원통圓通

어떤 이가 물었다.

“『능엄경』에서 원통을 선택하면서 이근(耳根)만을 취하고[1] 염불법문은 뽑힌 적이 없었습니다. 그런데 어찌 후세에는 부처님 말씀을 따르지 않고 온 천하가 모두 염불 법문을 좇고 있습니까?”

내가 이렇게 대답하였다.

“이 문제에 대해서는 내가 『미타경 소초』에서 이미 밝힌 적이 있거니와, 이런 의심과 질문은 다른 사람에게도 끼칠 영향이 적지 않을 것이므로, 내가 외람되이 번거롭게 소란을 피우는 것을 꺼려하지 않고 다시 그대를 위하여 자세히 설명하겠다.

그대는 사바세계 사람이어서 사바세계만 있는 줄 알겠지만, 사바세계 밖에 무량무변한 불가설불가설 세계가 있음을 알아야 한다.

이근(耳根)은 사바세계 중생의 근기에 맞게 한 것이요, 염불법문은

1 능엄회상(楞嚴會上)에서 25성중(聖衆)이 각자 자신이 깨달은 원통방편(圓通方便)을 설하니, 그 가운데 문수보살이 3종의 진실을 들어 관세음보살의 이근원통(耳根圓通)을 최상(最上), 최수승(最殊勝)이라고 칭찬하였다. 원통(圓通)은 원만주변(圓滿周邊)·융통무애(融通無礙)의 뜻이다. 25원통 중에서 이근이 최상, 최수승한 까닭은, 첫째 통(通)이 진실하다. 이를테면 안(眼)·비(鼻)·설(舌)·신(身) 등 제근(諸根)은 모두 이근(耳根)만 못하다. 왜냐하면 안(眼)은 장외(障外)는 보지 못하고 내지 심의(心意)는 분잡부정(紛雜不定)할 때가 있지만, 이근은 능히 담 너머 소리를 들을 수 있고 원근의 것을 모두 들을 수 있기 때문이다. 둘째는 원(圓)이 진실하다. 시방에서 한꺼번에 북을 치더라도 동시에 소리를 들을 수 있기 때문이다. 셋째는 상(常)이 진실하다. 소리에는 그칠 때와 시끄럽고 고요할 때가 있지만 듣는 성품[聞性]은 잃지 않으니, 소리가 있으면 들음이 있고 소리가 없으면 들음이 없으나 소리가 있든 없든 상관없이 그 듣는 성품은 늘 상주(常住)하여 생멸(生滅)이 없기 때문이다. 자세한 것은 『능엄경』 6권을 보라.

불가설불가설 세계의 중생에게 맞게 한 법문이다. 그러므로 이근원통(耳根圓通)은 일방(一方)세계의 원통이요, 염불원통(念佛圓通)은 시방(十方)세계의 원통이다. 부처님은 사바세계에 나셨으므로 우선 사바의 편의에 따라 가르침을 펴신 것이다.

그러므로 "차방(此方)의 참된 교체(敎體)는 소리를 듣는 데 청정함이 있사옵니다." 하였고, "시방(十方)의 참된 교체"라고는 하지 않았다.

비유하면, 오늘날 우리나라 수많은 군과 읍의 선비들이 익히고 배우는 것이, 어떤 지방에서는 흔히 『주역(周易)』을 익히고 있고, 어떤 곳에서는 『시경(詩經)』을, 혹은 『서경(書經)』을 익히는 경우도 있으며, 『춘추(春秋)』나 『예기(禮記)』를 주로 익히는 곳도 있다.

그러나 종합해서 말하면 온 나라에서 가장 많이 배우고 있는 것은 『주역』이라 할 수 있으리니, 『주역』이 바로 염불 법문인 것이다.

또한 수많은 군과 읍의 지역 특성에 따라, 평야에서는 흔히 곡식을 심고 있고, 산림이 많은 곳에서는 주로 과일을 재배하며, 강가나 바닷가에서는 물고기나 소금을 파는 이들이 많다. 비단이나 솜이나 구슬이나 옥 등도 이와 마찬 가지다.

종합해서 말하면 온 나라에서 가장 귀히 여기는 것은 벼나 기장 · 콩 · 조 따위라고 할 수 있으리니, 벼나 기장 · 콩 · 조 등이 바로 염불 법문인 것이다.

그대는 현재 사바세계에 살고 있으니 스스로 이근을 수행하는 것을 누가 말릴 자가 있으랴만, 다만 굳이 이것만을 옳게 여기고 저것은 그르다 해서는 안 된다.

만약 이근만 고집하여 염불을 없애려 한다면, 이것은 마치 다른 경을 익히는 선비가 『주역』을 없애려 하거나, 다른 물건을 파는 상인이 곡식을 없애려는 것과 같은 것이다.

어찌 이런 이치가 있겠는가!

천주天主에 대하여 1

한 노숙이 내게 "이역인(異域人)이 요즘 천주의 가르침이라는 것을 펴고 있는데, 스님께서는 어찌 이에 대해 밝히지 않습니까?" 하였다.

나는 "사람들에게 하늘을 공경토록 가르치는 것은 좋은 일입니다. 굳이 밝히려 할 것이 있겠습니까?" 하고 귀에 담아 두지 않았다.

그러나 노숙이 "저들은 이것으로 풍속을 바꾸려 하고, 더욱이 부처님과 부처님의 법을 비방하고 있습니다. 어진 선비들이나 훌륭한 벗들도 신봉하는 자가 많기 때문입니다." 하고, 그에 관한 책을 내게 보여 주었다.

그리하여 그중 한두 가지를 밝히고자 한다.

저들이 천주를 숭배하고 섬긴다고 하지만 하늘에 대해 별로 자세히 알지 못하고 있는 듯하다. 경전에 의해 이를 증명해 보리라.

저들이 말하는 천주란 곧 도리천왕(忉利天王)으로서, 하나의 사천하[一四天下][1] 삼십삼천의 주인이다. 이 하나의 사천하가 천 개인 것을 소천세계(小千世界)라 하니 그렇다면 천 명의 천주가 있는 셈이요, 또한 소천이 천 개인 것을 중천세계(中千世界)라 하니 백만의 천주가 있는 셈이며, 또 중천이 천 개인 것을 대천세계(大千世界)라 하니 곧 만억 명의 천

1 고대 인도인의 세계관에 의한 우주관이다. 수미산을 중심으로 그 주위에 네 개의 대주(大洲: 동불바제, 남섬부제, 서구야니, 북울단월)가 있고, 그 둘레에 구산(九山)과 팔해(八海)가 있으니 이것이 우리들이 사는 세계로, 위로 색계(色界) 초선천(初禪天)에서부터 아래로는 큰 지하의 풍륜(風輪)에까지 이르는 범위를 말하니, 이것을 하나의 소세계라 한다. 이 세계 가운데는 해·달·수미산·네 개의 천하·사천왕·삼십삼천·야마천·도솔천·타화자재천 등을 포함한다.

주가 있는 셈이다.

이 삼천대천세계를 다스리는 자는 대범천왕(大梵天王)으로, 저들이 말하는 가장 높고 위없는 천주란 범천왕이 볼 적에는 주(周)나라 천자가 천팔백 제후를 보는 정도밖에 안 되니, 저들이 알고 있는 것은 겨우 만억 천주 중의 하나일 뿐이다.

이렇게 보면 나머지 욕계(欲界)의 여러 하늘이나, 더 위로 올라가서 색계(色界), 다시 더 위로 올라가서 무색계(無色界)의 여러 하늘은 전혀 알지 못하고 있는 것이다.

또 "천주는 형체도 없고 색깔도 없고 소리도 없다." 하였으나, 이것은 소위 "천이란 이치일 뿐이다." 하는 뜻으로, 어찌 신하와 백성을 다스리고 정령을 펴고 상벌을 내릴 수 있겠는가?

저들이 총명하고 지혜로운 자들이기는 하지만 아직 불경을 읽지 못했기 때문에 이런 잘못된 말을 하는 것이니, 그다지 놀랄 일도 아니다.

현재 이를 신봉하는 선비나 벗들은 모두 정인군자(正人君子)여서 한때를 풍미했던 자들이니, 대중이 우러러보며 이들을 따라 복종하기도 하고 배반하기도 한다. 그러니 내가 어찌 귀에 거슬리는 말을 하는 미움을 꺼리지 않고 한마디 충고를 하지 않을 수 있겠는가?

고명한 이는 아래로 고루하고 촌스런 말도 잘 구별하여 살필 줄 아시기 바라노라.

천주에 대하여 2

또 물었다.

"저들은, 『범망경』에 '모든 생명 있는 것은 모두 숙생에 나의 부모였다. 이것을 죽여서 먹으면 이것은 나의 부모를 살해하여 먹는 것이다' 하였다. 정말 그렇다면 사람은 혼인할 수 없을 것이다. 이것은 부모를 나의 처첩으로 맞는 것이기 때문이다. 사람은 또 종을 둘 수 없을 것이다. 이것은 나의 부모를 부리는 것이기 때문이다. 사람은 또 노새나 말을 탈 수 없을 것이다. 이것은 나의 부모를 욕보이고 타는 것이기 때문이다' 하였습니다.

이 말에 대해 스님이나 선비들 중에 누구 한 사람 대답하는 자가 없었습니다. 어떻게 이해하면 되겠습니까?"

나는 이렇게 말하였다.

『범망경』에서는 깊이 살생을 경계하기 위해 이런 말씀을 하셨으니, '갠지스 강 모래 수만큼의 오랜 세월, 세세생생에는 반드시 부모가 있었다. 그가 어찌 숙세에 나의 부모가 아니었다고 단정할 수 있겠는가?' 한 뜻이었다. 혹시 나의 부모일지도 모른다는 뜻이었지, 나의 부모였다고 단정한 것은 아니다.

만약 말꼬리를 물어 본뜻을 해치거나, 하나를 들어 백 가지를 본보기로 삼으려 하면, 유교에도 이런 것이 없지 않다.

『예기(禮記)』에는 동성과 혼인을 금하고 있다. 그래서 첩을 둘 적에 그의 성을 알지 못하면 점을 치는데, "점을 쳐 보니 동성이 아니라 합니다." 하면 혼인하여도 무방하다 하였다. 이것은 또한 "아내를 얻을 경우에 그가 부모인지 부모가 아닌지 알지 못하면 점을 치는데, 자기의 부모가 아니라 하면 장가를 들어도 무방하다." 할 수도 있을 것이다.

또 『예기(禮記)』에 "자기보다 나이가 배나 많으면 아버지로 섬긴다." 하였으나, 요즘 청년으로서 관직에 있는 자가 그런 것에 제한을 두고 있는가? 『예기』 말대로라면 가마를 메고 수레를 끌며 일산을 받쳐 들고 창을 들고 시위하는 자는 반드시 어린애들이나 그런 일을 맡을 수 있겠지만, 여전히 나이 많은 자들이 이 일을 맡고 있지 않은가? 그렇다면 이것은 부모로 종을 삼는 것이다.

만약 이것은 있을 수 있는 일이라 크게 상관할 일이 아니라면, 부처님 말씀만이 유독 그럴 수 없다는 것인가?

대개 남녀의 혼인이나 수레의 종은 모두 인간 세상의 통상적인 제도로서, 살생의 참혹함에 비할 것이 아니다. 그래서 경에서는 다만 "모든 생명이 있는 것은 죽여서는 안 된다." 하였을 뿐, "모든 생명이 있는 것은 혼인하거나 부려서는 안 된다."고는 말씀하지 않았다.

이와 같이 힐난한다면 이것은 "조그만 재주를 가진 자가 객쩍은 이야기를 자랑하면서 대도(大道)의 큰 가르침을 파괴하려는 짓"이라 할 수 있으리라.

또한 저 책의 엉터리 내용 중에 근거 없는 말을 일일이 다 열거할 수는 없지만, "사람이 죽으면 그 혼은 항상 남아 있으나 윤회하지는 않는다." 한 것이 있다.

정말 혼이 항상 있다면 우·탕·문·무(禹湯文武)는 어찌하여 하(夏)의 걸왕(桀王)이나 은(殷)의 주(紂)나 주(周)의 유(幽)와 여(厲)에게 훈계하지 않았으며, 진(秦)·양한(兩漢)·당(唐)·송(宋)의 여러 임금들은 어찌하여 이사(李斯)·조고(趙高)·왕망(王莽)·조조(曺操)의 무리에게 벌을 내리지 않았는가?

윤회가 없다면 숙자(叔子)는 어떻게 전생에 어느 집의 자식이었음을 능히 알 수 있었으며, 명도(明道)는 어떻게 숙세에 어머니의 비녀를 감추었던 사실을 능히 기억할 수 있었겠는가?

양애(羊哀)가 호랑이로 변하고 등애(鄧艾)가 소가 되었다는 따위의 이야기는 유서(儒書)에 뚜렷하게 기록되어 있는 것만도 한두 가지가 아니다.

그러나 저들이 모두 아직 잘 알지 못하고 한 말들인 만큼, 굳이 잘못을 탓할 일은 아니다.

천주에 대하여 3

또한 남교(南郊)에서 상제(上帝)에게 제사 드리는 것은 제왕의 제도이며, "하늘을 공경하라, 천도를 공경하고 숭상하라, 상제를 섬겨라, 상제가 너에게 임할 것이다." 한 것은 하늘을 본받아 도를 세우신 이제(二帝: 요·순) 삼왕(三王: 우왕·탕왕·문왕)의 말씀이며, "하늘을 안다, 하늘을 두려워한다, 하늘을 법으로 삼는다, 하늘을 본받는다, 부귀는 하늘에 있다, 나를 알아주는 것은 하늘이다, 하늘이 나에게 덕을 베풀었다, 하늘에 죄를 지으면 빌 곳이 없다." 한 것은 제왕의 법을 지키고 천성(千聖)을 한 몸에 모아 크게 이루신 공자의 말씀이며, "하늘을 두려워하라, 하늘을 즐거워하라, 하늘을 알아야 한다, 하늘을 섬겨라." 한 것은 아성(亞聖)이신 맹자의 말씀이다.

이렇듯이 하늘에 관한 말씀이 무엇이 더 부족하여 저들이 만들어 낸 새로운 학설을 기다릴 것이 있었으랴.

이상에서 밝힌 것이 만약 그렇지 않다고 생각되면 천주에게 고하라! 만약 내가 시기심으로 속임수나 궤변으로 일부러 저 천주의 가르침을 꺾거나 파괴하려 했다면, 천주의 위령(威靈)이 환하게 비추사 반드시 맹렬한 천신(天神)을 시켜 하민(下民)을 다스리게 할 것이다!

하늘이 벌을 내려 바로잡을 것이다!

조정우趙定宇가 염라왕이 되다

소총재(少冢宰) 조정우는 운남(雲南) 순무(巡撫)인 진옥태(陳玉台)와 동년배였다. 공은 만력(萬曆) 병신 3월 보름에 죽었는데, 그때 옥태는 관직에 남아 있었다.

어느 날 아내가 병이 들어 무당을 불러 신을 청하였더니, 신은 아내가 머지않아 죽을 것이라고 판단하였다. 그래서 정성을 다해 살려 줄 것을 빌었더니, 신이 하는 말이 "오전(五殿)[1]의 염라왕은 방금 새로 부임한 자다. 그는 성격이 강직하고 발라서 사사로 간구할 수 없다. 어쩔 수 없다." 하였다.

"그가 누구인가?" 하고 물었더니, "그대가 평소 친히 지내던 조 아무개요." 하였다.

잠시 후에 조공의 부음을 알려왔는데, 부임했다는 때와 부음이 전해진 때가 꼭 들어맞아서 옥태가 매우 놀라고 기이하게 생각하였다.

어떤 이가 물었다.

"염라왕은 복도 닦은 반면 죄업을 지은 자가 된다고 하지 않습니까? 정우는 덕을 쌓은 선비로서 어찌 죄업을 지었을 리가 있겠습니까?"

아! 지장보살이 말씀하시기를 "내가 염부제 중생을 보니 발을 들어 걸음을 옮길 때마다 죄를 짓지 않을 때가 없구나!" 하였으니, 어찌 허물이 없을 수 있겠는가?

옛날 한 스님에게 천부(天符: 하늘의 符命)가 와서 염라왕이 되라고 불

1 명부의 시왕(十王) 중 다섯 번째 집을 오전이라 하니, 그 집의 왕은 염라대왕이다.

렸다. 이 스님이 두려워 힘써 정진하여 일심으로 도를 생각했더니, 부사(符使: 천부를 가지고 온 사자)가 마침내 끊어졌다 한다.

슬프다! 옛말에 "한금호(韓擒虎)는 살아서는 상주국(上柱國)[2]이 되더니, 죽어서는 염라왕이 되었다." 하고, 근래에 전하는 소문으로 정담천(鄭澹泉) 사구(司寇)가 죽어서 염라왕이 되었다 하고, 항주 태수 주(周) 공은 죽어서 성황(城隍)이 되었다 하였다.

이는 흔히 있을 수 있는 일이다.

고덕이 "스님으로서 수행은 있으나 도를 깨닫지 못하면 수륙의 귀신이 되기 십상이다." 하였다. 공연한 말이 아니다.

2 벼슬 이름. 전국시대 초(楚)에서 처음으로 두어, 전쟁에서 큰 공을 세운 사람에게 주었다.

제자가 스승을 위해 상복을 입다

스승의 상을 당하여 제자가 입는 상복 문제에 대해서 세 가지 설이 있다.

하나는 『육조단경』 설이요, 하나는 『석씨요람(釋氏要覽)』[1] 설이요, 또 하나는 『백장청규(百丈淸規)』[2] 설이니, 이들의 차이점은 다음과 같다.

첫째, 『단경』에서 말하기를 "내가 죽은 후에 세상 인정으로 슬피 울거나 눈물을 흘리지 마라. 다른 이의 조문을 받거나 효복(孝服)을 입으면 나의 제자가 아니요 정법이 아니다." 하였다.

둘째, 『요람』에서는 "부처님 열반에 대해 밝힌 여러 가지 경전을 상고해 보니, 아무 곳에도 복제(服制)에 관한 말씀은 없었다. 『증휘기(增輝記)』만은 세 가지 상복을 들어서 예(禮)를 인도하였다. 세 가지 상복이란, 『백호통(白虎通)』에서는 '스승의 은혜는 부모와 같으니 마땅히 복을 입어야 한다' 하였고, 『석씨상의(釋氏喪儀)』에서는 '스승의 은혜는 부모와 같으니 마땅히 3년 동안 복을 입어야 한다' 하였으며, 『오삼(五杉)』에서는 '스승의 복은 모두 법복을 따라야 한다. 다만 무명일 경우에는 조금 거친 것이어야 하고, 명주일 경우에는 황갈색으로 물들여 입어야 한다'

1 북송 천희(天禧) 3년(1019)에 도성(道誠)이 지었다. 모두 3권, 27편, 679목으로 되어 있다. 불교의 기본 개념, 사원 의칙(儀則), 법규, 승관제도(僧官制度) 등을 밝히고 내외 전적을 인용하여 주해를 달았다.

2 『칙수백장청규(勅修百丈淸規)』라고 한다. 원래는 백장회해(720~814)가 제정한 청규(세칭 古淸規)였으나 송대에 유실되고, 원 순제 지원원년(1335)에 동양덕휘(東陽德輝)가 순제의 칙명을 받들어, 종색(宗賾)의 『선원청규』와 유면(惟勉)의 『총림교정청규』 등을 모본으로 하여 다시 편집하였다. 이것이 상·하 2권, 9장으로 된 『칙수백장청규』이다. 선림의 법당·승당·방장 등 제도와, 동서(東序)·요원(寮元)·당주(堂主)·화주(化主) 등 각종 직무와 의식을 제정한 것이다.

하였는데, 『증휘기』에서는 '검푸른 색깔로 물들여 입어야 한다' 하였다. 이와 같이 조금씩 일반적인 경우와 다르다." 하였다.

셋째, 『청규』에서는, "제자는 삼베 장삼을 입고, 양서(兩序)[3] 는 모시 장삼을 입고, 주상(主喪)은 명주 장삼을 입는다. 대중은 세 번 곡하고, 제자는 빈소 아래서 슬피 운다." 하였다.

이상에서 말한 것을 보면, 『단경』의 경우는 복도 입지 않고 울지도 않는다. 『증휘』 등에 의하면 복은 입으나 울지는 않으며, 상복은 삼베를 쓰지 않으나 다만 황갈색이나 검푸른 색깔로 물들여 입는다. 『청규』에 의하면 상복도 입고 울기도 하여 완전히 세속법과 같다.

나의 생각에는, 스님네라면 당연히 『단경』을 본받아야겠지만, 요즘은 제자가 스승의 죽음을 차마 잊지 못하여 흔히 스승을 위하여 복을 입는 것이 현실이다. 그러므로 위로는 조사의 가르침을 숭상하고 아래로 인간의 정리에 따르는 그 중간을 참작하여 『증휘』를 따라 청황색의 복을 입는 것이 좋을 듯하다.

옛말에 "예는 의(義)로 행하는 것이 옳다." 하였으니, 고명한 분이 이를 바로잡아 주시기 바라노라.

3　선종에서 법당 기둥을 기준으로 동·서로 서는 서열. 『칙수백장청규』 권上에는 "首座·書記·藏主·知客·知浴·知殿의 六頭首를 西序, 都寺·監寺·副寺·維那·典座·直歲의 六知事를 東序"라 했다.

백장청규

위에서 말한 상제(喪制)에 대해서 생각해 보면, 『백장청규』는 뒷사람이 보충한 것이지 백장 스님이 지은 것이 아님을 알 수 있다.

백장은 조계(육조)의 4대 적손(嫡孫)이다. 그런데 어찌하여 상제에서는 자기 조상의 가르침을 따르지 않고 자신의 법을 따로 정한 것일까?

총림을 세워 온 대중으로 하여금 지켜야 할 규칙을 제정한 것은 백장 스님으로부터 시작되었다. 그런데 제도가 번거롭고 조목이 자질구레하여 사람들로 하여금 성가시고 복잡하게 하여 날마다 여유를 가질 틈이 없게 하였으니, 어떻게 인연을 줄이고 일을 간소하게 하면서 마음을 다해 이 도(道)를 참구할 수 있겠는가?

그래서 후인들 중에 어느 일거리 만들기를 좋아하는 자가 새로 제정한 것이지, 백장의 본의는 아니라고 하는 것이다.

돼지 과보

아무개 스님은 본래 순박하고 진실한 사람이었다. 다만 어리석어서 남의 의견을 받아들이지 않는 버릇이 있고, 다른 사람의 선행을 칭찬하는 말을 들으면 반드시 비웃으며 칭찬하기에 부족하다는 태도를 보이곤 하였다.

나중에 도를 등지고 세속으로 돌아가 늙은 마누라를 얻어 같이 살았다.

그가 죽은 후 마누라 꿈에 나타나 하는 말이 "내가 내일 이웃 암자로 돌아가오." 하였다.

다음 날, 어떤 이가 돼지 한 마리를 암자에 방생했는데, 마누라는 금방 그것이 자기 영감인 줄 알고 자주 찾아가 안부를 묻곤 하였다.

마침내 이 소문이 다른 사람들에게까지 전해지니 원근에서 이 사실을 기이하게 여겨 구경 오는 자가 길을 메웠다.

마누라가 이를 부끄럽게 여겨 운서사로 보냈는데, 그때 운서사는 방생소(放生所)가 협소해서 어떤 절에서 맡아 기르겠다고 하여 그곳으로 보냈다.

얼마 후에 그곳 스님이 백정에게 돈을 받고 팔아넘겨 결국 밭에서 죽고 말았다.

아! 축생으로 생을 받아 태어났다가 다시 죽임을 면치 못했으니, 어찌 이다지도 지극한 과보를 받았던 것일까!

우리는 마땅히 가슴 아파해야 할 일이며, 골수에 새겨야 할 일이다.

천주에 대한 남은 이야기

내가 전에 '천주'에 대해 말한 적이 있었는데, 어떤 객이 다시 와서 이렇게 물었다.

"아내를 얻기 위해 점을 쳐서 자기 부모가 아니라 하면 혼인할 수 있다면, 살생하기 위해 점을 쳐서 자기 부모가 아니라 하면 죽여도 상관없지 않겠습니까?

혼인하지 않아서 인간의 종족이 끊어지고 만다면, 살생을 없애면 제사하는 예가 없어지지 않겠습니까?"

이러한 질문을 받은 자가 아무 대답도 하지 못해, 내게 와서 다시 이렇게 물어 온 것이다.

고인이 말하기를 "점을 치는 것은 의심스러운 점을 해결하기 위해서다. 의심스럽지 않다면 무엇하려 점을 치랴." 하였다.

동성과 혼인하지 않는 것은 천하고금의 대경대법(大經大法)이므로 의심스러우면 점을 쳐 보는 것이다. 그러나 살생은 천하고금의 대과대악(大過大惡)으로서 단연코 하지 말아야지 무엇이 의심스러워서 점을 쳐 보기를 기다린단 말인가?

혼인하지 않으면 인류가 끊어진다는 말은 틀린 말이 아니다. 그러나 살생하지 않으면 제사가 없어진다 하였으나, "두 접시 나물로도 제사할 수 있다." 한 것과, "소를 잡아 지내는 제사가 약제(禴祭: 봄제사. 간소한 제사)만 못하다." 한 말을 듣지 못했는가?

그렇다면 제사는 여전히 없애지 않아도 될 것이다. 그러나 정작 없애야 할 것은 육형(肉刑)[1]을 없애고 순장(殉葬)[2]을 금하는 것이다. 이렇게 하면 그야말로 아름다운 정치가 이루어질 것이다.

슬프다! 점을 쳐야 한다고 말한 것은 우선 목전의 일을 빌려 방편으로 빗대 해 본 말이니, 대체로 공통적인 병폐를 밝혔을 뿐이다.

그런데 그대가 이 말을 그냥 사실로 이해한다면, 진정 술자리에 흥을 돋우는 우스갯소리가 되고 말 것이며, 놀이판의 실없는 농지거리에 불과하다.

그러나 어리석은 자의 귀에 들어가서 마음에 새겨 두게 되면 그 피해가 적지 않을 것이므로, 말을 신중하게 하지 않으면 안 된다.

객이 또 "살생은 단지 육신을 끊을 뿐이지만 음행은 바로 지혜의 목숨을 끊습니다." 하였다. '살생하는 죄가 오히려 가볍지 않겠는가?' 하는 뜻으로 한 말이었다.

죽이는 것은 중생의 육신이지만, 죽이는 자의 참혹한 마음은 자신의 지혜 목숨을 끊는 것임을 알지 못하였다.

참으로 슬픈 일이다.

1 신체에 가하는 형벌. 곧 묵(墨: 刺字하는 형벌) · 의(劓: 코 베는 형벌) · 비(剕: 발을 자르는 형벌) · 궁(宮: 남녀의 생식기능을 제거하는 형벌) · 대벽(大辟: 사형을 말함)의 오형(五刑)을 말한다.

2 임금이나 귀족이 죽었을 때 사람이나 기물 등을 함께 매장하던 일.

죽창수필

2014년 10월 27일 초판 1쇄 발행
2023년 6월 16일 초판 3쇄 발행

지은이 운서주굉 • 옮긴이 연관
발행인 박상근(至弘) • 편집인 류지호 • 상무이사 김상기 • 편집이사 양동민
편집 김재호, 양민호, 김소영, 최호승, 하다해 • 디자인 쿠담디자인
제작 김명환 • 마케팅 김대현, 이선호 • 관리 윤정안
콘텐츠국 유권준, 정승채
펴낸 곳 불광출판사 (03169) 서울시 종로구 사직로10길 17 인왕빌딩 301호
대표전화 02) 420-3200 편집부 02) 420-3300 팩시밀리 02) 420-3400
출판등록 제300-2009-130호(1979. 10. 10.)

ISBN 978-89-7479-072-1 (03220)

값 35,000원

잘못된 책은 구입하신 서점에서 바꾸어 드립니다.
독자의 의견을 기다립니다. www.bulkwang.co.kr
불광출판사는 (주)불광미디어의 단행본 브랜드입니다.